Da capo

Sixth Edition

Annamaria Moneti
SYRACUSE UNIVERSITY

Graziana Lazzarino
UNIVERSITY OF COLORADO AT BOULDER

CONTRIBUTING AUTHOR
Julia Cozzarelli
ITHACA COLLEGE

THOMSON
HEINLE

Australia ▪ Brazil ▪ Canada ▪ Mexico ▪ Singapore ▪ Spain ▪ United Kingdom ▪ United States

A Giancarlo

e

Andrea, Francesca, Filippo, Carlo, Elena

AM.M

THOMSON
HEINLE ™

Da capo
Sixth Edition
Moneti | Lazzarino

Executive Editor: Carrie Brandon
Development Editor: Barbara Lyons
Senior Project Manager, Editorial Production: Esther Marshall
Assistant Editor: Arlinda Shtuni
Editorial Assistant: Morgen Murphy
Marketing Manager: Lindsey Richardson
Marketing Assistant: Marla Nasser
Advertising Project Manager: Stacey Purviance
Managing Technology Project Manager: Sacha Laustsen
Manufacturing Manager: Marcia Locke

Compositor: GGS Book Services
Project Management: Kevin Bradley, GGS Book Services
Photo Manager: Sheri Blaney
Photo Researcher: Jill Engebretson
Senior Permissions Editor: Isabel Alves
Text Permissions Editor: Veronica Oliva
Text Designer: Linda Beaupré
Senior Art Director: Bruce Bond
Cover Designer: Lisa Langhof
Cover & Text Printer: Edwards Brothers

Cover image: © John Heseltine/CORBIS, *Mosaic Border on the Façade of Orvieto Duomo*

Thomson Higher Education
25 Thomson Place
Boston, MA 02210-1202
USA

For more information about our products, contact us at:
Thomson Learning Academic Resource Center
1-800-423-0563

For permission to use material from this text or product, submit a request online at **http://www.thomsonrights.com** Any additional questions about permissions can be submitted by email to **thomsonrights@thomson.com**

Library of Congress Control Number: 2005933936

Student Edition: ISBN 13: 978-1-4130-1640-6
ISBN 10: 1-4130-1640-5

Credits appear on page 416, which constitutes a continuation of the copyright page.

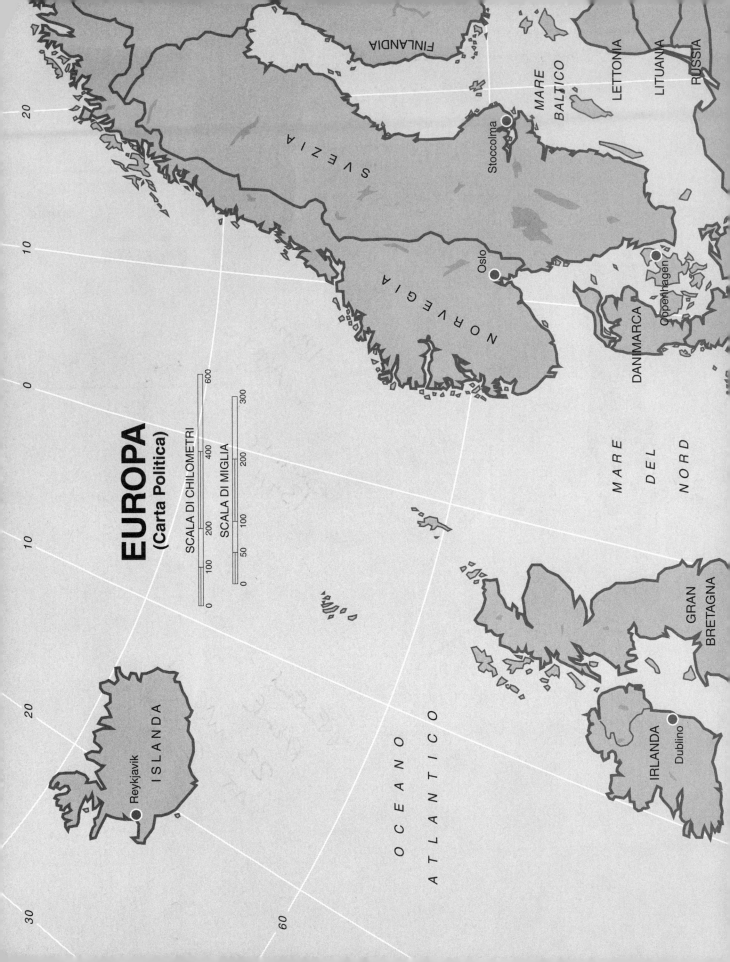

EUROPA
(Carta Politica)

SCALA DI CHILOMETRI

0 100 0 200 400 600

SCALA DI MIGLIA

0 50 100 200 300

ISLANDA

Reykjavik

OCEANO

ATLANTICO

IRLANDA

Dublino

GRAN
BRETAGNA

MARE

DEL

NORD

FINLANDIA

SVEZIA

Stoccolma

MARE
BALTICO

LETTONIA

LITUANIA

RUSSIA

NORVEGIA

Oslo

DANIMARCA

Copenhagen

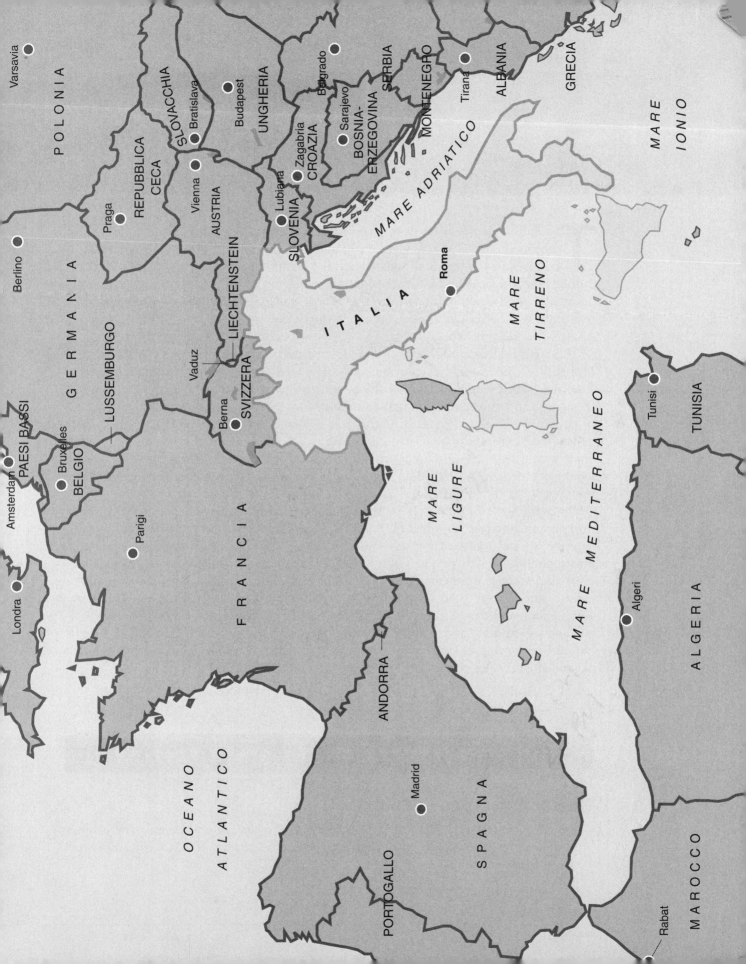

PREFACE

The Sixth Edition of *Da capo* gives new emphasis to a comprehensive approach to intermediate Italian, focusing on balanced acquisition of the four language skills within an enhanced and updated cultural framework. While promoting oral communication and varied activities that lead to proficiency, the Sixth Edition is consistently oriented toward enabling students to understand and appreciate how speakers of Italian live, express their thoughts, interact among themselves, view their history, and communicate with one another.

The Sixth Edition, like the three preceding editions, has been prepared by Annamaria Moneti; Julia Cozzarelli has contributed the new readings and related activities as well as **Teaching with *Da capo.*** The new edition, designed primarily for intermediate students at the college and university level, is also well suited for use in advanced high school courses, in particular those that conform to the College Board Advanced Placement Program. It reviews and expands upon all aspects of Italian grammar covered in beginning courses, while providing practice of the four skills in the context of everyday Italian life. It offers a variety of exercises and activities to give instructors ample choices in accommodating their teaching styles and students' needs.

Da capo, **Sixth Edition,** follows the guidelines established by the National Standards for Foreign Language Learning: (1) Students are encouraged to communicate in Italian in diverse oral and written contexts, both to share and understand factual and conceptual information as well as personal opinions. (2) Exploration of Italian culture, long a hallmark of *Da capo,* is an enhanced focus of the Sixth Edition. (3) Students are invited to make connections to other disciplines by exploring literature, art, music, the environment, social issues, and daily life. (4) Students are consistently encouraged to compare the Italian language and Italian culture to their own linguistic and cultural heritage. (5) Students have the opportunity to join Italian communities in their own country and abroad through expanded Internet activities in the textbook and on the *Da capo* website.

FEATURES OF THE SIXTH EDITION

Chapter themes and objectives

- Each chapter now has a title that clearly defines its cultural theme. The chapter objectives, stated at the outset, in turn enable students to anticipate cultural as well as linguistic content.

Per cominciare and Vivere in Italia

- The **Per cominciare** section now includes a culturally oriented presentation entitled **Vivere in Italia** that builds on the chapter's cultural theme and provides current, interesting information to complement the language models featured in the opening section.

- Discussion questions related to the new **Vivere in Italia** presentation encourage students to think and talk about cultural realities and to make cross-cultural comparisons. A realia-based activity provides yet another perspective and serves as a further stimulus for cultural exploration within a communicative framework.

- The language models—often dialogues—featured in **Per cominciare** have been thoroughly updated and revised to provide an interesting, informal perspective on the chapter theme while incorporating its linguistic structures.

Struttura

- Explanations of language structures have occasionally been streamlined in response to reviewers' suggestions.

- New grammar examples and exercises incorporate, whenever possible, the chapter vocabulary and the theme.

Lettura

- Chapters 1, 2, 4, 8, 10, 11, and 14 have new readings selected for their inherent interest, relevance to the chapters' cultural themes, and pedagogical value. The existing readings have been revised to reflect the realities of contemporary Italy as well as practical considerations of length and accessibility. Pre- and post-reading activities have been revised throughout to facilitate comprehension and meaningful discussion.

- **Studio di parole** sections and the related activities now appear in all fourteen chapters, and many have been revised and streamlined with an eye to contemporary relevance.

Ricerca Web

- The well-liked **Ricerca Web** section has been updated and expanded to offer more options for Web research relating to chapter focuses. The Web-based activities are designed to broaden students' intellectual experiences and awareness of Italian history, lifestyles, and social realities. They also foster awareness of Italian communities and the impact of Italian culture outside of Italy.

- **Ricerca Web** activities complement those available on the updated *Da capo* website.

Per comunicare

- This concluding section, which emphasizes oral communication, has been updated as appropriate. It presents everyday language functions in idiomatic Italian within a cultural framework. Students learn, for example, how to respond to invitations, express joy or regret, offer congratulations, and speak at the dinner table.

Color photo inserts

- *Da capo* now includes two inserts with thematic groupings of color photographs that expand on the cultural content of the textbook and that can be used as the basis for classroom activities.

COMPONENTS OF THE SIXTH EDITION

The *Da capo* program components have been completely revised in order to complement the textbook in a well-rounded, contemporary manner. These include the following:

- Student Edition with expanded Text Audio CD, which now includes both the **Per cominciare** and **Per comunicare** dialogues.

- The new Instructor's Edition provides suggestions for working with *Da capo* within a variety of course frameworks and objectives.

- The Workbook and Lab Manual has been completely revised with separate, complementary workbook and laboratory components. The new workbook provides opportunities for students to strengthen their skills through a variety of contextualized activities, thematically oriented cultural readings, and student-guided writing activities.

- The lab audio program on CDs is designed to accompany the new Laboratory Manual. Students must listen to the CDs to complete the Lab Manual exercises.

- Website (http://dacapo.heinle.com): The fully revised *Da capo* website provides web-based cultural activities and a tutorial quiz for each chapter of the text.

ACKNOWLEDGMENTS

The authors would like to acknowledge the work of the many reviewers who have provided insightful comments and constructive criticism for improving each edition of *Da capo:*

Reviewers

Vera Anderson, *University of Arizona-Tucson*

Pietro Aragno, *University of Wisconsin at Madison*

Mary Ann Carolan, *Fairfield University*

Deborah Contrada, *University of Iowa*

Angelo A. De Gennaro, *Loyola Marymount College*

Brandi DeMont, *University of Virginia*

Brunella Notarmarco Dutton, *University of Illinois, Chicago*

Giuseppe Faustini, *Skidmore College*

Rosario Ferreri, *University of Connecticut*

Luigi Ferri, *University of Central Florida*

Sylvia Giustina, *University of Oregon*

Lucia Hannau, *Purdue University*

Julia Kisacky, *Baylor University*

Ilona Klein, *Loyola College in Maryland*

Jan Kozma, *University of Kansas*

Bernadette Luciano, *University of California-Santa Barbara*

Cinzia D. Noble, *Brigham Young University*

Franco Manca, *University of Nevada, Reno*

Gaetana Marrone-Puglia, *Princeton University*

Giulio Massano, *Southeastern Massachusetts University*

John C. McLucas, *Towson State University*

Luigi Monga, *Vanderbilt University*

Frida Morelli, *George Mason University*

Daniela Noè, *Columbia University*

Frank Nuessel, *University of Louisville*

Augustus Pallotta, *Syracuse University*

Nicholas Patruno, *Bryn Mawr College*

Elisabetta Pellegrini, *University of Pennsylvania*

Carmela Pesca, *University of Central Connecticut*

Robin Pickering-Iazzi, *University of Wisconsin-Milwaukee*

Pina Piccolo, *University of California-Santa Cruz*

Robert J. di Pietro, *University of Delaware*

Albert Sbragia, *University of Washington*

Michael Sherberg, *Washington University in St. Louis*

Josephine Spina, *Princeton University*

Giuseppe Tassone, *University of Washington-Seattle*

Andrea di Tommaso, *Wayne University*

Claretta Tonetti, *Boston University*

Maria Tringali, *California State University-Monterey Bay*

Anna Maria Vena, *Quinnipiac College*

Elissa B. Weaver, *University of Chicago*

Fiorenza Weinapple, *Yale University*

Donna L. Yowell, *University of Washington*

Reviewers of the Workbook

Cinzia Blum, *University of Iowa*

Giuliana Fazzion, *James Madison University*

Risa Sodi, *Yale University*

A special and very heartfelt thanks goes to Barbara Lyons, the Development Editor, for her invaluable professional expertise, advice, and patience, and to Julia Cozzarelli, who provided not only the new readings and related work but also chapter-by-chapter reviews, extremely relevant suggestions based on her experience teaching with *Da capo,* and a sharp eye for typos. We would also like to thank Silvia Abbiati for her gracious feedback and support throughout the revision, which included class-testing of much of the new material.

Thanks also the the Thomson Heinle staff and freelancers who have helped to bring out **Da capo,** **Sixth Edition.** Carrie Brandon, Executive Editor, has stepped in midstream to support its successful completion. Esther Marshall, Senior Production Project Manager, has been more than patient in working out the details, including the photos, and overseeing the book at all its stages. The assistance of the freelancers is also appreciated: Kevin Bradley, project manager; Christine Cervoni, copyeditor; Antonella Giglio, native reader, Ernestine Franco, proofreader; and Christine Wilson, indexer. Thanks.

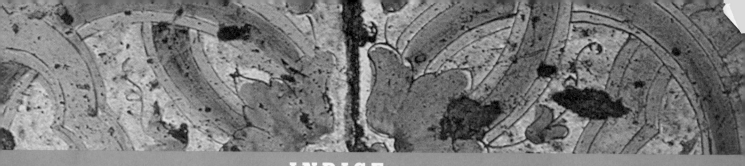

INDICE

Dove vai in ferie quest'anno?

In ferie. Giovanna scrive all'amica Mirella e le racconta che cosa succede nella cittadina di Sabaudia.

Sabaudia, 10 luglio 2006

Carissima Mirella,

da tre giorni sono a Sabaudia, una cittadina a sud di Roma. Abito in una bella villa con giardino non lontano dal mare; l'affitto è molto caro, ma per fortuna non lo pago io. Sono qui con mia madre e mia sorella, papà deve lavorare e viene solo per il fine settimana. La mattina Ada ed io usciamo presto e andiamo al mare a piedi, qualche volta prendiamo la barca a vela o andiamo a pescare. La mamma viene più tardi in macchina.

A Sabaudia d'estate ci sono molte attività interessanti: concerti, mostre d'arte e piccoli festival di musica popolare, ed è facile incontrare musicisti, pittori, scrittori, cantanti e artisti di ogni genere.

Spesso la sera usciamo con i ragazzi che abitano nella casa accanto alla nostra e andiamo al cinema, in discoteca o a prendere il gelato al bar della piazza, dove spesso restiamo a chiacchierare fino a mezzanotte.

E tu cosa fai di bello?

Ciao. Ti lascio perché è molto tardi.

Cari saluti a tutti e a te un abbraccio.

Giovanna

VIVERE IN ITALIA | Gli Italiani e le ferie

In latino «feriae» indica i giorni di riposo dal lavoro, e la tradizione continua in Italia dove le ferie sono il periodo di riposo a cui i lavoratori hanno diritto. La legge prevede ventisei giorni, esclusi i festivi, dopo un anno di servizio. Molti scelgono di distribuire le ferie in periodi di una o due settimane per volta da trascorrere in attività differenti a seconda della stagione.

Il periodo principale delle ferie è intorno a Ferragosto, cioé i giorni o le settimane prima e dopo il quindici del mese, quando la chiesa cattolica celebra la festa dell'Assunzione della Madonna *(Assumption Day)*. La festa moderna ricrea le «Feriae Augusti» istituite dall'imperatore romano Augusto come periodo di riposo alla fine del raccolto *(harvest)*. Per Ferragosto la Società Autostrade prevede *(foresees)* milioni e milioni di automobili in viaggio verso località di vacanza in montagna, al mare o in campagna. L'automobile è il mezzo di trasporto preferito dal 55% degli italiani; il 25% sceglie il treno, il 19% l'aereo. Naturalmente in aereo viaggiano molti di quelli che vanno all'estero.

Non tutti partono, circa il 30% della popolazione resta a casa. Molti uffici e negozi sono «chiusi per ferie», c'è meno gente per le strade ma non mancano attività ricreative quali musica, teatri, mostre e, spesso, spettacoli e trattenimenti di vario genere all'aperto organizzati dal comune.

Based in part on information from "Autostrade, un weekend di grande traffico." *Il Corriere della sera*, 25 luglio 2004.

Vocabolario utile

I passatempi hobbies / *Le attività ricreative* diversions

*andare in barca a vela[1] to sail
chiacchierare to chat
collezionare to collect
fare alpinismo to go mountain climbing
giocare a scacchi, a dama to play chess, checkers

*andare in vacanza to go on vacation
*essere in ferie to be on vacation; to take time
    off from work
fare una crociera to go on a cruise

l'affitto rent
l'agriturismo vacation on a farm
all'aperto outdoor
il circolo club
il comune municipality
la mostra d'arte art exhibition
il posto place
la sala giochi arcade

pescare to fish
sciare to ski
suonare uno strumento to play an instrument
*uscire to go out
vedere una mostra to visit an exhibit

L'ingresso di una villa di Sabaudia. Il cancello e la recinzione sono elementi caratteristici delle case unifamiliari. Come sono le recinzioni delle case dove abita Lei?

Esercizi

a. *Completare le frasi con le parole o le espressioni opportune.*

1. La mattina Giovanna e sua sorella _____ .
2. Quando hanno del tempo libero, gli abitanti di Sabaudia possono _____ .
3. La sera le due ragazze _____ .
4. I giovani di solito vanno _____ .
5. Spesso passano la serata _____ .
6. Il papà di Giovanna raggiunge la famiglia _____ .

b. *Vero o falso?*

_____ 1. Sabaudia è una grande città del nord.
_____ 2. Le ville in affitto per l'estate sono molto costose.
_____ 3. A Sabaudia la gente va alla spiaggia.
_____ 4. Non c'è nient'altro da fare.
_____ 5. La mamma di Giovanna passa la giornata in giardino.

---

[1] In vocabulary lists in this text, an asterisk before a verb indicates that the verb requires **essere** in compound tenses.

■ A voi la parola

a. Le ferie. *In gruppi di due o tre, discutete le domande che seguono.*

1. Scambiate opinioni sulle vacanze della vostra famiglia rispetto alle ferie delle famiglie italiane. Considerate vantaggi e svantaggi, somiglianze e differenze, possibili costi.
2. Dove andate in vacanza? Per quanto tempo? Con che mezzo di trasporto?
3. Immaginate di essere in vacanza e scrivete un messaggio ad un amico; parlate della località, delle attività della giornata e dei nuovi amici.

b. L'agriturismo. *Molte antiche aziende agricole sono ora centri di agriturismo. Offrono pensione* (lodging with meals) *in casali ristrutturati* (refurbished farmhouses), *aria pulita, cibi sani ed ecologici. La scelta del trattamento permette di organizzare le giornate in modi diversi. Gli ospiti possono riposarsi, fare passeggiate nella proprietà o visitare le località vicine. I bambini hanno ampi spazi per giocare. Esaminate l'annuncio sull'agriturismo e rispondete alle domande che seguono.*

1. Vi sembra una buona idea passare un periodo di vacanze in campagna presso un'azienda agricola? Perché sì, perché no?
2. Vi sembra conveniente il costo della pensione completa? Sì, no, perché?
3. Immaginate di essere alla Pieve. Cosa pensate di fare oggi?
4. Perché, secondo voi, l'annuncio pubblicitario menziona Perugia e Spoleto?
5. Che tipo di vacanze potete fare voi per divertirvi e spendere poco?

Un'oasi di riposo e aria pulita. Avete un posto preferito, un rifugio tranquillo?

AGRITURISMO LA PIEVE
Azienda agricola biologica in provincia
di Perugia a pochi chilometri da Spoleto.
Trattamento: bed and breakfast/mezza pensione/
pensione completa.
Tipo di sistemazione: camere con bagno.
Prezzo pensione completa: 280 euro la
settimana a persona.
Telefono: (0743)57.783
clarab@caspur.it

I. Indicativo presente

Verbi regolari

A. Italian verbs are divided into three conjugations according to their infinitive endings:

- First-conjugation verbs end in **-are** (characteristic vowel -a-): **amare** *(to love)*.
- Second-conjugation verbs end in **-ere** (characteristic vowel -e-): **credere** *(to believe)*.
- Third-conjugation verbs end in **-ire** (characteristic vowel -i-): **finire** *(to finish)*.

To form the **indicativo presente** *(present indicative)*, drop the infinitive endings **-are, -ere, -ire** and add the appropriate endings to the stems (**am-, cred-, fin-**).

	AMARE	CREDERE	FINIRE	PARTIRE
Singular				
1st person	am**o**	cred**o**	fin**isco**	part**o**
2nd person	am**i**	cred**i**	fin**isci**	part**i**
3rd person	am**a**	cred**e**	fin**isce**	part**e**
Plural				
1st person	am**iamo**	cred**iamo**	fin**iamo**	part**iamo**
2nd person	am**ate**	cred**ete**	fin**ite**	part**ite**
3rd person	am**ano**	cred**ono**	fin**iscono**	part**ono**

1. In the present tense, **-ire** verbs fall into two groups:

   - Verbs requiring that **-isc-** be inserted between the stem and the endings, except in the first- and second-persons plural. (See the conjugation of **finire,** above.) These are the majority of **-ire** verbs.
   - Verbs not requiring the insertion of **-isc-**. (See the conjugation of **partire,** above.)

2. Following is a list of the most common verbs conjugated without **-isc-**:

aprire *to open*	apr**o**	*partire *to leave, depart*	part**o**
avvertire *to inform, warn*	avvert**o**	scoprire *to discover*	scopr**o**
coprire *to cover*	copr**o**	seguire *to follow*	segu**o**
divertire *to amuse*	divert**o**	sentire *to hear, feel*	sent**o**
dormire *to sleep*	dorm**o**	servire *to serve*	serv**o**
*fuggire *to flee*	fugg**o**	soffrire *to suffer*	soffr**o**
offrire *to offer*	offr**o**	vestire *to dress*	vest**o**

B. Certain verbs require spelling changes in the present indicative.

1. Verbs ending in **-care** and **-gare,** such as **cercare** *(to look for)* and **pagare** *(to pay),* add **-h-** between the stem and endings that begin with **-i-** (second-person singular and first-person plural) in order to retain the original sound of the stem (hard **c** or **g**).

   cerc-o, cerc-**h**-i, cerc-**h**-iamo
   pag-o, pag-**h**-i, pag-**h**-iamo

2. Verbs ending in **-ciare, -giare,** and **-sciare,** such as **incominciare** *(to begin)*, **mangiare** *(to eat)*, and **lasciare** *(to leave)*, drop the **-i-** of the stem when the verb ending begins with **-i-** (second-person singular and first-person plural).

incominci-o, incominc-**i**, incominc-**iamo**
mangi-o, mang-**i**, mang-**iamo**
lasci-o, lasc-**i**, lasc-**iamo**

3. Verbs ending in **-gliare,** such as **sbagliare** *(to be mistaken)*, also drop the **-i-** of the stem in the same two cases.

sbagli-o, sbagl-**i**, sbagl-**iamo**

4. Verbs ending in **-iare,** such as **studiare** *(to study)* and **inviare** *(to send)*, drop the **-i-** of the stem in the second-person singular only if the **-i-** is not stressed in the first person singular.

stu̲dio, stud-**i**
invi̲o, invi̲-**i**

Uso dell'indicativo presente

A. The **indicativo presente** corresponds to three forms in English:

lavoro $\left\{\begin{array}{l} \textit{I work} \\ \textit{I am working} \\ \textit{I do work} \end{array}\right.$

The **indicativo presente** is also used to express an action in the future that is considered certain. There are usually other words in the sentence that indicate a future time.

Arrivano **fra un'ora.**
They'll arrive in an hour.

Quest'estate studio in Inghilterra.
This summer I'll be studying in England.

B. The **indicativo presente** accompanied by **da** + *a time expression* indicates an action or state that began in the past and continues in the present; that is, it indicates for how long or since when something has been going on. **Da** expresses both *for* and *since*. English uses the present perfect tense (*I have worked, I have been working*) to express this idea.

da quanto tempo + *presente* + *?*
presente + **da** + *time expression*

—Da quanto tempo lavori?
How long have you been working?

—Lavoro da due mesi.
I have been working two months.

—Da quanto tempo conosci Laura?
How long have you known Laura?

—Conosco Laura da un anno.
I have known Laura for a year.

—Da quanto tempo non andate in ferie?
How long has it been since you have not taken a vacation?

—Non andiamo in ferie dal 2003.
We have not taken a vacation since 2003.

Alternative ways of expressing the same idea are:

quanto tempo è che + *presente* + *?*

$\left.\begin{array}{l} \textbf{è} + \textit{time expression in the singular} \\ \textbf{sono} + \textit{time expression in the plural} \end{array}\right\}$ + **che** + *presente*

or

è + **da** + *time expression (singular or plural)* + **che** + *presente*

—Attenzione, arrivano le formiche.

—Quanto tempo è che lavori? *How long have you been working?*	—Sono due mesi che lavoro. —È da due mesi che lavoro. *I have been working two months.*
—Quanto tempo è che conosci Laura? *How long have you known Laura?*	—È un anno che conosco Laura. —È da un anno che conosco Laura. *I have known Laura for a year.*
—Quanto tempo è che non giocate a tennis? *How long has it been since you last played tennis?*	—È da giugno che non giochiamo a tennis. *We haven't played tennis since June.*

■ Esercizi

a. *Trasformare le frasi sostituendo il soggetto in parentesi.*

1. I signori Borzini non ricordano nulla. (papà, io e Luca)
2. Tu e Paolo non studiate e perdete tempo. (Angela, io e Vittorio)
3. Io non cucino e non pulisco mai il frigo. (voi due, Diana e Marcello)
4. Gianni quando incomincia una cosa la finisce. (io, voi)
5. Il treno parte la sera e arriva la mattina. (gli aerei per l'Italia, noi)
6. Filippo dipinge quadri astratti e suona il violoncello. (io, tu e Silvia)

b. *Rispondere alle domande usando le espressioni utili indicate.*

> **ESEMPIO** Luca passa sempre le serate al bar. E tuo marito?
> **Lui invece passa sempre le serate a casa.**

anch'io	anche noi	neanch'io	neanche lui	io non
lui invece	mai	sempre	domani	

1. Maria segue un corso di sci quest'inverno. E tu?
2. Riccardo oggi paga l'affitto della barca. E noi?
3. I vostri genitori passano le vacanze al mare. E voi ragazzi?
4. Io e Giorgio non finiamo mai i libri noiosi. E tu?
5. Loro suonano il sassofono. E voi?
6. Io non gioco a scacchi quattro volte la settimana. E tu e Gabriella?
7. I ragazzi in Italia incominciano l'università ad ottobre. E noi?
8. Io e Pia partiamo in macchina. E Marisa?

c. *Esprimere le seguenti frasi in un altro modo.*

ESEMPIO   Vive in America da molti anni.
          Sono molti anni che vive in America.

1. Conosciamo quella ragazza da molti mesi.
2. È molto tempo che non fumano una sigaretta.
3. Da quanto tempo aspettate l'autobus?
4. Sono tre settimane che non mangiamo pasta.
5. Non scrivo alle mie amiche da Natale.
6. Parli già da mezz'ora.

d. *Fare le domande mancanti.*

ESEMPIO   Non la vedo da Pasqua.
          Da quanto tempo non la vedi?

1. Sono quattro ore che studiamo e siamo stanchi.
2. È tanto tempo che non vado al cinema!
3. Gianni ed io siamo amici da quarant'anni.
4. Sono ormai molti anni che i Di Mauro sono vegetariani.

e. *Lavorando in coppia, faccia a un compagno/una compagna le domande seguenti. Lui/Lei risponde e fa domande a sua volta. Domandi...*

1. da quanto tempo abita in questa città.
2. da quando frequenta questa università.
3. se studia l'italiano da tanto tempo.
4. cosa fa questa sera.
5. se sono tanti giorni che non va al cinema.
6. se vuole venire con Lei a vedere un film italiano.
7. con quale mezzo e a che ora potete andare.
8. se dopo lo spettacolo c'è tempo per andare in discoteca.

Verbi irregolari

A. Two of the most important irregular verbs in the Italian language are **avere** *(to have)* and **essere** *(to be).*[1]

AVERE		ESSERE	
ho	abbiamo	sono	siamo
hai	avete	sei	siete
ha	hanno	è	sono

---

[1] For a list of idiomatic expressions using the verb **avere**, see p. 22.

B. There are only four irregular verbs in the first conjugation: **andare** *(to go)*, **dare** *(to give)*, **fare** *(to do, to make)*, and **stare** *(to stay)*.

ANDARE	DARE	FARE	STARE
vado	do	faccio	sto
vai	dai	fai	stai
va	dà	fa	sta
andiamo	diamo	facciamo	stiamo
andate	date	fate	state
vanno	danno	fanno	stanno

C. Most irregular verbs belong to either the second or the third conjugation. There is no easy way to learn irregular verbs: they must be memorized. Some of them exhibit shared patterns.

RIMANERE *to stay, remain*	SALIRE *to go up*	TENERE *to keep*	VENIRE *to come*
rimango	salgo	tengo	vengo
rimani	sali	tieni	vieni
rimane	sale	tiene	viene
rimaniamo	saliamo	teniamo	veniamo
rimanete	salite	tenete	venite
rimangono	salgono	tengono	vengono

Note that the first-person singular and third-person plural add **-g-** to the stem.

BERE *to drink*	TRADURRE *to translate*	DIRE *to say, tell*
bevo	traduco	dico
bevi	traduci	dici
beve	traduce	dice
beviamo	traduciamo	diciamo
bevete	traducete	dite
bevono	traducono	dicono

These verbs use the Latin stems **bev-**, **dic-**, and **traduc-** plus the regular endings of the second and third conjugations. The one exception is **dite**.

SAPERE *to know*	MORIRE *to die*	USCIRE *to go out*
so	muoio	esco
sai	muori	esci
sa	muore	esce
sappiamo	moriamo	usciamo
sapete	morite	uscite
sanno	muoiono	escono

Note that **sapere** follows the general pattern of first-conjugation irregular verbs.

D. Three frequently used verbs of the second conjugation are **dovere, potere,** and **volere.** Usually these verbs are followed by an infinitive.

DOVERE *to have to, must*	POTERE *to be able, can, may*	VOLERE *to want*
devo / debbo	posso	voglio
devi	puoi	vuoi
deve	può	vuole
dobbiamo	possiamo	vogliamo
dovete	potete	volete
devono / debbono	possono	vogliono

Non devi ridere quando sbaglio.
You mustn't laugh when I make a mistake.

Sono tristi perché non possono andare in ferie.
They're unhappy because they cannot go on vacation.

Luigino non vuole studiare. Vuole uscire!
Luigino doesn't want to study. He wants to go out!

■ Esercizi

a. I sedici anni di Pietro. *Completare il paragrafo scegliendo una forma di* **avere** *o* **essere.**

Paolo e Pietro _____ in casa e aspettano i loro amici. Oggi _____ il loro compleanno. Compiono sedici anni, _____ gemelli *(twins)*. In casa c'_____ aria di festa. Ci _____ tante cose da mangiare e Paolo _____ una gran voglia di assaggiare *(taste)* tutto. Pietro invece _____ preoccupato, _____ paura di non _____ abbastanza simpatico, di non _____ successo con le ragazze. Pietro _____ innamorato di Patrizia, ma lei non _____ nessuna intenzione di _____ il ragazzo. «Tu, Patrizia, _____ ragione» dice la mamma, «voi ragazzi _____ giovani e _____ tanto tempo davanti a voi!» Ma Pietro non _____ d'accordo. Gli adulti _____ strane idee sui giovani. _____ chiaro che non capiscono niente!

b. *Formare frasi di senso compiuto con i soggetti e le parole indicate.*

1. tu / cosa dire / / quando / vedere un amico?
2. noi / non / promettere niente / / venire / se / potere
3. loro / non salire / / scendere
4. Gina e Aldo / sapere / / che / essere tanto simpatici?
5. gli Italiani / dare del tu alle persone / / che / conoscere bene
6. voi / non dovere dare una risposta / / se / non essere pronti
7. papà e mamma / non partire più / / rimanere in Italia
8. tu e Maria / non potere fare l'esame / / se / stare male

c. Anche noi. *Marina e le sue compagne di stanza scoprono di avere molte cose in comune. Seguire l'esempio usando diversi soggetti.*

ESEMPIO   MARINA: Io bevo solo acqua.
             ELENA: **Anch'io e Antonella beviamo solo acqua.**

1. rimanere a casa la domenica sera
2. fare la spesa spesso
3. non potere spendere tanti soldi
4. volere studiare in biblioteca
5. dovere lavorare part-time
6. non sapere dov'è la mensa
7. uscire con altri studenti

d. Storie italiane. *Completare le seguenti frasi con la forma corretta del presente indicativo dell'infinito fra parentesi.*

1. Io e Silvia _____ (abitare) insieme. _____ (dividere) un appartamento di tre stanze e _____ (andare) molto d'accordo. Io _____ (lavorare) part-time; lei _____ (studiare): _____ (fare) il primo anno di Lettere. La sera, quando lei _____ (finire) di studiare, noi _____ (giocare) a carte, _____ (chiacchierare), _____ (sentire) dischi. Poi _____ (andare) a dormire. La mattina, mentre Silvia ancora _____ (dormire), io _____ (uscire) a fare la spesa, _____ (mettere) in ordine la casa, poi _____ (andare) in ufficio. Quasi sempre _____ (mangiare) insieme. _____ (essere) buone amiche.

2. Il protagonista del romanzo, Silvestro, _____ (avere) trent'anni, _____ (vivere) e _____ (lavorare) a Milano e da quindici anni non _____ (vedere) la Sicilia, dove è nato e dove _____ (vivere) ancora sua madre. _____ (essere) gli anni del fascismo e della guerra. Un giorno Silvestro _____ (ricevere) una lettera del padre, da Venezia, che gli _____ (chiedere) di andare in Sicilia, a trovare la madre per l'onomastico di lei *(her saint's day)*. Silvestro non _____ (prendere) subito la decisione di partire, ma _____ (essere) quasi costretto a farlo: _____ (andare) alla stazione per impostare una cartolina di auguri alla madre, ma qui _____ (vedere) un cartellone che _____ (invitare) a visitare la Sicilia e _____ (offrire) uno sconto sul biglietto di andata e ritorno. Ma soprattutto _____ (sentire) una specie di richiamo magico per la sua terra natale. Silvestro _____ (seguire) quel richiamo e _____ (salire) sul treno diretto in Sicilia.

e. Parliamo un po'. *Lavorando in coppia, fare a un compagno/una compagna le domande seguenti. Lui/Lei risponde e fa domande a sua volta. Domandare...*

1. che cosa fa la sera quando sta a casa.
2. che cosa legge o che cosa guarda alla televisione.
3. se suona uno strumento e quale.
4. dove va quando esce con gli amici.
5. quali sono i posti che preferisce.
6. dove gli/le piace mangiare.
7. se vuole venire con Lei a un ristorante italiano questa sera.

A. The subject pronouns in Italian are:

SINGULAR		PLURAL	
io	I	noi	we
tu	you (informal)	voi	you (informal)
Lei[1]	you (formal)	Loro[1]	you (formal)
lui/egli	he	loro	they (m, f)
lei/ella	she		
esso	it (m)	essi	they (m)
essa	it (f)	esse	they

Egli and **ella** refer to people and are used instead of **lui** and **lei** in literary or formal style. **Esso** and **essa** refer to animals and things. The plural forms **essi/esse** can refer to people, animals, or things.

Subject pronouns are normally omitted because the verb ending indicates the person and number of the subject.

Quando andate in ferie?
When are you going to take time off from work?

Paghiamo l'affitto domani.
We pay the rent tomorrow.

B. Subject pronouns are used, however, in the following cases:

1. after verbs, particularly after the verb **essere,** to emphasize the subject.

Lo dice lei.
She's the one who says it.

Pagano loro.
They're going to pay.

Siamo noi che lo vogliamo.
We're the ones who want it.

—Sei tu, Maria? / —Sì, sono io.
Is it you, Mary? / Yes, it's me.

Note that with **essere** the corresponding English construction often uses the impersonal *it.*

2. to emphasize the subject with such words as:

solo, solamente, soltanto	*only*
anche, pure, perfino	*also, too, even*
neanche, nemmeno, neppure	*not even, neither, not . . . either*

Solo tu puoi uscire!
You're the only one who is allowed to go out!

Neanche noi mangiamo carne.
We don't eat meat either.

3. to contrast one subject with another subject.

Tu dici la verità; lei dice bugie.
You tell the truth; she tells lies.

Lei può andare; noi restiamo.
You may go; we'll stay.

---

[1] **Lei** and **Loro,** meaning *you,* are not to be confused with **lei** (*she*) and **loro** (*they*). The capitalization is a visual clue indicating the difference. Although capitalization is optional, we use it in this text.

■ Esercizi

a. *Completare con la forma corretta del pronome.*

1. Anche _____ vai al mare a Ferragosto?
2. ____ non dobbiamo pagare l'affitto della villa, lo pagano ____.
3. ____, Signora, non va in vacanza quest'anno?
4. ____ ti porto in macchina, e ____ paghi la benzina, va bene?
5. ____, Professore, viene con noi alla gita scolastica?
6. ____ facciamo una crociera, e ____, Luca e Lisa, cosa fate quest'estate?
7. Signori, ____ non sono soci del circolo?
8. Ci dispiace, ma ____ non conosciamo il vostro agriturismo.
9. Ragazzi, ____ avete voglia di vedere una mostra?
10. ____ vado in barca a vela e ____ fa alpinismo.

b. La festa. *Graziella ha preparato una festa. Adriana è molto curiosa e fa domande sui preparativi. Rispondere usando i pronomi personali.*

1. Viene Andrea? (sì)
2. Solo Anna e Mario non possono venire? (sì)
3. Neanche Franco sa ballare? (no)
4. Anche le ragazze Giannelli portano le paste? (no)
5. Soltanto io e Lucia ti aiutiamo a preparare i rinfreschi? (sì)
6. Neppure Adriana, che è tanto ricca, porta un bel dolce? (no)
7. Soltanto Nicola e Paola portano i dischi? (sì)
8. Solamente io e Michele restiamo dopo la festa? (sì)

III. Nomi

Genere

All nouns are either masculine or feminine. Most end in a vowel. As a general rule, nouns ending in **-o** are masculine, and nouns ending in **-a** are feminine. Nouns ending in **-e** can be either masculine or feminine. Although there is no systematic way of determining the gender of nouns, especially those designating objects, abstract ideas, and concepts, there are some practical rules. Below are a few of the most helpful rules.

1. Nouns ending in **-ore** are masculine.

   autore   colore   fiore   pittore

2. Nouns ending in **-tà, -trice,** and **-zione** are feminine.

   qualità   città   autrice   complicazione

3. Most nouns ending in **-i, -ie, -ione,** and **-ù** are feminine.

   crisi   serie   opinione   gioventù

Formazione del femminile

A. Many nouns referring to people or animals are changed to the feminine form by replacing the masculine ending with a feminine ending.

ENDING	MASCULINE	FEMININE
-o → -a	amico	amica
-e → -a	signore	signora
-o → -essa	avvocato	avvocatessa
-a → -essa	poeta	poetessa
-e → -essa	studente	studentessa
-tore → -trice	lettore	lettrice

B. Some nouns ending in **-e**, **-ga,** and **-ista** are masculine or feminine depending on the person referred to and do not change endings in the singular.

un cantante	*a singer (m)*	**una cantante**	*a singer (f)*
un collega	*a colleague (m)*	**una collega**	*a colleague (f)*
un pianista	*a pianist (m)*	**una pianista**	*a pianist (f)*

C. ATTENZIONE! Note the differences in meaning between the following pairs of nouns, which appear to be related.

MASCULINE		FEMININE		MASCULINE		FEMININE	
busto	*bust*	**busta**	*envelope*	**pasto**	*meal*	**pasta**	*noodles*
caso	*case*	**casa**	*house*	**porto**	*port*	**porta**	*door*
collo	*neck*	**colla**	*glue*	**torto**	*wrong*	**torta**	*cake*
foglio	*sheet*	**foglia**	*leaf*				

Formazione del plurale

A. Most nouns become plural by changing the endings. The following chart shows the most common changes.

CHANGE	SINGULAR	PLURAL
-o → -i	bambino	bambini
-a → -e	ragazza	ragazze
-e → -i	padre/madre	padri/madri

B. Some masculine nouns change gender when they become plural; thus the singular is masculine and the plural is feminine.

SINGULAR		PLURAL	SINGULAR		PLURAL
braccio	*arm*	**braccia**	**osso**	*bone*	**ossa**
ciglio	*eyelash*	**ciglia**	**paio**	*pair, couple*	**paia**
dito	*finger, toe*	**dita**	**sopracciglio**	*eyebrow*	**sopracciglia**
labbro	*lip*	**labbra**	**uovo**	*egg*	**uova**
miglio	*mile*	**miglia**			

C. The plural of certain nouns depends on whether they are masculine or feminine.

   1. Masculine nouns ending in **-a:**

CHANGE	SINGULAR	PLURAL
-a → -i	poeta	poet**i**
-ista → -isti	pian**ista**	pian**isti**
-ca → -chi	du**ca**	du**chi**
-ga → -ghi	colle**ga**	colle**ghi**

   2. Feminine nouns:

CHANGE	SINGULAR	PLURAL
-ista → -iste	pian**ista**	pian**iste**
-ca → -che	ban**ca**	ban**che**
-ga → -ghe	colle**ga**	colle**ghe**

D. The plural of certain nouns depends on where the stress falls in the word.

   1. Masculine nouns:

STRESS	CHANGE	SINGULAR	PLURAL
the **-i** is not stressed	-io → -i	neg**o**z**io**	negoz**i**
the **-i** is stressed	-**io** → -**ii**	z**io**	z**ii**
stress is on syllable preceding -co[1]	-co → -chi	tedes**co**	tedes**chi**
stress is on second syllable preceding -co	-co → -ci	m**e**di**co**	m**e**di**ci**

   2. Feminine nouns:

STRESS	CHANGE	SINGULAR	PLURAL
the **-i** is not stressed	-cia → -ce	do**ccia**	do**cce**
the **-i** is stressed	-c**ia** → -c**ie**	farma**cia**	farma**cie**
the **-i** is not stressed	-gia → -ge	pi**o**g**gia**	pi**o**g**ge**
the **-i** is stressed	-gia → -gie	aller**gia**	aller**gie**

E. Masculine nouns ending in **-go** have the following changes:

CHANGE	SINGULAR	PLURAL
-go → -ghi	la**go**	la**ghi**
-ologo → -ologi	psic**o**l**ogo**	psic**o**l**ogi**

---

[1] Exceptions: **amico / amici; nemico / nemici; greco / greci; porco / porci.**

F. Invariable nouns: The following types of nouns have the same form in both the singular and the plural.

1. Nouns ending in a consonant; most of which are foreign words:

   un film   **due film**   un camion   **due camion**

2. Nouns ending in an accented vowel:

   un caffè   **due caffè**   una città   **due città**

3. Nouns ending in -**i**:

   una crisi   **due crisi**   una tesi   **due tesi**

4. Nouns ending in -**ie**:

   una serie   **due serie**

   Exception: una moglie   **due mogli**

5. Family names:

   i Costa   *the Costas*

6. One-syllable nouns:

   un re   **due re**

7. Abbreviations:

   una radio   **due radio** (*from* radiotelefonia)
   un cinema   **due cinema** (*from* cinematografo)
   una bici   **due bici** (*from* bicicletta)
   una foto   **due foto** (*from* fotografia)
   un frigo   **due frigo** (*from* frigorifero)
   una moto   **due moto** (*from* motocicletta)
   un'auto   **due auto** (*from* automobile)
   un prof/una prof   **due prof** (*from* professore/professoressa)

NOTE: Abbreviations keep the gender of the words from which they are derived.

■ Esercizi

a. **Una zona turistica.** *Elisabetta parla degli alberghi e delle pensioni di suo padre. Completare il paragrafo con le seguenti parole e fare le modifiche necessarie.*

lago	parco	albergo [2 volte]	pensione [2 volte]	bagno
doccia	ristorante	giacca	cravatta	giardino
pesca	arancia	banca	chiesa	biblioteca
negozio				

   Abitiamo in una zona turistica vicino a dei _____ e a dei grandi _____.
Mio padre ha due _____ e due piccole _____ familiari. Gli
_____ sono molto eleganti, i _____ e le _____ sono di
ceramica italiana; ci sono due _____ famosi in cui gli uomini sfoggiano *(show off)*
_____ e _____ di stilisti *(designers)* internazionali. Anche le signore
sono sempre molto eleganti. Le _____ sono più modeste ma l'atmosfera è molto
simpatica. Ogni mattina, a colazione, offriamo agli ospiti la frutta dei nostri _____:
delle _____ o delle _____ a seconda della stagione. Nella città vicina ci
sono due _____, due _____, una cattolica e una protestante, e due
_____, una pubblica e una privata. Ci sono anche tanti _____ di
abbigliamento. Quando venite a trovarci?

b. **A casa Cattani.** *Riscrivere il brano cambiando il genere di tutti i sostantivi che denotano persone.*

Questa sera c'è una festa a casa della signora Cattani. Viene molta gente: il professor Parenti
che è l'autore di un nuovo libro sull'ecologia, il pianista Rovere con la moglie pittrice e il padre
poeta, e la zia della padrona di casa, una cardiologa famosa, con il suo collega pediatra. Ci sarà
anche la cantante Gina Presti e l'attore cinematografico Paolo Santini. Forse verrà anche una
scrittrice americana in compagnia di un regista neozelandese che ha vinto un premio a Venezia. La cameriera è disperata. Vuole chiamare suo fratello in aiuto e magari anche suo cugino,
ma non sa se la signora sarà d'accordo.

Un ricevimento importante.

■ Vocabolario utile

il brano passage, selection
il casco helmet
il fanale headlight
la giostra amusement park ride
 (also a merry-go-round)
la macchia stain, spot
il mito myth or legend
il motorino scooter
il passatempo pastime
il racconto short story, tale
la regola rule, law
la tovaglia tablecloth

*accorgersi (di)** to notice / realize
girare / *andare in giro to go around; tour
traballare to wobble
trattare di to be about, deal with

comune common
incurante (di) heedless (of)
rovinato damaged, ruined

tranne (che) except (for)

Con la mia Vespa mi sento libero.

■ Prima di leggere

«Vespa» fa parte di un libro di racconti scritti da giovani italiani. L'autore, Alberto Fassina, ha diciassette anni. È uno degli undici scrittori scelti tra i più di 600 ragazzi italiani che hanno contribuito un brano da includere nel libro. Il brano tratta dei passatempi preferiti dell'autore: il cinema e il suo motorino, la Vespa. In Italia il motorino è un mezzo di trasporto molto diffuso specialmente tra i giovani. La Vespa è uno dei primi esemplari, prodotto dalla ditta Piaggio nel 1946. Rappresenta il simbolo del recupero dell'Italia dopo le devastazioni della guerra, e della nuova libertà del popolo italiano. Dato il costo relativamente basso, la Vespa è diventata subito di moda tra uomini e donne di ogni età e di ogni livello sociale. Il sito della Vespa la descrive oggi come «"un mito", un modo di essere, di pensare e di esprimere se stessi».

Il passatempo di girare con la Vespa è anche il tema di un film, «Caro diario», di Nanni Moretti, regista e attore. Nel film (in gran parte autobiografico), Moretti gira in Vespa per i vari quartieri di Roma. Troviamo la Vespa in molti altri film, da «La dolce vita» di Fellini ad «Austin Powers».

«Vespa», il brano che segue, esprime il piacere di un giro in motorino e la sensazione di libertà e indipendenza che ne deriva. Sono momenti rari nella vita di un ragazzo di liceo.

In gruppi di due o tre studenti, discutete le seguenti domande:

1. Siete mai andati in motorino o in moto? Siete mai andati in Vespa? Se no, perché? Se sì, descrivete l'esperienza.
2. Secondo voi, è importante avere un passatempo? Perché?
3. Abbiamo tutti bisogno di ore libere dal lavoro. Siete d'accordo?
4. Che cosa vi piace fare nel tempo libero? Parlate delle vostre preferenze.
5. Alberto Fassina era uno studente liceale quando ha scritto questo brano. A voi piace scrivere? Avete un'altra attività creativa?

■ Vespa

Mi piace andare via con la mia vespa.

Mi piace accendere il motore, mettere la prima, mollare° lentamente la frizione° e sentirmi portare via.   *release / clutch*

Mi piace passare dalla prima alla seconda.

5 Mi piace sentire quando in seconda accelero piano piano.

Mi piace tirare la seconda° fino alla fine, sentirla che non ce la fa più°, per poi farla riposare mettendo la terza.   *tirare... : to drag out second gear / sentirla... : to feel that it can't take it anymore*

Mi piace la mia vespa.

(...)

10 Con la vespa ci sono tantissime cose che diventano più belle.

Una di queste è il pomeriggio d'estate.

Il pomeriggio afoso che tiene tutti in casa.

Tiene tutti tranne me.

Tranne me che esco e corro con la mia vespa, corro e mi prendo tutta l'aria in viso.

15 (...)

Corro incurante del sole che batte in testa, incurante dei capelli sul viso e incurante di quei piccoli fastidiosissimi° insetti che mi vengono adosso°.   *very annoying / mi... : hit me / che... : whether there is*

Con la mia vespa giro a qualsiasi ora, e ogni ora è bella, che ci sia° la luce o che ci sia la notte.

20 La notte è così bella con la vespa.

È bella perché c'è solo il fanale che illumina la strada, la luce illumina solo una piccola superficie e questo crea una piccola piacevole tensione, perché non so mai se dopo quel pezzetto di strada illuminata ce ne sarà un altro un po' rovinato.

Così a volte non mi accorgo di qualche piccola buca°, e allora la vespa traballa come   *qualche... : some small holes*

25 quella giostra che ho visto a Disneyland.

(...)

Mi sento un po' come Nanni Moretti, Nanni Moretti che va in giro per Roma con la sua vespa.

Mi piace molto Nanni Moretti, ma non è per questo che mi piace tanto la vespa.

30 La vespa mi piace perché mi fa sentire meno rinchiuso° negli spazi.   *penned in*

Da quando ho la vespa, mi sento un po' come la macchia di Coca-Cola che faccio sempre sulla tovaglia mentre mangio.

La macchia di Coca-Cola si allarga sempre di più, fino a non arrestarsi°. Nella stessa   *fino... : until it stops*
maniera mi sento io da quando ho la vespa.

35 (...)

Quando sono con la mia vespa, tutto mi sembra raggiungibile°, ma sono ben consapevole° che come la macchia di Coca-Cola anche io mi devo fermare.

Ma la mia vespa non si ferma mai (...)

attainable / ben... : well aware

Mi piace andare via con la vespa e la Michela seduta dietro.

40   Mi piace perché sento le sue braccia che mi tengono sui fianchi.

A volte prendo le mani e le tiro le braccia in modo tale che mi abbracci da dietro.
(...)

Mi piace andare via con la mia vespa.

Alberto Fassina, «Vespa», da *Coda*

■ Comprensione

1. L'autore parla a lungo della sua Vespa. Perché? Che tipo di rapporto ha Alberto con la sua Vespa?
2. Alberto ha visto il film «Caro diario» ed ha ammirato Nanni Moretti in «Vespa». Secondo voi, si identifica con lui?
3. Quando preferisce andare in Vespa? In quale stagione? A che ora? Perché?
4. Perché parla di Disneyland?
5. Che relazione c'è tra la macchia di Coca-Cola sulla tovaglia e le sensazioni di Alberto?
6. Chi è Michela?

■ Studio di parole

to be about

trattare di
to be about (subject is expressed)

Il film tratta delle avventure di due giovani.
The film is about the adventures of two young people.

*trattarsi di
to be a question, a matter of (impersonal subject)

Il dottore ha detto che si tratta di una cosa grave.
The doctor said it is a serious matter.

about

circa
about, approximately (used with a numeral or expression of quantity)

Ho circa trenta dollari.
I've got about thirty dollars.

verso
about, around (used with the time of day except when the verb is a form of **essere**)

Sono venuti verso le otto.
They came at about eight.

But: Sono circa le otto.
It's around (about) eight.

di, su, a proposito di, riguardo a
about, concerning, regarding, on the subject of

Chi ha letto quest'articolo sul disarmo?
Who has read this article on disarmament?

A proposito della festa, che cosa ti metti tu?
Speaking of the party, what are you going to wear?

to stop

fermare
to stop someone or something

Il poliziotto ferma la macchina.
The policeman stops the car.

fermata
stop (bus, streetcar, train)

smettere di + *infinitive*
to cease doing something, to quit

Voglio smettere di mangiare dolci.
I want to stop eating sweets.

Smettila!
Stop it! Cut it out!

*fermarsi
to stop moving, to come to a halt

Perché ti fermi davanti a tutti i negozi?
Why do you stop in front of every store?

to agree

*essere d'accordo
to agree

Non sono d'accordo con te.
I don't agree with you.

*andare d'accordo
to get along

Anna va molto d'accordo con Maria.
Anne gets along well with Maria.

*mettersi d'accordo
to come to an agreement, to agree

Finalmente si sono messi d'accordo.
They finally came to an agreement.

d'accordo (*or* **va bene**)
agreed, OK

Allora, ci vediamo alle cinque. —D'accordo!
Then we'll meet at five. —Agreed!

to be wrong

*essere sbagliato
to be incorrect (used when the subject is
 a thing or an idea)

Questo verbo è sbagliato.
This verb is wrong.

sbagliato
wrong (adj)

Il giallo è il colore sbagliato per me.
Yellow is the wrong color for me.

avere torto; sbagliare; *sbagliarsi
to be wrong (used when the subject is a person)

Mia madre ha torto (si sbaglia).
My mother is wrong.

sbaglio
mistake

Fai molti sbagli quando parli.
You make many mistakes when you speak.

*essere giusto (corretto)
to be right (correct) (used when the subject is a thing or an idea)

È giusto dire così?
Is it correct to say it this way?

giusto
right (adj)

Ecco la parola giusta!
Here's the right word!

avere ragione
to be right (used when the subject is a person)

Tu vuoi sempre avere ragione!
You always want to be right!

As in the case of **avere ragione** and **avere torto,** many Italian idioms use the verb **avere** to describe a state of being. The corresponding English expression generally uses the verb *to be.*

avere . . . anni	*to be . . . years old*	**avere fretta**	*to be in a hurry*
avere bisogno di	*to need*	**avere paura**	*to be afraid*
avere caldo	*to be warm*	**avere sete**	*to be thirsty*
avere fame	*to be hungry*	**avere sonno**	*to be sleepy*
avere freddo	*to be cold*	**avere voglia di**	*to feel like, to want*

■ Pratica

a. *Scegliere le parole che completano meglio la frase.*

1. Se dici questo, (sei sbagliato / hai torto).
2. A che ora (smettete / fermate) di lavorare? Alle sette?
3. (È giusto / Ha ragione) dire «Ciao!» a un professore?
4. Perché volete sempre (avere ragione / essere giusti)?
5. (Non siamo / Non andiamo) ancora d'accordo sul prezzo.
6. Di che cosa (tratta / si tratta) l'ultimo libro che hai letto?
7. Carla fuma (verso / circa) venti sigarette al giorno.
8. Sono stanco di camminare. Possiamo (fermarci / smettere)?

b. *Inserire le espressioni opportune.*

1. Mio marito ed io abbiamo sempre opinioni differenti, non _____.
2. Sono stanco, non _____ di uscire.
3. L'autobus 64 _____ qui.
4. Lavori troppo! Non _____ di una bella vacanza?
5. Chiaretta è una bambina che _____ del buio.
6. Il turista _____ sessantacinque anni.
7. Sono due giorni che non mangiano, _____.
8 Devi proprio _____ fumare.

c. *Domande per Lei.*

1. Come passa Lei la giornata? Ha molte ore libere?
2. Come occupa il tempo libero?
3. Preferisce la solitudine o la compagnia? Perché?
4. Preferisce avere a Sua disposizione un grosso conto in banca o tante ore libere? Perché?
5. Che cosa si aspetta dal lavoro?

✳ Temi per componimento o discussione

1. In Italia, i ragazzi di quattordici anni possono andare in motorino. Bisogna, però, frequentare i corsi di guida, passare l'esame e ottenere il patentino. Naturalmente il casco è obbligatorio. Siete d'accordo con queste regole? Vi sembrano giuste? Come sono le regole nel vostro paese? Discutetene.

2. Secondo alcuni, nella cultura italiana la Vespa è diventata un mito. Conoscete miti simili a quello della Vespa in Italia o nel mondo?

3. Qual è il mezzo di trasporto più diffuso tra i giovani della zona dove abitate voi? Perché? Sapete spiegare la differenza rispetto all'Italia?

4. Immaginate di essere in Italia. Volete vedere l'ultimo film di Moretti che incomincia tra 10 minuti, ma la macchina della vostra amica non funziona. C'è soltanto una Vespa, ma siete un gruppo di tre! Cosa fate? Scrivete un dialogo e rappresentatelo in classe.

5. Guardate il film «Caro diario». Quali sono i passatempi di Nanni Moretti e degli altri personaggi del film? Che cosa dice Moretti della Roma di oggi attraverso il tema della Vespa?

6. Per andare in vacanza bisogna avere un periodo relativamente lungo di tempo libero, ma abbiamo brevi periodi di tempo libero anche nella vita di tutti i giorni. Sono importanti? Perché? Come sono occupati da voi e dai vostri amici? Quali attività considerate più interassanti?

⬭ RICERCA WEB[1]

1. Fate una ricerca sulla storia della Vespa. Perché ha avuto tanto successo? Come è ricevuta negli Stati Uniti? Ci sono tanti modelli a prezzi differenti. Spiegate ai vostri amici quale modello vi piace e perché.

2. Anche la motocicletta piace molto agli Italiani, e non soltanto ai giovani. La moto più desiderata è la Ducati. Ricercate modelli, prezzi e stile. Quale caratteristica della Ducati vi piace, non vi piace? Perché? È diversa dalle moto americane? In che modo?

3. Lorenzo Jovannotti è un cantautore (*singer-songwriter*) italiano molto apprezzato. Cercate informazioni su Jovannotti e la sua musica. Vi piace? Sì, no, perché? Conoscete un musicista americano simile a lui?

---

[1] Here are some useful *canali di ricerca:* it.Altavista.com; www.google.it; it.yahoo.com

Ti va di... ? Adele invita Laura ad andare a vedere la mostra di De Chirico.

ADELE: Pronto, Laura?
LAURA: Ciao, Adele! Allora, ti va di vedere la mostra?
ADELE: Ma certo. Marco dice che è stupenda. Dove ci vediamo?
LAURA: Hai voglia di prendere qualcosa prima? Ci troviamo al Bar degli Artisti ed entriamo alle dieci; il museo è aperto dalle nove alle due.
ADELE: Va bene. Allora, alle nove e mezzo al bar. Ciao.

Estendere un invito

Che ne dici di andare / fare... ?	*What about going / doing . . . ?*
Ti va / Le va di... ?	
Hai voglia di... ?	*Do you feel like . . . ?*
Andiamo a / da... !	*Let's go to . . . !*
Puoi / Può venire stasera a... ?	*Can you come tonight to . . . ?*

Accettare un invito

Ma certo!	
Certamente!	
Con piacere.	*Certainly!*
Va bene. Dove ci troviamo?	*OK. Where should we meet?*
A che ora ci vediamo?	*What time shall we meet?*

Rifiutare un invito

Mi dispiace, ma devo...	*I'm sorry, but I have to . . .*
Grazie, ma non posso proprio.	
Non mi è proprio possibile.	*(Thank you but) I really can't.*
L'avessi saputo prima!	*If only I'd known it before!*
Se me lo avessi / avesse detto prima!	*If you'd only told me before!*

Parlare al telefono

Pronto, è in casa / c'è... , per favore?	*Hello, is . . . home, please?*
Chi parla?	
Con chi parlo?	*Who's calling?*
Sono... , mi fa parlare con... ?	
Buongiorno, sono... , mi passa / mi può passare... ?	*It's . . . Could I speak to . . . ?*
Le spiace se lascio un messaggio?	*Do you mind if I leave a message?*
Le / Gli dica che ha telefonato...	*Tell him / her that . . . called.*
Grazie. ArrivederLa / ci.	*Thank you. Goodbye.*
Ci sentiamo, allora.	*Let's be in touch.*

Che cosa dice?

1. Un amico Le telefona per proporLe di andare insieme in pizzeria. Lei ha un esame domani.

2. Il Suo professore di Relazioni Internazionali L'invita ad una festa in onore di studenti cinesi in visita all'università.

3. Lei telefona a un amico/un'amica per invitarlo/la a un concerto di musica rock, ma risponde il compagno/la compagna di stanza.

4. Degli amici di famiglia, che Lei trova antipatici, Le propongono un campeggio di una settimana in montagna.

5. Un ragazzo/Una ragazza che Le piace molto Le telefona per invitarLa in discoteca questa sera, ma Lei ha appena accettato di fare da baby-sitter per i suoi vicini di casa.

6. Lei telefona a un amico/un'amica per proporgli/le di venire con Lei in barca il prossimo fine settimana.

Situazioni

1. Lei è all'università. Suo padre viene a farLe visita e vuole sapere quanto tempo libero ha e come lo passa.

2. Lei è un/un'atleta, ma il Suo ragazzo/la Sua ragazza non è affatto sportivo/a. Ci dica cosa lui/lei fa quando non deve studiare o lavorare e se Lei è d'accordo o no.

3. I Suoi genitori intendono fare una festa per il Suo compleanno, ma Lei ha vinto una crociera per due persone alle Bahamas e intende andarci con il Suo ragazzo/la Sua ragazza. Ne parli con Sua madre.

4. C'è una mostra di Van Gogh nella Sua città. Telefoni a degli amici e faccia programmi precisi per andarci in gruppo.

Ti ricordi?
Adesso e prima

Come eravamo. Luciano racconta alla sua amica americana Leslie di quando era piccolo.

LUCIANO: Abitavo a Roma con i miei genitori, mia sorella e la tata, una filippina che viveva con noi. La mamma è insegnante e aveva bisogno di aiuto.

LESLIE: Com'eri? Eri bravo a scuola?

LUCIANO: Ma sì. Di solito prendevo dei bei voti. Ero allegro e spensierato. Avevo amici per giocare e due volte la settimana, di pomeriggio, frequentavo con mia sorella un centro culturale ricreativo per bambini. Monica passava molto tempo nella stanza della musica; io avevo una passione per il laboratorio di chimica.

LESLIE: E gli altri pomeriggi? Non ti divertivi con i videogiochi?

LUCIANO: Poco. Non potevamo usare il computer di papà. Avevamo due o tre giochi elettronici giapponesi, di quelli che si tengono in mano.

LESLIE: Facevi sport?

LUCIANO: Oh sì, ma più tardi, quando uscivo da solo. Il giovedì giocavo a minicalcio, nell'area di un campo da tennis. Due volte la settimana io e mia sorella avevamo lezione di nuoto.

LESLIE: A scuola?

LUCIANO: No, no! La scuola è un grande palazzo del quartiere dove abitavamo. La piscina è in un centro sportivo privato con palestra, campi da tennis e da pallacanestro. All'inizio ci andavamo in autobus, poi in motorino.

LESLIE: Ah, ma non avevi qualche lavoro dopo scuola?

LUCIANO: Solo raramente. Monica faceva un po' di baby-sitting; io davo ripetizioni di matematica. Avevamo la paghetta settimanale per le piccole spese, cioè la benzina per il motorino, il cinema, una birra con gli amici... E poi, è una questione culturale, la maggioranza dei ragazzi italiani non lavora durante gli anni di scuola.

LESLIE: Ho capito, siete proprio fortunati!

VIVERE IN ITALIA | I giovani oggi

Secondo un sondaggio recente il 91% degli adolescenti italiani è telefonino-dipendente, lo possiedono anche molti bambini delle scuole elementari. I genitori lo considerano uno strumento di controllo e di emergenza, i figli lo usano per mandare messaggini, perfino a scuola tra un banco e l'altro. Sono molto diffusi anche i videogiochi e gli iPod. Una dose del tempo libero è dedicata alla televisione, notiziari compresi per fortuna. Internet risulta molto utile per fare le ricerche assegnate come compito, ma non tutte le famiglie possiedono un computer e gli «Internet Bar» sono a pagamento.

Nel pomeriggio, a parte gli inevitabili compiti, c'è tempo da dedicare allo sport. Ci sono alcune piscine comunali e si può sempre andare in bicicletta, giocare a pallavolo *(volleyball)* o fare footing. Esistono centri sportivi ben attrezzati e scuole di arti marziali, ma sono a pagamento. Ci sono club socioculturali che offrono un luogo di ritrovo con musica, film e altre attività. Sono pochi i giovani che lavorano in età scolare, al massimo portano a spasso i cani o fanno piccole commissioni.

■ Vocabolario utile

l'animatore organizer of activities
l'attrezzatura equipment / facility
il barista bartender
la commissione errand
il messaggino sms / text message
il minicalcio minisoccer
il luogo di ritrovo meeting place
il nuoto swimming

la paghetta allowance
la piscina swimming pool
il pomeriggio afternoon
la ripetizione private lesson
il sondaggio (public opinion) poll
la tata nanny
il telefonino cell phone
il videogioco videogame

a pagamento for a fee

portare a spasso i cani to walk the dogs
prendere in affitto to rent
prendere un bel / brutto voto to get a
    good / bad grade

Le emozioni

allegro cheerful, happy
malato sick
malinconico sad
sano healthy
scatenato boisterous
solitario aloof / lonely
spensierato carefree
tranquillo quiet

Parco giochi in città. Sono differenti i parchi gioco dei bambini che conoscete voi?

■ Esercizi

a. *Scegliere l'espressione che meglio descrive il testo letto.*

1. Luciano era un bambino _____ .

    a. triste
    b. solitario

    c. contento
    d. timido

2. La mamma di Luciano _____ .

    a. lavorava in un laboratorio di chimica
    b. dava lezioni ogni giorno

    c. portava i bambini in piscina
    d. era istruttrice di nuoto

3. Monica _____ .

    a. andava in palestra
    b. nuotava ogni giorno

    c. giocava a pallacanestro
    d. amava la musica

4. Luciano _____ .

    a. faceva baby-sitting
    b. si muoveva in bicicletta

    c. dava lezioni private
    d. aveva tanti videogiochi

5. Molti adolescenti italiani _____ .

    a. lavorano durante l'estate
    b. ricevono soldi dai genitori

    c. hanno l'automobile
    d. frequentano scuole con piscina e campi sportivi

b. Come sei? *Che cosa fa un bambino/una bambina...*

1. malato/a?
2. sano/a?
3. solitario/a?

4. tranquillo/a?
5. scatenato/a?
6. malinconico/a?

■ A voi la parola

a. I giovani oggi. *In piccoli gruppi rispondete alle domande che seguono, e paragonate* (compare) *le vostre conclusioni con quelle degli altri gruppi.*

1. Lei possiede un telefonino? Lo considera necessario? Sì, no, perché? Secondo Lei, gli adolescenti americani lo considerano indispensabile come i ragazzi italiani?

2. Secondo Lei, qual è l'uso fondamentale che la gente fa del telefono cellulare nel Suo paese? Quali sono le occasioni di uso più frequente per Lei e i suoi amici? I messaggini sono importanti come per i ragazzi italiani?

3. Lei appartiene a un club culturale, ricreativo, caritativo *(volunteer)*? Si tratta di attività diffuse tra i Suoi amici? Tra i ragazzi più giovani?

4. Secondo Lei, chi usa i videogiochi? E gli iPod? Sono importanti per Lei? Per i Suoi amici?

5. Pensa di cercare un lavoro durante le vacanze? Lavorano i Suoi amici? Che attività hanno?

b. Offerte d'estate. *Immaginate di avere tempo libero durante l'estate. Leggete gli annunci (offerte d'estate) e rispondete alle domande che seguono.*

> **AMS VACANZE** cerca ragazzi/e per i propri villaggi turistici in Italia e all'estero. Mansioni varie (animatori, giardinieri, cuochi, camerieri, addetti pulizie). Età tra i 20 e i 35 anni.
> Contatti: www.amsvacanze@iol.com

> **SOCIETÀ VILLAGGI TURISTICI** cerca:
> 1. Animatori per attività bambini (esperienze psico-pedagogiche, scout, feste per bambini, assistenza all'infanzia).
> 2. Accompagnatori escursioni (attività comunicativa, due lingue).
> 3. Governanti (esperienza nel settore alberghiero).
> Contatti: www.socivilla@aiol.it

1. Vi interessano i lavori offerti da AMS VACANZE e SociVilla? Sì, no, perché? Pensate di avere le qualifiche necessarie per fare domanda *(apply)*?

2. Quali sono i lavori estivi tipici della zona dove abitate voi?

3. Un amico/Un'amica vi chiede consigli su un lavoro all'estero. Che cosa rispondete?

I. Imperfetto

Verbi regolari

The **imperfetto** (*imperfect* or *past descriptive*) is formed by adding the characteristic vowel and the appropriate endings to the stem. The endings are the same for all three verb conjugations: **-vo, -vi, -va, -vamo, -vate, -vano.**

AMARE	CREDERE	FINIRE
ama**vo**	crede**vo**	fini**vo**
ama**vi**	crede**vi**	fini**vi**
ama**va**	crede**va**	fini**va**
ama**vamo**	crede**vamo**	fini**vamo**
ama**vate**	crede**vate**	fini**vate**
am**a**vano	cred**e**vano	fin**i**vano

Verbi irregolari

Very few verbs are irregular in the **imperfetto.** The most common are shown below.

ESSERE	BERE[1]	DIRE[1]	FARE[1]	TRADURRE[1]
ero	bevevo	dicevo	facevo	traducevo
eri	bevevi	dicevi	facevi	traducevi
era	beveva	diceva	faceva	traduceva
eravamo	bevevamo	dicevamo	facevamo	traducevamo
eravate	bevevate	dicevate	facevate	traducevate
erano	bev**e**vano	dic**e**vano	fac**e**vano	traduc**e**vano

C'era and **c'erano** correspond to the English *there was, there were.*

—C'era un pacco per noi.   —Non c'erano molte lettere.
There was a package for us.   *There weren't many letters.*

Uso dell'imperfetto

A. The **imperfetto** is used:

1. to express an habitual action in the past (equivalent to the past tense, or to *used to* or *would* + verb, in English).

   Andavamo in campagna ogni week-end.
   We went to the country every weekend.

---

[1] In the **imperfetto,** as in the **presente,** the verbs **bere, dire, fare,** and **tradurre** use the Latin stems **bev-, dic-, fac-,** and **traduc-.**

2. to express an action in progress in the past (equivalent to *was + -ing* in English).

> I bambini **dormivano** mentre io **lavavo** i piatti.
> *The children were sleeping while I was doing the dishes.*

3. to describe conditions and states of being (physical, mental, and emotional) in the past, including time, weather, and age in the past.

> Quand'**ero** bambina, **ero** molto timida.
> *When I was a child, I was very shy.*

> I miei genitori **sapevano** che **avevo** paura del buio.
> *My parents knew that I was afraid of the dark.*

<aside>
Un antico messaggio d'amore.

Era di maggio e ben me ne ricordo
quando ci cominciammo a benvolere.
Eran fiorite le rose nell'orto e le ciliege **diventavan** nere.
Le **diventavan** nere in su la rama
io ti conobbi e fosti la mia dama.
</aside>

B. The imperfetto may also indicate for how long or since when something had been going on.

—Da quanto tempo lavoravi?
How long had you been working?

—Quanto tempo era che lavoravi?
How long had you been working?

—Lavoravo da due mesi.
I had been working for two months.

—Erano due mesi che lavoravo.
I had been working for two months.

■ Esercizi

a. Adesso e prima. *Lei ora abita lontano da casa. Racconti ai Suoi nuovi amici come è cambiata la Sua vita. Usi la forma affermativa con le parole suggerite e il verbo all'imperfetto.*

ESEMPIO   Adesso non viaggiamo più.
         Prima viaggiavamo sempre.

1. Ora non faccio più passeggiate in montagna.
2. Ora non vado più allo zoo o al circo.
3. Ora io e Andrea non giochiamo più a tennis.
4. Adesso non mi diverto più a cucinare per gli amici.
5. Ora non devo più prendere le vitamine per far contenta mia madre.
6. Ora gli amici non vengono più da me la sera a sentire la musica.
7. Adesso Maria ed io non ci vediamo più ogni giorno.
8. Adesso mio padre non protesta più quando torno tardi.

b. *Marco si sente in colpa* (guilty), *vuole scusarsi ma gli piace anche fare un po' la vittima. Completare con la forma corretta di* **essere** *o* **avere.**

1. Sono venuto a casa tua ma tu non c'_____ .
2. Non ho aspettato perché _____ fretta.
3. La mia macchina _____ dal meccanico, quindi _____ a piedi.
4. Il tempo _____ bruttissimo e (io) _____ un gran freddo.
5. Al bar ho ordinato un tè, ma quando me l'hanno portato _____ appena tiepido (*lukewarm*).
6. Sono andato a comprare i biglietti del teatro ma il botteghino (*box office*) _____ chiuso.
7. Quando sono arrivato a casa _____ tardi.
8. Non ti ho telefonato perché _____ paura di disturbare.
9. Volevo chiederti scusa. Ieri tu _____ ragione. (Io) _____ uno snob insopportabile e non voglio ammetterlo.

c. Il mio eroe. *Un astronauta famoso visita la scuola elementare di Gabriele. Gabriele, che sogna di diventare pilota, gli fa molte domande. Trasformare i verbi in parentesi all'imperfetto, poi immaginare di essere l'astronauta e rispondere alle domande.*

1. Che cosa (volere) _____ diventare Lei quando (essere) _____ piccolo?
2. (Lei) (prendere) _____ dei bei voti quando (fare) _____ le elementari?
3. Quanti anni (avere) _____ quando ha volato per la prima volta?
4. (Essere) _____ nervoso? (Avere) _____ paura?
5. Mentre (volare) _____ verso la luna, a che cosa (pensare) _____ ? Che cosa (mangiare) _____ e (bere) _____ ?
6. Sulla luna (esserci) _____ degli extraterrestri? (Parlare) _____ italiano?

d. *Riscrivere ogni frase sostituendo l'imperfetto al presente.*

1. Quando il tempo è buono, i ragazzi giocano a minicalcio; quando piove restano a casa.
2. Non so mai cosa fare la domenica pomeriggio. I miei amici vanno a vedere la partita ma a me il calcio non interessa. Così sto a casa e mi annoio.
3. Anna lavora come animatrice in un villaggio turistico, il suo collega Alberto è barista. Anna è una ragazza molto carina e simpatica. Alberto la guarda con ammirazione e tutti dicono che è innamorato di lei. Ma Alberto non ha il coraggio di parlarle perché è timido e ha paura di un rifiuto *(refusal)*.

e. Da quanto tempo... ? Quanto tempo era che... ? *Esprimere in un altro modo le seguenti frasi.*

ESEMPIO   Luca aspettava Lucia da tre ore.
          Erano tre ore che Luca aspettava Lucia.

1. Fausto era innamorato di Luisa da diversi anni.
2. Erano quasi due mesi che aspettava una sua lettera.
3. Ma lo sciopero della posta durava ormai da sei settimane.
4. Era tanto tempo che provava a telefonarle.
5. Ma il telefono di Luisa era guasto *(out of order)* da più di un mese.
6. Non si vedevano da Natale.
7. Erano due anni che vivevano lontani.
8. Forse Luisa da un po' di tempo aveva un altro ragazzo.

f. Il paese della cuccagna *(The land of plenty). Da bambino/a quale era il Suo gioco preferito? Aveva tanti giocattoli? Preferiva giocare da solo/a o con gli amici/le amiche? Che cosa Le piaceva fare quando era freddo? E quando faceva caldo? Quando era malato/a? Con un compagno/una compagna di classe, parli della Sua infanzia. Alternatevi a fare domande e a rispondere. Poi riferite le informazioni alla classe. Alcune parole utili:*

il Monopoli™	il trenino *toy train*
la palla *ball*	le figurine *trading cards*
le macchinette *toy cars*	la bambola *doll*
i soldatini *toy soldiers*	le biglie *marbles*
i Lego™	la bicicletta *bicycle*

NOTE: **giocare a** *to play (a game)*

II. Aggettivi

A. Italian adjectives agree in gender and number with the nouns they modify. They can be divided into three classes, depending on the ending of the adjective in the masculine singular: **-o,** **-e,** or **-a.**

	SINGULAR		PLURAL	
	Masculine	**Feminine**	**Masculine**	**Feminine**
First class (4 endings)	-o	-a	-i	-e
Second class (2 endings)	-e		-i	
Third class[1] (3 endings)	-a		-i	-e

nuov**o**/nuov**a**
intelligent**e**
ottimist**a**

nuov**i**/nuov**e**
intelligent**i**
ottimist**i**/ottimist**e**

È un ragazzo ottimist**a.**
He is an optimistic young man.

Fabio ha due figlie intelligent**i.**
Fabio has two intelligent daughters.

Diana è una donna intelligent**e.**
Donna is an intelligent woman.

Studiamo parole nuov**e.**
We are studying new words.

1. A few adjectives, such as **ogni** *(every)*, **qualsiasi** *(any)*, and **qualche** *(some)*, have only one form and are used only with singular nouns.

   ogni ragazzo e ogni ragazza
   every boy and girl

   qualche uomo e qualche donna
   some men and women

   qualsiasi richiesta
   any request

2. The adjective **blu** *(blue)* and other adjectives of color that were originally nouns (**rosa, viola, marrone,** etc.) are invariable.

   un vestito rosa e un vestito rosso
   a pink dress and a red dress

   scarpe nere e guanti marrone
   black shoes and brown gloves

3. If an adjective modifies two or more nouns of different genders, the masculine plural form is used.

   Il vino e la birra sono cari.
   Wine and beer are expensive.

---

[1] There are only a few adjectives in this class, but they are frequently used. The most common are: **comunista, fascista, socialista, femminista, ottimista, pessimista,** and **egoista.**

4. Certain adjectives change their spelling in the plural. These changes follow the same patterns that nouns do (see pages 14–16). Other spelling changes in adjectives depend on where the stress falls in the word.

	CHANGE	SINGULAR	PLURAL
stress on syllable preceding -co/go	-co → -chi	stanco	stanchi
	-ca → -che	stanca	stanche
	-go → -ghi	lungo	lunghi
	-ga → -ghe	lunga	lunghe
stress on second syllable preceding -co/-go	-co → -ci	antipatico	antipatici
	-ca → -che	antipatica	antipatiche
	-go → gi	psicologo	psicologi
	-ga → -ghe	psicologa	psicologhe
the -i- is not stressed	-io → -i	vecchio	vecchi
	-ia → -ie	vecchia	vecchie
the -i- is stressed	-io → -ii	restio	restii
	-ia → -ie	restia	restie
	-cio → -ci	riccio	ricci
	-cia → -ce	riccia	ricce
	-gio → -gi	greggio	greggi
	-gia → -ge	greggia	gregge

B. The position of adjectives is governed by the following rules:

1. Descriptive adjectives generally follow the noun they modify.

   una ragazza simpatica   un vino rosso   due vestiti eleganti
   a pleasant girl   *a red wine*   *two elegant dresses*

   They *always* follow the noun when modified by **molto** *(very)* or another adverb.

   un palazzo molto bello   una signora abbastanza giovane
   a very beautiful palace   *a fairly young lady*

2. Numerals and demonstrative, possessive, interrogative, and indefinite adjectives generally precede the noun they modify.

   le prime cinque lezioni   i nostri zii   un'altra strada
   the first five lessons   *our uncles*   *another road*

3. A few common descriptive adjectives usually precede the noun.

bello	buono	grande	giovane	lungo
brutto	cattivo	piccolo	vecchio	

   Facevamo lunghe passeggiate.   C'era sempre un cattivo odore in cucina.
   We used to take long walks.   *There was always a bad smell in the kitchen.*

■ Esercizi

a. *Mettere al femminile e poi cambiare dal singolare al plurale.*

> ESEMPIO   simpatico e gentile
> **simpatica e gentile**
> **simpatiche e gentili**

1. povero ma onesto
2. bello ma egoista
3. stanco morto
4. sano e salvo *(safe and sound)*
5. lungo e difficile
6. utile e necessario
7. stretto o largo *(narrow or wide)*
8. dolce o amaro *(sweet or bitter)*
9. grande e grosso
10. studioso e intelligente
11. felice e contento
12. brutto e antipatico
13. vecchio e malato
14. bianco, rosso e verde

b. *Completare le frasi con la forma corretta dell'aggettivo fra parentesi. Mettere l'aggettivo al posto giusto.*

> ESEMPIO   (straniero) Studiamo due lingue.
> **Studiamo due lingue straniere.**

1. (italiano) Conosci questo pittore?
2. (giallo) Mi piacciono le rose.
3. (antico) Voglio comprare dei mobili.
4. (pubblico) I giardini erano magnifici.
5. (vecchio) Sono quadri.
6. (insopportabile) Hanno due bambini.
7. (cattivo) Che odore!
8. (altro) Abbiamo un professore di fisica.
9. (barocco) Capite la musica?
10. (riccio) Mi piacciono i tuoi capelli.

c. *Mettere al plurale.*

> ESEMPIO   occhio nero
> **occhi neri**

1. persona ricca
2. uovo fresco
3. giacca blu
4. moglie giovane
5. braccio lungo
6. catalogo artistico
7. albergo centrale
8. figlio unico
9. commedia magnifica
10. crisi inutile
11. parco famoso
12. esempio giusto
13. partito fascista
14. dito sporco
15. caffè caldo
16. film idiota
17. rivista comunista
18. ingegnere tedesco
19. specie rara
20. esercizio noioso

d. *Com'era Lei quando era bambino/a? Lavorando in coppia, ciascuno dei due interlocutori descriva all'altro com'era da bambino/a usando le parole che seguono in frasi complete.*

> ESEMPIO   **Quando ero bambino/a, ero studioso/a.**

1. biondo(a) / bruno(a)
2. grasso(a) / magro(a)
3. malinconico(a) / allegro(a)
4. timido(a) / esuberante
5. nervoso(a) / tranquillo(a)
6. disordinato(a) / ordinato(a)
7. ribelle / ubbidiente
8. riflessivo / impulsivo

Grande e santo

In addition to their regular forms, **grande** and **santo** may have shortened forms, but only when they precede the noun they modify.

1. **Grande** (*great, big*) can be shortened to **gran** before singular or plural nouns beginning with a consonant other than **s** + *consonant*, **z**, or **ps.**

   un gran poeta   una gran fame   gran signori
   (*but* un grande scrittore)

   The invariable form **gran** can be used as an adverb before an adjective to express the meaning of *quite*.

   una gran bella casa   un gran bell'uomo
   quite a beautiful home   *quite a handsome man*

2. **Santo** (*saint*) is shortened to **San** before masculine names beginning with a consonant other than **s** + *consonant*, and to **Sant'** before masculine and feminine names beginning with a vowel.

   San Pietro   Santa Teresa   Sant'Antonio   Sant'Elena
   (*but* Santo Stefano)

   Santo (meaning *holy* or *blessed*) follows the regular pattern **santo, santa, santi, sante** and may precede or follow a noun.

   la Terra Santa   il Santo Padre   tutto il santo giorno
   the Holy Land   *the Holy Father*   *the whole blessed day*

■ Esercizio

Inserire la forma corretta di **grande** *o* **santo.** *Usare la forma abbreviata quando è possibile.*

ESEMPIO   Il tempo è una **gran** medicina.

1. Mi fate un _____ piacere se venite a trovarmi.
2. La festa di _____ Giovanni è il 24 giugno; quand'è la festa di _____ Anna?
3. Conosci la vita di _____ Caterina?
4. C'era una _____ folla in piazza quel giorno.
5. Il signor Agnelli è un _____ industriale.
6. Il palazzo non sembrava _____ .
7. È vero che studiate tutto il _____ giorno?
8. Elena è una _____ bella donna.
9. Il santo protettore di Bari è _____ Nicola.
10. Le due _____ passioni di Marco sono il cinema e la televisione.

III. Articolo indeterminativo

The forms of the **articolo indeterminativo** (*indefinite article*) are shown below. The form used depends on the gender of the noun it modifies and on the first letter of the word that follows it.

	MASCULINE	FEMININE
before a consonant	un	una
before s + *consonant*, z, or ps	uno	una
before a vowel	un	un'

un romanzo e una commedia
a novel and a comedy

uno zio e una zia
an uncle and an aunt

un amico e un'amica
a male friend and a female friend

The word immediately following the article determines the form used (as in English: *an egg, a rotten egg*).

uno studente
un'edizione

un altro studente
una nuova edizione

A. **Un, uno, una,** and **un'** correspond to the English article *a, an*; they are also the forms of the numeral **uno** *(one)*.

Un caffè e una Coca-Cola, per favore!
One coffee and one Coca-Cola, please!

B. The indefinite article is omitted after the verbs **essere** and **diventare** *(to become)* before unmodified nouns indicating profession, nationality, religion, political affiliation, titles, and marital status.

Giancarlo vuole diventare medico.
Giancarlo wants to become a doctor.

Enrico era avvocato; era un bravo avvocato.
Henry was a lawyer; he was a good lawyer.

Lei era cattolica e lui era protestante.
She was a Catholic and he was a Protestant.

È sposato o è scapolo?
Is he married or is he a bachelor?

NOTE: **Fare** + *definite article* + *profession* is an alternative to **essere** + *profession*.

Enrico era avvocato.

Enrico faceva l'avvocato.

C. The article is also omitted after **che** *(what a)* in exclamations.

Che bella ragazza!
What a beautiful girl!

Che peccato!
What a pity!

■ Esercizi

a. *Inserire la forma corretta dell'articolo indeterminativo.*

1. È vero che la lezione di musica dura _____ ora e _____ quarto?

2. Ho _____ dubbio: mi hai detto che hai _____ nuovo videogioco o _____ iPod?

3. Gianni fa _____ studio sul tempo libero.

4. Abbiamo bisogno di _____ insegnante di educazione fisica.

5. Andare in palestra è _____ buona idea.

6. Paolo dice che ha _____ paghetta insufficiente.

7. Devo comprare _____ zaino *(backpack)* nuovo.

8. Aldo scrive _____ storia sulla vita del suo cane.

b. *Cambiare dal plurale al singolare.*

ESEMPIO due giornali e due riviste
un giornale e una rivista

1. due alberghi e due pensioni
2. due mani e due piedi
3. due pere e due fichi
4. due italiani e due tedeschi
5. due signori e due signore
6. due automobili e due biciclette
7. due città e due paesi
8. due mogli e due mariti

c. Antonio. *Inserire le forme opportune dell'articolo indeterminativo. Indicare con una X gli spazi vuoti in cui l'articolo non serve.*

Antonio era _____ cameriere. Era _____ italiano, ma voleva diventare _____ americano. Lavorava in _____ ristorante francese in _____ piccola città americana. Era _____ buon lavoro e lui era contento perché guadagnava _____ mucchio *(a lot)* di soldi. Voleva frequentare _____ università prestigiosa e diventare _____ avvocato. Sperava di trovare _____ moglie buona e simpatica e di abitare con lei in _____ bella casa vicino a _____ lago. Invece ha vinto alla lotteria ed è diventato _____ buono a nulla *(good for nothing)*.

Buono e nessuno

Buono *(good)* and **nessuno** *(no, not . . . any)* have parallel forms when they directly precede the noun they modify. Note the similarity with the forms of the indefinite article **un.**

	SINGULAR	
	Masculine	**Feminine**
before a consonant	un / buon / nessun	una / buona / nessuna
before **s** + *consonant*, **z,** or **ps**	uno / buono / nessuno	una / buona / nessuna
before a vowel	un / buon / nessun	un' / buon' / nessun'

Buono is regular in the plural: **buoni** and **buone.**

buon libro	nessun Italiano
buon'automobile	nessun'Italiana
buono stipendio	nessun padre
buoni amici	nessuno zio

When **buono** follows the noun it modifies, either directly or after the verb, the regular pattern applies: **buono, buona, buoni, buone.**

un libro buono   Quest'arancia non sembra buona.
a good book   *This orange doesn't seem good.*

■ Esercizio

Inserire la forma corretta di **buono** *o* **nessuno.**

ESEMPIO   Non c'era **nessuno** sbaglio.

1. Oggi sono di _____ umore perché ho ricevuto una _____ notizia.
2. _____ altro negozio vende questi dolci.
3. Le sue intenzioni non erano _____ .
4. Non avete _____ ragione per criticarmi.
5. Ti raccomando i _____ spettacoli e i _____ compagni.
6. Edmondo non ama _____ altra donna.
7. Non avevo _____ voglia di andare al cinema.
8. Non devi farlo, non è una _____ azione!
9. Non conosco _____ psichiatra italiano.
10. Il vino diventa _____ con gli anni.

IV. Numeri cardinali

A. Cardinal numbers are used in counting, in indicating quantities, and in stating most dates. The Italian cardinal numbers from one to thirty are:

1 uno	11 undici	21 ventuno
2 due	12 dodici	22 ventidue
3 tre	13 tredici	23 ventitré
4 quattro	14 quattordici	24 ventiquattro
5 cinque	15 quindici	25 venticinque
6 sei	16 sedici	26 ventisei
7 sette	17 diciassette	27 ventisette
8 otto	18 diciotto	28 ventotto
9 nove	19 diciannove	29 ventinove
10 dieci	20 venti	30 trenta

The numbers from forty on are:

40 quaranta	100 cento	700 settecento	1.000.000 un milione
50 cinquanta	200 duecento	800 ottocento	2.000.000 due milioni
60 sessanta	300 trecento	900 novecento	1.000.000.000 un miliardo
70 settanta	400 quattrocento	1.000 mille	2.000.000.000 due miliardi
80 ottanta	500 cinquecento	2.000 duemila	
90 novanta	600 seicento		

B. The following are some points to remember when using numbers.

1. The number **uno** follows the rules of the indefinite article.

un caffè	uno scotch	un'aranciata
un espresso	una Coca-Cola	

2. Numbers ending with **-uno** (21, 31, etc.) may drop the **-o** in front of a plural noun.

ventun ragazzi   trentun ragazze

3. The indefinite article is not used with **cento** *(hundred)* and **mille** *(thousand)*, but it is used with **milione.**

    cento soldati   mille soldati   un milione di soldati

4. *Eleven hundred, twelve hundred,* etc., are expressed as **millecento** *(one thousand one hundred)*, **milleduecento** *(one thousand two hundred)*.

5. The plural of **mille** is **mila:**

    mille euro   duemila euro   centomila euro

6. **Milione** (pl. **milioni**) and **miliardo** (pl. **miliardi**) are nouns and take **di** before another noun.

    sessanta milioni **di** Italiani   un miliardo **di** euro

    But: due milioni cinquecentomila euro

C. Numbers are written differently in Italian compared to English.

1. In Italian, a comma is used instead of a decimal point to separate whole numbers from decimals.

    14,95 (read **quattordici e novantacinque**) = 14.95

2. A period is used instead of a comma to separate thousands from hundreds and millions from thousands.

    10.000 = 10,000   57.000.000 = 57,000,000

D. Approximate quantities can be indicated with collective numbers, most of which are formed by adding the suffix **-ina** to the cardinal number (minus the final letter).

venti   **una ventina**   *about twenty*
quaranta   **una quarantina**   *about forty*

Exceptions: **un centinaio** (pl. **centinaia**) *about a hundred (hundreds)*; **un migliaio** (pl. **migliaia**) *about a thousand (thousands)*.

These collective numbers are nouns and take **di** before another noun. In the singular they are preceded by the indefinite article.

Conosco una ventina di persone.   Ho visto centinaia di studenti.
I know about twenty people.   *I saw hundreds of students.*

—*Deve smettere di pensare ai soldi. Ma davvero possiede quattrocento milioni di euro?*

■ Esercizi

a. **L'elenco telefonico** *(telephone book)*. *Ecco alcuni numeri di telefono e il prefisso* (area code). *Imparare a pronunciarli e a scriverli all'italiana.*

ESEMPI   Roma: (06) 47 53 64 **quattro / sette / cinque / tre / sei / quattro**

                       47 53 64 **quarantasette / cinquantatré / sessantaquattro**

                 69 97 462 **sessantanove / novantasette / quattrocentosessantadue**

1. Genova: (10)   34 78 092   20 56 79
2. Firenze: (55)   44 60 92   57 94 563
3. Milano: (02)   79 86 345   70 84 21
4. Napoli: (81)   78 76 75   90 74 20
5. Pisa: (50)   44 37 869   23 33 43

b. **Anna immagina di essere molto ricca e di fare grandi spese.** *Pronunciare i numeri ad alta voce e poi scriverli.*

un appartamento in città	€ 700.000,00
un'automobile di marca	€ 45.000,00
una collana di perle	€ 1.800,00
un bell'orologio d'oro	€ 2.100,00
un grande tappeto persiano	€ 3.850,00
TOTALE	€ 752.750.00,00

(V. Il tempo)

There are different ways to talk about weather conditions.

A. Che tempo fa?   *How is the weather?*
    Com'è il tempo?   *What is the weather like?*

    Fa bello (bel tempo).
    È bello.   *It's nice (fine) weather.*
    Il tempo è bello.

    Fa brutto (tempo).
    Fa cattivo tempo.   *It's bad weather.*
    (Il tempo) È brutto.

    Fa caldo (freddo, fresco).   *It's hot (cold, cool).*

B. C'è afa.   *It's muggy.*
    C'è foschia.   *It's hazy.*
    C'è (la) nebbia.   *It's foggy.*
    C'è il sole.   *It's sunny.*
    C'è (Tira) vento.   *It's windy.*
    È sereno.   *It's clear.*
    È coperto (nuvoloso).   *It's cloudy (overcast).*

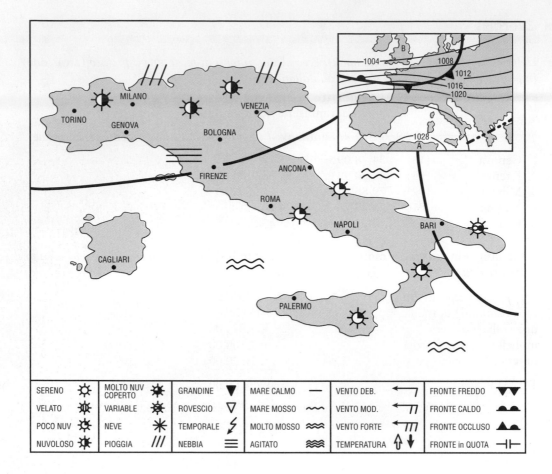

SERENO ☼	MOLTO NUV COPERTO	GRANDINE ▼	MARE CALMO ─	VENTO DEB.	FRONTE FREDDO ▼▼
VELATO	VARIABLE	ROVESCIO ▽	MARE MOSSO ∼∼	VENTO MOD.	FRONTE CALDO ▲▲
POCO NUV	NEVE	TEMPORALE ⚡	MOLTO MOSSO ≈≈	VENTO FORTE	FRONTE OCCLUSO ▲▲
NUVOLOSO	PIOGGIA ///	NEBBIA ≡	AGITATO ≋	TEMPERATURA ⇧⇩	FRONTE in QUOTA ⊣⊢

C. Piove. (pi_o_vere)   *It's raining.*   la pioggia *rain*
   N_e_vica. (nevicare)   *It's snowing.*   la neve *snow*
   Gr_a_ndina. (grandinare)   *It's hailing.*   la gr_a_ndine *hail*

▪ Esercizio

Che tempo fa? *In gruppi di due o tre studenti, scambiarsi domande sul tempo. Dare tutte le informazioni possibili.*

1. Che tempo fa oggi?
2. Come sono le stagioni a San Francisco?
3. Com'è l'inverno a New York?
4. È bello l'autunno nella Sua città?
5. Nevica qualche volta a Pasqua a Washington D.C.?
6. Dove fa bello oggi in Italia?
7. Che tempo fa a Milano? e a Palermo?
8. Se andiamo in Italia a luglio, che tempo troviamo?
9. E se andiamo a Natale?

■ Vocabolario utile

appendere (*pp* **appeso**) to hang
esigere (*pp* **esatto**) to demand, insist
ritagliare to cut out
sfoggiare to show off
tramandare to pass on, hand down

il bastone da passeggio walking stick
il calore warmth
la garanzia guarantee
la guancia cheek
le posate silverware
la radice root
la teglia pan
la vedova/il vedovo widow/widower

al buio in the dark
ateo atheist
attiguo (a) attached (to)
assorto intent, absorbed
avaro miserly
debole weak
duro hard, tough
ebreo Jewish
malgrado despite
orgoglioso proud
teso taught, tight

Al pianoforte. Non sembra una lezione difficile.

■ Prima di leggere

Il brano che segue, «Zia Mela», fa parte del romanzo *Casalinghitudine*° di Clara Sereni. *Housewifeliness*
L'autrice è nata a Roma, dove ha trascorso la maggior parte della sua vita, ma negli
anni novanta si è trasferita a Perugia. Clara Sereni è narratrice, editorialista e tradut-
trice. Da molti anni è anche impegnata in politica, e dal 1995 al 1997 è stata vicesin-
daco° di Perugia. *deputy mayor*

    Casalinghitudine è un romanzo autobiografico in cui Clara analizza se stessa e i per-
sonaggi attraverso il tema del cibo (ogni capitolo inizia con una ricetta). In «Zia
Mela», Clara racconta i suoi ricordi a proposito di una prozia°, zia Ermelinda. La fami- *great-aunt*
glia di Clara era complicata: sua madre è morta e suo padre ha successivamente sposato una donna molto più giovane di lui. Alla zia piaceva scegliere un nipote al quale
prestare particolare attenzione°, e per questo scopo ha scelto di educare anche Clara. *prestare...: pay special attention*
In questo brano, Clara descrive il loro rapporto. Inoltre, l'autrice fa riferimento alla re-
ligione ebraica della sua famiglia, per la quale alcuni membri avevano subito° le perse- *avevano...: underwent*
cuzioni razziali.

In gruppi di due o tre studenti discutete le seguenti domande:

1. Vi ricordate di un rapporto d'infanzia con un parente anziano? Nonni, bisnonni, zii, prozii? Che rapporto avevate? Qual è il ricordo più intenso? Descrivetelo.
2. Avete mai studiato uno strumento musicale da piccoli? Vi piacevano le lezioni? Discutete le vostre reazioni.
3. Da bambini/e, eravate interessati al vostro albero genealogico? Le radici erano importanti per la vostra famiglia? Parlatene.
4. Avete dei ricordi che associano un cibo specifico ad una persona particolare della vostra infanzia? Se sì, spiegatelo.

■ Zia Mela

Maestra elementare, ex dama di compagnia° della regina, pianista, enigmista° frenetica, poliglotta, vedova senza figli, con dei bellissimi capelli bianchi pettinati all'antica e una gamba malata che le consentiva di sfoggiare sontuosi bastoni da passeggio, zia Ermelinda viveva nell'appartamento attiguo al nostro e mangiava con noi, sempre

5 attenta a controllare come tenevo le posate, o se stavo abbastanza eretta.

La chiamavo zia Mela per le sue guance, tese e fresche malgrado gli ottant'anni: accarezzarle era un piacere di cui conservo una precisa memoria°. Come il suo odore, fatto di colonia, sapone di Marsiglia, orgogliosa vecchiaia.
(…)

10 Dicono che da piccola ero stonata°, zia Ermelinda mi mise° al pianoforte quando avevo tre anni: bloccò° lo sgabello girevole° che avrebbe potuto costituire un elemento di pericolo o di distrazione, e cominciò° a farmi fare giorno dopo giorno—nelle ore peggiori, quelle del pomeriggio in cui tutti i bambini del palazzo giocavano in cortile— scale solfeggi esercizi, Burgmüller Clementi e poi Beethoven.

15 Al ritorno dai viaggi mio padre veniva a sentirmi suonare, si sedeva sul divano di velluto con aria assorta a controllare se avevo fatto progressi o no.
(…)

Doveva fare di me un genio, dunque mi rendeva partecipe°: della sua toilette (…); del suo farsi bella (…); della sua eleganza (…); del suo passato (…); delle nostre radici,

20 inscritte nell'albero genealogico appeso accanto al suo letto. Molti riti, ciascuno con una sua funzione.

Mio padre era uscito dalla Comunità°, zia Ermelinda era osservante. (…) Il mondo della religione mi appariva esotico e favoloso, senza che ciò mi desse° un desiderio particolare di entrarvi.

25 (La sera al buio—la veilleuse° considerata indulgenza da deboli, l'unica luce cui aggrapparsi° il buco della serratura°—recitavo per sicurezza le preghiere cattoliche imparate a scuola. Nei componimenti le mie compagne descrivevano la prima comunione come il giorno più bello della loro vita (…)

Alle medie, quando la diversità di essere atea fu° un peso, mi professai ebrea.) (…)

30 Per Kippur zia Ermelinda, che non cucinava quasi mai, si preparava una cena eccezionale. (…) Seduta a capotavola nel suo abito più elegante, zia Ermelinda si circondava allora di piatti, piattini, bicchieri e posate in gran numero: la nostra cena normale si illuminava un po' della sua cerimonia (…).

dama… : lady's companion / lover of puzzles

precisa… : a clear memory

ero… : I sang off-key / **ha messo** / **ha bloccato** / **sgabello… :** revolving stool / **ha cominciato**

mi… : she involved me

the Jewish Comunity

senza… : without giving me

night light

to cling to / **buco:** keyhole

è stata

Nella sarabanda° domestica che precedeva i pranzi importanti di cui esigeva la
35 supervisione, zia Ermelinda si ritagliava inflessibilmente lo spazio degli gnocchi di
semolino. Ce ne andavamo a prepararli nella sua cucina, noi due sole, mentre di là
fervevano i preparativi.° Imburrava la teglia e ritagliava i dischetti con una cura quasi
religiosa: e (...) nemmeno° fra gli ospiti di riguardo, nemmeno nel cuore di discussioni
accalorate in lingue incomprensibili, avrebbe dimenticato di controllare° se ero seduta
40 convenientemente, o di aggiustarmi il fermaglio nei capelli.
    La memoria familiare tramanda di Ermelinda Pontecorvo-Sereni un'immagine di donna
dura, avara, dispotica, complessivamente poco simpatica. (...) Per me zia Mela resta un
profumo, la musica, dei gesti eleganti, la sensazione di qualcuno che chiede molto ma
molto è disposto a dare, il calore di sentirmi prediletta° e unica.

45 Clara Sereni, *Casalinghitudine*

uproar

***fervevano...** : they made feverish preparations / not even / **avrebbe...** : would she forget to check*

favored, preferred

■ Comprensione

1. Descrivete la zia Ermelinda. Com'era? Che carattere aveva? Perché Clara la chiamava zia Mela?
2. A Clara piacevano le lezioni di pianoforte? Quali sono le frasi o le parole importanti che esprimono le sue reazioni?
3. Che cosa pensava Clara della religione?
4. Alla zia Mela piaceva cucinare? Perché Clara ricorda le sue cene con piacere?
5. La zia Mela voleva «educare» Clara per farla diventare un genio. Come?
6. L'autrice scrive che si sente «unica» e «prediletta» quando pensa alla zia. Perché?
7. Descrivete le differenze fra i sentimenti di Clara ed i sentimenti della famiglia riguardo alla zia Mela.

■ Studio di parole

to marry

sposare, *sposarsi con
to marry someone

Elena vuole sposare (sposarsi con)
   un uomo intelligente.
Helen wants to marry an intelligent man.

*essere sposato
to be married

Sei sposato? Da quanto tempo sei sposato?
*Are you married? How long have you
   been married?*

*sposarsi
to get married

Quando si sposa? A maggio?
When are you getting married? In May?

la sposa *bride*
lo sposo *bridegroom*
gli sposi *newlyweds*

Ecco la sposa! Viva gli sposi!
Here comes the bride! Long live the newlyweds!

to think

pensare a
*to think of (about) = to have on one's mind;
   to take care of*

pensare di
to think of (about) = to have an opinion on

Non voglio pensare all'esame.
I don't want to think about the exam.

Chi pensa ai rinfreschi?
Who's going to take care of the refreshments?

Che cosa pensate dell'educazione britannica?
What do you think of British upbringing?

pensare di + *infinitive*
to plan, to intend to do something

Pensiamo di andare in Italia quest'estate.
We're planning to go to Italy this summer.

to walk

camminare
to walk (no destination indicated)

Non dovete camminare sul tappeto.
You must not walk on the rug.

fare una passeggiata
to take a walk, to go for a walk

Dopo colazione facciamo lunghe passeggiate.
After breakfast we take long walks.

*andare a piedi
to walk (to a specific place)

Perché non vai in ufficio a piedi?
Why don't you walk to the office?

education

istruzione *(f)*
education

Luigi ha sposato una ragazza senza istruzione.
Luigi married a girl without any education.

istruito
educated

educazione *(f)*
upbringing, manners

Ho ricevuto una buona educazione da mia madre.
I received a good upbringing from my mother.

educato
well-mannered, polite

■ Pratica

a. *Scegliere la parola che completa meglio la frase.*

1. Da quanto tempo (sono sposati / si sposano) i tuoi genitori?
2. Come vado all'università? Ci (cammino / vado a piedi).
3. Non devi pensare solo (ai / dei) soldi!
4. Perché non (si sposa / sposa) zia Mela?
5. A molte persone piace correre; a me piace (camminare / andare).
6. Che cosa pensate (a / di) questo libro?
7. Giorgio è molto (educato / istruito): ha tre lauree!

b. *Completare le frasi inserendo la forma italiana richiesta tra parentesi in inglese.*

1. Dopo la morte della madre di Clara, suo padre *(marry)* _____ di nuovo.
2. Hai un esame tra due giorni, non puoi continuare a *(think)* _____ divertimenti.
3. I bambini Martelli sono veramente molto carini e *(well-mannered)* _____ .
4. Dopo l'incidente Claudio ha dovuto *(walk)* _____ col bastone.
5. Piero non *(thinks any more)* _____ fare il pittore, vuole diventare informatico *(computer expert)*.

c. *Domande per Lei.*

1. Che pensa di fare dopo la lezione d'italiano? questo week-end? alla fine del semestre?
2. A che cosa pensa quando è felice? E quando è triste?
3. Quando cammina, Lei si ferma davanti alle vetrine dei negozi? Perché sì o perché no?
4. Vuole sposarsi? Se sì, quando? Se no, perché?
5. Dove va a piedi? in macchina? in aereo?
6. Le piace camminare? Se sì, dove e per quanto tempo?
7. Com'erano i Suoi capelli quando era piccolo/a? lunghi? corti? ricci? lisci?
8. Secondo Lei, è bene abituare i bambini a finire tutto quello che hanno nel piatto? Quali altre cose devono imparare a fare i bambini?

✳ Temi per componimento o discussione

1. In base alle vostre esperienze, è una buon'idea fare imparare a un bambino uno strumento musicale? Parlatene.
2. La maggior parte delle persone in Italia è cattolica. Però, ci sono anche altri gruppi religiosi, come gli ebrei. Anche il numero di musulmani sta crescendo a causa dell'immigrazione. Così in Italia è possibile trovare, oltre alle chiese cristiane, alcune sinagoghe e qualche moschea. Parlate delle differenze tra il vostro paese e l'Italia.
3. In questo brano, zia Mela abita vicino alla famiglia. In Italia, quando le persone anziane vanno in pensione *(retire)*, di solito rimangono vicino ai loro parenti, e nelle loro case. Cosa fanno i vostri parenti anziani? Discutete le differenze tra il vostro paese e l'Italia.
4. Ricordi d'infanzia. Come trascorrevate il week-end quando eravate piccoli? Cosa facevate con gli amici? Avevate un amico/un'amica inseparabile? Com'era?
5. In gruppi di tre studenti, immaginate di essere:

   - una ragazza di 15 anni che suona il sassofono da 5 anni; però non è molto brava. Sta per andare a lezione di musica a piedi.
   - suo padre che paga le lezioni e dice che la figlia ha bisogno di fare più esercizio. Aspetta a casa.
   - un amico della ragazza. Arriva in motorino con un invito—c'è una festa meravigliosa che sta per cominciare!

   Cosa fa la ragazza? Va alla lezione, o alla festa? Scrivete un dialogo fra gli amici, e poi fra padre e figlia, e rappresentatelo in classe. Usate l'imperfetto almeno due volte.

◐ RICERCA WEB

1. La scuola elementare in Italia. Notate somiglianze e differenze con la scuola elementare del vostro paese.
2. In Italia, dopo la terza media *(8th grade)* i ragazzi hanno molte scelte. Ci sono vari tipi di liceo, di istituti professionali e di scuole tecniche. Esaminate un tipo di scuola e notate somiglianze e differenze con la vostra.
   a. I licei in Italia.
   b. Gli istituti professionali in Italia.
   c. Le scuole tecniche in Italia.
3. Fate una breve ricerca su telefonini e messaggini in Italia. Quali sono le marche dei telefonini e quanto costano? Quanti sono gli utenti *(users)*? Quanti messaggini mandano in totale al giorno? È una situazonc simile a quella del vostro paese? Sì, no, perché?
4. Cercate informazioni sull'infanzia di un Italiano/un'Italiana famoso/a nel campo dell'arte, della musica o della cultura e riferite il risultato della vostra ricerca alla classe.

Dai, racconta! Leslie, l'amica americana di Luciano, non è mai stata in Italia ed è molto curiosa.

LESLIE: A Milano abitavi in centro, non è vero?

LUCIANO: Sì, avevamo una casa in via Manzoni.

LESLIE: Era una casa grande?

LUCIANO: Sì, cioè, mi spiego: non era una casa, era un grande appartamento in un vecchio palazzo.

LESLIE: Ah sì? Ma è vero che in Italia sono pochi quelli che vivono in una casa con giardino e garage come in America?

LUCIANO: Eh, sì. Grande o piccolo abbiamo quasi tutti un appartamento.

LESLIE: Interessante! Dai, raccontami di più dell'Italia!

Controllare l'informazione

(Non) è vero che... ?	
(Non) è così?	*Isn't it so?*
Dico bene?	
Mi sbaglio?	*Am I wrong?*
Correggimi se sbaglio, ma...	*Tell me if I'm wrong, but . . .*

Chiarire e spiegare

Cioè, volevo dire...	*That is, I meant . . .*
Non proprio.	*Not really.*
O meglio	*Rather*
Piuttosto	
Mi spiego	*Let me explain*
A dir la verità	*To tell you the truth*
Veramente	

Sollecitare l'interlocutore

Dai, racconta!	*Come on, tell me!*
E poi che cosa ha detto / fatto?	*And then, what did he say/do?*
E dopo, com'è andata a finire?	*And then, how did it turn out?*
Vuoi/Vuole dire che... ?	*Did you mean to say that . . . ?*

Esprimere incredulità

Ma è vero che... ?	*But is it true that . . . ?*
Mi hanno detto che...	*They told me that . . .*
Dici sul serio?	*Are you serious?*
Non sarà mica vero che...	*It isn't true that . . . , is it?*
È impossibile, non ci credo!	*It's impossible, I don't believe it!*
Stai scherzando!	*You must be joking!*

Che cosa dice?

1. Un collega Le dice che è venuto a cercarLa un signore che guidava una Ferrari rossa.

2. Ha comprato i biglietti per andare a sentire Andrea Bocelli ma un amico Le dice che il cantante è ammalato. Lei telefona al botteghino per avere conferma della notizia.

3. Ha detto al Suo ragazzo/alla Sua ragazza che ha una macchina nuova, ma adesso spiega che invece l'ha comprata usata.

4. Un/a collega ha preso in prestito il Suo libro d'italiano e ora Le sta dicendo che non lo trova più.

5. Ha promesso a un amico/un'amica di passare una settimana con lui/lei. Ora gli/le telefona per cambiare il programma e dirgli/le che invece saranno solo tre giorni.

6. I Suoi amici sono certi che Lei è un ottimo suonatore di flauto e La invitano a far parte di un gruppo musicale; sfortunatamente Lei non è bravo come loro.

Situazioni

1. Lei sta guardando con un amico/un'amica un vecchio album di fotografie. Ci sono foto di Lei bambino/a, dei Suoi familiari e della casa in cui abitava quando era piccolo/a. L'amico/a Le chiede di raccontargli/le della Sua infanzia e anche Lei vuole informazioni sulla vita dell'amico/a. Riferisca la conversazione.

2. Un Suo amico Le dice di avere due biglietti per un ricevimento alla Casa Bianca e l'invita ad accompagnarlo. Lei non ci crede e il Suo compagno Le spiega come ha ottenuto i biglietti, ma Lei è convinta che La sta predendo in giro *(he is kidding you)*. Preparate insieme la conversazione e presentatela in classe.

3. Immagini di essere ospite di Suo nonno/Sua nonna e di fargli/le molte domande sulla vita in America durante la crisi economica degli anni Trenta. Insieme ad un compagno/una compagna, che Le fa da interlocutore/trice, prepari la conversazione.

Mamma mia, che prezzi!

In ascensore. Marina incontra la signora Bussini, la vicina di casa, in ascensore. La signora è piena di buste e pacchetti.

MARINA: Buongiorno, signora. È stata in centro?

SIGNORA: Sì, da Benedettini, c'erano i saldi di fine stagione. Marina, non ho mai visto dei prezzi così bassi!

MARINA: Davvero? Normalmente Benedettini è così caro... anche durante i saldi è difficile trovare qualcosa veramente a buon mercato.

SIGNORA: Hai ragione. Comunque dopo sono andata da Brogini e lì sì che ho speso un mucchio di soldi.

MARINA: Ha comprato il regalo per Giovanna?

SIGNORA: Ma sì; il commesso mi ha fatto un buono sconto su un servizio di posate stupendo, sai, l'ultima collezione di Alessi. Non ho saputo resistere. Naturalmente ho pagato con la VISA, ma non era il caso di risparmiare. Giovanna si sposa! Sai, hanno comprato un bell'appartamento in centro.

MARINA: Davvero? Mi fa proprio piacere. Ah, eccoci arrivate. ArrivederLa, signora, e auguri a Giovanna.

SIGNORA: Grazie. Ciao Marina e tanti saluti alla mamma.

Guido e Anita Vegni
annunciano il matrimonio della figlia Giulia

con

Marco Petrelli

Franco e Silvia Petrelli
annunciano il matrimonio del figlio Marco

con

Giulia Vegni

Castellazzo di Bollate
16 Settembre 2006
Chiesa di S. Guglielmo – ore 17

Milano – Via Fatebenesorelle, 18

Milano – Via Balzaretti, 34

Monza – Via Leopardi, 12

Partecipazione di matrimonio. Come si chiamano gli sposi? Chi sono i genitori della sposa e dove abitano? Di chi è l'appartamento di via Fatebenesorelle 18? Questa partecipazione di matrimonio è diversa da quelle che ricevete di solito? In che senso?

Fare le spese è divertente, ma è piacevole anche guardare le vetrine senza comprare niente. Non sono tanti quelli che possono fare acquisti nei negozi degli stilisti famosi. Gli abiti di Miuccia Prada e di Roberto Cavalli, le creazioni di Gianni Versace e Giorgio Armani, le borse, le scarpe e gli orologi di Gucci sono privilegio di pochi.

Gli Italiani curano molto l'abbigliamento. In ogni quartiere ci sono negozi che offrono pochi modelli prodotti da piccole industrie, sono articoli originali e di buona qualità anche se non firmati. Ci sono poi grandi magazzini come La Rinascente, che propone articoli a livello medio alto e a prezzi ragionevoli, e UPIM più a buon mercato. Da una quindicina di anni sono comparsi gli outlet (si chiamano così anche in italiano) e altri negozi di vendita diretta dal produttore al consumatore. Lì si trovano spesso articoli di prima qualità ma invenduti, con sconti fino al 50%. Piacciono molto ai giovani che frequentano volentieri anche i negozi di Gap e Benetton. Dall'estero sono apprezzati jeans, Timberland, magliette, macchine fotografiche e articoli elettronici. Hanno successo i mercatini all'aperto e quelli dell'usato, i giovani tendono ad usare e-Bay. È comune l'uso delle carte di credito, e ancora di più l'uso delle carte di debito considerate più sicure. In generale, nei negozi piccoli, è consigliabile avere contanti perché non tutti hanno «la macchinetta». Attenzione a non comprare un oggetto sbagliato, al massimo si può cambiare o ottenere un buono acquisto.

■ Vocabolario utile

l'acquisto purchase	**il quartiere** neighborhood
il buono acquisto store credit	**il saldo/la svendita** sale
i contanti cash	**lo sconto** discount
la ditta firm	**il servizio di posate** flatware
i grandi magazzini department stores	**lo stilista** designer
l'invenduto unsold items	**la vetrina** store window
il matrimonio wedding	**il vestiario** clothing
caro expensive	**economico** cheap; economical
costoso expensive	**firmato** signed; bearing the name of a famous designer
fare uno sconto to give a discount	**fare le spese/gli acquisti** to go shopping
fare la spesa to do the grocery shopping	**risparmiare** to save

■ Esercizi

a. *Vero o falso?*

_____ 1. Marina ha incontrato la signora Bussini nel corridoio.

_____ 2. Benedettini ha sempre dei prezzi molto convenienti.

_____ 3. Da Brogini la signora ha risparmiato.

_____ 4. La signora ha comprato un regalo per Giovanna.

_____ 5. La signora ha pagato in contanti.

_____ 6. Marina fa gli auguri alla signora Bussini.

b. *Sostituire alle parole in corsivo un'espressione equivalente.*

1. La signora non aveva abbastanza *soldi* per pagare il servizio di posate.
2. Gli articoli di Benedettini sono belli ma molto *cari*.
3. La commessa *ha venduto il vestito ad un prezzo più basso*.
4. Durante *i saldi* i prezzi sono sempre *convenienti*.
5. *Ho pagato 25 euro in meno*.

■ A voi la parola

Le spese. *In gruppi di due o tre discutete le domande che seguono.*

1. Nella vostra città ci sono strade eleganti dove è piacevole passeggiare e guardare le vetrine? Che negozi ci sono?

2. Quali negozi vendono articoli a buon mercato? Che cosa conviene comprare in questi negozi? Sono articoli di buona qualità?

3. In Italia, un regalo di nozze è di solito un oggetto per la casa piuttosto costoso. Sono famose le porcellane e i cristalli di Richard Ginori, ma anche La Rinascente e altri negozi più modesti offrono «liste» interessanti. Cosa vi piace regalare ai vostri amici che si sposano? In quali negozi fate i vostri acquisti?

4. Gli Italiani tendono a fare le spese nei loro «negozi di fiducia» (lit. *trusted stores*), o negli outlet dove sperano di trovare articoli di marca a buon mercato. Voi dove fate le spese?

5. Ci sono prodotti italiani che vi piacciono in particolare? Supponete di voler comprare qualcosa per voi, o per i vostri genitori, o per i vostri amici. Cosa scegliete?

Spaccio Alessi
via Privata Alessi 6
Crusinallo di Omegna
SALDI—Sconti dal 30 al 50%
Non si può cambiare la merce
acquistata in saldo.

Centro Spendibene
Factory Outlet
Km 15, via Ardeatina, Roma
Invenduto e rimanenze di classe:
camere letto / pranzo / soggiorno,
mobili studio, cucine e accessori
bagno a prezzi scontati.
Ribassi tra il 30 e il 40%.
Visitateci su Internet e
paragonate foto e prezzi.
www.superscntiarde@iol.it

Esempio di annuncio economico. È simile o diverso dagli annunci che leggete nei giornali? In che senso?

I. Passato prossimo

The **passato prossimo** is a compound tense. It is formed with the appropriate form of the present tense of an auxiliary verb, either **avere** or **essere,** plus the past participle of the verb. The past participle is formed by adding the appropriate ending to the infinitive stem.

INFINITIVE	ENDING	PAST PARTICIPLE
amare	**-ato**	**amato**
credere	**-uto**	**creduto**
finire	**-ito**	**finito**

A. For verbs conjugated with **avere,** the past participle does not change forms unless a direct-object pronoun precedes the verb (see p. 89).

PASSATO PROSSIMO *WITH AVERE*		
amare	**cr<u>e</u>dere**	**finire**
ho amato	ho creduto	ho finito
hai amato	hai creduto	hai finito
ha amato	ha creduto	ha finito
abbiamo amato	abbiamo creduto	abbiamo finito
avete amato	avete creduto	avete finito
hanno amato	hanno creduto	hanno finito

La signora Bussini ha comprato un regalo per Giovanna.
Mrs. Bussini bought a present for Giovanna.

Tu hai risparmiato 100 euro.
You saved one hundred euros.

B. For verbs conjugated with **essere,** the past participle functions like an adjective and agrees in gender and number with the subject of the verb. There are thus four possible endings: **-o, -a, -i, -e.**

PASSATO PROSSIMO *WITH ESSERE*		
entrare	**cadere**	**uscire**
sono entrato/a	sono caduto/a	sono uscito/a
sei entrato/a	sei caduto/a	sei uscito/a
è entrato/a	è caduto/a	è uscito/a
siamo entrati/e	siamo caduti/e	siamo usciti/e
siete entrati/e	siete caduti/e	siete usciti/e
sono entrati/e	sono caduti/e	sono usciti/e

Maria è andata in centro.
Maria went downtown.

Anche Anna e Pia sono andate in centro.
Anna and Pia went downtown, too.

C. Essere is used with:

1. most intransitive verbs. An intransitive verb is a verb that cannot have a direct object. Most of these verbs are verbs of motion or being (**andare** *to go*, **stare** *to stay*). See the Appendix for a list of verbs requiring **essere** in the **passato prossimo**.

Chi è andato in aereo?	La posta non è arrivata.
Who went by plane?	*The mail didn't arrive.*
Quando siete partiti?	Le ragazze sono state all'outlet di Versace.
When did you leave?	*The girls went to the Versace outlet.*

Essere uses the past participle of **stare** as its past participle: **stato.** Thus, the **passato prossimo** of **stare** and **essere** is the same:

Sono stato fortunato.	Sono stato a casa.
I was lucky.	*I stayed home.*

2. reflexive and reciprocal verbs (see **Capitolo 5**):

Mi sono lavato.	Ci siamo visti al cinema.
I washed (myself).	*We saw each other at the movies.*

D. The **passato prossimo** is used to report a completed action or event or fact that took place in the past. It has three equivalents in English:

$$\text{ho lavorato} \begin{cases} \textit{I have worked} \\ \textit{I worked} \\ \textit{I did work} \end{cases}$$

Note that the English equivalent of the **passato prossimo** can be either a compound form or, as is usually the case, a simple form.

■ Esercizio

Inserire la forma corretta di **avere** *o* **essere** *e dare la terminazione corretta del participio.*

1. Il signor Bianchi _____ vendut_____ molti dischi.
2. Quanto tempo _____ durat_____ le svendite?
3. Perché voi due non _____ venut_____ ?
4. Giovanna ed io _____ ricevut_____ tanti CD.
5. Mamma, non _____ uscit_____ ieri?
6. Gli studenti _____ avut_____ buoni voti.
7. Questo frigo non _____ costat_____ molto.
8. Papà, _____ finit_____ di leggere il giornale?
9. Teresa _____ stat_____ molto gentile con me.
10. _____ capit_____ , ragazzi?
11. Noi _____ rimast_____ in questo quartiere dieci anni.
12. Nonno, tu _____ nat_____ in Italia o in America?
13. Perché la professoressa si _____ arrabbiat__?
14. I miei zii _____ viaggiat_____ molto.

Participi passati irregolari

The following verbs have an irregular past participle. Most of them are second-conjugation verbs. An asterisk indicates those that require **essere.**

INFINITIVE	PAST PARTICIPLE	INFINITIVE	PAST PARTICIPLE
accendere *to light; to turn on*	**acceso**	*rimanere *to remain*	**rimasto**
aprire *to open*	**aperto**	rispondere *to answer, reply*	**risposto**
bere *to drink*	**bevuto**	rompere *to break*	**rotto**
chiedere *to ask*	**chiesto**	scegliere *to choose*	**scelto**
chiudere *to close*	**chiuso**	*scendere *to go down*	**sceso**
correre *to run*	**corso**	scrivere *to write*	**scritto**
decidere *to decide*	**deciso**	smettere *to stop*	**smesso**
dire *to say, tell*	**detto**	spegnere *to turn off*	**spento**
fare *to do; make*	**fatto**	spendere *to spend*	**speso**
leggere *to read*	**letto**	*succedere *to happen*	**successo**
mettere *to put*	**messo**	tradurre *to translate*	**tradotto**
*morire *to die*	**morto**	vedere *to see*	**visto/veduto**
*nascere *to be born*	**nato**	*venire *to come*	**venuto**
offrire *to offer*	**offerto**	vincere *to win*	**vinto**
perdere *to lose*	**perso/perduto**	vivere *to live*	**vissuto**
prendere *to take*	**preso**	uccidere *to kill*	**ucciso**

Hanno speso cinque euro.
They spent five euros.

Chi ha rotto il bicchiere?
Who broke the glass?

Perché non siete venuti?
Why didn't you come?

Che cosa è successo?
What happened?

Verbs ending in **-scere** and **-cere** have a past participle ending in **-iuto.**

Ho conosciuto uno scrittore.
I met a writer.

Il film è piaciuto a tutti.
Everyone liked the film.

■ Esercizi

a. *Inserire la forma corretta del passato prossimo del verbo fra parentesi.*

1. Che cosa (perdere) _____, mamma?
2. Tutti (prendere) _____ il caffè.
3. Alberto (diventare) _____ un famoso scrittore.
4. I prezzi in Italia mi (sembrare) _____ molto cari.
5. Signorina, quanto (spendere) _____?
6. Voi (venire) _____ a piedi?
7. Uno studente mi (chiedere) _____ se poteva fumare, ma io (rispondere) _____ di no.
8. Anche voi (bere) _____ birra?
9. Io (dire) _____ buon giorno, loro mi (dire) _____ ciao!

10. Neanche lei (tradurre) _____ le frasi.
11. I miei amici (decidere) _____ di aspettare un altro mese.
12. Che tempo (fare) _____ ieri?
13. Noi (scegliere) _____ un appartamento di quattro stanze.
14. Non ricordo che cosa (succedere) _____ dieci anni fa.
15. Nessuno (accendere) _____ la radio.

b. **Maschile, femminile.** *Riscrivere ogni frase cambiando dal maschile al femminile e viceversa e facendo ogni cambiamento necessario. Ricordare che molti nomi hanno la stessa forma per il maschile e per il femminile e che il solo cambiamento necessario è quello dell'articolo o dell'aggettivo.*

1. Il protagonista del nuovo film ha annunciato il suo matrimonio.
2. Mio nipote è andato in vacanza.
3. Un uomo si è avvicinato al bambino.
4. Sua sorella è diventata farmacista.
5. Il dottore mi ha fatto i raggi X (*read* "ics").
6. Il grande scrittore ha tenuto una conferenza stampa.
7. Nessun amico mi ha scritto a Natale.
8. L'autrice del libro è morta.

c. **Gli scioperi.** *Michele racconta quello che ha fatto durante un periodo di scioperi. Riscrivere il brano al passato prossimo.*

Ci sono molti scioperi in questo mese e decido di partecipare anch'io. Invece di lavorare faccio delle belle passeggiate. Prendo tanti libri in biblioteca e li leggo con interesse. Preparo dei pranzi meravigliosi e li offro agli amici. Qualche volta vado al cinema qui vicino e vedo dei vecchi film di Chaplin molto divertenti. Decido perfino di comprare un televisore nuovo e spendo un mucchio di soldi. Che bello fare sciopero!

d. **Che giornataccia (*What a bad day*)!** *Raccontare ad un amico/un'amica che cosa ha fatto oggi. L'amico/a Le fa domande e Lei risponde facendo riferimento alla lista seguente. Alternatevi i ruoli.*

1. svegliarsi alle 7.00
2. fare la doccia
3. fare colazione e vestirsi in fretta e furia
4. correre alla fermata dell'autobus
5. perdere l'autobus
6. arrivare all'università in ritardo ed entrare nell'aula sbagliata
7. rimanere a lezione fino all'una
8. pranzare alla mensa con Roberta
9. cominciare la ricerca di storia in biblioteca
10. prendere l'autobus e scendere una fermata prima
11. fare due passi prima di arrivare a casa

e. **Il milionario eccentrico.** *Il signor Bonaventura è un milionario eccentrico. Un giorno Le offre diecimila dollari a una condizione: Lei deve poi dirgli come ha speso i soldi. Lei accetta, prende i soldi, li spende e adesso spiega come li ha spesi.*

Essere o avere?

Some verbs may be conjugated with either **essere** or **avere** depending on how they are used.

A. Some weather expressions take either **essere** or **avere**.

È piovuto. (Ha piovuto.)   È nevicato. (Ha nevicato.)   È grandinato. (Ha grandinato.)
It rained.   *It snowed.*   *It hailed.*

B. Some verbs require **essere** when used intransitively (without a direct object) and **avere** when used transitively (with a direct object). Note that sometimes the meaning of the verb changes.

passare	**Sono passato** in biblioteca.	**Ho passato** un'ora in biblioteca.
	I stopped at the library.	*I spent one hour in the library.*
salire	**Sono saliti** sul treno.	**Hanno salito** la collina.
	They boarded the train.	*They climbed the hill.*
scendere	**Siamo scesi** in cantina.	**Abbiamo sceso** le scale.
	We went down in the cellar.	*We went down the stairs.*
cambiare	La mia vita **è cambiata.**	**Ho cambiato** abitudini.
	My life has changed.	*I changed habits.*
cominciare	Quando **è cominciato** l'anno accademico?	Quando **hai cominciato** la lezione?
	When did the academic year start?	*When did you begin the lesson?*
finire	Le vacanze **sono finite** il 30 agosto.	**Abbiamo finito** il libro.
	Vacation was over on August 30.	*We have finished the book.*

C. Some verbs of movement take **essere** if a point of departure or a point of arrival is mentioned, no matter how general; otherwise they take **avere**.

correre	**Sono corso** a casa a prendere la chiave.	Sono stanco perché **ho corso.**
	I ran home to get the key.	*I am tired because I ran.*
saltare	Il gatto **è saltato** dalla finestra.	Il bambino **ha saltato** tutto il giorno.
	The cat jumped from the window.	*The child jumped up and down all day.*
volare	L'uccello **è volato** sull'albero e poi **è volato** via.	Il nonno non **ha** mai **volato.**
	The bird flew to the tree and then flew away.	*Grandpa has never flown.*

D. When used alone (not followed by an infinitive), **dovere, potere,** and **volere** require **avere**.

—Non sei andato?   —No, non ho potuto.
  You didn't go?   *No, I couldn't.*

When followed by an infinitive, these three verbs are conjugated with **avere** or **essere** depending on whether the verb in the infinitive normally requires **avere** or **essere**. It is, however, becoming more and more frequent to use **avere** with **dovere, potere,** and **volere** regardless of the infinitive.

Non ho potuto dormire.   È dovuto partire.
I couldn't sleep.   Ha dovuto partire.
                       He had to leave.

If **dovere, potere,** or **volere** accompanies a reflexive verb, two constructions are possible: with **avere,** the reflexive pronoun is attached to the infinitive of the verb; with **essere,** the reflexive pronoun precedes the conjugated form of **essere** (see p. 116).

Ho dovuto lavar**mi.**
Mi sono dovuto lavare.
I had to wash.

Non avete voluto curar**vi.**
Non **vi** siete voluti curare.
You refused to take care of yourselves.

■ Esercizio

Riscrivere le seguenti frasi al passato prossimo.

1. Quando andiamo all'università, passiamo davanti al monumento a Cristoforo Colombo.
2. Dove passi le vacanze?
3. Quando finiscono le lezioni?
4. Non vogliono partire in marzo.
5. La ragazza scende dal treno e corre verso i genitori.
6. Salgono e scendono le scale molte volte e così si stancano.
7. —Non vi fermate?
   —No, non possiamo fermarci.
8. A che ora comincia il film?
9. Corro a casa appena posso.
10. Voli sempre con l'Alitalia?

II. Articolo determinativo

The **articolo determinativo** *(definite article)* has seven different forms according to the gender, number, and first letter of the word it precedes. The English equivalent is always *the.*
Its forms are:

	SINGULAR		PLURAL	
	Masculine	Feminine	Masculine	Feminine
before a consonant	il	la	i	le
before **s** + *consonant,* **z,** and **ps**	lo	la	gli	le
before a vowel	l'	l'	gli	le

il dottore e lo psichiatra
la sorella e l'amica
gli Americani e le Americane

Note that the article is repeated before each noun.

The word immediately following the article determines its form.

il ragazzo
the boy

lo zio
the uncle

l'altro ragazzo
the other boy

il giovane zio
the young uncle

Preposizioni articolate

Some common prepositions combine with the definite article to form a single word.

PREPOSITIONS + ARTICLES							
	+il	+lo	+la	+l'	+i	+gli	+ le
a	al	allo	alla	all'	ai	agli	alle
da	dal	dallo	dalla	dall'	dai	dagli	dalle
su	sul	sullo	sulla	sull'	sui	sugli	sulle
in	nel	nello	nella	nell'	nei	negli	nelle
di	del	dello	della	dell'	dei	degli	delle
con	col				coi		

Note that in modern Italian **con** may combine with the article in only two instances:
con + il = **col** con + i = **coi**

al caffè della stazione
at the railroad-station bar

tè col (con il) latte
tea with milk

nelle ore dei pasti
at mealtimes

nel palazzo dell'avvocato
in the lawyer's building

sui treni e sugli aeroplani
on the trains and on the planes

all'inizio e alla fine
at the beginning and the end

A. The preposition alone is used in common expressions referring to places and rooms of a house.

in campagna	*in, to the country*	**in salotto**	*in, to the living room*
in montagna	*in, to the mountains*	**in biblioteca**	*in, at, to the library*
in città	*in, to the city/town, downtown*	**in giardino**	*in, to the garden*
in paese	*in, to the village*	**in chiesa**	*in, to the church*
in cucina	*in the kitchen*	**a teatro**	*at, to the theater*

The article must be used, however, if the noun is modified by an adjective or phrase.

nel giardino pubblico
in the public garden

nella biblioteca dello zio
in the uncle's library

B. Note the following special idiomatic uses of prepositions.

alla radio	*on the radio*	**al** telefono	*on the phone*
alla televisione	*on TV*	**sul** giornale	*in the newspaper*

C. The prepositions listed in the chart above, especially **a** and **di,** may be used with other prepositions to form prepositional phrases.

vicino a	*near*	**prima di**	*before*
lontano da	*far from*	**oltre a**	*in addition to*
davanti a	*in front of*	**fino a**	*till, until*
dietro (a)	*behind*	**invece di**	*instead of*

Devo prendere la medicina prima
  dei pasti o dopo i pasti?
*Shall I take the medicine before meals
  or after meals?*

C'è una banca vicino all'università.
There is a bank near the university.

Bevono il tè invece del caffè.
They drink tea instead of coffee.

Cosa c'è dietro il (al) muro?
What is behind the wall?

Uso dell'articolo determinativo

Unlike English, Italian uses the definite article in the following cases:

1. With geographical names (names of continents, countries, rivers, states, provinces, large islands, mountains, lakes).

   L'Italia è bella.
   Italy is beautiful.

   Conosci **il** Massachusetts?
   Do you know Massachusetts?

   However, the article is omitted after **in** if the geographical term is unmodified, feminine, and singular.

   La Toscana è **in** Italia, **nell'**Italia centrale.
   Tuscany is in Italy, in central Italy.

   Boston è **nel** Massachusetts, **nell'**America del Nord.
   Boston is in Massachusetts, in North America.

2. With days of the week in the singular to indicate a regular weekly occurrence.

   Mangiamo pesce **il** venerdì.
   We eat fish on Fridays.

   The definite article is omitted when referring to a specific day.

   Mario è arrivato venerdì.
   Mario arrived on Friday.

Dott. Prof. Arch. Luigi Nigro

Viale Carso 71
00195 Roma

Tel. (06) 37.99.15.00
architre@scalinet.it

Maria Claudia Vico
Assistenza turistica in francese ed inglese

Corso Vannucci 80
06100 Perugia

Tel. (075) 36.150
mariavico@caspur.it

Studio Medico Dentistico
Dott. Fabio Foschi

Via San Martino 78
00181 Roma

Tel. (06) 647.1324
odofo@tiling.it

3. With proper names preceded by a title (**Signore,**[1] **Dottore, Professore, Avvocato, Conte, Signora, Signorina,** etc.).

Il Professor Bianchi insegna bene.
Professor Bianchi teaches well.

The definite article is omitted, however, when speaking directly to the person in question.

Professor Bianchi, ha letto il romanzo *Il bell'Antonio*?
Professor Bianchi, have you read the novel Il bell'Antonio?

Buon giorno, signora Rossi. Come sta?
Good morning, Mrs. Rossi, how are you?

4. Before names of languages (all languages are masculine) unless they are preceded by **di** or **in.** The article is also frequently omitted when the language is the object of the verbs **parlare, insegnare,** or **studiare:**

Impariamo **il** francese.
We are learning French.

È scritto **in** francese.
It is written in French.

Ecco il libro **di** francese.
Here is the French book.

In classe **parliamo francese.**
In class we speak French.

5. Before nouns used as generalities or to designate an entire category.

Gli uomini sono mortali.
Men are mortal.

Lo zucchero è bianco.
Sugar is white.

La pazienza è una virtù.
Patience is a virtue.

6. Instead of the possessive (*my, your, his,* etc.) when referring to parts of the body, articles of clothing, and personal effects belonging to the subject of the verb (see p. 96).

Ha alzato **la** mano.
He raised his hand.

Ti sei messo **i** guanti?
Did you put on your gloves?

7. After the verb **avere** with nouns that describe a person physically.

Mirella ha **i** capelli biondi e **gli** occhi verdi.
Mirella has blond hair and green eyes.

La bambina aveva **le** mani fredde.
The child had cold hands.

8. When combined with **a** to convey *every* or *per.*

Lavoriamo otto ore **al** giorno.
We work eight hours a day.

Costa un euro **al** chilo.
It costs one euro a kilo.

Novanta chilometri **all'**ora.
Ninety kilometers an (per) hour.

---

[1] Titles ending in **-ore** drop the **-e** before a proper name or noun. The capitalization of titles is optional.

■ Esercizio

Inserire la forma corretta dell'articolo o della preposizione (semplice o articolata).

1. Ho visto una bella giacca _____ vetrina di Gap.
2. Questo è un modello _____ stilista Roberto Cavalli.
3. Gli articoli _____ vestiario eleganti sono costosi.
4. I prezzi _____ grandi magazzini sono convenienti.
5. Abbiamo bisogno _____ contanti per il tassì.
6. Le svendite _____ negozi Benetton sono eccezionali.
7. Ho fatto acquisti _____ mercatino di Via Po.
8. Perché hai messo le scarpe _____ tavolo?
9. _____ mio quartiere c'è solo un supermercato.
10. Davvero hai ricevuto un invito _____ zii americani?
11. Abbiamo passato le vacanze _____ America del Sud.
12. Abbiamo fatto grande uso _____ carta di credito.
13. A settembre c'è stato il matrimonio _____ Giulia e Marco _____ Chiesa di San Guglielmo.
14. Mi puoi accompagnare _____ aeroporto?
15. Sono andata al concerto _____ Marcello.
16. Giulia e Marco hanno avuto tanti regali _____ amici _____ loro genitori.

III. *Bello e quello*

Bello *(beautiful, handsome, fine)* and **quello** *(that)* have parallel forms when they precede the noun they modify. Note the similarity to the forms of the definite article.

	SINGULAR		PLURAL	
	Masculine	**Feminine**	**Masculine**	**Feminine**
before a consonant	**il/bel/quel**	**la/bella/quella**	**i/bei/quei**	**le/belle/quelle**
before s + *consonant*, **z**, and **ps**	**lo/bello/quello**	**la/bella/quella**	**gli/begli/quegli**	**le/belle/quelle**
before a vowel	**l'/bell'/quell'**	**l'/bell'/quell'**	**gli/begli/quegli**	**le/belle/quelle**

quell'avvocato e **quello** psichiatra   **bei** negozi e **belle** vetrine   **quei begli** occhi

A. When **bello** follows the noun it modifies, either directly or after the verb, it takes the regular adjective endings: **bello, bella, belli, belle.**

Un ragazzo bello può essere egoista.
A handsome young man can be selfish.

I fiori diventano belli dopo la pioggia.
Flowers become beautiful after the rain.

L'Americana era bella.
The American was beautiful.

B. When **quello** is used as a pronoun, it follows the regular pattern: **quello, quella, quelli, quelle.**

Prendo quello.
I'll take that one.

Preferiamo questi, non quelli.
We prefer these, not those.

Quello è complicato, ma questo è bello!

■ Esercizio

Lo spettacolo di ieri. *Lucia è andata a teatro ieri sera e ora ne parla con Claudia. Inserire la forma corretta di* **quello** *e* **bello.**

LUCIA: Ho visto un _____ spettacolo ieri sera.

CLAUDIA: Dove?

LUCIA: In _____ _____ teatro nuovo di via Pacini.

CLAUDIA: Chi c'era?

LUCIA: C'erano _____ _____ ragazzi che abbiamo conosciuto a casa
            di Enrico, e c'era anche _____ tipo strano che sembra Einstein.

CLAUDIA: Chi erano gli attori?

LUCIA: C'erano solo due personaggi: _____ maschile era un uomo sui qua-
            rant'anni molto affascinante, _____ femminile era una
            _____ signora che faceva la psichiatra.

CLAUDIA: Com'era la scena *(stage set)*?

LUCIA: Era molto _____ . C'era un _____ scrittoio come
            _____ di tuo nonno e tanti altri _____ oggetti d'arte.
            Insomma, è stata proprio una _____ rappresentazione.

A. The most common interrogative adverbs are:

come[1]	*how*
come mai	*how come*
dove[1]	*where*
quando	*when*
perché	*why*

In questions beginning with interrogative adverbs, the subject is usually placed at the end.[2]

Dove studia l'italiano Mario?
Where does Mario study Italian?

After **perché** and **come mai,** however, the subject may appear either at the end of the question or before the verb.

Perché studia l'italiano Mario?
Perché Mario studia l'italiano?
Why does Mario study Italian?

B. The interrogative adjectives are:

quanto, -a, -i, -e	*how much, how many*
che	*what, what kind of*
quale, quali	*which, what*

As with all adjectives, interrogative adjectives agree in gender and in number with the noun they modify. **Che,** however, is invariable.

Quanto tempo avete?
How much time do you have?

Che frutta vende?
What kind of fruit does he sell?

Quanta birra hanno comprato?
How much beer did they buy?

In che modo intende pagare?
How (In what way) do you plan to pay?

Quanti figli ha?
How many children do you have?

In quale città è nato?
In which city were you born?

Quale implies a choice between two or more alternatives, whereas **che** is used in a more general sense. In modern usage, however, **quale** and **che** are often used interchangeably.

Che (Quali) libri usiamo?
What books are we using?

In che (quale) anno è nato?
What year were you born?

> Chi son?
> Sono un poeta.
> Che cosa faccio?
> Scrivo.
> E come vivo?
> Vivo. In povertà mia lieta
> scialo *(I spend freely)* da
>   gran signore...
>
> From *La Bohème* (Puccini)

E Lei chi è? Che cosa fa?
Come vive?

---

[1] **Come** and **dove** usually become **com'** and **dov'** before forms of **essere** beginning with **e-: Com'era il film?** *How was the movie?* **Dov'è il concerto?** *Where is the concert?*

[2] In Italian yes/no questions, the subject may be placed either at the beginning or at the end of the question: **Gino abita in Italia? Abita in Italia Gino?** *Does Gino live in Italy?*

C. The interrogative pronouns are:

chi	*who, whom*
che, cosa, che cosa	*what*
quanto, -a, -i, -e	*how much, how many*
quale (qual[1]), quali	*which (one), which (ones)*

Chi legge i fumetti?
Who reads comic strips?

Che cosa (Che/Cosa) ha detto?
What did you say?

Quanti hanno detto di sì?
How many said yes?

Quali hai preso?
Which ones did you take?

1. Prepositions, such as **di, a,** and **con,** always precede an interrogative pronoun because Italian sentences must never end with a preposition.

Di chi parliamo?
Whom are we talking about?

A chi dai questi fiori?
To whom are you giving these flowers?

Con chi uscite stasera?
With whom are you going out tonight?

2. **Di chi,** meaning *whose,* is directly followed by a form of **essere.**

Di chi è quel cane?
Whose dog is that?

Di chi sono i libri?
Whose books are they?

3. **Che cosa** + **essere** is used to ask for a definition of the word that follows **essere.**

Che cosa è la semiotica?
What is semiotics?

Che cosa è l'odio?
What is hatred?

Che cosa sono le «fragole»?
What are "fragole?"

4. **Quale (Qual), quali** + **essere** is used to ask for information, not for a definition.

Qual è la differenza?
What is the difference?

Qual è il problema?
What's the problem?

Quali sono le qualità di un buon marito?
What are the qualities of a good husband?

■ Esercizi

a. *Gli amici di Luigi sono tornati dalle vacanze. Marco vuole sapere com'è andata. In base alle risposte, formulare le domande di Marco usando le parole interrogative.*

1. Sono venuti in aereo.
2. Sono partiti da Londra.
3. Sono arrivati questa mattina.
4. Hanno detto che erano contenti di vederci.
5. Sono andato a prenderli io in macchina.
6. Sono andato a prenderli con la macchina di Roberta.
7. Hanno passato le vacanze in Europa.
8. Hanno passato le vacanze con i loro parenti italiani.
9. Sono stati in Italia tre settimane.
10. Erano cinque anni che non tornavano in Italia.
11. Hanno portato regali a me e ai miei genitori.
12. Ora si riposano per due giorni e lunedì tornano a lavorare.

---

[1] **Quale** may become **qual** before forms of **essere** beginning with **e-**.

b. **Come hanno passato le vacanze?** *Il signor Giannini e la signora Rosati sono in autobus e parlano delle loro vacanze. In gruppi di due studenti, mettete in scena la conversazione. Includete le espressioni seguenti:* **dove andare, perché, con chi, come/con quale mezzo di trasporto, quanto tempo restare, che cosa vedere, che cosa fare la sera, quanto spendere.**

V. L'ora

A. Italians use both the twelve-hour and the twenty-four-hour clocks to tell time. Official time (for trains, buses, planes, theaters, movies, etc.) is expressed using the twenty-four-hour system. After twelve noon, one continues counting up to twenty-four (midnight). Following is a list comparing the two systems.

12-HOUR CLOCK		24-HOUR CLOCK	
12 noon	mezzogiorno	le dodici	12:00
1 PM	l'una	le tredici	13:00
2 PM	le due	le quattordici	14:00
3 PM	le tre	le quindici	15:00
4 PM	le quattro	le sedici	16:00
5 PM	le cinque	le diciassette	17:00
6 PM	le sei	le diciotto	18:00
7 PM	le sette	le diciannove	19:00
8 PM	le otto	le venti	20:00
9 PM	le nove	le ventuno	21:00
10 PM	le dieci	le ventidue	22:00
11 PM	le undici	le ventitré	23:00
12 midnight	mezzanotte	le ventiquattro	24:00

The feminine definite article (**l'**, **le**) is used before the number of the hour. It agrees in form with **ora** *(hour)* or **ore** *(hours)*, which is not expressed. All times other than one o'clock are plural and thus require the feminine plural article **le.**

l'una	le due	le undici
one o'clock	*two o'clock*	*eleven o'clock*

B. A fraction greater than half an hour is also expressed as time remaining until the next full hour. Fractions of an hour are expressed with **e** + *the minutes elapsed.*

le due e cinque	le quindici e trenta	l'una e quaranta (le due meno venti)
2:05	*3:30 PM*	*1:40*

Un quarto *(a quarter)* and **mezzo** *(a half)* are also used, but not with the twenty-four-hour clock.

le due e un quarto	le tre e mezzo	le cinque meno un quarto
le due e quindici	le tre e trenta	le quattro e quarantacinque
2:15	*3:30*	*4:45*

In everyday conversation the distinction between AM and PM is made by adding the following expressions to the time: **di mattina** or **del mattino** *(in the morning)*, **del pomeriggio** *(in the afternoon)*, **di sera** or **della sera** *(in the evening)*, **di notte** *(at night)*.

le otto di mattina	le quattro del pomeriggio
8 AM	*4 PM*
le nove di sera	le due di notte
9 PM	*2 AM*

C. To ask and tell time in the present and in the past, use the following expressions:

Che ora è?	**Che ora era?**	**A che ora?**
Che ore sono?	**Che ore erano?**	*At what time?*
What time is it?	*What time was it?*	
È mezzogiorno.	**Era mezzogiorno.**	**A mezzogiorno.**
It is noon.	*It was noon.*	*At noon.*
È l'una.	**Era l'una.**	**All'una.**
It is one o'clock.	*It was one o'clock.*	*At one.*
Sono le due.	**Erano le due.**	**Alle due.**
It is two o'clock.	*It was two o'clock.*	*At two.*

Note that **essere** is used in the third-person singular for **mezzogiorno, mezzanotte,** and **l'una** and in the third-person plural for all other hours.

The verb **mancare** may also be used to express time.

Mancano venti minuti alle due.	Mancava un minuto a mezzanotte.
It is twenty minutes to two.	*It was one minute to midnight.*

Come esprimere la parola *time*

The English word *time* corresponds to several words in Italian, depending on the idea being expressed.

1. **Ora** means *time of day, hour,* or the proper time to do something.

Signorina, ha l'ora?	Mamma, è già ora di mangiare?
Miss Signorina, do you have the time?	*Mother, is it time to eat yet?*

2. **Volta** means an instance or an occasion. **Qualche volta** means *sometimes.*

Devi farlo ancora una volta.	Sono venuti tre volte.
You must do it once more.	*They came three times.*

3. **Tempo** refers to duration of time, a period of time, or time in the abstract.

Avete aspettato molto tempo?	Non ho tempo ora.	Il tempo è denaro.
Did you wait a long time?	*I don't have time now.*	*Time is money.*

4. **Divertirsi** means *to have a good time.*

   Ci divertiamo sempre a Roma.
   We always have a good time in Rome.

■ Esercizio

Completare con **ora, volta** *o* **tempo.**

1. Hanno visto il film tre _____ .
2. Jack non ha _____ per divertirsi.
3. Ogni _____ che viene lei, piove!
4. A che _____ è l'ultimo treno?
5. Bambini, è _____ di andare a dormire.
6. Tu non perdi _____ !
7. Che _____ sono?
8. C'era una _____ una bella principessa.

VI. Giorni, stagioni, mesi, anni

A. I giorni

Days of the week are not capitalized and do not require an article unless a routine weekly action is expressed.

Sono arrivati sabato.
They arrived (on) Saturday.

Non lavorano **il** sabato.
They don't work on Saturdays.

B. Le stagioni

1. The names of the seasons are not capitalized and are usually preceded by the definite article.

   La primavera è la mia stagione preferita.
   Spring is my favorite season.

2. **In** or **di** is used without the definite article to express *in* + the season.

   In primavera piove spesso.
   It often rains in the spring.

   Dove vanno le mosche **d'inverno**?
   Where do flies go in the winter?

C. I mesi

1. Months are not capitalized, and do not require an article. All months are masculine.

   Di solito agosto è il mese più caldo.
   Usually August is the hottest month.

2. **In** or **a** is used to express *in* + the month.

   In gennaio fa freddo.
   It's cold in January.

   Si sono sposati **a** maggio.
   They married in May.

3. The masculine definite article + a cardinal number + a month is used to express a specific day of the month or *on* + the day of the month. An exception is *the first*, which is **il primo** + the month.

   il due settembre
   September second
   on September second

   l'undici settembre
   September eleventh
   on September eleventh

   il primo settembre
   September first
   on September first

4. Italian uses a different word order than English in numerical abbreviations:

   9/5 = il nove maggio (not *September fifth*!)
   1/9 = il primo settembre (not *January ninth*!)

D. Gli anni

The masculine singular definite article is used when referring to a year. The article combines with prepositions.

Il 1929 è stato un anno molto difficile.
1929 was a very difficult year.

La guerra è finita **nel** 1945.
The war ended in 1945.

Kennedy fu presidente **dal** 1960 **al** 1963.
Kennedy was president from 1960 to 1963.

E. The following expressions are used to refer to dates and time.

1. To ask about dates:

—In che giorno? —Il cinque ottobre.
On what day? *On October fifth.*

—Che giorno è oggi? —È il cinque ottobre.
What day is today? *It is October fifth.*

—Quanti ne abbiamo oggi? —Ne abbiamo cinque.
What's today's date? *It's the fifth.*

2. To express times of day:

di mattina (la mattina)
in the morning

di pomeriggio (nel pomeriggio)
in the afternoon

di sera (la sera)
in the evening

di notte (la notte)
at night

3. To indicate past time:

due ore (giorni/settimane/mesi) fa
two hours (days, weeks, months) ago

il mese scorso (la settimana scorsa, l'anno scorso)
last month (last week, last year)

4. To indicate future time:

fra due ore (giorni/settimane/mesi)
in two hours (days/weeks/months)

il mese prossimo (la settimana prossima, l'anno prossimo)
next month (next week, next year)

5. To indicate duration and approximation of time:

dalle due alle tre
from two to three

fino alle quattro
until four

verso le cinque
around five o'clock

■ Esercizi

a. **Parliamo un po'.**

1. Quando è nato/a Lei?
2. Quando si festeggia in America *April fool's day*?
3. Lei studia meglio di sera, di notte o di mattina?
4. Che giorno era ieri? Quanti ne avevamo?
5. Da che ora a che ora ha studiato ieri?
6. Qual è la Sua stagione preferita?
7. Dove abita Lei cosa c'è di bello da fare nel mese di febbraio?
8. E nel mese di agosto?
9. Dov'era Lei un anno fa durante l'estate? Cosa faceva?

b. **Brevi interviste.**

1. Lei è esperto/a di oroscopi e Antonio è venuto da Lei per un consiglio. Gli chieda le informazioni necessarie: la data di nascita, il giorno della settimana e l'ora.
2. Lei studia italiano in Minnesota. C'è un nuovo studente che viene dalle Isole Vergini. Scambiatevi le informazioni sul tempo *(weather)* e le stagioni nei rispettivi paesi, e spiegate quali sono per voi i mesi migliori dell'anno e perché.
3. I Suoi genitori Le telefonano spesso. Oggi Le chiedono se è molto impegnato/a. Li informi sull'orario delle lezioni giorno per giorno.

■ Vocabolario utile

la bancarella (market) stall
la borsa handbag
il dubbio doubt
i generi alimentari food items
il golfino sweater
il paragone comparison
la pelletteria leather store
la provvista supply

apposta on purpose
in compenso in return

abituarsi to get used to
accontentarsi to be content with
consigliare bene/male to give
  good/bad advice
fare bella figura to look smart/elegant

la réclame advertising
la roba stuff
le scarpe da ginnastica sneakers
la scelta choice
lo/la stilista designer
il tailleur (woman's) suit
il vitto food

sotto casa near home

**potersi permettere (non me lo posso
  permettere)** to be able to afford
  (I can't afford it)
sistemarsi to settle (down)
valere la pena (non ne vale la pena) to be
  worthwhile (it's not worth it)

Le boutique propongono
creazioni originali, ma a
prezzi elevati.

■ Prima di leggere

Elisa Ercolessi ha conseguito° la laurea in fisica presso l'Università di Bologna e ora è candidata al dottorato di ricerca° in fisica teorica alla Syracuse University.

obtained

PhD

Le abbiamo domandato le sue opinioni sul «fare gli acquisti» in America.

In gruppi di tre o più studenti, esaminate i vari modi di fare gli acquisti nel vostro paese usando le seguenti domande.

1. Quali negozi vendono articoli a buon mercato? Che cosa conviene comprare in questi negozi? Sono prodotti di buona qualità?
2. In generale, come sono i prezzi negli Stati Uniti? È possibile vestirsi e mangiare spendendo abbastanza poco?
3. Agli Italiani piace fare bella figura. Pensate che sia più importante essere eleganti o stare comodi? Perché?
4. Preferite avere poche cose belle e costose o molte cose a buon mercato? Perché?
5. In Italia è possibile cambiare la merce soltanto per ragioni di misura o di colore, e non sempre. Vi sembra difficile fare le spese in Italia? Fate un esempio.

■ Un'Italiana in America: dove fare gli acquisti?

DOMANDA *Da quanto tempo è negli Stati Uniti?*

RISPOSTA Sono venuta alla fine dell'anno scorso.

DOMANDA *Come si è sistemata?*

RISPOSTA Ho preso un appartamento. È modesto, ma non potevo permettermi molto di più.

5 **DOMANDA** *Trova che la vita è cara in America?*

RISPOSTA Non necessariamente. Ho notato che, se uno si accontenta, è possibile mangiare e vestirsi spendendo poco.

DOMANDA *Dove fa le spese?*

RISPOSTA Per il vitto al supermercato. I prezzi sono forse più bassi che in Italia, ma non

10 c'è paragone con il macellaio o il negozio di frutta e verdura sotto casa.

DOMANDA *Ma anche in Italia ci sono i supermercati. Lei non ci va?*

RISPOSTA Sì, certo. Ora abbiamo addirittura gli ipermercati dove si compra all'ingrosso°, ma ci andiamo una volta al mese per le provviste di base come l'olio, lo zucchero, la pasta... quella roba lì che magari° costa meno. Ma il fruttivendolo o il mercato

wholesale

perhaps

15 rionale° hanno prodotti freschi. Una cosa che mi ha colpito è che qui ho potuto comprare frutta e verdure tutto l'anno senza la differenza dovuta alle stagioni.

mercato... : neighborhood market

DOMANDA *Ha fatto spese di altro genere?*

RISPOSTA Ho comprato jeans, magliette e tante scarpe da ginnastica e da sport. In Italia un paio di Nike o di Timberland costano molto di più.

20 **DOMANDA** *E cos'altro?*

RISPOSTA Niente. I vestiti belli costano quanto in Italia e allora tanto vale° comprarli là. Devo anche dire che non ho ancora imparato a fare le spese in un grande magazzino, anche se bello. C'è troppa roba di qualità differenti, io ho la decisione difficile° e la grande scelta mi aumenta i dubbi. E poi, a dir la verità, non ho capito dove

tanto... : you might as well

io ho... : I am slow to decide

25 conviene° fare le spese. I giornali sono sempre pieni di réclame di svendite e ogni volta mi domando se ho speso bene i miei soldi, se non hanno alzato apposta i prezzi prima di abbassarli, se non mi sono lasciata imbrogliare°.

it is advisable to

if I let myself get ripped off

DOMANDA *Ma a Bologna dove fa le spese?*

RISPOSTA Mah, io sono abitudinaria°. Conosco un paio di boutique che vendono modelli ⟶ *person of fixed habits*
30 esclusivi anche se non firmati da stilisti famosi, una pelletteria che ha delle belle
borse, i golfini si trovano dappertutto°, qualche volta perfino sulle bancarelle del ⟶ *everywhere*
mercato... Finisco per andare sempre negli stessi posti, anche perché mi conoscono,
mi consigliano bene e mi fanno lo sconto.

DOMANDA *Lei è sempre molto elegante. Evidentemente compra della roba di buona qualità e*
35 *non a buon mercato, mi sbaglio?*

RISPOSTA Dipende. Le cose belle non sono mai veramente a buon mercato. Una bella
giacca può costare 600 euro, in compenso fa bella figura per diversi anni.

DOMANDA *Capisco. Allora, cosa pensa di portare in Italia?*

RISPOSTA Una macchina fotografica digitale.

■ Comprensione

1. Elisa ha già un titolo universitario? Quale?
2. Che cosa fa in America?
3. Dove abita? Dove fa la spesa? Secondo voi, mangia spesso in casa o va al ristorante?
4. Quali articoli di vestiario ha comprato Elisa? Perché?
5. Elisa si è abituata a fare le spese nei grandi magazzini? Le piace? Perché sì, perché no?
6. Secondo voi, Elisa spende tanti soldi ogni anno per rinnovare tutto il guardaroba?
7. Quali sono gli articoli che si comprano a buon prezzo in America?
8. Che cosa pensa di riportare in Italia Elisa? Perché?

■ Studio di parole

to raise, to rise

alzare
to raise, to cause to rise (an object)
(used with a direct object)

Perché hai alzato la mano?
Why did you raise your hand?

aumentare
to raise, to increase (an amount)

Hanno aumentato il prezzo del caffè
They raised the price of coffee.

aumento
raise, increase

alzarsi
to get up, to stand up

La domenica mi alzo sempre tardi.
On Sundays, I always get up late.

*essere alzato; *stare alzato
to be up; to stay up

Sono le sei e la mamma è già alzata.
It's six o'clock and mama is already up.

to return

*tornare, ritornare
to come, go back

Sei ritornata tardi ieri sera.
You came back late last night.

Devo ritornare in ufficio.
I have to go back to the office.

A questo punto non posso più tornare
indietro.
*At this point I cannot go back again.
(I have reached the point of no return.)*

riportare
to return, bring back

Hai riportato i libri alla biblioteca?
Did you return the books to the library?

restituire
to give back

Gianni, ti devo restituire i soldi che mi hai
prestato.
*Gianni, I have to give back to you the money
you lent me.*

to ask

chiedere (qualcosa **a** qualcuno)
to ask for, to request

Ho chiesto il conto al cameriere.
I asked the waiter for the bill.

Non mi piace chiedere favori alla gente.
I don't like to ask people for favors.

domandare (qualcosa **a** qualcuno)
to ask (a question), to inquire

Domanda a papà quando torna.
Ask daddy when he's coming back.

Vi ho domandato il prezzo tre volte!
I've asked you for the price three times!

The distinction between **chiedere** (= **chiedere per avere**) and **domandare** (= **interrogare per sapere**) is not always maintained. **Chiedere** is being used more and more frequently and seems to be replacing **domandare.**

Note: *To ask a question* is **fare una domanda.**

Mi fate sempre tante domande!
You always ask me so many questions!

■ Pratica

a. *Scegliere la parola che completa meglio la frase.*

1. Non dovete (chiedere / fare) domande imbarazzanti.
2. Non sono ancora le otto e la mamma (si alza / è alzata) da due ore!
3. Ho bisogno della ricevuta *(receipt)*. Ricordati di (chiederla / domandarla)!
4. Non sappiamo perché non hanno (alzato / aumentato) il prezzo della benzina quest'estate.
5. Perché non hai (restituito / ritornato) la macchina fotografica a Simona?

b. *Inserire le parole opportune.*

1. Abbiamo perso la strada! Perché non _____ indietro?
2. In periodo di esami noi _____ a studiare fino a tardi.
3. I miei studenti _____ sempre tante _____ e io rispondo.
4. Quando papà _____ la voce vuol dire che è arrabbiato.
5. Ho bisogno di soldi, ma non ho il coraggio di _____li ancora a mia madre.
6. Diego voleva _____ti un'informazione, ma non c'eri.

Domande per Lei.

1. In quali giorni della settimana si alza tardi Lei? Quante volte si è alzato/a tardi questa settimana?
2. Lei trova facile chiedere favori alla gente? Che cosa chiede senza problema e che cosa non chiede mai?
3. Hanno aumentato le tasse *(tuition)* alla Sua università negli ultimi anni? Quanto paga all'anno? Le sembra troppo, poco, giusto? Perché?
4. Quando va in vacanza, Le piace tornare nei posti che conosce? Perché?
5. Lei riporta spesso i Suoi acquisti ai negozi dove li ha comprati? Perché?

⊛ Temi per componimento o discussione

1. Quali sono i vantaggi e/o gli svantaggi di fare le spese in un grosso centro commerciale, dove si trova di tutto, invece che in diversi negozi in città?
2. Tutti noi, ogni volta che compriamo qualcosa, facciamo delle scelte in relazione al nostro bilancio *(budget)*. Dati i soldi che ha, che cosa compra Lei (dei bei vestiti, un'automobile nuova, libri, gioielli, mobili, dischi...)? Dove? Perché?
3. Paragoni *(Compare)* il modo di acquistare i generi alimentari negli Stati Uniti con quello di altri paesi che conosce o di cui ha sentito parlare. Per esempio, come si farà la spesa in Europa, in Africa o in Cina? Tenga in considerazione fattori come l'organizzazione della società, la disponibilità *(availability)* dei prodotti a livello locale, la loro conservazione, i mezzi di trasporto, ecc.
4. Volete aprire un negozio di abbigliamento, ma avete idee differenti. Uno di voi vuole offrire vestiti a prezzi bassi e quindi non di buona qualità; un altro preferisce abiti firmati e molto costosi. Dovete mettervi d'accordo. Scrivete un dialogo e discutete i vantaggi e gli svantaggi delle due proposte. Rappresentatelo in classe.

⬤ RICERCA WEB

1. La moda italiana è famosa in tutto il mondo e le collezioni costituiscono un elemento fortemente positivo per l'economia nazionale. Ad ogni inizio di stagione le sfilate di moda presentano le ultime creazioni degli stilisti. Per alcuni di loro la carriera è iniziata in maniera modesta e il successo è arrivato più tardi.
   a. Benetton offre una linea decisamente giovanile. Esplorate la storia della ditta e della diffusione dei suoi prodotti. Ci sono negozi Benetton nella zona dove abitate voi? Avete fatto acquisti da Benetton? Cosa pensate dei suoi prodotti? Sono simili o diversi da quelli che trovate nella vostra zona?
   b. I modelli esclusivi di Miuccia Prada, Roberto Cavalli, Giorgio Armani, Fendi, Gucci, Versace e tanti altri sono esportati e spesso copiati in tutto il mondo. Ricercate la storia di uno/una stilista e della sua fortuna. Che tipo di linea propone e a chi può interessare? Conoscete una ditta del vostro paese che offre prodotti simili?
2. Vi interessa un prodotto italiano? Che cos'è (un profumo, un articolo per la casa, una bella borsa di pelle, un gioiello)? Ricercate la ditta che lo vende, il prezzo e dove potete comprarlo nel vostro paese.
3. I genitori italiani dicono che i ragazzi sono vestiti tutti nello stesso modo. Amano gli articoli di Gap, Levy, Timberland, Nike e altre ditte americane, ma cercano di spendere poco. Ricercate gli outlet italiani di una delle ditte menzionate. Offrono all'estero gli stessi prodotti del mercato nazionale? Come sono i prezzi? Dove conviene fare le spese?

Nel negozio di calzature. Carla vuole comprare un paio di scarpe in un negozio nel centro di Palermo.

COMMESSO:	Prego, signorina.
CARLA:	Vorrei vedere quei mocassini marrone in vetrina, per favore.
COMMESSO:	Che numero porta?
CARLA:	Il trentotto e mezzo.
COMMESSO:	Vengo subito.
CARLA:	Sono proprio delle belle scarpe. Quanto vengono?
COMMESSO:	Cento euro con lo sconto del venticinque per cento.
CARLA:	Sono piuttosto care!
COMMESSO:	Ma sono molto comode e di ottima qualità. Vuole provare anche la sinistra?
CARLA:	No, grazie. Sono molto belle ma vorrei pensarci un po'.

Offrire un servizio
Desidera?
Prego.   } *How can I help you?*
Mi dica.

In che cosa Le posso essere utile?   *What can I do for you?*
Tocca a Lei, mi dica.   *It's your turn.*

Sollecitare un servizio
Per favore/piacere/cortesia...
Mi dà/mostra/fa vedere... ?
Vorrei vedere/provare...
Ho/avrei bisogno di...
Non ha/avrebbe per caso... ?   *You wouldn't by any chance have . . .*
Sa dove posso trovare... ?

Fare acquisti
(Sì) mi piace. Lo/La prendo.
Va bene. Prendo questo/a.
(Non) è proprio quello che cercavo.   *This is (not) exactly what I was looking for.*
Mi ci faccia pensare...   *Let me think about it.*
Abbia pazienza! Non so quale/i scegliere.   *Be patient. I don't know what to choose.*
Grazie, ma è troppo caro/a.

Chiedere il prezzo
Quanto costa/viene?
Quanto fa in tutto?
In tutto costa/viene/sono... euro.   *Altogether, it's . . . euros.*
Mi fa lo sconto?
Che sconto mi fa?
Allora, quanto Le devo?   *How much do I owe you, then?*

■ Che cosa dice?

1. Lei entra nella pelletteria «Mirella» perché vuole vedere una valigia blu esposta in vetrina. Cosa domanda?

2. È sabato pomeriggio e la libreria di Suo padre è piena di clienti. Dica a una signora che è il suo turno e chieda cosa desidera.

3. È il compleanno del Suo fidanzato/della Sua fidanzata e vuole comprargli/le qualcosa d'oro. Chieda al gioielliere di farLe vedere qualcosa.

4. Sta scegliendo una nuova montatura per gli occhiali dall'ottico di famiglia, ma non sa quale prendere. L'ottico deve servire altri clienti. Lei si scusa e dice di essere indeciso/a.

■ Situazioni

1. Lei vuole regalare un televisore al suo ragazzo/alla sua ragazza. Il commesso Le propone alcuni apparecchi molto belli, ma costano troppo. Finalmente trova quello che vuole, ma non ha abbastanza contanti; per fortuna il negozio accetta le carte di credito.

2. Deve fare degli acquisti per Sua madre. Telefoni ad un amico/un'amica e gli/le chieda se vuole venire in centro con Lei. L'amico/l'amica Le chiede che cosa deve comprare e in quali negozi vuole andare. Lui/lei accetta di venire e entrambi stabilite il luogo e l'ora dell'appuntamento. (Possibili suggerimenti: un rullino di foto per Sua madre, della carta per il computer di Sua sorella, una scatola di cioccolatini per Sua nonna, una cintura di pelle per Suo padre, i biglietti per il teatro, un dolce, dei fiori...)

3. Il Suo amico Jack è tornato dall'Italia con una bellissima giacca di pelle. Secondo Lei deve averla pagata moltissimo. Invece Jack l'ha comprata a un mercato di Firenze e Le racconta quanti soldi ha risparmiato, come ha fatto l'affare, ecc.

4. Lei ha comprato un nuovo divano (sofa). Spieghi a Sua madre che non aveva abbastanza soldi e ha dovuto chiederli a un amico/un'amica. Li ha ottenuti, ma al 15% di interesse. Pazienza! Ora la Sua camera è più bella con il divano nuovo.

Dove abiti?

Alberto è in ritardo. Alberto ha preso in prestito la macchina della mamma ed è in ritardo. La mamma aspetta con impazienza. Eccolo finalmente!

MAMMA: Sei arrivato! Non tornavi più!

ALBERTO: Scusa. Ho incontrato Sabina e siamo rimasti a parlare.

MAMMA: Come sta?

ALBERTO: Bene! Non l'ho mai vista così contenta. Lei e Andrea sono andati ad abitare nella loro nuova casa in viale Manzoni.

MAMMA: Mi fa piacere. Erano diversi anni ormai che abitavano in un monolocale in affitto. L'hanno comprata la casa?

ALBERTO: No, è un regalo della zia di Andrea.

MAMMA: Un regalo?

ALBERTO.   Ma sì, pensa, la zia ha comprato una villetta all'isola d'Elba, e ha deciso di trasferirsi là. Le piace vivere al mare, e non ha più bisogno dell'appartamento in città.

MAMMA: È proprio generosa!

ALBERTO: Veramente! Ha detto che per Sabina e Andrea è importante avere una casa loro. Ha anche detto che spera di avere presto dei nipotini.

MAMMA: Mi fa proprio piacere. Ma devo andare ora. Avevo veramente bisogno della macchina.

VIVERE IN ITALIA | La città italiana: quartieri antichi e nuovi

La maggior parte degli Italiani vive in un ambiente essenzialmente urbano e abita in appartamenti. Le città sono suddivise in quartieri e gli abitanti si sentono parte del quartiere in cui vivono. Non c'è una divisione precisa tra zone residenziali e aree commerciali o ricreative quali cinema, teatri e ristoranti. Nello stesso edificio si trovano spesso negozi, abitazioni, uffici e studi medici. L'unificazione di aree residenziali e servizi riproduce il modello delle città antiche particolarmente evidente nei centri storici.

Quante cose buone! Fate mai peccati di gola *(sins of gluttony)*? Cosa vi piace mangiare in particolare?

Praticamente in tutte le città italiane le strade del centro sono piuttosto strette, il traffico, quando è permesso, è spesso caotico, il parcheggio difficile. Chi abita in centro usa di preferenza i mezzi di trasporto pubblici. I ragazzi si muovono in motorino, raramente ottengono l'auto di famiglia che spesso serve solo per percorsi lunghi. È naturale fare le spese e le commissioni a piedi, quindi c'è sempre tanta gente per le strade e nei negozi. È facile incontrare amici e conoscenti, fermarsi a fare due chiacchiere e scambiare notizie.

I quartieri nuovi hanno a disposizione uno spazio maggiore, le strade sono larghe, gli edifici grandi e luminosi. Non mancano le «zone verdi» spesso costituite dai parchi delle antiche ville private ora proprietà del comune e aperti al pubblico.

In generale, per gli Italiani che vivono in città, «casa» vuol dire appartamento, sono pochi i fortunati che hanno una villa o un villino unifamiliare *(one family house)*. Abitazioni del genere stanno diventando frequenti al di fuori della cerchia urbana *(outside the city limits)*, dove si trovano anche gli ipermercati e i centri commerciali di tipo americano.

■ Vocabolario utile

l'abitazione dwelling
la commissione errand
il comune municipality
il/la conoscente acquaintance

ricreativo recreational
unifamiliare single-family

fare due chiacchiere to chat
prendere in prestito to borrow

l'edificio building
il monolocale studio apartment
il quartiere neighborhood
lo studio office

urbano urban

■ Esercizi

a. *Rispondere alle domande seguenti.*

1. Perché era in ritardo Alberto?
2. Dove sono andati ad abitare Andrea e Sabina?
3. Come hanno ottenuto la loro nuova abitazione?
4. Perché la zia non abita più a viale Manzoni?
5. Che cosa spera la zia di Andrea?
6. Perché la mamma aspettava Alberto con impazienza?

Casa mia, casa mia,
per piccina che tu sia
tu mi sembri una badia
(abbey).

Conoscete un detto
simile nella vostra lin-
gua? Che cosa significa?

b. Completare le frasi con le parole o le espressioni opportune.

1. Alberto ha preso _____ l'automobile della mamma ed è _____.
2. Ha incontrato _____ e si è fermato a _____.
3. Ora la zia di Sabina abita _____, ma prima abitava _____ di viale Manzoni.
4. La zia abita all'Isola d'Elba perché _____.
5. Prima Sabina e Andrea abitavano _____.
6. Sabina è proprio _____.

■ A voi la parola

a. **Abitare.** In coppia o in piccoli gruppi paragonate la zona dove abitate voi, o la vostra famiglia, con un quartiere italiano. Considerate possibili somiglianze e differenze e riferite le vostre con-clusioni alla classe. Esaminate in particolare:

1. il tipo di abitazione.
2. se in città o in località fuori della cerchia urbana.
3. dove sono i negozi, i cinema, i teatri, i bar, le discoteche.
4. chi s'incontra nelle strade.
5. se è necessario possedere un mezzo di trasporto personale.
6. com'è il traffico, come sono i parcheggi.

b. **Vivere in una città.** *Vi piacerebbe* (Would you like) *vivere in una città italiana? In un apparta-mento del centro storico? In un quartiere moderno? Sì, no, perché? Cosa pensano i vostri amici?*

c. Affittasi *(For rent). L'Agenzia Santolicchi offre appartamenti di vario tipo, la piccola pubblicità (classified) propone camere per studenti o lavoratori. Leggete gli annunci e rispondete alle domande.*

AGENZIA SANTOLICCHI

Affitta

Grazioso miniappartamento:
camera, angolo cottura, bagno.
900 euro mensili.

Attico (*penthouse*):
ingresso con porta blindata,
salone, due camere, due bagni, cucina
attrezzata. 1500 euro mensili.

Bilocale (*two-room*),
zona periferica, salone,
camera, cucinotto. 600 euro mensili.

Contattare: www.agesan@iol.com

Affitto a studenti o lavoratori stanza singola in appartamento composto da altre tre stanze già affittate a tre ragazzi. Uso cucina, elettrodomestici, garage. 300 euro al mese. marcocal@genind.it

Offro posto in ampia camera doppia a ragazza seria possibilmente non fumatrice. A pochi minuti dal centro e dagli istituti universitari. 275 euro mensili. vivy@hotmail.com

Offro stanza singola, luminosa, zona tranquilla a persona non fumatrice. Due bagni, salone, vicino a centro e università, giardino, garage. 390 euro al mese. lenuccia@libero.it

1. Un amico/Un'amica che abita in Italia cerca un appartamento piccolo ma elegante. Quale gli/le consigliate? Perché? C'è spazio per un ospite? Vi sembra ragionevole il costo mensile dell'affitto? Quanto costano appartamenti simili dove abitate voi?

2. Degli amici della vostra famiglia vanno in Italia per un anno. È una famiglia di quattro persone, i genitori e due bambini. Di quante stanze hanno bisogno? Quali sono le possibili scelte? Quali sono in ciascun caso i vantaggi e gli svantaggi?

3. Voi partecipate ad un programma di studi in Italia e avete bisogno di un alloggio *(dwelling)*. Volete una camera singola o doppia? Un appartamento grande con altre stanze in affitto oppure no? Come vi sembrano i prezzi? Quanto spendete voi? Quale offerta preferite?

I. Passato prossimo e imperfetto

A. The **passato prossimo** and the **imperfetto** each have specific uses and express different things about the past. They cannot be used interchangeably without affecting the meaning of a sentence.

1. The **passato prossimo** is a *narrative* tense used to report a specific action that was completed in the past. The action may have lasted a short time or a long time, and it may have taken place once or a specified number of times, but it was completed. The **passato prossimo** answers the question *What happened?*

   Ieri sera Riccardo **ha studiato** fino a mezzanotte.
   Last night Richard studied until midnight.

2. The **imperfetto** is a *descriptive* tense used to describe how things or people were in the past. It is also used to express a past action that was habitual, that is, repeated over a general period of time, or a past action in progress, that is, going on, with no reference to its completion. The **imperfetto** answers the questions *What was it like? What used to happen? What was happening?*

   Ogni sera Riccardo **studiava** fino a mezzanotte.
   Every evening Richard used to study until midnight. (habitual action)

   Ieri sera Riccardo **studiava** quando è arrivato un telegramma.
   Last night Richard was studying when a telegram arrived. (action in progress)

   Riccardo **era** un bravo studente: **studiava** all'Università di Firenze e **prendeva** bei voti.
   Richard was a good student: he studied at the University of Florence and got good grades. (description)

B. There are particular cases where a careful distinction between the two tenses is necessary.

1. The **imperfetto** describes conditions and states of being (physical, mental, and emotional) in the past that have no specific beginning; the **passato prossimo** expresses the onset of a state of being at a definite time in the past.

Quando ero piccola, **avevo** paura del buio.	Quando la polizia mi ha fermato, **ho avuto** paura.
When I was little, I was afraid of the dark.	*When the police stopped me, I got scared.*

2. The **imperfetto** expresses an action that was going on while something else was also going on (**imperfetto**) or when something else happened (**passato prossimo**).

I bambini **dormivano** mentre io **lavavo** i piatti.	I bambini **dormivano** quando papà **ha telefonato.**
The children were sleeping while I was doing the dishes.	*The children were sleeping when daddy called.*

C. The verbs most often used in the **imperfetto** are **avere** and **essere** as well as verbs indicating emotions and mental states: **amare, credere, desiderare, pensare, potere, ricordare, sapere, sperare, volere,** etc.

Erano stanchi perché **avevano** troppo lavoro.
They were tired because they had too much work.

Giovanni **amava** Laura e **sperava** di sposarla entro la fine dell'anno.
Giovanni loved Laura and was hoping to marry her by the end of the year.

Time, age, and weather in the past are also usually expressed in the **imperfetto.**

Quanti anni **avevi** quando ti sei sposato?
How old were you when you got married?

Era mezzanotte quando sono tornati a casa.
It was midnight when they returned home.

D. Certain verbs take on different meanings or different implications depending on whether they are used in the **imperfetto** or the **passato prossimo.**

conoscere
Conoscevo un industriale.
I knew an industrialist.

Ho conosciuto un industriale.
I met an industrialist.

sapere
Sapevo che Mario era sposato.
I knew Mario was married.

Ho saputo che Mario era sposato.
I found out that Mario was married.

The **imperfetto** of the verbs **dovere, potere,** and **volere** leaves uncertain whether or not the action one *was supposed to do, was capable of doing,* or *was willing to do* was carried out; the **passato prossimo,** in contrast, indicates clearly that the action was carried out.

dovere
Dovevamo fare molte commissioni.
We were supposed to do many errands.

Abbiamo dovuto fare molte commissioni.
We had to do many errands.

potere
Mi **potevano** prestare il motorino.
They could (had the ability to) lend me the moped.
(no reference to a specific occasion)

Mi **hanno potuto** prestare il motorino.
They could (were able to, managed to) lend me the moped.
(one specific occasion)

volere
Volevano fare due chiacchiere.
They wanted to chat.

Hanno voluto fare due chiacchiere.
They insisted on chatting.

Marco non **voleva** vivere in centro.
Marco didn't want to live downtown.

Marco non **ha voluto** vivere in centro.
Marco refused to live downtown.

E. The **imperfetto** and the **passato prossimo** are often used together. The **imperfetto** describes a circumstance that accompanies the main action, which is expressed by the **passato prossimo**.[1] The **imperfetto** sets the scene and provides the background; the **passato prossimo** advances the plot.

Era mezzanotte [*description*] e tutti dormivano [*description*]. I ladri hanno rotto [*action*] una finestra e sono entrati [*action*]. Hanno preso [*action*] tutto quello che hanno trovato [*action*] e sono andati via [*action*].

Ieri mattina quando mi sono alzato [*action*], non mi sentivo bene [*description*]. Sono andato [*action*] alla finestra e ho guardato [*action*] fuori. Mi sono subito sentito [*change of state*] meglio. Era [*description*] una bella giornata. Il sole splendeva [*description*] e gli uccelli cantavano [*description*]. Tutti sembravano [*description*] felici.

The **imperfetto** also expresses the habitual nature of a particular action.

Piero era innamorato [*description*] di Patrizia ma non aveva il coraggio [*description*] di parlarle. Ogni volta che la vedeva [*habit*], scappava [*habit*]... Una sera l'ha vista [*action*] in biblioteca: Patrizia era sola [*description*] e studiava [*description*] molto diligentemente. Piero si è avvicinato [*action*] e le ha chiesto [*action*]: «Scusa, sai che ore sono?»

■ Esercizi

a. *Mettere le seguenti frasi al passato. Un verbo sarà al passato prossimo, l'altro all'imperfetto.*

> ESEMPIO Prendo in prestito la tua macchina perché la mia non funziona.
> **Ho preso in prestito la tua macchina perché la mia non funzionava.**

1. Non mangio molto perché non ho appetito.
2. Lui non si ferma perché ha fretta.
3. Dato che piove, stiamo a casa.
4. Noi non usciamo perché non ci sentiamo bene.
5. Dato che hai mal di testa, prendi due aspirine.
6. Non telefonano perché non ricordano il numero.
7. Non scrivete perché non avete l'indirizzo.

b. *Formare nuove frasi mettendole o all'imperfetto o al passato prossimo, secondo il senso, e usando le espressioni fra parentesi.*

> ESEMPIO Abito in una villetta unifamiliare (quand'ero piccola; per molti anni)
> **Abitavo in una villetta unifamiliare quand'ero piccola.**
> **Ho abitato in una villetta unifamiliare per molti anni.**

1. Pranzo al ristorante. (di solito; ieri sera)
2. Prendi l'autobus. (tutti i giorni; oggi)
3. Leggo e ascolto la musica. (quando potevo; sabato)
4. Uscite soli. (la sera; quella volta)
5. Andiamo al cinema. (il sabato; sabato scorso)
6. Si vedono. (il 5 agosto 1991; ogni estate)
7. Parla in italiano. (ieri; in generale)

---

[1] In formal narrations (novels, short stories, historical works), the **passato remoto** is ordinarily used instead of the **passato prossimo** (see p. 140).

c. **Dopo la festa.** *Completare il brano inserendo i verbi indicati all'imperfetto o al passato prossimo secondo il senso.*

Marina è tornata tardi, (essere) _____ una bella festa, lei (divertirsi) _____ e non (volere) _____ andar via. La mattina dopo (alzarsi) _____ tardi, (sentirsi) _____ male e (avere) _____ un gran mal di testa. La mamma, con aria di disapprovazione, le (dire) _____: «Cosa (mangiare) _____ ieri sera? Qualcosa ti (fare) _____ male?» Lei non (rispondere) _____, (sorridere) _____ soltanto. Non (volere) _____ dare tante spiegazioni. Più tardi (telefonare) _____ Franco e le (proporre) _____ di venirla a prendere e di portarla a lezione in macchina.

d. *Mettere al passato scegliendo il tempo opportuno (o imperfetto o passato prossimo).*

1. La bambina non sta bene: è a letto con la febbre, è calda e agitata. La mamma chiama il dottore. Il dottore viene e visita la bambina. Dice che ha l'appendicite e che bisogna operarla. Lui consiglia di portarla all'ospedale a Roma.

2. Sento la sveglia e mi alzo. Vado subito nel bagno, faccio la doccia e mi vesto. Poi vado in cucina. Il mio compagno di camera dorme ancora e russa *(is snoring)* come un camion carico in salita. Scendo le scale di corsa e vado a bere un caffè nel bar sotto casa perché così, a stomaco vuoto, non mi sento troppo in forma. Salgo sulla mia Ferrari al solito posteggio, innesto la marcia *(put it in gear)* e parto come un razzo *(rocket)*. Subito mi accorgo che dietro di me c'è una macchina. Accelero e anche la macchina accelera. È una Cadillac nera 1960. Guardo bene nello specchietto retrovisivo *(rear-view mirror)*. La guida un tizio *(guy)* grosso con gli occhi gialli, una specie di gorilla che ha anche una cicatrice *(scar)* sulla mano destra. Vedo che la sua giacca, dalla parte sinistra, ha un rigonfiamento *(bulge)*. Prendo una strada deserta, freno di colpo, poi salto giù.

(Adapted from Carlo Manzoni)

e. **Lui e lei.** *Mettere l'infinito tra parentesi all'imperfetto o al passato prossimo secondo il senso.*

Quando si sono sposati, (volersi molto bene) _____. (Volersi bene) _____ per cinque anni, ma ora tutto è finito. Loro (volere) _____ avere tanti bambini, ma (nascere) _____ un figlio solo, Lorenzo. Il bambino aveva diciotto mesi quando loro (divorziare) _____. Ora lui vive con la mamma. Quando lui e lei (essere) _____ ancora insieme, lei non (lavorare) _____, (occuparsi) _____ solo della casa e del bambino. Poi (dovere) _____ cercare un impiego. (Trovare) _____ un posto in un'agenzia di viaggi. Lei (essere) _____ molto preoccupata perché non (sapere) _____ la geografia, ma tutto (andare) _____ bene. Alla fine (conoscere) _____ un rappresentante che in quel periodo (farc) _____ molti viaggi all'estero. Un giorno lui la (invitare) _____ a cena, due o tre volte (andare) _____ al cinema o a teatro. Ora sono felicemente sposati.

II. Pronomi personali (oggetto diretto)

A. A direct object is a person or thing that directly receives the action of the verb. It answers the question *whom?* or *what?* Verbs that take a direct object are called *transitive verbs* (for example, *to see, to find, to eat).* Those that cannot take a direct object are called *intransitive verbs* (for example, *to come, to wait up for, to think about).* The forms of the direct-object pronouns are:

	SINGULAR		PLURAL	
1st person	**mi**	*me*	**ci**	*us*
2nd person	**ti**	*you (informal)*	**vi**	*you (informal)*
	La	*you (formal)*	**Li, Le**	*you (formal)*[1]
3rd person	**lo**	*him, it (m)*	**li**	*them (m)*
	la	*her, it (f)*	**le**	*them (f)*

1. Italian direct-object pronouns normally precede a conjugated verb.

   —Conoscete Luigi?
   —Sì, **lo** conosciamo bene.
     Do you know Luigi?
     Yes, we know him well.

   Lei compra i biscotti, io **li** faccio.
   She buys cookies; I make them.

2. **Lo, la** (and less often **mi, ti, ci, vi**) drop their final vowel before verbs beginning with a vowel, except forms of **essere** and before the forms **ho, hai, ha, hanno** from **avere.** However, the plural forms **li, le, Li, Le** are *never* elided.

   L'italiano? **L'**hanno imparato in Italia.
   Italian? They learned it in Italy.

   Abbiamo la televisione, ma non **l'**accendiamo mai.
   We have a TV but we never turn it on.

   Ti aiuto quando posso.
   I help you when I can.

   Li invitate a cena.
   You invite them to supper.

3. Direct-object pronouns governed by an infinitive normally follow it and are attached to it. The infinitive drops the final **-e.**

   Perché fingi di non conoscer**mi**?
   Why do you pretend not to know me?

   Ho voglia di comprar**lo.**
   I feel like buying it.

   If the infinitive is governed by the verbs **dovere, potere,** or **volere,** the pronoun may either be attached to the infinitive or precede the entire verb phrase.

   Voglio invitar**ti.**
   Ti voglio invitare.
   I want to invite you.

   Dobbiamo aiutar**la.**
   La dobbiamo aiutare.
   We must help her.

---

[1] **Li** and **Le** are rarely used and are replaced by the informal **vi: Signori, vi invito a prendere un caffè.** *Ladies and gentlemen, I invite you to have a cup of coffee.*

B. **Ecco** (*here is, here are, there is, there are*) points out or draws attention to people, places, or things.

Ecco il nonno e la nonna!
Here are grandpa and grandma!

Ecco la pensione!
Here is the small hotel!

Ecco la risposta giusta!
Here's the right answer!

1. **Ecco** differs from **c'è, ci sono** (*there is, there are*). The latter forms state that a person, place, or thing exists without pointing out or drawing attention to it.

Ecco i tuoi vestiti!
Here are your clothes!

Ecco il libro che cercavi!
There's the book you were looking for!

Ecco gli studenti!
Here are the students!

Ci sono dei bei vestiti nei negozi del centro.
There are fine clothes in the stores downtown.

C'è un libro molto interessante in libreria.
There's a very interesting book at the bookstore.

Ci sono degli studenti qui?
Are there any students here?

2. When **ecco** is used with a pronoun rather than a noun, the pronoun is a direct-object pronoun and is attached to **ecco.**

eccomi	*Here I am.*	eccoci	*Here we are.*
eccoti	} *Here you are.*	eccovi	
eccoLa		eccoLi	} *Here you are.*
		eccoLe	
eccolo	*Here he/it is.*	eccoli	*Here they (m) are.*
eccola	*Here she/it is.*	eccole	*Here they (f) are.*

C. Some Italian verbs take a direct object where their English equivalents require a preposition + object.

ascoltare	*to listen to*
chiedere	*to ask for*
pagare	*to pay for*
aspettare	*to wait for*
cercare	*to look for*
guardare	*to look at*

Amo la musica; l'ascolto spesso.
I love music; I often listen to it.

Se vuoi il conto, devi chiederlo.
If you want the check, you must ask for it.

È un bel libro: quanto l'hai pagato?
It's a fine book. How much did you pay for it?

Avete trovato le chiavi o le cercate ancora?
Have you found the keys, or are you still looking for them?

D. The invariable pronoun **lo** is used with **credere** or **pensare** *(to think)*, **sperare** *(to hope)*, **sapere** *(to know)*, **dire** *(to tell)*, and **chiedere** *(to ask)* to express the previously mentioned topic that is the object of the verb.

Lo credi?
Do you think so?

—Può andare in Italia?
 Can you go to Italy?

—**Lo** spero davvero.
 I really hope so.

—Chi **l'**ha detto a Elena?
 Who told Elena?

—Non **lo** sappiamo.
 We don't know.

With some verbs, **lo** can be replaced by **di sì** in affirmative sentences, and by **di no** in negative sentences.

Credo/Penso **di sì.** (**Lo** credo.)
I think so.

Credo/penso **di no.** (Non **lo** credo.)
I don't think so.

■ Esercizi

a. Non è vero! *Silvana pensa che Daniele non l'aiuti abbastanza. Immagini di essere Daniele e di contraddire quanto dice Silvana. Completi ogni frase.*

ESEMPIO   Non pulisci mai il tuo studio.
Non è vero! Lo pulisco ogni sabato.

1. Non fai mai la spesa.
2. Non mi aiuti mai a cucinare.
3. Non lavi mai i piatti.
4. Non ordini mai il pranzo in rosticceria *(delicatessen)*.
5. Non compri mai le paste.
6. Non paghi mai le bollette del gas e della luce.
7. Non porti mai Antonio all'asilo.
8. Non mi ascolti mai.

b. Non lo so. *Ha prestato* (lent) *alcune cose al Suo compagno/alla Sua compagna di stanza e ora le rivuole. Gli/Le chieda dove le ha messe.*

ESEMPIO   STUDENTE 1:   Dove sono i miei occhiali da sole?
          STUDENTE 2:   **Io non li ho (non li vedo, non li trovo).**
                        oppure **Eccoli!**

1. le fotografie della festa
2. la scatola delle aspirine
3. gli appunti *(notes)* di francese
4. il rasoio
5. la schiuma da bagno
6. il dentifricio
7. le cassette di Eros Ramazzotti
8. le chiavi della macchina

c. *Rispondere alle domande usando il pronome **lo** e i verbi **chiedere, credere/pensare, dire, sapere, sperare.***

> ESEMPIO   Ho comprato un appartamento in centro.
> (Don't tell Mary.)
> **Non lo dire a Maria.**

1. Chi ha vinto il campionato di calcio?
   (You have no idea.)
2. È vero che Flavia ha ereditato le perle della nonna?
   (Her brother says so.)
3. Possiamo prendere la macchina nuova?
   (They must ask your father about it.)
4. È vero che vai a studiare in Italia?
   (You really hope so.)
5. Credi che Silvana venderà la villa dei nonni?
   (You do/don't think so.)

III. L'accordo del participio passato

The past participle of a verb conjugated with **avere** is invariable unless a third-person direct-object pronoun (**lo, la, li, le**) precedes the verb. In such cases, the past participle agrees with the pronoun in gender and number.

Ho mangiato la pizza. *(no agreement)*
I ate the pizza.

L'ho (**La** ho) mangia**ta** tutta. *(agreement)*
I ate it all.

—Hai aperto le lettere?
Did you open the letters?
—No, non **le** ho aperte.
No, I didn't open them.

Ho comprato dei bei dischi. **Li** ho paga**ti** troppo, però!
I bought some beautiful records. I paid too much for them, though!

Note that the singular direct-object pronouns **lo** and **la** are elided with the forms of **avere** that follow, but the plural forms **li** and **le** are not elided.

—La stoffa che ho comprato per coprire le poltrone, l'ho pagata veramente una sciocchezza.

1. The direct-object pronoun **La** (*you*, formal) is considered masculine if the person addressed is male, feminine if female. The past participle agrees accordingly.

Professore, scusi se non **L**'ho salutato.
Excuse me, Professor, if I didn't greet you.

Signora, scusi se non **L**'ho salutat**a.**
Excuse me, Madam, if I didn't greet you.

2. Agreement of the past participle with other direct-object pronouns (**mi, ti, ci, vi**) is optional.

Mamma, dov'eri? Non **ti** ho vist**o** (vist**a**).
Mother, where were you? I didn't see you.

Ragazzi, **vi** abbiamo cercat**o** (cercat**i**) dappertutto.
Boys, we looked for you everywhere.

■ Esercizi

a. *I genitori di Pietro e Lucia tornano dalle vacanze dopo aver lasciato i figli soli per due settimane. Che cosa trovano? Seguire l'esempio.*

ESEMPIO   lasciare una Coca-Cola nel congelatore *(freezer)*
Chi ha lasciato una Coca-Cola nel congelatore?
L'ha lasciata Pietro.

1. usare i bicchieri di cristallo
2. mettere la cuccia del cane *(doghouse)* in bagno
3. rompere la porta del garage
4. avere un incidente con la macchina
5. lasciare l'immondizia *(trash)* in cantina
6. non avere pagato la luce
7. cogliere tutti i fiori del giardino
8. lasciare aperte le finestre mentre pioveva
9. rovinare le videocassette
10. usare i cosmetici della mamma

b. *Domandare ad un compagno/una compagna quali film, programmi televisivi o opere di teatro ha visto ultimamente. Lui/Lei risponde, usando i pronomi, e spiega il perché della risposta. Alcune parole utili:*

ieri sera	i mondiali di calcio	vedere
l'anno scorso	*La vita è bella*	registrare *(to tape)*
due settimane fa	il concerto di Pavarotti	guardare
	il telegiornale	
	La domenica sportiva	

ESEMPIO   STUDENTE 1: Hai guardato le Olimpiadi invernali l'anno scorso?
STUDENTE 2: **Sì, le ho guardate. Gli sport invernali sono affascinanti.**
o **No, non le ho guardate. Non ho avuto tempo.**

IV. Negativi

A. A negative sentence in Italian must always have a negative word before the verb. Usually this negative word is **non**. Only object pronouns are placed between **non** and the verb.

Maria Luisa **non** capisce il francese.
Marie Louise doesn't understand French.

Non ho comprato una pipa.
I didn't buy a pipe.

Quando mi vede, **non** mi saluta.
When he sees me, he doesn't greet me.

Perché non me la regala? Non la usa mai!

B. Other words may be used with **non** and the verb to form negative sentences:

non... affatto	*not at all*	
non... ancora	*not yet* (the affirmative counterpart is **già**, *already*)	
non... che	*only*	
non... mai	*never*	
non... mica	*not at all, not in the least, not really*	
non... né... né...	*neither . . . nor*	
non... { **neanche** / **neppure** / **nemmeno** }	*not . . . even*	
non... nessuno (pronoun)	*nobody, no one, not . . . anybody*	
non... nessuno/a (adjective)	*no, not . . . any, not a single*	
non... { **niente** / **nulla** }	*nothing, not . . . anything*	
non... più	*no longer, no more, not . . . again* (the affirmative counterpart is **ancora**, *still*)	

Non is necessary when the companion negative word follows the verb. If a negative word other than **non** precedes the verb, however, **non** is omitted.

Non sono **affatto** stanco.
I'm not at all tired.

Non è **mica** stupido.
He is not at all stupid.

Non li vediamo **più.**
We don't see them anymore.

Non conosco **né** Firenze **né** Roma.
I know neither Florence nor Rome.

Nessuno è perfetto.
Nobody is perfect.

Niente era facile.
Nothing was easy.

Neanche noi paghiamo.
We don't pay either.

Né Lorenzo **né** Teresa capiscono.
Neither Lorenzo nor Teresa understands.

1. **Niente (nulla)** and **nessuno** can be used in a question without **non** to mean *anything* or *anyone.*

Hai bisogno di **niente**?   Ha riconosciuto **nessuno**?
Do you need anything?   *Did you recognize anyone?*

2. Several negative words can be used in the same sentence.

Sono tirchi: **non danno mai niente** a **nessuno.**
They are stingy: they never give anything to anyone.

C. To express *not . . . any* with a plural noun, use either **non** and the plural noun or **non** and the singular noun with the appropriate form of **nessuno.**

Non leggo giornali.   Non vedo macchine.
I don't read any newspapers.   *I don't see any cars.*

Non leggo **nessun** giornale.   Non vedo **nessuna** macchina.
I don't read a single newspaper.   *I don't see a single car.*

—*Si è bloccato: non va nè avanti nè indietro . . .*

■ Esercizi

a. Lei è malato/a. *Un amico/Un'amica La viene a trovare ma Lei è di cattivo umore e risponde sempre in modo negativo.*

1. C'è qualcosa di buono in frigo? (niente)
2. Ma come, non c'è del latte, delle uova... ? (né, né)
3. Non è venuto qualcuno a portare la spesa? (nessuno)
4. Non è venuta Paola ieri sera? (neppure)
5. Ma tu che cosa hai fatto? (nulla)
6. Cosa fai tutto il giorno? Guardi la TV? (mai)
7. Sono le 9.00. Hai mangiato? (non ancora)
8. Ma insomma, come sei scorbutico/a! (affatto) È solo che sono stufo/a di essere malato/a.

b. Sai se... ? *Antonietta è andata a trovare il fratello che si è appena sposato. La nonna è curiosa e vuole sapere come vanno le cose. Rispondere alle domande della nonna usando i pronomi e le forme negative.*

ESEMPIO   Pagano l'affitto puntualmente?
           No, non lo pagano mica puntualmente.

1. Hanno ringraziato tutti i parenti dei regali?
2. Vanno a trovare i suoceri spesso?
3. Scelgono le tende della cucina la prossima settimana?
4. Fanno la spesa insieme?
5. Hanno una colf *(cleaning lady)*?
6. Hanno comprato il tavolo per il soggiorno?
7. È vero che Diana aspetta un bambino?
8. Diana cerca sempre un lavoro?

V. Aggettivi e pronomi possessivi

The same forms are used for both possessive adjectives and possessive pronouns. Note that the definite article is normally part of the possessive form.

	SINGULAR		**PLURAL**	
	Masculine	**Feminine**	**Masculine**	**Feminine**
my/mine	il mio	la mia	i miei	le mie
your/yours	il tuo	la tua	i tuoi	le tue
your/yours (formal)	il Suo	la Sua	i Suoi	le Sue
his/hers/its	il suo	la sua	i suoi	le sue
our/ours	il nostro	la nostra	i nostri	le nostre
your/yours	il vostro	la vostra	i vostri	le vostre
your/yours (formal)	il Loro	la Loro	i Loro	le Loro
their/theirs	il loro	la loro	i loro	le loro

A. Possessive adjectives precede the noun they modify. They agree with the noun in gender and number: *my university*, **la mia università**; *our teachers*, **i nostri professori.**

1. No distinction is made between *his* and *her*. The possessive agrees with the *object* possessed, *not* with the person who possesses it.

l'uomo e **la sua** pipa
the man and his pipe

la donna e **il suo** cane
the woman and her dog

Paolo e **il suo** amico
Paolo and his friend

Francesca e **il suo** amico
Francesca and her friend

2. If clarification is needed, **di lui** or **di lei** is used.

l'amico **di lui**   l'amico **di lei**
his friend   *her friend*

3. The English *of mine, of yours,* etc., is expressed with the possessive adjective before the noun without the definite article. There is no equivalent for *of* in these constructions.

un mio amico   due miei cugini   questa nostra città
a friend of mine   *two cousins of mine*   *this city of ours*

4. When the possessive form is preceded by a preposition, the article combines with the preposition (see p. 60).

davanti **alla** mia porta   **dalle** tue finestre   **nei** suoi occhi
in front of my door   *from your windows*   *in his (her) eyes*

B. The possessive adjective **proprio (il proprio, la propria, i propri, le proprie)** corresponds to the English *one's* or *one's own*. **Proprio** is used in impersonal expressions instead of the usual possessive forms in the third person.

Bisogna riconoscere i propri errori.   È necessario ascoltare la propria coscienza.
One must recognize one's mistakes.   *It is necessary to listen to one's conscience.*

C. In some common expressions the possessive adjective is used without the definite article and may be placed after the noun.

a casa mia (sua, ecc.)   *at my (his, etc.) house*   **a nostra disposizione**   *at our disposal*
È colpa tua.   *It is your fault.*   **per conto mio**   *on my own*
da parte sua   *on his behalf*   **Sono affari loro.**   *It's their business.*
in vita nostra   *in our life*

Il possessivo con termini di parentela

The possessive adjective is used *without* the definite article when it modifies a noun expressing a family relationship in the *singular*. **Il loro** is an exception: It always requires an article. Compare:

mio zio   **i miei** zii
tuo cugino   **i tuoi** cugini
sua sorella   **le sue** sorelle
nostra cugina   **le nostre** cugine
vostra madre   **le vostre** madri
il loro fratello   **i loro** fratelli

If the noun expressing a family relationship is modified by an adjective, or if it takes a suffix, the article is retained. Compare:

mio marito   **il mio** futuro marito   *my future husband*
nostra zia   **la nostra** povera zia   *our poor aunt*
tuo cugino   **il tuo** cuginetto   *your little cousin*

■ Esercizi

a. *Inserire la forma corretta di* **suo** *e* **loro.**

1. Laura non troverà mai _____ orecchini in questo disordine.
2. Anna e Luca dicono che Baglioni è _____ cantante preferito.
3. Claudio cerca _____ camicia bianca nella stanza di _____ sorella.
4. Quale madre non ama _____ figli?
5. Ogni regione italiana ha _____ storia e _____ caratteristiche.
6. Hanno avuto _____ problemi.
7. Non capisco gli Italiani e _____ politica.
8. Elena vuole molto bene a _____ padre.

b. **L'album di famiglia.** *In gruppi di tre o quattro studenti, portate in classe fotografie dei vostri genitori, parenti ed amici. Spiegate agli altri chi sono le varie persone. Descrivete l'aspetto fisico, il carattere, ecc.*

c. **Il mio cugino preferito.** *Con un compagno/una compagna, parlate dei vostri parenti. Alternatevi a rispondere e domandate...*

1. chi è/era il vostro parente preferito.
2. quale tipo di rapporto avete/avevate con lui/lei.
3. quando lo/la andate/andavate a trovare.
4. quali altri parenti avete perso di vista *(lost touch with)*.
5. quali parenti vedete ancora, che cosa fanno, se sono sposati, separati, ecc.

Pronomi possessivi

Possessive pronouns have the same forms as possessive adjectives. They agree in gender and number with the nouns they replace.

Mi dai la tua penna? Ho perso **la mia.**   I tuoi fiori sono belli; anche **i nostri** lo sono.
Will you give me your pen? I've lost mine.   *Your flowers are beautiful; ours are too.*

1. Possessive pronouns normally retain the article even when they refer to relatives.

   Mio marito sta bene; come sta **il tuo?**   Suo padre ha parlato **col mio.**
   My husband is well; how is yours?   *Your father spoke with mine.*

2. The masculine plural forms **i miei, i tuoi, i Suoi,** etc., are used to refer to relatives and close friends.

   Tanti saluti **ai tuoi.**   Arrivano **i nostri!**
   Best regards to your family.   *Here come our friends!*

3. When a possessive pronoun is used after a form of **essere** and the sentence expresses possession, the article is usually omitted.

   È **Sua** quella macchina?   Questi dischi sono **Suoi?**   Quel che è **mio** è **tuo.**
   Is that car yours?   *Are these records yours?*   *What is mine is yours.*

   The article is retained if emphasis is desired or a distinction needs to be made.

   Questa è la mia macchina. Quella là è **la Sua.**
   This is my car. That one is yours.

Differenze nell'uso del possessivo fra l'italiano e l'inglese

1. In Italian possessive adjectives are usually omitted when possession is obvious. This is particularly true in reference to parts of the body and items of clothing.

Ho lasciato **l'ombrello** al ristorante.
I left my umbrella at the restaurant.

Hai cambiato **idea.**
You have changed your mind.

Luigino dorme con **la bocca aperta.**
Luigino sleeps with his mouth open.

Perché scuoti sempre **la testa**?
Why do you always shake your head?

With a plural subject, each of whom possesses only one of the same item, the singular form is used to refer to the thing possessed.

Abbiamo alzato **la voce.**
We raised our voices.

I bambini oggi portano **il cappotto** ma non i guanti.
Today the children are wearing their coats but not their gloves.

2. Express phrases such as *my book and Mary's, your friends and the lawyer's* with a form of **quello** + **di** + *the possessor.*

il mio libro e **quello di** Maria
my book and Maria's
(my book and that of Maria)

i tuoi amici e **quelli de**ll'avvocato
your friends and the lawyer's

3. Express *at/to Luigi's, at/to my brother's, at/to the butcher's,* etc., with **da** + *a person's name* or a noun referring to a person, or with **a (in) casa di** + *noun* when referring to someone's residence.

Ci piace mangiare **da Luigi.**
We like to eat at Luigi's.

Elena abitava **dagli zii.**
Elena was living at her aunt and uncle's.

Siete andati **dall'avvocato**?
Did you go to the lawyer's?

Stasera studiamo **in casa di** Roberto (**da** Roberto).
Tonight we're studying at Robert's.

■ Esercizio

Fare la valigia (*To pack*). *Le vostre due figlie hanno fatto le valigie per le vacanze. Controllate che non abbiano dimenticato nulla. Seguite l'esempio e usate i pronomi possessivi.*

ESEMPIO   MADRE: Hai preso i miei asciugamani?
              FIGLIA: Sì, ho preso i tuoi.

1. prendere la cinepresa *(camcorder)* di papà
2. prendere le scarpe di Gino e Daniele
3. mettere in valigia il tuo costume da bagno e quello di tua sorella
4. mettere in valigia la mia macchina fotografica
5. prendere il tuo libro di algebra
6. trovare i miei occhiali da sole
7. cercare il calcolatore di Daniele
8. prendere la carta stradale di Gino

■ Vocabolario utile

il benzinaio gas station attendant
la campagna country, countryside
la cassetta della posta / delle lettere
  mailbox
il colle/la collina hill
la distesa expanse
il paesaggio landscape
il paese village, town; country
il palazzo apartment house;
  building; also: palace
la panchina bench
il parrucchiere hairdresser
la periferia suburbs, outskirts
la saracinesca rolling shutter
il superattico penthouse

calare to drop, lower
lanciare to throw, toss
rendere (*pp* **reso**) (+ adj.) to make

Panorama di Roma. In fondo, a destra c'è «il cupolone», la cupola della Basilica di San Pietro.

■ Prima di leggere

Alberto Bevilacqua è uno scrittore di fama internazionale che ha vinto molti premi italiani importanti. Scrive narrativa di grande successo, ma è anche poeta e regista. Bevilacqua è conosciuto sopratutto per il suo secondo romanzo, «La Califfa», e per il film dello stesso titolo che Bevilacqua ha diretto nel 1971. Il seguente brano, «La zona in cui vivo», è tratto da un racconto intitolato «Ricordi scambiati con mia madre». Nel brano, l'autore racconta come sua madre è venuta a trovarlo e ha visto il suo appartamento per la prima volta. Bevilacqua vive in un quartiere del nord di Roma, chiamato «Vigna Clara». Vigna Clara è situata su una collina con una vista panoramica della città. Nel brano, l'autore parla direttamente alla madre.

In gruppi di due o tre studenti discutete le seguenti domande:

1. Descrivete la vostra abitazione. Abitate in una residenza universitaria? Abitate in un appartamento di un palazzo o di una casa? In una casa unifamiliare? Cosa vedete dalla vostra finestra?
2. Abitate in una città grande o piccola? In periferia? In un paese piccolo? Parlate del quartiere in cui vivete. Dove andate per incontrare gli amici? Per fare le spese? Avete bisogno della macchina?
3. Immaginate di abitare al settimo piano di un appartamento nella vostra città. Descrivete quello che vedete dalla finestra.
4. Avete mai visto Roma o una foto di Roma? Se sì, descrivete la città. Conoscete la basilica di San Pietro e la sua cupola?
5. Immaginate di avere un nuovo appartamento. Vostra madre/Vostro padre lo vede per la prima volta quando viene a trovarvi. Cosa vuole vedere? Quali sono i suoi commenti?

■ La zona in cui vivo

La zona in cui vivo, Vigna Clara, è come un piccolo paese. Quattro passi bastano° alle cerimonie mattutine: comprare i giornali, passare dal tabaccaio, bere al baretto il primo caffè, scambiare il buongiorno con i conoscenti, lanciare qualche commento al benzinaio sulla squadra calcistica del mio Parma che vince mentre le squadre romane hanno
5 alterne fortune°.

La sola volta che hai preso il treno e sei venuta a visitare casa mia, ti sei affacciata°, sfidando le tue vertigini°, alla terrazza del superattico, hai abbracciato con lo sguardo la distesa della capitale e poi, circolarmente, la cerchia dei colli e le campagne intorno. Questo paesaggio non ti ha impressionato più di tanto°. Ti sei
10 illuminata riportando gli occhi in basso e hai esclamato:

«C'è la piazzetta! Guarda, guarda... »

Sì, c'è: con un giardino un po' grigio, le panchine scheggiate°, le cassette della posta che portano i segni delle piogge e dei vandali. Ti ha reso allegra scoprire che esiste questa piazzetta come una calamita° che attira in un centro le tante vite, e le rende
15 comunicanti. Ti ricordava le abitudini di provincia°, che sono a cerchi concentrici, e il nocciolo° sta in un piccolo bar, nel negozio del fruttivendolo o del parrucchiere, dove puoi entrare e dire: «Sono giù di corda°, stamattina» oppure: «Sono contento, cari amici», con il bene di essere ascoltato, ricambiato°.

Ti confortava il non vedermi disperso° in uno dei quartieri che accatastano° vie e
20 casermoni° come, da noi, si ammucchiano° le sedie dei caffè all'aperto, prima di calare le saracinesche. Se ne vedono tanti, di quartieri così, dalla mia terrazza, e fissando quelle macchie dove l'esistenza si sbriciola° negli spazi anonimi della metropoli avevi commentato:

«Come può esserci felicità, laggiù? La gente sopravvive, a metà, sospesa, come le
25 saracinesche che stanno per essere calate con un colpo secco°. Poi il colpo secco arriva. E amen. La vita finisce dopo non essere mai nemmeno cominciata durante la sopravvivenza».

Quando gli occhi ti sono caduti a piombo° sotto di noi e hai salutato la piazzetta, ho pensato che allo stesso modo avresti detto di uno°, col tuo intuito veloce nel
30 classificare le persone: «Quello è un uomo che ha un cuore».

Ti ho messo una mano sulla spalla. Siamo stati lì, abbracciati, con i gomiti° sul parapetto, perché eravamo felici di una piazzetta che anche a me sembrava di scoprire per la prima volta, dove il sole infilava° i suoi raggi attraverso i saluti reciproci che la gente si scambiava, e volava nell'aria l'amicizia. Non ci siamo accorti° subito degli
35 uccelli che arrivano a far sosta° sulla terrazza, proprio perché è fra le più alte di Roma (...).

Addossati sul baratro° dei sette piani, avvertimmo un tonfo soffice° contro i nostri piedi, e fra i miei e i tuoi piedi si insinuò ° prima il becco, poi la testa con una piccola cresta di color giallo. Ci girammo di scatto e restammo abbagliati° da un'esplosione di
40 colori (...).

Eri raggiante°. Non facevi che ripetere:

«Lo vedi? Lo vedi? Eccola lì la felicità! Di quando meno te l'aspetti...»

E ben diverso da prima era il tuo sguardo sulla distesa di Roma, dal Cupolone° ai colli:

«È Roma che, così, mi saluta».

Alberto Bevilacqua, «Ricordi scambiati con mia madre», da *Questa è mia madre*.

■ Comprensione

1. In che tipo di casa abita l'autore? Descrivetela.
2. Decrivete il quartiere in cui vive.
3. Come arriva la madre? Abita vicino al figlio? Secondo voi, la mamma abita in una grande città?
4. La madre vede qualcosa dal balcone che le dà piacere. Che cos'è? Perché è felice di vederla?
5. La madre ha le idee molto chiare riguardo ai vari tipi di quartieri e alla felicità della gente che ci abita. Quali sono le sue opinioni?
6. Che cosa abbaglia (dazzles) l'autore e sua madre sul terrazzo? Perché è importante?
7. Come si sente la madre all'inizio del brano? Come si sente alla fine? Che cosa è cambiato?

■ Studio di parole

to know

conoscere
to be acquainted or familiar with (people, places); to meet

Conosci quell'uomo?
Do you know that man?

Sì, l'ho conosciuto in casa di amici.
Yes, I met him at my friends' house.

Conosco la città e i suoi monumenti.
I know the city and its monuments.

sapere
to be aware of, to have knowledge of (facts); to find out

Sai dove sono andati?
Do you know where they went?

Come avete saputo che Cristina si è sposata?
How did you find out that Christine got married?

sapere + *infinitive*
to know how, to be able to do something

Non so nuotare.
I don't know how to swim. (I can't swim.)

to see

vedere
to see, to watch, to meet

Hai visto questo film?
Have you seen this film?

Ci vediamo stasera.
We'll see each other (We'll meet) tonight.

trovare (in the expressions **andare a trovare, venire a trovare**)
to see socially, to visit

Quando andiamo a trovare la nonna?
When are we going to visit Grandmother?

Lui viene a trovarmi spesso.
He comes to see me often.

to remember

ricordare qualcosa / qualcuno
*ricordarsi di qualcosa / qualcuno
to remember something / someone
(used interchangeably)

Ricordi quella domenica?
Ti ricordi di quella domenica?
Do you remember that Sunday?

ricordar(si) di + *infinitive*
to remember to do something

Devi ricordarti di pagare il conto.
You must remember to pay the check.

Non ricordo d'aver comprato il giornale.
I don't remember having bought the newspaper.

to forget

dimenticare qualcosa/qualcuno
***dimenticarsi di** qualcosa/qualcuno
to forget something/someone
(used interchangeably)

Non dimenticate mai nessuno voi?
Non vi dimenticate mai di nessuno voi?
Don't you ever forget anyone?

dimenticar(si) di + *infinitive*
to forget to do something

Chi ha dimenticato di spegnere la luce?
Who forgot to turn off the light?

to remind

ricordare qualcosa **a** qualcuno
to remind someone about something

Ho ricordato a Giorgio la sua promessa.
I reminded George of his promise.

ricordare a qualcuno **di** + *infinitive*
to remind someone to do something

Vuoi ricordare a Maria di comprare il latte?
Will you remind Mary to buy the milk?

to tell

dire qualcosa **a** qualcuno
to say, to tell

Gli voglio dire una cosa.
I want to tell him something.

Può dirmi l'ora?
Can you tell me the time?

parlare di qualcosa/qualcuno **a** qualcuno
*to tell, to talk about something or someone to
someone*

Ha parlato a tutti della sua famiglia.
He talked to everyone about his family.

raccontare qualcosa **a** qualcuno
to narrate, to recount, to relate

Ti voglio raccontare una favola/una storia/una
barzelletta/i miei guai/la trama/un sogno.
*I want to tell you a fable, a story, a joke, my
problems, the plot, a dream.*

to rent

affittare
to rent (as owner or renter)

La signora ha affittato la camera grande.
The lady rented the large room.

prendere in affitto
to rent (as renter)

La studentessa vuole prendere in affitto
una stanza con uso di cucina.
*The student wants to rent a room with kitchen
privileges.*

Related words: **affitto** and **noleggio** *rent*

noleggiare
to rent movable things (as owner or renter)

Mio zio noleggia barche ai turisti.
My uncle rents boats to tourists.

prendere a nolo
to rent movable things (as renter)

Volevamo prendere a nolo un'automobile.
We wanted to rent a car.

■ Pratica

a. *Scegliere la parola che completa meglio la frase.*

1. Chi (sa / conosce) come si chiama mio padre?
2. Vi voglio (dire / raccontare) un sogno che ho fatto stanotte.
3. Hai (ricordato a / dimenticato di) pagare l'affitto?
4. Avevano pensato di (noleggiare / affittare) una macchina, ma poi sono andati in treno.
5. Cristina ha (conosciuto / saputo) il suo futuro marito a una festa.
6. Roberto (vede / va a trovare) *La vita è bella* al cinema.

b. *Inserire le forme opportune secondo i suggerimenti.*

1. Chi *(to forget)* _____ di chiudere il garage?
2. Devo *(to remind)* _____ Mario _____ andare in banca.
3. I Sabatini *(to rent)* _____ una villa al mare.
4. Cesare è insopportabile! (Lui) *(to tell)* _____ a tutti la storia della sua vita. Che noia! E per di più *(to tell)* _____ sempre tante bugie.
5. Io non *(to know)* _____ il marito di Franca, ma *(to know)* _____ che è un industriale molto ricco.
6. Il nonno *(to talk)* _____ sempre _____ politica o _____ economia italiana degli anni Trenta.
7. Matteo non *(to forget)* _____ di telefonare ai suoi genitori almeno una volta la settimana.
8. È incredibile, ma Elena non *(to know)* _____ guidare!

c. *Domande per Lei.*

1. Lei è studente o studentessa? Che anno fa?
2. Dove vive Lei? In una residenza universitaria, in una stanza ammobiliata, in un appartamento o in una casa? Vive solo/a o con altre persone?
3. Ha dei parenti che vengono spesso a trovarLa? Racconti i ricordi della prima visita.
4. Ha sempre abitato nella stessa casa? Ricorda com'era la Sua casa da bambina/o?
5. Conosce un quartiere famoso di una grande città? Ci è mai stata/o?

✳ Temi per componimento o discussione

1. In molte città e paesi d'Italia, la piazza ha ancora un ruolo importante non soltanto nella cultura della città ma anche nella vita della gente. La piazza è un luogo di incontro dove gli amici si possono vedere per prendere un gelato o fare una passeggiata insieme. Avete mai visto una città con una piazza centrale? C'è qualcosa di simile nel vostro paese? Discutetene.

2. Abitare in un palazzo in una grande città è molto diverso dal vivere in una casa in un paese piccolo o in campagna. Preferite i divertimenti della città o stare a contatto con la natura? Secondo voi, è importante potere fare tutto a piedi e con i mezzi pubblici, o dovete avere la macchina? Discutetene.

3. Secondo voi, è meglio comprare una casa o prenderla in affitto? Discutete i vantaggi e gli svantaggi di vivere nella vostra casa o in un appartamento ideale.

4. Frequentate un'università lontana da dove vivono le vostre famiglie. Scrivete un messaggio a casa con la posta elettronica nel quale parlate del vostro compagno/della vostra compagna di stanza, della residenza universitaria in cui abitate, dei corsi che seguite, delle attività del tempo libero, ecc.

5. In un gruppo di tre o quattro studenti, immaginate di essere un ragazzo/una ragazza che abita in un appartamento con un compagno/una compagna. Un giorno la mamma fa una visita inaspettata *(unexpected)*. Ieri era il compleanno di un amico e l'appartamento è in disordine—ci sono ancora degli ospiti che dormono sul divano! Scrivete un dialogo fra la mamma, il figlio/la figlia e gli amici, e rappresentatelo in classe. Usate almeno tre espressioni negative nel vostro dialogo.

RICERCA WEB

1. Scegliete una città sulla carta d'Italia e fate una breve ricerca sulla sua storia. Riferite alla classe.

2. Fate una breve ricerca sugli argomenti che seguono e riferite i risultati alla classe. Se possibile mostrate una foto.
   a. Il Palazzo Ducale di Urbino.
   b. La Villa Rotonda di Andrea Palladio.
   c. I «trulli» di Alberobello.
   d. I «sassi» di Matera.

Al telefono. Filippo sta parlando al telefono con il suo amico Carlo per comunicargli una grande notizia.

FILIPPO: Pronto, Carlo?

CARLO: Filippo! Che piacere sentirti! Come stai?

FILIPPO: Benissimo! È nato Luigi!

CARLO: Auguri! Quando è nato?

FILIPPO: Ieri sera poco prima delle 11.00, e pesa quasi quattro chili!

CARLO: Magnifico! E la mamma e il bambino stanno bene?

FILIPPO: Sì, sì, grazie. E non è tutto! Ieri mi è arrivata la notizia di una promozione e di un aumento di stipendio.

CARLO: Congratulazioni! Sono proprio contento per te!

*Letizia e Claudio De Angelis
con la piccola Paola*

annunciano la nascita

di Carlo Maria

Palermo, 17 maggio 2006

Fare gli auguri

Tanti auguri!	
Falle/Fagli gli auguri da parte mia/nostra.	*Give her/him my/our wishes.*
Buon anno!	
Buon Natale!	
Buona Pasqua!	
Buone feste!	*Season's greetings!*
Buon compleanno!	
Felice anniversario!	
...cento di questi giorni!	*. . . and many more! (lit: a hundred days like this one)*
Auguri di pronta guarigione!	*Wishes for a quick recovery!*
Ti auguro di guarire presto!	*Get well soon!*

Congratularsi

Complimenti!
Congratulazioni!
Mi congratulo per la promozione/il
   nuovo libro/la vittoria alle elezioni...
Mi fa molto piacere/sono proprio
   contento/a per te!
Te lo meritavi davvero!   *You really deserved it!*

Esprimere apprezzamento

Bravo/a!
Molto bene!
Hai fatto un ottimo lavoro!
Ti meriti il riconoscimento di noi tutti.   *You deserve our recognition.*

Esprimere rammarico

Mi rincresce.
Mi dispiace moltissimo.   }   *I'm really sorry.*
Dio mio, che disgrazia!
Fai/Faccia le mie/nostre condoglianze a...   *Give my condolences to . . .*

■ Che cosa dice?

1. Il Suo/La Sua collega d'ufficio ha appena ricevuto una promozione.
2. È l'anniversario di matrimonio dei Suoi genitori.
3. Matteo, il Suo fratello minore, è diventato «eagle scout».
4. Il Suo bisnonno compie novantacinque anni.
5. Il marito della Sua vicina di casa ha avuto un incidente stradale. Lei incontra la Sua vicina in ascensore.
6. È il 31 dicembre e Lei telefona agli amici.
7. Il fratello della Sua amica Silvia è rimasto vedovo. Lei incontra Silvia in autobus.

■ Situazioni

1. Lei va a far visita alla Sua amica Marcella che si sta per sposare. Riferisca la conversazione tra Lei e la Sua amica.
2. Immagini di essere un avvocato e di avere un processo *(trial)* importante. È tornato/a in ufficio per rivedere certi dati e trova che il Suo/la Sua assistente Le ha preparato una documentazione utilissima. Gli/Le scriva un biglietto in cui lo/la ringrazia ed esprime il Suo apprezzamento.
3. La Sua amica Irene ha aperto qualche mese fa una boutique molto elegante in centro. Ieri ha saputo che il negozio è fallito *(bankrupt)* e che Irene è piena di debiti. Le telefoni per avere notizie e manifestarle il Suo rammarico.
4. Il Suo ex capufficio La invita al battesimo di suo figlio Nicola. Purtroppo Lei parte per la Grecia il giorno della cerimonia. Gli scriva un biglietto spiegando che Le dispiace di non poter partecipare e faccia gli auguri al neonato.

Chi conta le calorie?

Una cena importante. La signora Morandi e la figlia hanno invitato a cena i Guiducci, i genitori di Franco che da un anno è il ragazzo di Simona. La mamma e Simona discutono i preparativi.

SIMONA: Per primo facciamo delle penne all'arrabbiata? A Franco piacciono molto.

MAMMA: Non so, sono piccanti, forse non vanno bene per tutti.

SIMONA: Allora, i tortellini alla panna.

MAMMA: Buon'idea! E per secondo?

SIMONA: Delle scaloppine di vitello al Marsala?

MAMMA: Sì, con un contorno di insalata mista.

SIMONA: Ci occorrono formaggi?

MAMMA: Direi di no, facciamo le cose semplici. Ordiniamo un dolce, un bel millefoglie°, e finiamo con della frutta fresca.

torta di pasta sfoglia (puff pastry) a più strati inframezzati con crema o cioccolato

SIMONA: Se mi dici che cosa ci occorre, penso io a fare la spesa.

MAMMA: Mi bastano poche cose al mercato. Il resto lo posso ordinare.

SIMONA: Telefoni anche al pasticciere?

MAMMA: Sì, sì, gli telefono io.

SIMONA: Grazie, mamma, pensi sempre a tutto. Se mi fai la lista delle cose da comprare, vado subito al mercato.

VIVERE IN ITALIA | Le tradizioni alimentari e la spesa

Fino a qualche tempo fa era tradizionale il pranzo di mezzogiorno. Era il pasto principale della giornata, quando la famiglia si riuniva intorno alla tavola apparecchiata e condivideva cibi preparati con cura. Negozi ed uffici chiudevano per riaprire più tardi nel pomeriggio, e la gente andava a casa a mangiare. Ora lo stile di vita è diverso, specialmente nelle città grandi dove molti negozi fanno orario continuato, il traffico non invita a tornare a casa a metà giornata, ed è aumentata l'occupazione femminile. È diventato usuale per chi lavora fare uno spuntino in bar, rosticcerie o tavole calde self-service, che di solito offrono vari tipi di cibo cucinati stile ristorante. I giovani amano i panini e i tramezzini delle paninoteche e gli hamburger di McDonald's. Ora il pasto principale della giornata è quello della sera.

Secondo una ricerca di Eurisko, ad andare a fare la spesa sono ancora in maggioranza le donne, anche quelle che lavorano. Preferiscono andare ai mercati e mercatini di quartiere, e ai negozi alimentari «di fiducia». Il macellaio, il salumiere, il fornaio fanno parte dell'ambiente umano della zona. Conoscono i loro clienti, accettano ordini via telefono, e fanno servizio a domicilio *(home delivery)*. I loro negozi continuano a prosperare nonostante i supermercati che sono frequentati da chi ha poco tempo.

Per gli italiani è importante acquistare prodotti freschi di marche affidabili *(reliable)*, soprattutto se garantiti dalla sigla D.O.P. (Denominazione di Origine Protetta). Costano di più, ma la freschezza è più importante dell'economia. È in diminuzione il consumo della carne per timore degli ormoni e dei conservanti *(preservatives)*. Grande attenzione è dedicata alle etichette *(labels)* per controllare la possibile presenza di organismi geneticamente modificati (OGM). In Italia è proibita la produzione di OGM, detti anche transgenici, ma possono essere importati e i consumatori sono contrari al loro uso. L'accurata scelta dei cibi e la ricchezza di ricette tradizionali assicurano che in Italia si mangia sempre bene.

Vocabolario utile

il contorno side (vegetable) dish
la frutta fresca fresh fruit
la minestra soup

la panna cream
la verdura vegetables
il vitello veal

la colazione breakfast
la (seconda) colazione lunch (in northern regions)
il pasto meal
il primo/secondo (piatto) first/second course

la ricetta recipe
lo spuntino snack
la tavola calda snack bar
la tavola apparecchiata table set for a meal

il fornaio baker
il macellaio butcher
il salumiere delicatessen vendor

*__essere a dieta__ to be on a diet

Alla tavola calda il pranzo
è pronto, è buono e costa
poco.

Esercizi

a. *Vero o falso?*

_____ 1. Simona vuole preparare un dolce per il suo futuro suocero.
_____ 2. A Franco non piacciono le penne all'arrabbiata.
_____ 3. La signora Morandi e Simona offrono i tortellini perché vanno bene per tutti.
_____ 4. La cena a casa Morandi include l'antipasto, il primo, due secondi, i formaggi, il dolce e la frutta.
_____ 5. Per primo offriranno l'insalata.
_____ 6. Simona è disposta ad andare al mercato.
_____ 7. La signora Morandi fa la spesa per telefono.

b. *Inserire le parole opportune.*

1. Piero ed io ci alziamo ad ore differenti e non facciamo mai la _____ insieme.
2. Per secondo prendo il pollo alla cacciatora, ma non so cosa ordinare come _____.
3. È difficile invitare a cena Renato, è _____ e dice che non può mangiare quasi niente.
4. Anna è vegetariana, mangia molte _____.
5. Durante l'inverno non è facile trovare della buona frutta _____.
6. Il _____ del mio quartiere vende della carne di prima qualità, ma cara.
7. A mezzogiorno faccio uno _____ alla rosticceria «Il Picchio».
8. L'insalata di pomodori è il mio _____ preferito.
9. Paolo, mi dai la _____ degli spaghetti alla carbonara?
10. Io a colazione prendo solo il caffè. Tu quanti _____ fai al giorno?

■ A voi la parola

a. Cosa mangiamo. *In piccoli gruppi rispondete alle domande che seguono, e paragonate (compare) le vostre conclusioni con quelle degli altri gruppi.*

1. In Italia la prima colazione in famiglia prevede una bevanda calda—latte, tè, caffè—pane, burro e marmellata, o cereali. Abbiamo visto che il pasto di mezzogiorno si riduce spesso ad uno spuntino. Ma il pranzo della sera segue le regole tradizionali: un primo piatto di pasta, riso o minestra in brodo; un secondo di carne o pesce—qualche volta sostituiti da uova o formaggi—con contorno di insalata o verdure cotte e frutta. Paragonate le abitudini delle famiglie italiane con quelle della vostra famiglia. In particolare:

   a. Che cosa mangiate voi a colazione? E a mezzogiorno?
   b. Com'è servito il pasto principale nella vostra famiglia?
   c. In che cosa consiste il dessert?
   d. Mangiate frutta fresca? E dolci?

2. Chi fa la spesa a casa vostra? Chi cucina? A voi piace cucinare?

3. Secondo voi è importante per la famiglia consumare un pasto insieme? È comune tra la gente che conoscete voi? Sì, no, perché?

4. Gli Italiani si oppongono all'uso di ingredienti OGM, e non apprezzano gli additivi come le vitamine e i sali minerali. Dicono che i prodotti che li contengono sono costosi e utili soltanto agli sportivi e ai bambini. Discutete le vostre opinioni in proposito e riferite alla classe.

b. In cucina. *Secondo una tradizione napoletana, il pizzaiolo Raffaele Esposito, nel 1889, ha preparato una pizza speciale in occasione della visita della regina d'Italia Margherita di Savoia. Esposito ha creato la sua pizza con i colori della bandiera italiana e l'ha chiamata Pizza Margherita.*

Sulla pasta di pane (adesso si compra dal fornaio) stesa in uno strato molto sottile (spread thin) ha messo:

- *fettine di mozzarella bianca e morbida (soft)*
- *cubetti di pomodoro fresco senza pelle e senza semi (skin and seeds removed)*
- *foglie di basilico*
- *olio d'oliva*
- *sale e pepe*

Esposito ha fatto cuocere la pizza su una lastra di pietra, che produce calore uniforme (ma il forno di cucina a 400°F funziona lo stesso). Alla regina la pizza è piaciuta molto e la «Margherita» è diventata famosa.

In gruppi di due o più studenti rispondete alle domande che seguono e paragonate le vostre esperienze.

1. Vi piace la pizza? La mangiate spesso? Dove? Con chi?

2. La pizza si può preparare in tanti modi. Che tipo di pizza preferite?

3. Come vi sembra la pizza Margherita? Pensate di prepararla? Perché sí? Perché no?

I. Pronomi personali (oggetto indiretto)

A. An indirect object differs from a direct object in that the action of the verb affects it *indirectly;* the action of the verb is done *to* or *for* the indirect object. Compare:

DIRECT	INDIRECT
I brought *the book.*	I brought *my sister* the book.
	I brought the book *to my sister.*
	I brought the book *for my sister.*

An indirect object answers the question *to whom?* or *for whom?* In English, an indirect object may either stand alone or be introduced by *to* or *for*. In Italian, the indirect-object noun is always introduced by **a;** the indirect-object pronoun stands alone without **a.**

B. Indirect-object pronouns differ from direct-object pronouns only in the third-person singular and plural forms.

		SINGULAR		PLURAL
1st person	**mi**	*to me*	**ci**	*to us*
2nd person	**ti**	*to you*	**vi**	*to you*
	Le	*to you* (formal)	**Loro**	*to you* (formal)
3rd person	**gli**	*to him*		
	le	*to her*	**loro** (**gli**)	*to them*

1. Indirect-object pronouns, like direct-object pronouns, normally precede a conjugated verb, except for **loro** and **Loro,** which follow the verb.

   Non **le** danno molti soldi.
   They don't give her much money.

   Gli ho offerto un caffè.
   I offered him a cup of coffee.

   In contemporary usage, **loro** is often replaced with **gli,** which precedes the verb.

   Quando parliamo **loro?**
   Quando **gli** parliamo?
   When shall we speak to them?

2. With the exception of **loro,** indirect-object pronouns governed by an infinitive normally follow the infinitive and are attached to it. The infinitive drops the final **-e.**

   Ho bisogno di parlar**Le.**
   I need to talk to you.

   Preferiamo non dir**ti** niente.
   We prefer not to tell you anything.

   Perché avete deciso di non scrivere **loro?**
   Why did you decide not to write to them?

If the infinitive is governed by the verb **dovere, potere,** or **volere,** the pronoun may either be attached to the infinitive or precede the entire verb phrase.

Posso parlar**Le?**
Le posso parlare?
May I talk to you?

Non dobbiamo risponder**gli.**
Non **gli** dobbiamo rispondere.
We mustn't answer him.

3. When the verb is in a compound tense and an object pronoun precedes it, it is important to know whether the object pronoun is direct or indirect in order to use the correct form of the past participle. The past participle can agree with the preceding direct-object pronoun (see pp. 89–90); it *never* agrees with a preceding indirect-object pronoun.

Patrizia? L'ho vist**a** ieri ma non le ho parlat**o.**
Patrizia? I saw her yesterday, but I didn't speak to her.

4. Some Italian verbs take an indirect object, whereas their English equivalents take a direct object.

Telefono **a Mario.**
I phone Mario.

Gli telefono.
I phone him.

The most common of these verbs are:

*bastare	*to suffice, to last*
chie̲dere (domandare)	*to ask*
dire	*to tell*
*dispiacere	*to be sorry*
fare bene	*to be good for*
fare male	*to hurt, to be bad for*
*piacere	*to please*
rispo̲ndere	*to answer*
somigliare (assomigliare, rassomigliare)	*to resemble, to be like*
telefonare	*to phone*
volere bene	*to love*

Signora, chi **Le** ha risposto?
Ma'am, who answered you?

Il fumo **gli** fa male.
Smoking is bad for him.

Telefonate agli amici; telefonate **loro** (**gli** telefonate) ogni giorno.
You call your friends; you call them every day.

Somiglio a mia madre; **le** somiglio nel naso.
I resemble my mother; my nose is like hers.

■ Esercizi

a. *Sostituire all'oggetto indiretto la forma corretta del pronome corrispondente.*

> **ESEMPIO**   Offro il pranzo a Carlo.
> **Gli offro il pranzo.**

1. Lisa prepara la colazione a suo padre.
2. Compriamo il gelato di frutta ai bambini?
3. Cosa hai portato a Francesca?
4. Hai telefonato al fornaio?
5. Alle amiche offro il cappuccino con tanta panna.
6. A me e Giovanni nessuno fa mai regali.
7. A te e Angela interessa un libro di cucina?
8. Ho chiesto a Maria la ricetta del Tiramisù.
9. Ho preparato il pranzo agli studenti stranieri.

É il compleanno di Paolo. I genitori, i nonni e gli zii gli fanno festa.

b. *Inserire* **lo** *o* **gli.**

1. Siamo stati contenti di riveder_____ e di parlar_____.
2. Qualcuno _____ ha mandato un pacco.
3. Non _____ avete ancora ringraziato?
4. Tutti volevano aiutar_____.
5. Perché fingete di non conoscer_____?
6. Chi _____ ha insegnato il francese?
7. La carne non _____ fa bene.
8. Il suo stipendio non _____ basta.

c. *Inserire* **la** *o* **le.**

1. Che cosa _____ hai regalato per il suo compleanno?
2. _____ salutiamo sempre quando _____ vediamo.
3. Non _____ hanno detto la verità.
4. Devi risponder_____ in italiano.
5. Nessuno _____ invita.
6. Perché non _____ telefonate?
7. Quante volte _____ hai scritto?
8. Perché _____ avete raccontato questa barzelletta?

d. Parliamo un po'. *Rispondere alle domande seguenti usando i pronomi appropriati.*

1. Lei scrive ai Suoi genitori? A chi scrive spesso? Scrive delle lettere romantiche al Suo fidanzato/alla Sua fidanzata? Che cosa gli/le dice?
2. Che cosa presta al Suo compagno/alla Sua compagna di stanza? Perché? Che cosa chiede Lei al Suo compagno/alla Sua compagna di prestarLe?
3. Il vostro professore d'italiano corregge sempre i compiti? Spiega bene le regole della grammatica?

e. *Lei non vuole dare troppe informazioni al Suo avvocato. Sua sorella si preoccupa. Completare la conversazione inserendo le risposte suggerite e usando i pronomi.*

1. —Hai telefonato all'avvocato? —Sì, _____ ho telefonato.
2. —Hai detto la verità? —No, non _____ ho detto tutta la verità.
3. —Ma lui non ti ha fatto domande? —Sì, _____ ha fatto molte domande.
4. —E tu che cosa hai detto? —Non _____ ho risposto sempre.
5. —Ma perché? —Perché non voglio dir_____ tutto.
6. —Sei proprio strano, proprio come tuo padre. —Sì, lo so, (io) _____ rassomiglio molto.
7. —L'avvocato ti ha mandato il conto? —Sì, _____ ha mandato il conto.
8. —L'hai pagato? —No, non _____ ho ancora mandato l'assegno.
9. —Non so cosa dirti. —Non devi dir_____ niente. Non ti preoccupare!

II. *Piacere* e verbi come *piacere*

To express likes, dislikes, and interests, Italian uses the verb **piacere,** which functions very differently from its English equivalent. The verb **piacere,** meaning *to like* or *to be pleasing,* is one of a number of common Italian verbs that use an indirect object where English uses a subject.

A Giovanni piace il caffè.   *John likes coffee.*
↓   ↓   ↓   ↓
Indirect object   Subject   Subject   Direct object

A. With verbs like **piacere,** the subject generally follows the verb; it is the subject that determines whether the verb is singular or plural. (Note that **piacere** is mostly used in the third-person singular or plural.)[1]

A Maria piacciono i dolci, ma la cioccolata non le piace.
Maria likes sweets, but she doesn't like chocolate.

Note that when the person who *likes* is expressed with a noun, it is introduced by **a;** when expressed with a pronoun, the indirect pronoun alone is used.

B. When what is *liked* is expressed with an infinitive (*he likes to read*), **piacere** is used in the third-person singular even if the infinitive has a plural object.

Ci piace leggere.
We like to read.

Ci piace leggere i fumetti.
We like to read comic strips.

---

[1] The other persons of **piacere** are occasionally used: **Tu mi piaci così come sei.** *I like you as you are.* **Noi conservatori non piacciamo ai giovani.** *Young people don't like us conservatives.*

C. Note that **piacere** is conjugated with **essere** in compound tenses; thus its past participle agrees in gender and number with the subject (that which is *liked*). The past tenses of **piacere** in the third-person singular and plural are:

	SINGULAR	PLURAL
Imperfetto	piaceva	piacevano
Passato prossimo	è piaciuto / piaciuta	sono piaciuti / piaciute

Gli **piaceva** correre.
He used to like to run.

Mi **è piaciuta** Roma.
I liked Rome.

Ti **sono piaciute** altre città?
Did you like other cities?

D. Note that in the following expressions there is no pronoun equivalent for the English *it* and *them*. Instead, these pronouns are expressed in the singular and plural verb endings.

Mi piace molto.
I like it a lot.

Mi piace di piú.
I like it better.

Ti piacciono?
Do you like them?

E. The following verbs function like **piacere:**

*non piacere	to dislike, not to like
*dispiacere	to be sorry; to mind; to be bothered
*mancare	to not have, to lack, to be short of; to miss
*occorrere	to need
*parere	to look, to appear
*restare	to have . . . left
*sembrare	to seem

▪ Esercizi

a. **Che cosa regalare?** *È Natale e Lei sta decidendo che cosa regalare a parenti ed amici. Seguire l'esempio.*

ESEMPIO   Suo padre / la musica classica
            STUDENTE 1: **A tuo padre piace la musica classica?**
            STUDENTE 2: **Sì, gli piace. Esatto... gli posso comprare un disco di Vivaldi.**
                o **No, non gli piace.**

1. la suocera / i profumi francesi
2. i nonni / i dolci
3. tu e la tua ragazza / una cinepresa
4. la mamma / dei libri italiani
5. lo zio Giorgio / un binocolo
6. i tuoi fratelli gemelli / un nuovo videogioco
7. tu / un telefono personale
8. il tuo fidanzato/la tua fidanzata / una penna d'oro

b. *Dite come vi piacciono i seguenti cibi.*

> ESEMPIO   a te il pesce / fritto o alla griglia?
> STUDENTE 1: **Come ti piace il pesce, fritto o alla griglia?**
> STUDENTE 2: **Mi piace alla griglia.**

1. alla mamma le patate / lesse *(boiled)* o in insalata?
2. a papà le uova / fritte o sode *(hard-boiled)*?
3. a Gabriella la carne / arrosto o alla griglia?
4. a te il gelato / di frutta o al cioccolato?
5. a voi la frutta / fresca o cotta?
6. agli amici i formaggi / dolci o piccanti?

c. Che te ne pare? *Rispondere alle seguenti domande usando le espressioni in parentesi. Seguire l'esempio.*

> ESEMPIO   Che cosa ti piace fare? (passeggiare all'aria aperta)
> **Mi piace passeggiare all'aria aperta.**

1. A Sua moglie come sembra questo albergo? (molto buono)
2. Che cosa sembra impossibile a Maria e a Pietro? (di potersi sposare)
3. Che cosa manca al cuoco per il dolce? (la farina e lo zucchero)
4. Quante pagine restano a Antonia da leggere? (trenta pagine)
5. Quante macchine vi occorrono per la gita a Venezia? (solamente una macchina)
6. Quali cose non ti piace fare? (fare gli esercizi d'italiano, pulire la mia stanza, cucinare)
7. Quanti giorni di ferie ti restano? (una settimana)
8. Che cosa vi dispiace di non saper fare? (parlare bene l'italiano, pilotare un aereo, suonare il sassofono)

d. Parliamo un po'. *Lavorando in gruppi di due o più studenti, discutete i preparativi per una setti- mana bianca (skiing trip) sulle Alpi. Cercate di inserire nella conversazione alcune delle espressioni che seguono.*

1. **piacere:** le montagne, lo sci, l'inverno, la neve, le serate intorno al caminetto *(fireplace)*, viaggiare, visitare paesi stranieri
2. **restare:** molte cose da fare, ancora due esami prima delle vacanze, tre settimane di studio
3. **mancare:** biglietti aerei, passaporti, prenotazione dell'albergo
4. **occorrere:** sci nuovi, soldi, lezioni di sci

III. Verbi riflessivi

A reflexive verb is one in which the action reverts back to the subject.

> *I see myself in the mirror.*
> *He considers himself intelligent.*
> *They amuse themselves playing ball.*

In English, the reflexive meaning is often understood but not expressed.

> *I washed (myself) this morning.*
> *He shaved (himself) last night.*

In Italian, reflexive verbs are *always* conjugated with reflexive pronouns. Reflexive pronouns are the same as object pronouns except for the third-person singular and plural forms.

PRONOMI RIFLESSIVI					
	Singular		**Plural**		
1st person	**mi**	*myself*	**ci**	*ourselves*
2nd person	**ti**	*yourself*	**vi**	*yourselves*
3rd person	**si**	*yourself/oneself* *himself/herself*	**si**	*yourselves/themselves*

In dictionaries and vocabulary lists, reflexive verbs can be recognized by the endings **-arsi, - ersi,** and **-irsi.** The **-si** is the third person reflexive pronoun attached to the infinitive with the final **-e** dropped. Below is the present indicative of regular reflexive verbs for the three conjugations

LAVARSI	VEDERSI	VESTIRSI
to wash	*to see oneself*	*to get dressed*
mi lavo	mi vedo	mi vesto
ti lavi	ti vedi	ti vesti
si lava	si vede	si veste
ci laviamo	ci vediamo	ci vestiamo
vi lavate	vi vedete	vi vestite
si lavano	si vedono	si vestono

A. Reflexive pronouns precede conjugated verb forms but are attached to the infinitive. Even when the verb is in the infinitive, its reflexive pronoun agrees with the subject.

Ho bisogno di lavar**mi**.   Perché preferite alzar**vi** presto?
I need to wash.   *Why do you prefer to get up early?*

B. When a reflexive infinitive is used with a form of **dovere, potere,** or **volere,** the reflexive pronoun can be attached to the infinitive or precede the entire verb phrase.

Il bambino non vuole vestir**si**.   Il bambino non ha voluto vestir**si**.
Il bambino non **si** vuole vestire.   Il bambino non **si** è voluto vestire.
The child doesn't want to get dressed.   *The child refused to get dressed.*

Note that when the reflexive pronoun precedes **dovere, potere,** or **volere** in a compound tense, these verbs are conjugated with **essere.**

C. In compound tenses, all reflexive verbs are conjugated with **essere,** and the past participle agrees in gender and number with the subject.

Cristina si è vesti**ta** in fretta.   Perché vi siete arrabbia**ti?**
Christina got dressed in a hurry.   *Why did you get angry?*

Uso dei verbi riflessivi

A. The reflexive is used in Italian when the subject performs an action on a part of his or her body: *I washed my face; They put on their gloves.* In Italian, the definite article is used with parts of the body and clothing instead of the possessive adjective as in English.

Mi sono lavato **la** faccia.   Si mettono **i** guanti.
I washed my face.   *They put on their gloves.*

B. Many verbs in Italian have reflexive forms but are not reflexive in meaning.

acc<u>o</u>rgersi (di)	*to notice*	**lamentarsi (di)**	*to complain (about)*
alzarsi	*to get up*[1]	**laurearsi**	*to graduate (from a university)*
annoiarsi	*to get bored*	**riposarsi**	*to rest*
divertirsi	*to have a good time*	**sentirsi**	*to feel*
appoggiarsi	*to lean*	**svegliarsi**	*to wake up*

C. The reflexive form is also used to express meanings that are not reflexive.

1. Verbs can be used reflexively to emphasize the involvement of the subject in the action expressed by the verb. Compare:

Ho comprato una bicicletta.   **Mi sono comprato/a** una bicicletta.
I bought a bicycle.   *I bought myself a bicycle.*

2. Nonreflexive verbs can be used in the plural with the plural reflexive pronouns **ci, vi, si** to express a reciprocal or mutual action: *(to) each other, (to) one another.*[2]

Lorenzo ed io **ci amiamo.**   **Ci siamo visti** ieri sera.
Lorenzo and I love each other.   *We saw each other last night.*

Si sono conosciuti all'università.   **Vi scrivete** ogni giorno.
They met (each other) at the university.   *You write to each other every day.*

Oh! Ti sei fatto male?

---

[1] Note that Italian often uses the reflexive form of a verb where English uses *to get* + another word.
[2] To clarify that a sentence is to be understood reciprocally rather than reflexively, one of the following phrases may be added: **fra (di) loro** *among themselves,* **l'un l'altro (l'un l'altra)** *one another,* **a vicenda, reciprocamente,** *mutually.*

■ Esercizi

a. Io invece... *Seguire l'esempio e completare ciascuna frase con la forma riflessiva del verbo in corsivo.*

> **ESEMPIO** Carla *mette* i bambini a letto.
> **Io invece mi metto gli occhiali e guardo la TV.**

1. Mia cognata non *aiuta* mai mio fratello. Io e Mario invece _____ quando possiamo.
2. Carlo *fa compagnia* alla zia. I miei zii invece _____ a vicenda.
3. Io e la mamma *prepariamo* la cena. Mio fratello invece _____ per uscire.
4. Giacomo *sveglia* il suo compagno di stanza alle 7.30. Noi invece _____ alle 6.00 ogni mattina.
5. La mamma *lava* il neonato. Gli altri figli invece _____ da soli.
6. Io e mio marito *parliamo* sempre troppo. Voi due invece non _____ da tre giorni.
7. Laura non *telefona* mai a Vittorio. Lei e Carlo invece _____ ogni sera.
8. Io *saluto* i miei colleghi. Io e Marco però abbiamo litigato e non _____ più.

b. Una storia che finisce male. *Raccontare la storia di Riccardo e Gabriella prima al presente e poi al passato usando i seguenti verbi.*

vedersi al supermercato / guardarsi, parlarsi / darsi appuntamento / rivedersi molte volte / innamorarsi / andare in vacanza / scriversi / telefonarsi / sposarsi / non andare d'accordo / bisticciare *(bicker)* / separarsi / divorziare

c. *Descrivete una giornata tipica della vostra vita usando il maggior numero possibile di verbi riflessivi. Descrivete poi un giorno speciale del vostro passato in cui avete fatto tutto in modo diverso.*

d. Parliamo un po. *Rispondere alle seguenti domande.*

1. A che ora si è svegliato/a stamattina? Si è alzato/a subito o è rimasto/a a letto per un po'?
2. Si lava sempre i denti al mattino?
3. A chi assomiglia di più, a Suo padre o a Sua madre?
4. In che anno si sono conosciuti i Suoi genitori? Quando si sono sposati? Lei quando pensa di sposarsi?
5. I Suoi amici si ricordano sempre del Suo compleanno? Lei cosa fa se si dimenticano di farLe gli auguri?
6. Di che cosa si lamentano normalmente gli studenti universitari?

⬭ IV. Suffissi speciali

To express special shades of meaning of a noun or an adjective, English uses suffixes (bird*ie*, green*ish*) or a descriptive adjective or adverb *(little house, rather fat)*. In Italian, the preferred way to indicate size, quality, and the speaker's attitude is to use a suffix rather than a separate qualifying word: cas**etta** *(little house)*; libr**one**[1] *(big book)*; vent**accio** *(bad wind)*. When a suffix is added to a word, the final vowel of the word is dropped.

---

[1] Words that end in **-one** or **-ona** add a **-c-** before adding one of the listed suffixes: **bastone** *stick* → (+ **-ino**) = **bastoncino** *little stick*.

A. The following suffixes indicate smallness or express affection and endearment:[1]

-ino, -ina, -ini, -ine	uccello *bird*	uccellino *cute little bird*
-etto, -etta, -etti, -ette	cugino *cousin*	cuginetto *little cousin*
-ello, -ella, -elli, -elle	fontana *fountain*	fontanella *little fountain*
-icello, -icella, -icelli, -icelle	vento *wind*	venticello *breeze*
-icino, -icina, -icini, -icine	cuore *heart*	cuoricino *little heart*
-olino, -olina, -olini, -oline	radio *radio*	radiolina *little radio*
-uccio, -uccia, -ucci, -ucce	bocca *mouth*	boccuccia *cute little mouth*

B. The suffix **-one, -ona, -oni, -one** indicates largeness.[2]

naso *nose* →   nasone *big nose*
libri *books* →   libroni *big, heavy books*

C. The following suffixes indicate poor quality or ugliness, in either a material or a moral sense.

-accio, -accia, -acci, -acce
tempo *weather*
tempaccio *awful weather*

-astro, -astra, -astri, -astre
poeta *poet*
poetastro *very bad poet*

-iciattolo, -iciattola, -iciattoli, -iciattole
mostro *monster*
mostriciattolo *gremlin*

D. Many of the above suffixes may also be added to adjectives.

bello *beautiful*	bellino *pretty, cute*
pigro *lazy*	pigrone *quite lazy*
dolce *sweet*	dolciastro *sickeningly sweet*
noioso *boring*	noiosetto *rather boring*

---

[1] Some feminine words become masculine when one of the listed suffixes is added:

la finestra *window* → **il finestrino** *small window*
la stanza *room* → **lo stanzino** *small room*

Also note that more than one suffix can be attached to the same word: **fiore** *flower* → **fior-ell-ino, cassa** *case* → **cass-ett-ina.**

[2] Some feminine words become masculine when the masculine suffix **-one** is added:

la nebbia *fog* → **il nebbione** *dense fog*
la palla *ball* → **il pallone** *soccer ball*
la porta *door* → **il portone** *front door*

E. A number of Italian nouns appear to end in one of the preceding suffixes. Their meaning, however, is in no way influenced by the suffix.

posto *place*   postino *postman* (*nice little place is* posticino)
tacco *heel*   tacchino *turkey* (*little heel is* tacchetto)
burro *butter*   burrone *ravine*

■ Esercizio

Sostituire una parola sola alle parole in corsivo.

1. Il mio compagno è un *ragazzo grande e grosso.*
2. Non mi piacciono le persone che usano *parole brutte.*
3. A Natale gli abbiamo regalato un *piccolo treno.*
4. Ti mando un *grosso bacio.*
5. È un *vino leggero* che non fa male. [Use **-ello.**]
6. Una *nebbia molto densa* è scesa sulla città. [Rewrite the whole sentence after you've found your word.]
7. È un bel ragazzo, ma ha un *grosso naso.*
8. Come mai sei uscito con questo *tempo così brutto?*
9. Si credono illustri, ma sono dei *poeti da strapazzo* (hack poets).
10. È stata una conferenza *piuttosto noiosa.*

V. Aggettivi e pronomi indefiniti

Indefinite adjectives and pronouns indicate quantity and quality without referring to any particular person or thing. Italian indefinites can be grouped into three categories according to how they are used: as adjectives, as pronouns, and as both adjectives and pronouns.

A. The following are the most common indefinite *adjectives*. They are invariable and always modify a singular noun.

AGGETTIVI INDEFINITI			
ogni	*every*	**qualsiasi**	*any, any sort of*
qualche	*some*	**qualunque**	*any, any sort of*

Ogni inverno andiamo in montagna.
Every winter we go to the mountains.

Qualsiasi libro va bene.
Any book is fine.

Qualche negozio era già chiuso.
Some stores were already closed.

Devo farlo a qualunque costo.
I must do it at any cost.

B. The following are the most common indefinite *pronouns.* They are used only in the singular.

PRONOMI INDEFINITI			
uno/a	*one*	**chiunque**	*anyone, whoever*
ognuno/a	*everyone*	**qualcosa**	*something*
qualcuno/a	*someone*	**niente, nulla**	*nothing*

Uno non sa mai cosa dire.
One never knows what to say.

Ognuno ha i propri difetti.
Everyone has his/her own faults.

C'è qualcosa che non va.
There's something wrong.

La porta era aperta a chiunque.
The door was open to anyone.

Qualcuno ha preso la mia penna.
Someone took my pen.

Non volevano niente.
They didn't want anything.

1. **Qualcosa, niente,** and **nulla** are considered masculine for purposes of agreement.

   Niente è perdut**o**.
   Nothing is lost.

   È success**o** qualcosa?
   Has something happened?

2. When **qualcosa** and **niente** are followed by an adjective, **di** precedes the adjective, which is always masculine. When followed by an infinitive, **da** precedes the infinitive.

   Abbiamo visto qualcosa **di** bello.
   We saw something pretty.

   Non ho niente **da** vendere.
   I have nothing to sell.

C. The following indefinites can be used as both *adjectives* and *pronouns.*

AGGETTIVI E PRONOMI INDEFINITI	
alcuni, -e (plural only) *some, a few*	Ci sono alcuni errori. *There are a few mistakes.*
	Non tutte le ragazze hanno capito; alcune sono confuse. *Not all the girls have understood; some are confused.*
altro, -a, -i, -e *other*	Ci sono altre ragioni. *There are other reasons.*
altro *something (anything) else*	Desidera altro? *Do you need anything else?*
altri, -e *others*	Dove sono andati gli altri? *Where have the others gone?*
certo, -a, -i, -e *certain*	Quella ragazza ha un certo fascino. *That girl has a certain charm.*
	Certi non capiscono. *Certain (people) don't understand.*
ciascuno, -a (singular only) *each, each one*	Consideriamo ciascuna proposta. *We consider each proposal.*
	Hai parlato con ciascuno di loro? *Did you speak to each of them?*

(continued)

molto, -a, -i, -e *much, many, a lot (of)*	Mangiamo molto formaggio e molta frutta. *We eat a lot of cheese and a lot of fruit.* Molte non sono venute. *Many (girls) didn't come.*
nessuno, -a (singular only) *no, none, no one*	Non ho nessuno zio a Chicago. *I have no uncles in Chicago.* Nessuno vi ha chiamato. *No one called you.*
parecchio, -a, parecchi, **parecchie** *a lot (of), several*	Abbiamo visto parecchie persone. *We saw several people.* Hai speso parecchio! *You spent a lot!*
poco, -a, pochi, -e *little, few*	C'era poco tempo. *There was little time.* Pochi lo sanno. *Few people know it.*
quanto, -a, -i, -e *how much, how many*	Quante parole inutili! *How many useless words!* Quanti hanno pagato? *How many have paid?*
tanto, -a, -i, -e *so much, so many*	Hanno fatto tanti errori. *They have made so many mistakes.* Tanti non ricordano perché. *So many don't remember why.*
troppo, -a, -i, -e *too much, too many*	Hai usato troppo zucchero. *You've used too much sugar.* Siamo in troppi. *There are too many of us.*
tutto, -a, -i, -e *all, whole, every*	Ho mangiato tutta la torta. *I ate the whole cake.*
tutto *everything*	Chi ha visto tutto? *Who saw everything?*
tutti, -e *everyone*	Tutti amano le vacanze. *Everyone loves vacations.*

1. **Tutto** takes an article when used as an adjective.

Abbiamo lavorato tutta **la** settimana.   Tutti **i** bambini lo sanno.
We have worked all (the whole) week.   *All children know this.*

Tutto is used in the idiomatic expressions **tutt'e due** *both*, **tutt'e tre** *all three*, **tutt'e quattro** *all four*. Note that the definite article is used when such expressions modify a noun.

tutt'e due **i** ragazzi   tutt'e tre **le** riviste
both boys   *all three magazines*

2. Some of the words listed above are also used as adverbs, and as such they are invariable.

molto   *very, quite, awfully*   **tanto**   *so (like* **così***)*   **quanto**   *how (like* **come***)*
poco   *not so, not very, hardly*   **troppo** *too*

Siamo molto stanchi.   Siena è poco lontana.
We are very tired.   *Siena is not very far.*

Quanto sono intelligenti!   Erano tanto felici.
How intelligent they are!   *They were so happy.*

Sei troppo egoista.
You are too selfish.

■ Esercizi

a. *Scegliere la parola corretta.*

   1. _____ (Qualunque / Chiunque) può venire con noi.
   2. _____ (Nessuna / Nulla) persona è venuta a piedi.
   3. _____ (Ogni / Ognuno) uomo ha i suoi problemi.
   4. Posso fare _____ (qualcuno / qualcosa) per lui?
   5. Solo _____ (qualche / qualcuno) prigioniero è riuscito a fuggire.
   6. Per ammobiliare la stanza, bastano _____ (alcuni / ogni) mobili.
   7. _____ (Chiunque / Qualunque) letto è buono per dormire quando abbiamo
      sonno.
   8. In biblioteca c'erano solo _____ (qualche / alcune) studentesse.
   9. Non sappiamo _____ (nessuno / niente).
   10. Ho letto _____ (qualche / qualcuno) dei suoi romanzi.

b. *Mettere un pronome indefinito al posto delle parole sottolineate.*

   ESEMPIO   Ho imparato <u>tante cose</u> in questo corso.
                  Ho imparato tanto in questo corso.

   1. <u>Ogni persona</u> è responsabile delle sue azioni.
   2. Ha bisogno di <u>altre cose</u>?
   3. <u>Nessuna persona</u> lo dice.
   4. <u>Nessuna cosa</u> sembra facile all'inizio.
   5. <u>Qualsiasi persona</u> lo farebbe in poco tempo.
   6. Voi volete sapere <u>troppe cose</u>.
   7. <u>C'è un uomo che</u> ti vuole parlare.
   8. <u>Ogni cosa</u> era sul tavolo.
   9. <u>Qualche persona</u> ha detto di no.
   10. Potevamo comprare del vino per <u>pochi soldi</u>.

c. *Scegliere la parola corretta.*

   1. Quella signora ha _____ (tanto / tanti) soldi.
   2. Abitano _____ (poche / poco) distante da casa mia.
   3. Siamo _____ (troppo / troppi) isolati in questo posto.
   4. C'era _____ (molto / molta) neve in montagna.
   5. Avete _____ (poco / poche) idee.
   6. _____ (Quanti / Quanto) sono i tuoi cugini? Sette o diciassette?
   7. _____ (Quanto / Quanta) è bella la giovinezza!
   8. È una ragazza _____ (molto / molta) strana.
   9. Mia madre sembrava _____ (tante / tanto) giovane.
   10. _____ (Troppe / Troppa) gente crede ancora a queste cose.

VI. Il partitivo

A. The partitive is expressed in English as *some, any, a few*. The same meaning can be conveyed in Italian in the following ways:

1. With the combined forms of **di** + *definite article* (**del, dello, della, dell', dei, degli, delle**).

Ho mangiato **del** formaggio.　　　　　Conosciamo **degli** Italiani.
I ate some cheese.　　　　　　　　　　*We know some Italians.*

2. With **qualche** + *singular noun* or **alcuni, -e** + *plural noun* to mean *some, a few*. Although **qualche** always takes a singular noun and **alcuni, -e** always a plural noun, they express the same plural meaning in English.

Invitano **qualche amica**.　　　　　　**Qualche studente** lo sapeva.
Invitano **alcune amiche**.　　　　　　**Alcuni studenti** lo sapevano.
They invite some girlfriends.　　　　　*A few students knew it.*

3. With **un poco di, un po' di** to mean *some, a bit of,* with a singular noun that is either abstract *(time, patience)* or measurable rather than countable *(milk, bread)*.

Abbiamo bisogno di un po' di tempo.　　Volete un po' di latte?
We need some time.　　　　　　　　　*Do you want some milk?*

B. The partitive is left unexpressed in negative sentences and is frequently omitted in interrogative sentences.

Ci sono lettere per me?　　　　　　　　Non abbiamo soldi.
Ci sono **delle** lettere per me?　　　　　*We don't have any money.*
Are there any letters for me?

■ Esercizi

a. *Inserire la forma corretta:* **del, dello,** *ecc.*

1. Ha ordinato minestra di verdura.
2. Ci sono prodotti garantiti dalla sigla D.O.P.
3. Compriamo insalata e frutta.
4. «Da Franco» servono sempre secondi piatti eccezionali.
5. Antonio porta in ufficio spuntini molto buoni.
6. Vado spesso a tavole calde in centro.
7. Mia madre fa minestroni deliziosi.
8. Nel mio quartiere ci sono negozi a buon mercato.

b. *Inserire* **qualche** *o* **alcuni/alcune.**

1. Hanno avuto _____ guaio.
2. C'erano _____ parole difficili nell'esercizio.
3. Ho bisogno di _____ cosa.
4. Abbiamo passato _____ ore insieme.
5. Si sono sposati _____ anni fa.
6. Avete letto _____ bel racconto in classe?
7. L'ho già visto in _____ altro luogo.
8. La polizia ha fermato _____ macchina.

c. La spesa. *Simona ha fatto la spesa e mamma vuol sapere se ha comprato tutto quello che le occorre. Inserire le forme opportune dei partitivi:* **di** + *(articolo),* **qualche, alcuno, un po' di...**

MAMMA: Hai comprato _____ pane?

SIMONA: Sì, e anche _____ cornetto salato per domani mattina. Ho preso anche _____ grissini e _____ pizza all'olio.

MAMMA: C'era _____ bella frutta al mercato?

SIMONA: No, ho trovato solo _____ fragole e _____ pere, e allora ho comprato _____ scatola di frutta surgelata *(frozen)*. Per la macedonia va bene.

MAMMA: E l'insalata?

SIMONA: Ho preso _____ di tutto, anche il radicchio e l'indivia belga. Come sono cari! Mi sono rimasti solo _____ spiccioli.

MAMMA: Pazienza! Senti, c'è ancora un po' di caffè caldo nella caffettiera.

SIMONA: Ah, grazie! Vado in cucina a prenderlo.

Di mattina, a fare la spesa in piazza al mercato rionale. Tante scelte di prodotti locali e freschi, ma verso l'una il mercato chiude.

Vocabolario utile

il bue ox
la capra goat
il cavolo cabbage
il cetriolo cucumber
la cipolla onion
il fagiolino string bean
il fagiolo bean
la fava broad bean
il grano/frumento wheat
il maiale pig
la nocciola hazelnut
l'oca goose
l'ortaggio vegetable
la pecora sheep
il peperoncino chili
il peperone pepper
la selvaggina game
la zucca squash

condire to season
spargere to spread

Dice un proverbio italiano: «A tavola non s'invecchia.» Conoscete un proverbio simile nella vostra lingua?

Prima di leggere

Una delle conseguenze delle grandi scoperte geografiche (XVI⁰ secolo) è stata quella di introdurre in Europa piante ed animali originari del nuovo mondo. Come vedremo, ciò ha contribuito a cambiare radicalmente la dieta degli europei. Ora noi abbiamo infinite scelte e ci possiamo nutrire in maniera equilibrata, spendendo molto o poco, ma è un privilegio recente.

In gruppi di due o tre studenti discutete gli aspetti dell'alimentazione moderna. Cercate di rispondere alle domande seguenti.

1. Che cosa significa per voi dieta mediterranea? Sapete spiegare il suo successo nel Nord America? Quale aspetto della cucina italiana vi piace di più?
2. Molti di noi ottengono le proteine dalla carne. Quali altri cibi contengono proteine? Come fanno i vegetariani ad ottenere una dieta equilibrata?
3. I fagioli, originari dell'America tropicale e subtropicale, contengono proteine, carboidrati e sali minerali. Conoscete preparazioni per le quali si usano i fagioli? In quale parte del mondo sono più diffuse? Sapete perché?
4. Noi viviamo in una società ricca, i supermercati e i negozi d'importazione ci forniscono di tutto, e ci possiamo divertire a cucinare cibi di ogni genere con poca fatica. Non era lo stesso per le nostre nonne e bisnonne. Perché?

■ Dieta mediterranea e cucina italiana

«Dieta mediterranea» ci fa pensare a spaghetti al pomodoro, peperoni ripieni°, patate *stuffed*
arrosto e fagiolini all'olio e limone. Ma è sempre stato così? Cosa mangiavano gli
abitanti delle zone mediterranee alla fine del XV° secolo, cioè prima delle grandi
scoperte geografiche?

5   Le tavole dei signori erano ben imbandite° dato che passavano giornate intere *well stocked*
dedicate alla caccia° e riportavano cervi e daini°, cinghiali° e altri tipi di selvaggina. *hunting / venison / wild boars / barn yard*
C'erano poi gli animali da cortile° come polli e oche e, molto diffusi, i maiali. Non era
molto usata la carne bovina° e ovina°; le femmine degli animali servivano per la *beef / lamb*
produzione del latte con cui si facevano i formaggi.

10 L'agricoltura produceva grano, orzo° da cui qualcuno aveva scoperto come fare la *barley*
birra, e altri cereali come la segale° e l'avena°. Con i cereali si facevano delle specie di *rye / oats*
tortillas, o delle minestre composite con l'aggiunta di cavoli, piselli, fave e cipolle.

Chi abitava vicino al mare aveva la risorsa del pesce; la famosa *bouillabaisse
provençale* è stata per lungo tempo il cibo dei pescatori poveri, che nella loro minestra
15 mettevano pezzi di pesce, di quello di scarto°, con tante spine° che nessuno comprava. *inferior quality / bones*

Le piante e gli animali che i navigatori riportavano dal nuovo mondo erano spesso
considerati curiosità botaniche o zoologiche. Il pomodoro, per esempio, è apparso in
Italia alla fine del Settecento°, ma solo mezzo secolo più tardi a qualcuno è venuta *1700s*
l'idea di usarlo insieme all'olio, al formaggio ed alle erbe locali per condire la pasta. La
20 pasta esisteva, ma non doveva essere molto appetibile. I vermicelli, altro tipico cibo dei
poveri, erano conditi con un po' di formaggio e si mangiavano con le mani; è stato il
sugo di pomodoro a diffondere l'uso della forchetta. Col tempo sono nate combinazioni
geniali tra pomodori e prodotti locali: olio, burro, carne di bue e di maiale, sarde° e *sardines*
frutti di mare, erbe aromatiche e formaggi che hanno creato i famosi sughi° della *sauces*
25 cucina italiana. Sughi a parte, i pomodori si mangiano anche crudi° in insalata o a fette *raw*
con la mozzarella (la famosa «caprese»), al forno ripieni e, naturalmente, sulla pizza.

Anche le patate sono state ricevute con molto sospetto, erano piccole, brutte,
sporche, piuttosto cattive° nella minestra—a nessuno era venuto in mente di pelarle—e *bad tasting*
non si potevano nemmeno macinare per farci la loro specie di pane. Erano il cibo dei
30 poveri e dei soldati, cioè di quanti non avevano possibilità di scelta. Gli Italiani, sempre
immaginativi, hanno adottato le patate creando preparazioni originali: *gnocchi, crocchette,
soufflè*, e poi patate in insalata, al forno, in umido° con la carne o con altri ortaggi. *stewed*

Il mais°, o granturco cioè grano straniero, si è diffuso rapidamente dai semi riportati *maize*
da Colombo in Spagna e in Portogallo. In Italia è coltivato nel Veneto fin dalla metà del
35 Cinquecento° e la polenta è stato uno degli alimenti principali nelle zone dell'Italia *1500s*
settentrionale. Ma anche la polenta è stata per lungo tempo cibo dei poveri, bollita nel
latte o fredda e tagliata a fette con sopra qualche fettina di cetriolo. Nella dieta
moderna la polenta si accompagna con carni in umido, salsicce, formaggi e funghi.

Diversi prodotti ortofrutticoli° vengono dal nuovo mondo. Fagioli e fagiolini, zucche *from vegetable and fruit gardens*
40 e zucchine, peperoni e peperoncini contribuiscono a variare in mille modi le preparazioni
culinarie italiane ed europee.

E per finire non dimentichiamo il cacao. Originario dall'America centrale e
meridionale è arrivato in Europa grazie a Cortès, e verso la seconda metà del
Cinquecento ha raggiunto Torino per merito del Duca Emanuele Filiberto di Savoia. Più
45 tardi dall'unione del cioccolato con le nocciole sono nati i famosi «gianduiotti»,
prodotti dalla casa Caffarel di Torino.

L'incontro tra il vecchio e il nuovo mondo è stato per l'Europa la scoperta di un tesoro, ma i benefici dell'incontro sono stati scambievoli°. Colombo, fin dal suo primo viaggio, ha portato nel nuovo mondo l'olio d'oliva. Il grano, che riempie i silos degli 50 Stati Uniti e del Canadà, deriva dai semi portati dall'Europa, e dall'Europa sono venuti cavalli e maiali. I banani° sono arrivati originariamente a Santo Domingo grazie a Colombo, e la canna da zucchero, originaria del Golfo del Bengala, si è diffusa nelle Antille.

Il contributo di nuove colture° è stato estremamente positivo per l'Italia. Sono 55 cambiati in meglio l'aspetto dell'ambiente naturale°, il tipo dei prodotti disponibili° nei mercati e la dieta degli abitanti. C'è senz'altro di che essere grati al nuovo mondo.

mutual

banana trees

plant cultures
environment / available

■ Comprensione

1. Com'era la pasta di qualche secolo fa? Perché?
2. Quando si è cominciato ad usare il sugo per la pasta più o meno come lo intendiamo noi?
3. Piacevano agli europei le patate provenienti dal nuovo mondo? Sì, no, perché?
4. Come viene utilizzato il granturco in Italia?
5. Quali prodotti ortofrutticoli sono arrivati in Europa dopo Colombo?
6. Che cosa sono i gianduiotti?
7. Che cosa ha dato l'Europa alle Americhe?
8. Quali sono state le conseguenze dell'incontro tra il vecchio e il nuovo mondo?

■ Studio di parole

to taste

sapere di
to taste of; to have the flavor of

Non sa di niente.
It has no flavor.

assaggiare
to taste, to try (food)

È buono! Vuoi assaggiarlo?
It's good! Do you want to try it?

to play

suonare
to play (an instrument), to ring

Suono il piano e la chitarra.
I play the piano and the guitar.

È suonato il campanello?
Has the bell rung?

Chi ha suonato il campanello?
Who rang the bell?

recitare
to act, to play a role

Quell'attore recita bene.
That actor acts well.

giocare a + *noun*
to play (a game, a sport)

Io gioco a tennis; tu giochi a carte.
I play tennis; you play cards.

praticare (fare) uno sport
to play a sport

Quante persone praticano questo sport?
How many people play this sport?

to work

lavorare
to work

Lavorano in una fabbrica di biciclette.
They work in a bicycle factory.

funzionare
to work (machines, systems, etc.)

Il televisore non funziona.
The TV is not working.

to spend

passare
to spend (time)

Passavamo il tempo allegramente.
We spent the time happily.

Dove hai passato le vacanze?
Where did you spend your vacation?

spendere
to spend (money)

Hai pagato due euro? Hai speso troppo.
Did you pay two euros? You spent too much.

■ Pratica

a. *Inserire la parola o l'espressione che completa meglio la frase.*

1. Dove hai intenzione di _____ Natale quest'anno? Con i tuoi?
2. Il mio orologio non _____ bene. È sempre indietro di dieci minuti!
3. Quando hai imparato a _____ il piano e a _____ a tennis?
4. In quel ristorante uno _____ poco e mangia bene.
5. Da quanto tempo _____ in quest'ufficio Lei?
6. Mi piacciono gli attori che _____ bene.
7. Tu, quali sport _____ quando hai tempo?
8. Il postino _____ sempre due volte.

b. *Inserire le parole mancanti nel significato opportuno.*

La vita dei contadini durante il Rinascimento non era facile. Dovevano *(to work)* _____ nei campi e poi *(to spend)* _____ un mucchio di tempo a preparare da mangiare. Non credo che avrei voglia di *(to taste)* _____ il loro pane o la loro minestra. Le patate poi erano brutte, nere e *(tasted)* _____ di terra.

Come sempre, i ricchi stavano bene. Potevano *(to spend)* _____ molti soldi per comprare i prodotti di terre lontane. Le donne si divertivano a *(to play)* _____ l'arpa e il clavicembalo, gli uomini si dedicavano alla politica e agli affari, ma trovavano anche il tempo di *(to play)* _____ a scacchi *(chess)*.

Vi piacerebbe partecipare ad una rappresentazione teatrale e *(to play)* _____ la parte di un personaggio del Seicento *(1600s)*?

c. *Domande per Lei.*

1. I Suoi piatti preferiti contengono ingredienti di origine europea? Quali?
2. Le hanno mai offerto cibi strani come lumache *(snails)*, cosce di rana *(frogs' legs)*, animelle e cervello *(sweetbreads and brains)*, alghe *(seaweed)*? Racconti una Sua esperienza vera o immaginaria.
3. Cosa prepara quando invita a pranzo o a cena i Suoi amici?

Motorini in città

Quanti colori!

Una strada di Firenze.

Padre e figlio in motorino.

Un poliziotto.

Fare la spesa: al supermercato e al mercato rionale

Al supermercato.

Un aspetto del centro storico di Roma.

Dal fruttivendolo.

⊛ Temi per componimento o discussione

1. Che tipo di provviste alimentari avranno avuto i «Pilgrims» inglesi che hanno fondato Plymouth nel 1620? Descriva ad un amico europeo le difficoltà nutritive dei primi coloni.

2. Nel Nord America cresce l'interesse per la cucina italiana, in Italia si diffondono spuntini e «dip» di stile americano. Pensate che i due paesi continueranno a scambiare ricette e abitudini culturali? Perché?

3. Ai nostri giorni è sempre più diffuso l'uso di cibi surgelati o comunque pronti. Si comprano al supermercato e, grazie al microonde, in pochi minuti si può andare a tavola. Costano molto? Sono buoni? Chi ne fa grande uso? Lei li compra? Perché?

4. Nonostante le comode offerte del «fast food», ci sono molti «gourmet clubs» e tante trasmissioni televisive dedicate alla cucina. Pensa che cucinare sia un'attività creativa? Che abbia un significato sociale? Sì, no, perché?

RICERCA WEB

1. Molti prodotti italiani hanno una lunga storia, sono prodotti regionali e arrivano sul mercato con la sigla D.O.P. Fate una breve ricerca su uno dei prodotti suggeriti, o uno a vostra scelta, e riferite alla classe.
   a. Prosciutto di Parma
   b. Parmigiano Reggiano
   c. Mortadella di Bologna
   d. Zampone Citterio

2. Alcune ricette italiane richiedono una lunga preparazione, ma altre sono semplici e appetitose. Ricercate come preparare i piatti che seguono, o altri a vostra scelta, e scambiate i risultati con i compagni di classe.
   a. Risotto ai funghi
   b. Pesto alla genovese
   c. Pollo alla cacciatora
   d. Parmigiana di melanzane

3. Conoscete i dolci italiani? Cercate le ricette e, possibilmente, la loro storia.
   a. Il tiramisù e le sue origini
   b. La torta gelato stracciatella
   c. Il panettone, dolce di Natale
   d. I cannoli siciliani

4. Anche se i vari tipi di cucina regionale sono ormai diffusi in tutta la penisola, gli ingredienti usati differiscono. Esaminate la ricetta del «Risotto alla milanese», della Lombardia, e quella del «Ragù di tonno», della Sicilia. Quali ingredienti richiedono? Come differiscono le preparazioni?

La tavola apparecchiata

C'è ancora una preferenza per la tovaglia anche se è venuto di moda il servizio all'americana°. Ogni commensale° avrà uno o due piatti, uno dei quali sarà «fondo» se il pranzo prevede una minestra. A sinistra dei piatti si mettono le forchette (non più di due), a destra il coltello e il cucchiaio (se serve). In alto, davanti ai piatti ci saranno le posatine da frutta e da dessert; un po' a destra i bicchieri dell'acqua e del vino, un po' a sinistra il piattino del pane e la coppetta dell'insalata. Il tovagliolo, piegato in due o a triangolo, va a destra del piatto. Quando forchetta e coltello sono usati insieme, la forchetta rimane a sinistra ed è la mano sinistra che porta il cibo alla bocca.

servizio... : placemats / table companion

Il burro non viene messo in tavola; si usa soltanto per la prima colazione. Se il caffè è servito a tavola, le tazzine saranno portate al momento. Il pane è in un cestino°, ma non c'è bisogno di coprirlo con un tovagliolo perché di solito non è servito caldo. I candelabri e le candele sulla tavola sono una moda di importazione recente; tradizionalmente la stanza da pranzo è molto bene illuminata.

small basket

Le persone a tavola tengono le braccia il più possibile vicino al corpo e ambedue le mani rimangono visibili durante tutto il pranzo. Buon appetito!

Per chi non ha voglia o tempo di cucinare, ci sono trattorie a buon mercato.

Offrire da bere o da mangiare

Le/Ti posso offrire qualcosa da bere?	*Can I offer you something to drink?*
Che cosa prendi/prende?	*What will you have?*
Prendi qualcosa da mangiare/bere?	*Would you like something to eat/drink?*
Vuoi/Vuole assaggiare... ?	*Would you like to try . . . ?*
Ti va/hai voglia di bere/mangiare... ?	*Do you feel like drinking/eating . . . ?*
Come lo preferisci il vino, bianco o rosso?	*Do you prefer white or red wine?*

Accettare cibo o bevande

Sì, grazie.	*Yes, thank you.*
Perché no? Lo/La prendo/bevo volentieri.	*Why not? I'll eat/drink it with pleasure.*
Con molto piacere, grazie.	*With pleasure, thank you.*
Sì, volentieri.	*Yes, please.*
Sì, ma la prossima volta offro io.	*Yes, but next time I'll treat.*

Rifiutare cibo o bevande

No, grazie. Sono a dieta. *No thanks. I'm dieting.*
Grazie, ma sono astemio/a. *Thanks, but I don't drink.*

Espressioni per la tavola

La cena è servita. *Dinner is served.*
È pronto. Venite a tavola. *It's ready. Come to the table.*
Buon appetito! *Enjoy your meal!*
Non fare/faccia complimenti: prendine/ne *Don't be shy: have some more.*
   prenda un altro po'.
Mi passi/passa il sale, per cortesia? *Can you please pass the salt?*
Buonissimo! *Very good!*
Questo è davvero speciale/delizioso. *This is really special/delicious.*
Mi dà/dai la ricetta? *Can you give me the recipe?*

■ Che cosa dice?

1. Ha appena sperimentato una nuova ricetta per la torta di mele. Propone alla vicina, che sta lavorando in giardino, di assaggiarla.
2. Vuole fare il risotto alla milanese. Chieda la ricetta a Sua zia.
3. Incontra il Suo avvocato al bar e vuole offrirgli/le il caffè.
4. Il Suo/La Sua capufficio sta andando allo snack bar e Le chiede se Lei vuole qualcosa.
5. Le offrono della Sambuca, ma Lei non beve alcoolici.
6. Il pranzo è pronto e Sua madre chiama tutti a tavola.
7. Ha preparato una cena tipica americana per uno studente italiano che è piuttosto timido e mangia poco. Lei lo invita a mangiare di più.
8. Al mare il vicino di ombrellone le offre un aperitivo. Lei accetta e dice che la prossima volta è il Suo turno.

■ Situazioni

1. Prima di andare da McDonald's chieda al Suo compagno/alla Sua compagna di stanza se ha fame. Domandi cosa vuole da mangiare, da bere e se vuole il dolce. Dica che gli/le vuole offrire il pranzo visto che lui/lei l'ha aiutato/a a studiare per il compito di italiano. Il Suo compagno/La Sua compagna La ringrazia e dice di volere un hamburger al formaggio e delle patatine fritte, ma non prende niente da bere.
2. Lei è a cena a casa del Suo fidanzato/della Sua fidanzata. Con altri tre studenti che assumeranno i diversi ruoli (padre, madre e fidanzato/a), rappresenti la serata.
3. Lei passa a casa dei Rossi per riportare a Mario gli appunti di matematica. La famiglia sta festeggiando la promozione della figlia Susanna. Lei saluta tutti e si congratula con Susanna. Il signor Rossi Le vuole offrire qualcosa da bere, Mario La invita a restare e la signora Le porta un pezzo di torta gelato. Lei però ha fretta. Rifiuta cortesemente e inventa una scusa per poter tornare a casa.
4. Con un compagno/una compagna del corso di italiano, discuta un menù per ciascuna delle situazioni seguenti.
   a. un picnic con un ragazzo/una ragazza che ha appena conosciuto/a
   b. una cena veloce con un paio di amici che sono venuti a trovarvi inaspettatamente
   c. un rinfresco per la festa di laurea (*graduation party*) della vostra amica Laura

Che lingua parli?
Come comunichi?

Al liceo scientifico. La signora Di Stefano ha accettato di fare una breve conferenza alla scuola di suo figlio Nicola che frequenta il primo liceo scientifico. Le hanno chiesto di parlare di Enrico Fermi. Ecco i suoi appunti.

Enrico Fermi nacque a Roma nel 1901. Nel 1922 ottenne la Laurea di Dottore in Fisica e nel 1926 era professore di fisica teorica all'Università di Roma. Nel 1934 decise di occuparsi di fisica sperimentale insieme a Edoardo Amaldi, Bruno Pontecorvo, Franco Rasetti e Emilio Segré, i cosiddetti «ragazzi di via Panisperna» dal nome della strada in cui avevano il laboratorio.

Nel 1937 Fermi e collaboratori trovarono che era possibile ottenere la radioattività indotta dai neutroni lenti. Proprio per questa scoperta, l'anno successivo Fermi ricevette il Premio Nobel per la fisica. In quel periodo in Italia erano entrate in vigore le leggi antisemitiche fasciste e la moglie di Fermi, Laura Capon, era di famiglia ebrea. I Fermi andarono a Stoccolma per l'assegnazione del Premio Nobel e non tornarono in Italia; si stabilirono invece negli Stati Uniti. Nel 1942, alla University of Chicago, Fermi diresse un famoso esperimento nel quale si produsse energia nucleare controllata.

Intanto la famiglia cercava di imparare la lingua e i costumi del paese, e di adattarsi alla nuova cultura. Laura aveva già scoperto alcuni anni prima che non è facile trovare un idraulico quando si cerca un «ploombber». Il processo di «americanizzazione» continuò a Los Alamos dove, durante la seconda guerra mondiale, Fermi collaborò alle ricerche per lo sviluppo delle armi atomiche.

Alla fine della guerra (1946) i Fermi tornarono a Chicago dove Enrico morì nel 1954.

Nuclear Energy, scultura di Henry Moore che commemora l'esperimento del 1941 diretto da Fermi all'Università di Chicago.

L'italiano è una lingua neolatina, o romanza, deriva dal latino volgare parlato dal popolo. Tra i primi documenti scritti ricordiamo un indovinello *(riddle)* del nono secolo e un documento legale dell'anno 960. L'italiano standard si basa sul dialetto toscano, per ragioni storiche si sono sviluppati però anche molti dialetti regionali. Fino a un secolo fa era normale parlare in dialetto in famiglia, con gli amici e con i fornitori *(suppliers)*; il «parlare in lingua» era usato per occasioni speciali. A partire dalla seconda metà dell'800 *(nineteenth century)* l'unificazione politica dell'Italia e la diffusione dei mezzi di comunicazione hanno contribuito a formare e diffondere la moderna lingua nazionale.

L'italiano moderno include non solo espressioni e differenze di pronuncia regionali, ma anche neologismi *(new words)* e prestiti *(borrowings)* da lingue straniere, dall'inglese in particolare. Molti sono contrari all'uso delle parole straniere quando esistono le perfette corrispondenti in italiano. Che bisogno c'è di dire *fashion*, *meeting* e *customer service* invece di «moda», «riunione» e «assistenza clienti»? Ma spesso i prestiti linguistici rendono il discorso più rapido e immediato: non è meglio dire *media* anziché «mezzi di comunicazione di massa»? Per non parlare della terminologia del computer—nessuno lo chiama «elaboratore elettronico»—estremamente diffusa e indispensabile anche se di origine straniera.

L'italiano contemporeaneo è diverso dalla lingua di un secolo fa. Ora c'è la tendenza non solo ad accettare parole ed espressioni straniere, ma anche a semplificare il modo di parlare e di scrivere. La lingua si evolve e continua il dibattito tra chi approva e difende le forme nuove e chi le rifiuta.

Parole inglesi nell'italiano contemporaneo.

■ Vocabolario utile

le **abitudini** habits
la **comunicazione** communication
la **conferenza** lecture
la **legge** law
la **scoperta** discovery
lo **sviluppo** development

ambientale environmental
cosiddetto so-called
ebreo Jewish
indotto induced
lento slow
straniero foreign
successivo following

*__adattarsi__ to adapt oneself to
*__entrare in vigore__ to go into effect (a law)

dirigere to direct
produrre to produce/bring about

proprio per questo for this very reason
usi e costumi customs (of people)

Esercizi

a. *Vero o falso?*

_____ 1. Quando Fermi divenne professore era già anziano.
_____ 2. A Roma fu professore di ingegneria elettronica.
_____ 3. Ottenne il premio Nobel nel 1939.
_____ 4. Non tornò in Italia a causa delle leggi razziali.
_____ 5. Diresse l'esperimento sull'energia nucleare controllata alla Columbia University nel 1942.
_____ 6. La famiglia Fermi non ebbe difficoltà di adattamento in America.
_____ 7. Fermi partecipò alle ricerche sulla bomba atomica a Los Alamos.
_____ 8. Quando morì, a Chicago, era molto vecchio.

b. *Inserire le parole che meglio completano le frasi.*

1. Tutti i cittadini devono rispettare _____.
2. Gli immigrati hanno difficoltà ad apprendere gli _____ e i _____ del nuovo paese.
3. Nel 1992 si celebrò il cinquecentenario della _____ dell'America da parte di Cristoforo Colombo.
4. I risultati della _____ sull'energia nucleare hanno contribuito a cambiare il nostro mondo.
5. Parlare le lingue straniere è importante per una migliore _____ fra i popoli.
6. Una buona alimentazione è necessaria allo _____ fisico e intellettuale del bambino.
7. Molti _____ hanno sofferto a causa delle leggi razziali.

c. *Creare nuove frasi che contengono le seguenti parole.*

1. lento
2. esperimento
3. guerra
4. successivo
5. conferenza

A voi la parola

a. Come parliamo. In gruppi di due o più studenti rispondete alle domande che seguono.

1. Da come gli Italiani parlano non è difficile capire da quale regione provengono. Succede lo stesso nel vostro paese? Discutete le vostre esperienze.
2. Ci sono parole straniere che fanno parte del vostro lessico o che vi capita di leggere o sentire? Conoscete almeno cinque parole italiane usate regolarmente in inglese? Sapete perché non sono tradotte?
3. Secondo voi, le parole straniere arricchiscono la lingua o la impoveriscono? Perché?
4. Che tipo di difficoltà hanno gli stranieri emigrati? Basta imparare la nuova lingua? Fare nuovi amici? È importante cercare di mantenere la propria identità culturale?

b. Parole che viaggiano. Esaminate le parole italiane e inglesi che «viaggiano» per il mondo. Leggete gli esempi, poi, in piccoli gruppi rispondete alle domande che seguono. In che modo le due lingue hanno influenza l'una sull'altra?

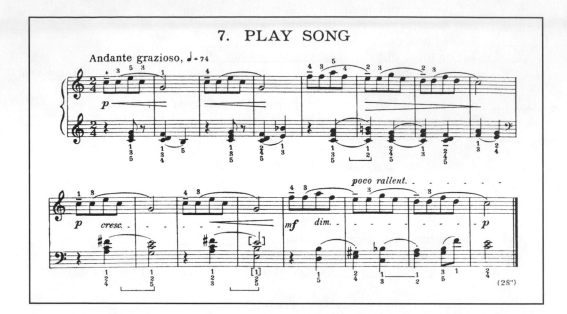

L'italiano della musica

a cappella	crescendo
adagio	largo
allegro	sonata
forte	staccato
arpeggio	vivace
pianissimo	lento

1. Le parole italiane dello spartito (*music score*) e della lista sono indicazioni (*instructions*) per i musicisti. Quali conoscete? Sapete spiegare cosa significano?

2. Discutete con il resto della classe i termini che non conoscete e cercate di stabilire insieme il loro significato.

3. Come mai tante parole della musica sono rimaste in italiano in tutti i paesi del mondo?

1. I due interlocutori raffigurati nel disegno usano molte parole inglesi. Si chiamano «prestiti» *(borrowings)*. Quali sono?

2. Ci sono anche parole italianizzate sul modello delle corrispondenti inglesi. Quante ne riconoscete? Cosa ne pensate?

3. Quali parole italiane del computer imparate da questa pubblicità?

4. Che cosa ha determinato secondo voi la diffusione delle parole del computer in inglese?

5. Dobbiamo aspettarci una lingua universale del computer basata sull'inglese? Prevedete possibili vantaggi e svantaggi?

I. Passato remoto

Verbi regolari

The **passato remoto** (*past absolute*) is formed by adding to the stem the characteristic vowel of the verb (except for the third-person singular) and the appropriate endings: **-i, -sti, -mmo, -ste, -rono.** To form the third-person singular, **-are** verbs add **-ò** to the stem, **-ere** verbs add **-è,** and **-ire** verbs add **-ì.**

Note the accent mark in the third-person singular and the placement of stress in the third-person plural.

AMARE	CREDERE	FINIRE
amai	credei (credetti)	finii
amasti	credesti	finisti
amò	credè (credette)	finì
amammo	credemmo	finimmo
amaste	credeste	finiste
amarono	crederono (credettero)	finirono

Most **-ere** verbs have an alternate set of endings for the first- and third-persons singular and the third-person plural.

> Carlo andò in cucina e si sedè (sedette) al tavolo.
> *Carlo went into the kitchen and sat at the table.*

Verbi irregolari

Following are the **passato remoto** forms of some common irregular verbs:

AVERE	ESSERE	DARE	STARE
ebbi	fui	diedi (detti)	stetti
avesti	fosti	desti	stesti
ebbe	fu	diede (dette)	stette
avemmo	fummo	demmo	stemmo
aveste	foste	deste	steste
ebbero	furono	diedero (dettero)	stettero

A. Most of the verbs that have an irregular **passato remoto** (mainly -**ere** verbs) follow a "1–3–3" pattern: the irregularity occurs only in the first-person singular and the third-person singular and plural; -**i**, -**e**, and -**ero** are the respective endings. The endings of the other persons are regular.

CHIEDERE			
(1)	**chiesi**		chiedemmo
	chiedesti		chiedeste
(3)	**chiese**	(3)	**chiesero**

B. Some common verbs that follow the 1–3–3 pattern are listed below. It is helpful to learn the irregular forms of the **passato remoto** together with the past participle since typically both are irregular and they sometimes share the same irregular stem.

PASSATO REMOTO		
infinitive	**(1st-person singular)**	**past participle**
accendere	**accesi**	acceso
chiudere	**chiusi**	chiuso
conoscere	**conobbi**	conosciuto
decidere	**decisi**	deciso
leggere	**lessi**	letto
mettere	**misi**	messo
*nascere	**nacqui**	nato
perdere	**persi**	perso/perduto
*piacere	**piacqui**	piaciuto
prendere	**presi**	preso
*rimanere	**rimasi**	rimasto
rispondere	**risposi**	risposto
rompere	**ruppi**	rotto
sapere	**seppi**	saputo
scegliere	**scelsi**	scelto
scendere	**scesi**	sceso
scrivere	**scrissi**	scritto
spegnere	**spensi**	spento
spendere	**spesi**	speso
*succedere	**successi**	successo
tenere	**tenni**	tenuto
vedere	**vidi**	visto/veduto
*venire	**venni**	venuto
vincere	**vinsi**	vinto
vivere	**vissi**	vissuto
volere	**volli**	voluto

C. Bere, dire, fare, and tradurre use the original Latin stems bev-, dic-, fac-, and traduc- to form the regular persons.

BERE	DIRE	FARE	TRADURRE
bevvi	dissi	feci	tradussi
bevesti	**dic**esti	**fac**esti	**traduc**esti
bevve	disse	fece	tradusse
bevemmo	**dic**emmo	**fac**emmo	**traduc**emmo
beveste	**dic**este	**fac**este	**traduc**este
bevvero	dissero	fecero	tradussero

Uso del passato remoto e del passato prossimo

A. The **passato remoto,** like the **passato prossimo,** expresses an action completed in the past. Following are the formal rules that govern the use of these two tenses.

1. If the action took place in a period of time that has not yet ended (today, this month, this year), or if the effects of the action are continuing in the present, the **passato prossimo** is used.

   Recentemente ho imparato gli usi e i costumi degli Iroquois.
   Recently I learned the customs of the Iroquois.

   Abbiamo conosciuto molti stranieri.
   We met many foreigners.

2. If the action occurred during a period of time that has ended (two months ago, last year, the other day), and has no continuing effect on or reference to the present, the **passato remoto** is used.

   Fermi collaborò a ricerche importanti.   La guerra durò molti anni.
   Fermi took part in important research.   *The war lasted many years.*

3. Today many Italians (especially in the North) never use the **passato remoto** in speaking or writing unless it is formal writing. Some people use both tenses. Others (especially in the South) tend to use the **passato remoto** every time they write or talk about the past, no matter how recent it may be. Students of Italian are advised to use the **passato prossimo** in everyday conversation and to learn the forms of the **passato remoto** in order to understand them, to write them, and above all to recognize them when used in literary texts.

B. The **imperfetto** is used with both the **passato prossimo** and the **passato remoto** for descriptions (ongoing actions, outward conditions, or inner states of mind) and habitual actions.

Dato che in Italia erano in vigore le leggi razziali, i Fermi si stabilirono (si sono stabiliti) negli Stati Uniti.
Since racial laws were in effect in Italy, the Fermis settled in the United States.

Sembrava una conferenza interessante, invece fu (è stata) molto noiosa.
It looked like an interesting lecture, but it was very boring.

—... e immaginatevi il ribrezzo che provò il
ranocchio ad essere trasformato in principe...

■ Esercizi

a. Guido è un tipo strano. *Sostituire il passato remoto al passato prossimo.*

Guido è un tipo strano. L'abbiamo conosciuto a casa di amici e poi l'abbiamo visto al cinema. M'interessa e cerco di sapere tutto di lui. So che è andato in biblioteca ed è riuscito a trovare il libro che cercava, però è uscito senza cappello e ha preso il raffreddore.

Poi è venuto a riportarti dei dischi. Tu l'hai invitato ad entrare ma lui ha preferito restare sulla porta di casa. Gli hai chiesto come stava, ma lui non ha risposto. Ti ha salutato cortesemente e se n'è andato. È entrato in farmacia a comprare una medicina, ha preso delle aspirine e poi si è messo in macchina. Tra il raffreddore e le aspirine era mezzo addormentato ed ha avuto un incidente. L'incidente è avvenuto sull'autostrada, per fortuna non ci sono stati morti né feriti gravi. Però la sua bella Lancia Delta aveva una serie di ammaccature *(dents)* e lui l'ha portata dal carrozziere *(body shop)*. Per un po' di giorni, è andato in ufficio in metropolitana. Quando i colleghi gli hanno chiesto notizie, lui ha detto: «È stata colpa mia, ho sbagliato a prendere l'autostrada in quelle condizioni.» Giusto! Ma chissà cosa gli passava per la testa quel giorno!

b. Il congresso. *Dica cosa fecero i partecipanti al congresso sugli usi dell'energia nucleare. Riscrivere le frasi usando l'imperfetto e il passato remoto.*

1. Quasi tutti i partecipanti noleggiano una macchina perché c'è lo sciopero dei trasporti pubblici.
2. Partecipa anche la nostra professoressa di fisica perché uno dei relatori *(speakers)* è un suo conoscente, ex collaboratore di Fermi.
3. Molti fanno domande perché il tema è interessante.
4. Alla fine ci chiedono se vogliamo firmare una petizione.
5. Il mio vicino di posto *(seat)* se ne va via presto perché non è d'accordo con quello che dicono i relatori.
6. Il professor Brown lascia il congresso prima della fine perché deve prendere l'aereo.
7. Tu e la tua compagna di corso ascoltate tutte le relazioni del congresso perché trattano di argomenti interessanti per la vostra tesi.

c. *Completare il seguente brano usando l'imperfetto o il passato remoto.*

Molto tempo fa _____ (vivere) nella città di Verona un ricco signore che _____ (avere) un novelliere *(storyteller)* al quale, per passatempo, _____ (fare) raccontare delle favole durante le lunghe serate d'inverno. Una notte che il novelliere _____ (avere) gran voglia di dormire, il suo signore gli _____ (dire), come al solito, di raccontare qualche bella storia. Allora egli _____ (raccontare) la seguente novella: «Ci _____ (essere) una volta un contadino che era andato alla fiera *(fair)* con cento monete *(coins)* e aveva comprato due pecore *(sheep)* per ogni moneta. Tornato *(Having returned)* con le sue pecore a un fiume che aveva passato pochi giorni prima, _____ (trovare) che il fiume era molto cresciuto per una gran pioggia. Mentre il contadino _____ (stare) alla riva e _____ (aspettare) aiuto, _____ (vedere) venir giù per il fiume un pescatore *(fisherman)* con una barchetta, ma tanto piccola che _____ (contenere) soltanto il contadino e una pecora per volta. Il contadino _____ (cominciare) a passare con una pecora; il fiume _____ (essere) largo; egli _____ (remare, *to row*) e _____ (passare)». Qui il novelliere _____ (smettere) di raccontare. «Continua» _____ (dire) il signore.
    Ed egli _____ (rispondere): «Lasciate passare le pecore, poi racconterò il fatto».
E _____ (mettersi) comodamente a dormire.

(Adapted from *Il Novellino*)

d. **Dove conoscesti la nonna?** *Con un compagno/una compagna sviluppare la conversazione al passato remoto o all'imperfetto in base ai suggerimenti dati. Seguire l'esempio.*

ESEMPIO   conoscere / la nonna / a casa di amici di famiglia
            STUDENTE 1: **Nonno, dove conoscesti la nonna?**
            STUDENTE 2: **La conobbi a casa di amici di famiglia.**

1. lei / essere / una bella ragazza di ventitré anni
2. io / innamorarmi / subito di lei
3. io dopo un mese / dirle che // volere sposarla
4. lei / rispondere che // io dovere parlare con suo padre
5. suo padre / dire che // essere d'accordo
6. le due famiglie / incontrarsi a casa della nonna
7. io / essere molto nervoso / e rompere un bicchiere // essere / una cosa terribile
8. noi / sposarsi a ventisei anni
9. mio suocero / fare una bellissima festa
10. dopo dieci mesi / nascere un bel bambino // essere tuo padre

There are two past perfect tenses in Italian that correspond to the past perfect in English. They are called the **trapassato prossimo** and the **trapassato remoto**.

A. The **trapassato prossimo** is formed with the **imperfetto** of **avere** or **essere** plus the past participle of the verb. The agreement of the past participle follows the same rules as those for the **passato prossimo** (see pp. 54–55).

VERBS CONJUGATED WITH *avere*		VERBS CONJUGATED WITH *essere*	
avevo	amato	ero	partito/a
avevi	amato	eri	partito/a
aveva	amato	era	partito/a
avevamo	amato	eravamo	partiti/e
avevate	amato	eravate	partiti/e
avevano	amato	erano	partiti/e

The **trapassato prossimo** corresponds to the English past perfect (*had* + past participle: *I had worked, he had gone, she had fallen*). It expresses an action in the past that had already occurred before another past action, expressed or implied, took place.

Laura si è messa il vestito che **aveva comprato.**
Laura put on the dress she had bought.

Ero stanco perché **avevo lavorato** troppo.
I was tired because I had worked too much.

Non ti ho detto che **erano venuti** soli?
Didn't I tell you they had come (they came)[1] alone?

---

[1] Note that in English, the simple past can be used instead of the past perfect.

Quando è arrivata la polizia i ladri erano fuggiti in treno.

B. The **trapassato remoto** is formed with the **passato remoto** of **avere** or **essere** plus the past participle of the verb.

VERBS CONJUGATED WITH *avere*		VERBS CONJUGATED WITH *essere*	
ebbi	amato	fui	partito/a
avesti	amato	fosti	partito/a
ebbe	amato	fu	partito/a
avemmo	amato	fummo	partiti/e
aveste	amato	foste	partiti/e
ebbero	amato	furono	partiti/e

The **trapassato remoto** also corresponds to the English past perfect. It is used only in subordinate clauses introduced by conjunctions of time, such as **quando, dopo che, (non) appena, come** *(as)*, **finché (non),** and only if the verb in the independent clause is in the **passato remoto.** Its use is thus very limited and confined mostly to formal narrative.

Appena **ebbe detto** quelle parole, si pentì.
As soon as he had said those words, he was sorry.

Quando egli **fu uscito,** tutti rimasero zitti.
When he had left, everybody kept quiet.

■ Esercizio

Sostituire ai verbi fra parentesi la forma corretta del trapassato prossimo o remoto.

1. Quando siamo usciti, _____ (smettere) di piovere.
2. Gli ho raccontato la barzelletta che mi _____ (raccontare) tu.
3. Professore, Le ho portato il libro che mi _____ (chiedere).
4. Appena mi _____ (riconoscere), mi salutarono cordialmente.
5. Trovammo un ragazzo che _____ (addormentarsi) su una panchina.
6. Hai detto che _____ (capire), ma in realtà non hai capito un bel niente!
7. Visitammo la città dopo che _____ (riposarsi) un po'.
8. Non appena _____ (finire) il loro lavoro, partirono per un viaggio.
9. Aspettai finché tutti _____ (uscire) e poi telefonai.
10. La bambina aveva ancora fame perché _____ (mangiare) solo un panino.

III. *Ci*

Ci is used in several ways in Italian. As we have already seen, it is the first-person plural of object pronouns and reflexive pronouns (for example, **Ci danno delle caramelle; Ci siamo alzati alle sette**).

A. **Ci** is also used to replace a prepositional phrase introduced by **a, in,** or **su.**[1]

1. **a (in, su)** + *a place* (the English equivalent is usually *there*):

—Sei stato **a Roma?**
Have you been to Rome?

—No, non **ci** sono mai stato.
No, I've never been there.

---

[1] For a list of verbs that require **a** or **su,** see Appendix, pp. 374–376.

Tosca abita **in campagna,** ma non **ci** sta volentieri.
Tosca lives in the country, but she doesn't live there willingly.

If a place has not been previously mentioned, **là** or **lì** is used instead of **ci.**

—Dove posso sedermi?   —Siediti lì!
Where can I sit?   *Sit there!*

2. **a (su)** + *a thing* (or, less frequently, *a person*):

—Tu credi alla psicanalisi?   —No, non **ci** credo.
Do you believe in psychoanalysis?   *No, I don't believe in it.*

—Posso contare **sul tuo silenzio?**   —Sì, **ci** puoi contare.
May I count on your silence?   *Yes, you may count on it.*

3. **a** + *an infinitive phrase*:

—Sono riusciti **a finirlo?**   —Sì, **ci** sono riusciti.
Did they succeed in finishing it?   *Yes, they succeeded in that.*

Voglio provare **a mangiare** meno; voglio provar**ci.**
I want to try to eat less; I want to try it.

Note that the placement of **ci** is the same as that of object pronouns.

B. Some common verbs acquire an idiomatic meaning when combined with **ci.**

*entrarci *to have something to do with*	Tu non **c'entri.** *You have nothing to do with it.*
vederci (no direct object) *to be able to see*	Ho acceso la luce perché non **ci vedevo.** *I turned on the light because I couldn't see.*
sentirci (no direct object) *to be able to hear*	Dovete parlare più forte; non **ci sentiamo.** *You must speak louder; we can't hear.*
metterci *to take (time)*	Quanto tempo **ci hai messo** per finire la tesi? *How long did it take you to finish your thesis?* Una lettera **ci mette** di solito una settimana. *A letter usually takes one week.*
*volerci *to take (time, money, effort, etc.)*	**Ci vuole** molto tempo per imparare bene una lingua: **ci vogliono** anni! *It takes a long time to learn a language well; it takes years!* **Ci vogliono** molti soldi per vivere in Italia? *Does it take a lot of money to live in Italy?*

Volerci is used in the third-person singular or plural depending on the noun it precedes. It is conjugated with **essere** in compound tenses.

Ci vuole + *singular noun*	**C'è voluto/a** + *singular noun*
Ci vogliono + *plural noun*	**Ci sono voluti/e** + *plural noun*

Non **c'è voluta** un'ora per tradurre la lettera; **ci sono volute** due ore!
It didn't take an hour to translate the letter; it took two hours!

Both **metterci** and **volerci** express the idea of *taking time,* but they function differently. **Metterci** is used when the person or thing taking the time is indicated. **Volerci** is used when only the length of time is indicated.

Ci metto due ore per pranzare.
It takes me two hours to eat dinner.

Ci vogliono due ore per pranzare.
It takes two hours to eat dinner.

Note that if another verb follows **metterci** or **volerci,** it is expressed by **per** or **a** + *infinitive.*

Ci vuole un mese **per (a) finire** tutto.
It takes a month to finish everything.

Quanto ci avete messo **a (per) venire?**
How long did it take you to get here?

■ Esercizi

a. **Mi dica...** *Giovanna è famosa per la sua curiosità. Fa molte domande, ed alcune piuttosto bizzarre. Rispondere usando* **ci.**

1. Mi dica, ha mai provato a fare la pizza?
2. Ha mai mangiato al ristorante «Il Caminetto»?
3. È mai stato/a al Festival dei Due Mondi a Spoleto?
4. È mai andato/a a un'udienza del Papa?
5. È mai salito/a sulla cupola di San Pietro?
6. Ha mai giocato a calcio?
7. Ha mai provato a suonare il violino?
8. È mai riuscito/a a cambiare abitudini?
9. Lei crede ai fantasmi?

b. *Riscrivere le seguenti frasi usando* **volerci** *invece di* **essere necessario.**

ESEMPIO   Sono necessarie molte cose per vivere bene.
         Ci vogliono molte cose per vivere bene.

1. Che cosa è necessario per riuscire nella vita?
2. Un tempo non era necessario molto per vivere bene.
3. È necessaria molta pazienza coi bambini e con le persone anziane.
4. Quali qualità sono necessarie per essere un buon marito o una buona moglie?
5. Non sono state necessarie molte parole per convincerlo.
6. Furono necessari trentamila euro per comprare quell'automobile.

c. *Completare le seguenti frasi con la forma corretta di* **volerci** *o* **metterci.**

1. Tu hai letto il romanzo in un'ora? Io _____ tre ore!
2. Quanto tempo _____ per costruire una casa in America?
3. Quando non c'erano i jet, _____ molte più ore per traversare l'Atlantico; oggi, da New York a Milano, _____ solo sette ore e quindici minuti!
4. Io scrivo sempre a mia madre in Italia; una lettera _____ cinque o sei giorni in condizioni normali.
5. Ha detto di sì, ma _____ molto per convincerlo.
6. Quando c'è molto traffico, i miei cugini _____ un'ora per traversare la città.

C'è scritto: «Made in Japan».

d. *Completare le seguenti frasi con la forma corretta di* **andarci, contarci, entrarci, resisterci, sentirci, starci, vederci.**

1. È stata un'esperienza terribile: io a vedere un'autopsia non _____ più.
2. La nonna a settant'anni leggeva ancora senza occhiali; _____ benissimo.
3. Io soffro di claustrofobia: dieci giorni in nave non _____.
4. Non capisco perché non mi lasci parlare e mi dici cose che non _____ niente.
5. Cesare promette sempre di pensare a tutto ma poi non fa niente: proprio non puoi

   _____ .

6. Gli ho detto mille volte di avvertirmi quando torna tardi, ma proprio non _____.

IV. *Ne*

A. **Ne** has several uses in Italian. Just like **ci**, **ne** is used to replace a prepositional phrase. Usually, the prepositional phrase is introduced by **di**[1], sometimes by **da.**

1. **di** + *a person or thing*

   Non dovete avere paura **degli esami;** non dovete aver**ne** paura.
   You must not be afraid of the exams; you must not be afraid of them.

   Che cosa pensate **del presidente?** Voglio sapere che cosa **ne**[2] pensate.
   What do you think of the president? I want to know what you think of him.

2. **di** + *an infinitive phrase*

   —Hai voglia **di uscire** stasera?   —No, non **ne** ho voglia.
     Do you feel like going out tonight?   *No, I don't feel like it.*

---

[1] For a list of verbs and expressions that require **di,** see the Appendix, p. 375–376.
[2] **Ne** is used with the verb **pensare** when **pensare** means "to think about" in the sense of "to have an opinion about."
   Ci is used with **pensare** when it means "to think about" in the sense of "to direct one's thoughts toward": —**Pensi all'Italia quando ne sei lontana? —Sì, ci penso sempre.** —*Do you think about Italy when you are away? —Yes, I think about it all the time.*

3. **da** + *a place* (the English equivalent *from there* is not always expressed):

—È già uscito **dal portone?**
Did he already go out the door?

—Sì, **ne** è uscito proprio in questo momento.
Yes, he just this minute went out (of it).

Note that the placement of **ne** is the same as that of object pronouns.

B. **Ne** is also used in the following cases.

1. **Ne** replaces the partitive construction (see p. 123). Its English equivalent is *some* or *any*.

—Vuoi **del formaggio?**
Do you want some cheese?

—Sì, **ne** voglio.
Yes, I want some.

2. **Ne** also replaces nouns preceded by a number or an expression of quantity (**molto, poco, tanto, troppo,** etc.; **un chilo, due bottiglie, tre scatole,** etc.). Note that the number or expression of quantity remains. **Ne** means *of it, of them,* even though this is often unexpressed in English.

—Quante sorelle avete?
How many sisters do you have?

—**Ne** abbiamo **due.**
We have two.

—Leggono molti giornali?
Do they read many newspapers?

—Sì, **ne** leggono **molti.**
Yes, they read many.

—Hai comprato il pane?
Did you buy the bread?

—Sì, **ne** ho comprato **un chilo.**
Yes, I bought one kilo.

With **tutto,** direct-object pronouns are used instead of **ne.** In English, we can say *I ate all of it*; in Italian, one must say **L'ho mangiato tutto,** *I ate it all.*

Non ho più arance; **le ho** mangiate tutte.
I don't have any more oranges; I ate them all.

3. When **ne** replaces a noun in the partitive construction or a noun preceded by an expression of quantity, and the verb is in a compound tense, the past participle agrees in gender and number with the noun **ne** replaces.

—Hanno comprato **dei romanzi?**
Did they buy any novels?

—Sì, **ne** hanno comprat**i.**
Yes, they bought some.

—Hai visitato molte **chiese?**
Did you visit many churches?

—Sì, **ne** ho visitat**e** sette.
Yes, I visited seven.

C. **Ne** can also be used idiomatically in the following ways.

1. **Ne** is often used redundantly in addition to the prepositional phrase it would ordinarily replace.

Che **ne** dici **di questo quadro?**
What do you think of this painting?

Del romanzo era meglio non parlar**ne.**
It was better not to talk about the novel.

2. **Ne** can be added to the verbs **andare** and **stare,** which become reflexive to form **andarsene** and **starsene. Starsene** has the same meaning as **stare; andarsene** means *to go off* or *to go away* (like **andare via**).

Quando sono stanca, **me ne vado** a letto.
When I'm tired, I go off to bed.

Voi **ve ne andate?** Noi rimaniamo ancora un po'.
Are you leaving? We'll stay a little while longer.

Me ne sto a casa a guardare la TV.
I'm staying home to watch TV.

■ Esercizi

a. *Completare le seguenti frasi usando* **ci** *o* **ne.**

1. —Voi credete agli UFO? —No, non _____ crediamo.
2. —Che cosa pensate di questo libro? —Be', veramente non sappiamo cosa pensar_____ .
3. —Hanno bisogno di carta? —No, non _____ hanno bisogno.
4. —Allora, posso contare sul tuo aiuto? —Sì, _____ puoi contare senz'altro!
5. Tre bicchieri non bastano; bisogna prender_____ almeno sei.
6. —Avevate paura del buio quando eravate bambini? —Sì, _____ avevamo paura.
7. Io ho partecipato alle loro riunioni; _____ vuole partecipare anche Lei?
8. Hai pensato alle conseguenze dello sciopero? Bisogna pensar_____ a queste cose!
9. Arrivarono a Genova la mattina e _____ ripartirono la sera.
10. —È vero che si sono lamentati dei loro superiori? —Sì, se _____ sono lamentati.
11. È un'università famosa; _____ hanno studiato molti grandi scrittori.
12. —Che cosa sapete dell'ultima crisi di governo in Italia? — _____ sappiamo poco.
13. —Signorina, è stata allo zoo questa settimana? —Sì, _____ sono stata due volte.
14. —Ragazzi, siete passati in biblioteca? —Sì, _____ siamo passati.

b. *Due studenti parlano tra di loro. Inserire le parti mancanti usando* **ci** *e* **ne.**

ESEMPIO   Allora, andate al museo?
—**Sì, ci andiamo domani.**

1. —Quanti biglietti avete comprato? — _____ quindici.
2. —Viene anche il professore? —Sì, _____ .
3. —Parlerete di arte contemporanea? —Certo, _____ a lungo.
4. —Hai letto qualche articolo? —Ma sì, _____ sette o otto.
5. —Hai pensato all'argomento della tesi? —Certo che _____ !
6. —Quante scelte hai? — _____ tre.
7. —Beato te! Io non _____ nessuna. —Non ti preoccupare, _____ è tempo!
8. —Stavi andando in biblioteca? —No, _____ sono appena uscito.
9. —Allora, andiamo a prendere il caffè? —No, scusa, non _____ ho voglia. Preferisco andarme_____ a casa e cercare di dormire un po'.

V. Pronomi personali (forme combinate)

A. When a verb has both a direct- and an indirect-object pronoun, the combined forms are governed by certain rules:

1. The indirect object always precedes the direct object.
2. The indirect-object pronouns **mi, ti, ci, vi** change the final **-i** to **-e. Gli** changes to **glie-** and is written as a single word in combination with the other object pronoun.
3. **Gli, le,** and **Le** *all* become **glie-** before the other object pronouns.

INDIRECT-OBJECT PRONOUNS	DIRECT-OBJECT PRONOUNS				
	+lo	**+la**	**+li**	**+le**	**+ne**
mi	me lo	me la	me li	me le	me ne
ti	te lo	te la	te li	te le	te ne
gli le } Le	glielo	gliela	glieli	gliele	gliene
ci	ce lo	ce la	ce li	ce le	ce ne
vi	ve lo	ve la	ve li	ve le	ve ne
...loro	lo... loro (glielo)	la... loro (gliela)	li... loro (glieli)	le... loro (gliele)	ne... loro (gliene)

B. In present-day Italian, the forms with **glie-** tend to replace **lo, la, li, le, ne + loro.**

1. The combined forms occupy the same position in a sentence as the single forms. They precede a conjugated verb and follow an infinitive and are attached to it. They can either precede or follow an infinitive governed by **dovere, potere,** or **volere.**

Te lo hanno promesso? Allora devono dar**telo!**
Did they promise it to you? Then they must give it to you!

Vuole il conto? **Glielo** porto subito.
Do you want the check? I'll bring it to you immediately.

Se avete la macchina, perché non **ce la** prestate?
If you have the car, why don't you lend it to us?

Se vi chiedono dove abito, non dovete dir**lo loro** (dir**glielo**).
If they ask you where I live, you must not tell them.

—Le avete mandato le rose?   —Sì, **gliele** abbiamo mandat**e.**
 You sent her the roses?   *Yes, we sent them to her.*

Note that the past participle still agrees in gender and number with the preceding direct-object pronoun, even when the direct-object pronoun is combined with another pronoun.

2. When a reflexive verb takes a direct-object pronoun or **ne**, the reflexive pronoun combines with the other pronouns according to the rules above. In the third-person singular and plural, **si** becomes **se**.

REFLEXIVE PRONOUNS	DIRECT-OBJECT PRONOUNS				
	lo	**la**	**li**	**le**	**ne**
mi	me lo	me la	me li	me le	me ne
ti	te lo	te la	te li	te le	te ne
si	se lo	se la	se li	se le	se ne
ci	ce lo	ce la	ce li	ce le	ce ne
vi	ve lo	ve la	ve li	ve le	ve ne
si	se lo	se la	se li	se le	se ne

—Quando vi lavate i capelli?   —**Ce li** laviamo ogni giorno.
When do you wash your hair?   *We wash it every day.*

L'esame era troppo difficile così **me ne** sono lamentato.
The exam was too difficult so I complained about it.

Se hanno bisogno degli occhiali, perché non vogliono metter**seli**?
If they need glasses, why don't they want to put them on?

3. When **ci** is used with **avere** in colloquial Italian, it combines with the direct-object pronouns and **ne** to form **ce lo, ce la, ce li, ce le, ce ne** + **avere**.

—Scusi, ha detto che non ha più pane?   —È vero, non **ce n'**ho più.
Excuse me, did you say that you have   *That's right, I don't have any left.*
  no bread left?

—Ci avevate già la televisione in Italia   —Sì, **ce l'**avevamo già.
  nel 1960?   *Yes, we already had it.*
Did you already have TV in Italy in 1960?

4. When **ne** is used with the verb **esserci** (c'è, ci sono, c'era, etc.), **ci** becomes **ce**: **ce n'è, ce ne sono, ce n'era,** etc.

—C'è del vino?   —Sì, **ce n'**è.
Is there any wine?   *Yes, there is some.*

C'era molta gente; **ce n'**era molta davvero.
There were a lot of people; there were really a lot.

—Ci sono ristoranti italiani?   —No, non **ce ne** sono.
Are there any Italian restaurants?   *No, there aren't any.*

Espressioni idiomatiche con pronomi combinati

The following are some idiomatic expressions that include combinations of personal pronouns. Each expression uses the feminine **la**, which refers to an unexpressed noun such as **cosa, vita, causa,** etc. We have already seen this use of **la** in **smetterla** (see p. 21).

avercela con qualcuno   Io non ti ho fatto niente; perché **ce l'hai** con me?
to have a grudge against someone, to   *I didn't do anything to you; why do you have a*
  have it in for someone   *grudge against me?*

farcela
to manage, to cope

Aveva studiato poco ma **ce l'ha fatta** agli esami.
He hadn't studied very much but he did all right on his exams.

cavarsela
to manage, to get by

Laura non è una cuoca esperta però **se la cava.**
Laura isn't an experienced cook but she gets by.

godersela
to enjoy life

Michele non fa nulla tutto il giorno e **se la gode.**
Michael does nothing all day and just enjoys life.

prendersela (=**offendersi**)
to take offense

Lui ci ha rimproverato e noi **ce la siamo presa**
(ci siamo offesi).
He reprimanded us and we took offense.

Note that the reflexive pronouns change but **la** is invariable. If the verb is in a compound tense, the past participle agrees with **la**.

■ Esercizi

a. *Sostituire alle parole sottolineate la forma corretta dei pronomi corrispondenti e riscrivere le frasi.*

1. —Ha già raccontato questa favola ai bambini?
   —Sì, ho già raccontato <u>questa favola ai bambini</u>.
2. —Non vuoi chiedere l'indirizzo alla ragazza?
   —No, non voglio chiedere <u>l'indirizzo alla ragazza</u>.
3. —Offri sempre il caffè al dottore?
   —Sì, offro sempre <u>il caffè al dottore</u>.
4. —Chi ha portato sei rose alla signora?
   —È Carlo che ha portato <u>sei rose alla signora</u>.
5. —Qualcuno ha indicato la strada ai turisti?
   —No, nessuno ha indicato <u>la strada ai turisti</u>.
6. —Hai aperto la porta al professore?
   —Sì, io apro sempre <u>la porta al professore</u>.
7. —Sei tu che hai dato le caramelle ai bambini?
   —No, è la nonna che ha dato <u>le caramelle ai bambini</u>.
8. —Chi voleva parlare della droga agli studenti?
   —Sono io che volevo parlare <u>della droga agli studenti</u>.

b. *Completare le seguenti frasi con i pronomi adatti.*

1. —È vero che non gli hai voluto restituire le lettere? —È vero: non _____ ho volute restituire.
2. —Mi puoi spiegare la situazione? —Mi dispiace, ma non posso spiegar_____.
3. —Ti ha descritto la casa? —No, non _____ ha descritta.
4. —Quand'è che ci mostri le foto? —_____ mostro dopo cena, va bene?
5. —Perché non si mette gli occhiali? —Non _____ mette perché ci vede.
6. —Ve ne andate già? —Sì, _____ andiamo perché è tardi.
7. —Mamma, mi racconti una favola? —_____ racconto anche *(even)* due se finisci la minestra.
8. —Si ricorda il nome di quel cantante? —No, non _____ ricordo.
9. —Quanti dollari le hai chiesto? —_____ ho chiesti cento.
10. —Avete detto il prezzo alla mamma? —No, non vogliamo dir_____.

c. *Riscrivere le seguenti frasi sostituendo alle parole sottolineate i pronomi adatti e facendo i cambiamenti necessari.*

1. Mi racconti <u>la trama</u>?
2. Ci potete parlare <u>dello sciopero</u>?
3. Non tutti si accorgono <u>dei propri difetti</u>.
4. Non ti hanno presentato <u>la signora</u>?
5. Le hai portato <u>gli appunti</u>?
6. Vi hanno promesso <u>l'aumento</u>?
7. Perché non vuole insegnarci <u>le parolacce</u>?
8. Gli hai regalato <u>i piatti</u>?
9. Gli hai regalato dodici <u>piatti</u>?
10. È vero che gli Italiani sanno godersi <u>la vita</u>?

d. *Luciano si è appena iscritto al vostro corso d'italiano. Lavorando in gruppo, cercate di capire che tipo è. Domandate...*

1. se se la prende facilmente. (perché?)
2. se se la cava agli esami senza studiare tanto. (come?)
3. se ce la fa a ballare tutta la notte. (come fa?)
4. se prende la vita sul serio o se se la gode? (Qual è la sua filosofia?)
5. se è disposto a dare soldi agli amici che gli chiedono un prestito *(loan)*. (perché sì / no?)
6. se ce l'ha con qualcuno. (con chi?)

Ce la farà?

■ Vocabulario utile

l'amicizia friendship
fare amicizia to make friends
la fantasia imagination
i fumetti comics
il pregiudizio prejudice
lo straniero foreigner

emarginato excluded

*__acc__orgersi di** to notice, to realize
*__andare a caccia__** to go hunting
*__andare in pensione__** to retire
conversare to converse, to chat
*__farsi capire__** to make oneself understood
giudicare to judge
giurare to swear; to promise
*__r__endersi conto** to realize
riv__olgere la parola__ to talk to, to address
voler dire to mean

Gianni Rodari

■ Prima di leggere

Sulla copertina° del suo libro *Grammatica della fantasia*, Gianni Rodari è definito gior-   *cover*
nalista, ma non bisogna dimenticare la sua attività di fabulatore°. Gli interessa «l'arte   *storyteller*
di inventare» suggerita dalle tecniche dei surrealisti francesi. Ed è l'attività fantastica
che inizialmente applica come insegnante di scuola elementare. «Dovevo essere un pes-
simo maestro», dice, e aggiunge: «Raccontavo ai bambini, un po' per simpatia, un po'
per voglia di giocare, storie senza il minimo riferimento alla realtà né al buon   ***buon...* :** *common sense*
senso°...».

A partire dagli anni Sessanta, Rodari ha scritto molti libri di favole per bambini, ha
partecipato a riunioni con i genitori ed è stato in tante scuole «a raccontare storie ed a
rispondere alle domande dei bambini», con lo scopo di stimolarne l'immaginazione e
l'invenzione fantastica. Secondo Rodari, la fantasia ha un ruolo fondamentale nello
sviluppo dei bambini, non solo come mezzo per «vedere» la realtà in modo nuovo e
originale, ma anche come strumento di educazione linguistica e civica.

Il protagonista del racconto *Il topo dei fumetti* è un povero topo scappato da un
giornale a fumetti, ma nel mondo dei topi veri non riesce a farsi capire perché non
parla la loro lingua.

In gruppi di tre o quattro studenti discutete il problema dell'incomunicabilità.

1. La gente, quando parla, dà sempre lo stesso significato alle parole? Date un
   esempio.
2. Cercate sempre di capire quello che vi dicono gli altri?
3. Quali sono le vostre reazioni quando non capite quello che gli altri dicono? Vi
   sentite superiori, inferiori, emarginati... ?
4. In italiano l'espressione «parlare turco *(Turkish)*» vuol dire parlare in maniera
   incomprensibile, non esprimersi chiaramente. Qual è la corrispondente espressione in inglese?

Il topo dei fumetti

Un topolino dei fumetti, stanco di abitare tra le pagine di un giornale e desideroso di cambiare il sapore° della carta con quello del formaggio, spiccò° un bel salto e si trovò nel mondo dei topi di carne e d'ossa°.

    —*Squash!*[1]—esclamò subito, sentendo odor di gatto.

5   —Come ha detto?—bisbigliarono° gli altri topi, messi in soggezione° da quella strana parola.

    —*Sploom, bang, gulp!*—disse il topolino, che parlava solo la lingua dei fumetti.

    —Dev'essere turco,—osservò un vecchio topo di bastimento°, che prima di andare in pensione era stato in servizio° nel Mediterraneo. E si provò a rivolgergli la parola in

10 turco. Il topolino lo guardò con meraviglia e disse:

    —*Ziip, fiish, bronk.*

    —Non è turco,—concluse il topo navigatore.

    —Allora cos'è?

    —Vattelappesca°.

15 Così lo chiamarono Vattelappesca e lo tennero un po' come lo scemo del villaggio°.

    —Vattelappesca,—gli domandavano, —ti piace di più il parmigiano o il groviera°?

    —*Spliiit, grong, ziziziiir,*—rispondeva il topo dei fumetti.

    —Buona notte,—ridevano gli altri. I più piccoli, poi, gli tiravano la coda apposta° per sentirlo protestare in quella buffa maniera: —*Zoong, splash, squarr!*

20 Una volta andarono a caccia in un mulino°, pieno di sacchi di farina° bianca e gialla. I topi affondarono° i denti in quella manna e masticavano° facendo: *crik, crik, crik*, come tutti i topi quando masticano. Ma il topo dei fumetti faceva: —*Crek, screk, scererek.*

    —Impara almeno a mangiare come le persone educate,—borbottò° il topo

25 navigatore.

    —Se fossimo su un bastimento saresti già stato buttato a mare. Ti rendi conto o no che fai un rumore disgustoso?

    —*Crengh,*—disse il topo dei fumetti, e tornò a infilarsi° in un sacco di granturco°.

    Il navigatore, allora, fece un segno agli altri, e quatti quatti° se la filarono°,

30 abbandonando lo straniero al suo destino, sicuri che non avrebbe mai ritrovato la strada di casa.

    Per un po' il topolino continuò a masticare. Quando finalmente si accorse di essere rimasto solo, era già troppo buio per cercare la strada e decise di passare la notte al mulino. Stava per addormentarsi, quand'ecco nel buio° accendersi due semafori° gialli,

35 ecco il fruscio° sinistro di quattro zampe di cacciatore. Un gatto!

    —*Squash!*—disse il topolino, con un brivido°.

    —*Gragrragnau!*—rispose il gatto. Cielo, era un gatto dei fumetti! La tribù° dei gatti veri lo aveva cacciato perché non riusciva a fare *miao*° come si deve.

    I due derelitti° si abbracciarono, giurandosi eterna amicizia e passarono tutta la

40 notte a conversare nella strana lingua dei fumetti. Si capivano a meraviglia°.

Gianni Rodari, *Favole al telefono*

---

[1] Italian cartoons borrow many exclamations from English.

Margin glossary:

taste / **fece**

carne... : *flesh and blood*

whispered / *awe*

ship

in... : *on duty*

who knows? (colloquial)

scemo... : *village idiot*

Swiss cheese

on purpose, deliberately

mill / *flour*

sank / *chewed*

grumbled

tornò... : *slipped back in* / *corn* / *very quietly* / **andarono via**

darkness / **luci**

rustling

shudder

group, tribe

meow

poveretti

a... : *marvelously*

■ Comprensione

1. Dove abitava il topo dei fumetti? Perché cambiò «casa»?
2. Che lingua parlava? Secondo voi chi poteva capirlo?
3. Che cosa pensa il topo di bastimento? Ha ragione o si sbaglia?
4. Dove andarono un giorno tutti insieme e che cosa successe?
5. Perché Vattelappesca non tornò a casa con i compagni?
6. Chi arrivò di notte al mulino?
7. Come mai il gatto non mangiò il topo e i due diventarono amici?

■ Studio di parole

to happen

*accadere *avvenire *capitare *succedere

These four verbs above all convey the meaning *to happen*. **Succedere** is used the most frequently. Do not confuse **succedere** with *to succeed*, which is **riuscire.** All four verbs are conjugated with **essere** in the compound tenses.

Che cosa è accaduto? Che cosa accadde?
Che cosa è avvenuto? Che cosa avvenne?
Che cosa è capitato? Che cosa capitò?   *What happened?*
Che cosa è successo? Che cosa successe?

to succeed

*riuscire a + *infinitive*
to succeed in doing something
(used in all persons. The subject of the
   verb is the person who succeeds.)

*riuscire di + *infinitive*
to succeed in doing something
(used only in the third person singular. The
   person who succeeds is expressed by an
   indirect object.)

Io non riesco a parlare.
I cannot talk.

Non mi riesce di parlare.
I cannot talk.

Francesca non è riuscita a farlo.
Francesca couldn't do it.

A Francesca non è riuscito di farlo.
Francesca couldn't do it.

Riuscire a + *infinitive* is the more common of the two constructions.

Related expressions: **riuscita** *result;* **buona riuscita, successo** *success;* **cattiva riuscita, insuccesso** *failure*

L'iniziativa ha avuto buona riuscita (buon successo).
The enterprise was successful.

Note that there is no Italian equivalent of the adjective *successful.* The idea is expressed with **avere successo** or **riuscire.**

to try

cercare di + *infinitive*
to try to do something

provare a + *infinitive*
to try to do something

Ha cercato di convincermi ma non ci è riuscito.
He tried to convince me but he didn't succeed.

Se non capisce, prova a parlargli in inglese.
If he doesn't understand, try to speak English to him.

Cercare means *to try* in the sense of attempting to do something; **provare** means to try something as an experiment, a test.

Provare + *noun* means *to try, to try on, to try out.*

Hai provato le fettuccine?
Have you tried the fettuccine?

Ho comprato il vestito senza neppure provarlo.
I bought the dress without even trying it on.

Related word: **prova** *test, trial; rehearsal*

■ Pratica

a. *Inserire le forme opportune di **riuscire** e **provare.***

1. Marina è molto contenta; _____ a prendere trenta e lode nell'esame di storia.
2. Non _____ a dormire abbastanza? Perché non _____ a bere meno caffè?
3. Lucia torna dal supermercato. La compagna di camera le domanda: «_____ a comprare tutto? Ti sono bastati i soldi?».
4. Anna è triste, si sente incompresa perché non le _____ di farsi capire dagli amici.
5. Non ci vedi bene? _____ ad accendere la luce!

b. *Inserire la parola che completa meglio la frase.*

Annalisa (cercare / provare) _____ smettere di fumare, ma non (succedere / avere successo) _____. Purtroppo (succedere / cercare) _____ sempre qualcosa: si sentiva depressa, aveva un esame, aveva litigato con il suo ragazzo... Date le circostanze non (riuscire / cercare) _____ resistere. Lei (cercare / provare) _____ perfino l'ipnosi, ma senza (prova / successo) _____. Un vero disastro! Maria dice che Annalisa non ha volontà. Lei (riuscire / succedere) _____ smettere di fumare in due settimane.

c. *Domande per Lei.*

1. Che cosa Le dice il modo di parlare delle persone? Ha mai giudicato gli altri in base al loro modo di esprimersi?
2. Dia alcuni esempi di pregiudizi o stereotipi legati a gruppi sociali o etnici del Suo paese.
3. I topi in carne e ossa non cercano di capire il povero topo dei fumetti; sono presuntuosi e intolleranti. Conosce qualcuno che si sia comportato/si comporti come loro? In quali circostanze?
4. Come ci aiutano la fantasia e la creatività nella vita quotidiana?

❋ Temi per componimento o discussione

1. Cambiate la fine del racconto e immaginate che il topo non incontri il gatto dei fumetti al mulino. Che cosa accade al topo? (Nella narrazione usate il passato remoto.)
2. I ragazzi in Italia comunicano fra di loro con parole ed espressioni particolari alle quali ora si è aggiunta la lingua dei messaggini. Avete anche voi una forma di comunicazione «tutta vostra»? Esaminatene i pro e i contro.
3. L'individuo e la società possono eliminare l'incomprensione causata dalle barriere linguistiche e culturali. Esaminate come lo studio delle lingue e culture straniere crea comprensione e possibili legami tra culture diverse.
4. L'inglese deve essere la sola lingua ufficiale degli Stati Uniti. Un gruppo esamina i pro e l'altro i contro di tale posizione. L'insegnante agisce da moderatore/moderatrice e la classe ha un dibattito sul tema. (Prima di iniziare, consultate le espressioni a p. 159.)

I premi Nobel italiani si sono distinti in campi diversi. Alcuni sono emigrati negli Stati Uniti in seguito alle leggi razziali o per motivi di ricerca. Tutti hanno avuto una vita interessante.

Fate una breve ricerca su un premio Nobel e riferite alla classe.

Premi Nobel italiani:

Camillo Golgi (medicina, 1906). Ha compiuto studi sul sistema nervoso.

Giosuè Carducci (letteratura, 1906). Poeta e critico letterario.

Ernesto Moneta (pace, 1907). Giornalista.

Guglielmo Marconi (fisica, 1909). Inventore della telegrafia senza fili, cioè della radio.

Grazia Deledda (letteratura, 1926). Scrittrice di romanzi *(novels)* ambientati in Sardegna.

Luigi Pirandello (letteratura, 1934). Scrittore e drammaturgo *(playwright)* siciliano.

Enrico Fermi (fisica, 1938).

Emilio Segrè (fisica, 1959). Ha scoperto l'antiprotone. Naturalizzato americano ha vissuto a La Fayette, California.

Salvatore Quasimodo (letteratura, 1959). Poeta.

Giulio Natta (chimica, 1963). Ha studiato i polimeri. È considerato lo scopritore della plastica.

Salvatore Luria (medicina, 1969). Scienziato statunitense di origine italiana, studioso di genetica batterica.

Eugenio Montale (letteratura, 1975). Poeta.

Renato Dulbecco (medicina, 1975). Studioso dei virus che provocano il cancro. Emigrato negli Stati Uniti in seguito alle leggi razziali e naturalizzato americano.

Carlo Rubbia (fisica, 1984). Studioso di particelle elementari. Ha lavorato presso le università Columbia e Harvard. Vive in Europa.

Rita Levi-Montabeini (medicina, 1986).

Dario Fò (letteratura, 1997). Attore comico e autore teatrale.

Ma allora, dov'era Fermi? Dopo il discorso della signora Di Stefano, molti ragazzi/molte ragazze alzano la mano per fare domande.

STUDENTE 1:	Scusi...
SIGNORA:	Sì, dimmi.
STUDENTE 1:	Io sapevo che Fermi ha ricevuto il Premio Nobel per la bomba atomica.
SIGNORA:	No, ti sbagli, ma sono in molti a pensarlo.
STUDENTE 2:	Ma non è possibile! A Stoccolma ci è andato da Roma, mica da Chicago!
CLASSE:	Brava! Giusto! È vero!
STUDENTE 3:	Ma allora, dov'era Fermi?
STUDENTE 2:	Era a Los Alamos, in una città segreta a duemila metri d'altezza.
SIGNORA:	Hai ragione! È proprio come dici tu!
STUDENTE 4:	Posso dire una cosa?
SIGNORA:	Sì, certamente!
STUDENTE 4:	Secondo me la bomba è una gran brutta invenzione.

Chiedere la parola

Scusa/Scusi/Scusate...
Permetti/Permette... ?   }   *Excuse me . . .*
Posso dire/aggiungere... ?   *May I say/add . . . ?*
Vorrei dire una cosa.   *I would like to say something.*

Dare la parola

Sì, dica/dimmi...
Di'/Dica pure.   }   *Please, tell me . . .*
Prego!   *Go ahead!*
Prego, certamente!   *Certainly!*

Esprimere accordo

Sì, è vero. È così.   *It's true. That's so.*
Proprio così.   *Exactly right.*
Hai/Ha ragione.   *You are right.*
Sono pienamente d'accordo.   *I fully agree.*
È come dici tu/dice Lei.   *It's just as you say.*

Esprimere disaccordo

No, non è così. Ti sbagli.   *No, that's not so. You are wrong.*
Assolutamente no!   *Not at all!*
Non sono d'accordo.   *I do not agree.*
Non è come dici tu/dice Lei.   *It is not as you say.*
A dire il vero, io penso che...   *Actually, I believe . . .*

■ Che cosa dice?

■ Che cosa dice?

1. Lei ha comprato un computer ma qualcosa non funziona. Il venditore non vuole cambiarglielo e dice che l'ha rotto Lei.

2. Si discute il mondiale di calcio *(soccer world cup)*. I Suoi amici parlano tutti insieme e Lei vorrebbe dire la Sua opinione.

3. Immagini di essere un ispettore/un'ispettrice di polizia e di stare studiando un caso difficile. Un Suo/Una Sua collega le offre delle possibili interessanti soluzioni.

4. Suo padre Le dice: «Il dottore pensa che, se voglio stare tranquillo, devo fare l'operazione».

5. Il Suo/La Sua collega è al telefono e Lei ha bisogno urgente di parlare con lui/lei.

■ Situazioni

1. Il Suo fratello minore Le dice che ha intenzione di aprire una pizzeria. Lui pensa di avere delle buone ragioni. Lei è di opinione contraria.

2. Sua sorella e Suo cognato stanno bisticciando *(are arguing)* a proposito di come chiamare il bambino che sta per nascere. Si interrompono a vicenda e non si mettono d'accordo. Riferisca quello che si dicono.

3. Lei sta discutendo un progetto di lavoro con altri compagni/altre compagne. Qualcuno nel gruppo è molto timido e tende a parlare poco, ma Lei sa che si tratta di una persona che ha sempre delle ottime idee. Ne sollecita l'opinione e dichiara il Suo accordo.

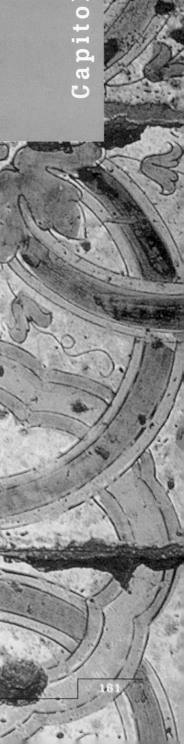
Che lavoro farai?

Una buona notizia. Messaggio di Marina Gabetti alla sua amica Lucia Biondi.

Da: Marina Gabetti <magabi@tiscali.it>
A: luciabi@genind.it
Data: MAR 16 GEN 2006 15:17:13 + 0100
Oggetto: Ho un lavoro!

Lucia! La lettera è arrivata questa mattina! La ditta di Parigi mi offre un posto di web designer junior. Quasi non ci credo. Pensa! Farò a Parigi la mia prima esperienza di lavoro vero, non sarà come i lavoretti temporanei che ho avuto fino adesso. In quanto *(As)* junior non avrò responsabilità eccessive e sono sicura che imparerò molte cose nuove. Lo stipendio è ragionevole, l'orario settimanale di lavoro è di trentasei ore, e le vacanze un mese all'anno. Dovrò cercare un posto dove abitare, comprare abiti da ufficio... Ma vedrai, tra pochi giorni avrò organizzato tutto. È stata proprio una buona idea quella di seguire il corso di francese commerciale.

Ecco. Volevo dirti che sono molto contenta, e che ti ringrazio dell'appoggio e dell'amicizia che mi hai dimostrato nei lunghi periodi in cui sono stata senza lavoro.

Ti abbraccio,

Marina

Como, 25 febbraio 2006

Spett. Ditta M.C.D.
Viale Romangna 340
I–20133 Milano

Oggetto: Risposta a Vostra offerta impiego.

La sottoscritta Maria Beatrice Carlini, residente a Milano, Via Balzaretti 50, telefono (02) 266 5491, email mabeca@iol.com, fa domanda di assunzione come esperta di amministrazione e commercio con l'estero.

Qualifiche:
Diploma di Istituto Tecnico Commerciale, opzione «amministrazione e commercio estero»
Lingue:
inglese, francese e tedesco.
Esperienza:
Dieci anni di attività nel settore di cui tre in Inghilterra e due in Germania.
Computer:
Uso per corrispondenza, contabilità e analisi dei dati.

Sono attualmente impiegata presso una ditta di Como.
Desidero migliorare la mia posizione e lavorare a Milano.

Distinti saluti
Maria Beatrice Carlini

Come vi sembra la domanda di assunzione di Maria Beatrice? È simile a quelle che scrivete voi? Sì, no, in che senso?

Il mercato attuale *(present)* del lavoro in Italia non è molto favorevole, specialmente per i giovani. Anche se alla fine della scuola è possibile trovare occupazioni retribuite *(paid jobs)*, spesso si tratta di contratti di lavoro a tempo determinato, quando non addirittura di tipo occasionale o saltuario *(sporadic or irregular)*. Quelli che non hanno un lavoro fisso si chiamano precari, e la loro situazione è molto diffusa, anche tra chi è in possesso di laurea, master o altra specializzazione. Gli stipendi dei precari sono modesti, spesso al di sotto di mille euro al mese, e non comprendono un fondo pensione *(pension)*. Non è infrequente per i nuovi diplomati o laureati dover aspettare due o tre anni prima di ottenere un impiego regolare.

La situazione comporta varie conseguenze. Chi è in cerca di lavoro si adatta, e tende ad accettare quello che trova, l'importante è avere un lavoro anche se non offre grandi possibilità di carriera. Il 50% degli occupati *(employed)* è disposto a seguire corsi di formazione professionale, ma non si aspetta di cambiare professione nell'immediato futuro. Sono molti i giovani, e i non più tanto giovani, che continuano a vivere in famiglia. Naturalmente il sogno di tutti è di avere un giorno sicurezza lavorativa e un buono stipendio, ed è un sogno che si avvera più facilmente per chi trova un impiego all'estero, dato che i cittadini dell'Unione Europea possono lavorare in ciascuno degli stati membri.

■ Vocabulario utile

l'**amicizia** friendship	l'**impiego** employment, job
l'**appoggio** support	l'**oggetto** subject
la **contabilità** accounting	l'**orario** schedule
la **corrispondenza** mail	il **settore** field
la **ditta** firm	il/la **sottoscritto/a** undersigned
la **domanda di assunzione** job application	lo **stipendio** salary
attualmente at present	**stabile** permanent
Spett./Spettabile respectable, honorable	
fare domanda di assunzione to apply for a job	*essere impiegato/a to be employed
*essere contento/a to be happy	**seguire** to follow; to take a class

■ Esercizi

a. *Completare le frasi in maniera opportuna.*

1. Finalmente Marina ha un lavoro _____.
2. Marina lavorerà in Francia e avrà uno _____ ragionevole.
3. Marina avrà un _____ di 36 ore lavorative.
4. A Parigi avrà bisogno di _____.
5. Marina _____ un corso di francese commerciale.
6. Lucia è una buona amica di Marina, e le ha dato _____ quando era senza lavoro.

b. *Completare con le parole opportune.*

Franco ha un buon _____, lavora nella _____ di suo padre e ha un buono _____, si occupa di commercio con l'estero ed è abbastanza _____. Però confessa agli amici che pensa di _____ presso una grossa compagnia americana. Gli amici lo capiscono e gli danno _____.

■ A voi la parola

a. **I giovani e il lavoro.** In piccoli gruppi, rispondete alle domande che seguono e paragonate le vostre conclusioni con quelle degli altri gruppi.

1. I giovani italiani, alla fine della scuola, non trovano facilmente un lavoro stabile. Qual è la situazione dei giovani americani? Quali sono i tipi di impiego più facili da trovare? Sono stabili o temporanei?
2. In Italia chi trova un lavoro stabile difficilmente lo cambia. C'è la tendenza ad abitare nella stessa città, vicino alla famiglia e agli amici il più a lungo possibile. Considerate vantaggi e svantaggi di questa tendenza. Che differenza c'è con il caso vostro e dei vostri amici?
3. Avete fatto lavori temporanei durante gli anni di scuola? Eravate pagati bene? Male? Che tipo di stipendio vi aspettate al vostro primo impiego stabile?

b. **Le professioni più ambite (*desired*).** Questa classifica delle professioni più ambite risulta da un questionario pubblicato sui siti di «Corriere Lavoro» e proposto a giovani italiani in generale. In gruppi di due o più studenti esaminate la lista delle professioni più ambite e rispondete alle domande.

---

1. direttore di quotidiano nazionale *(editor-in-chief of a major newspaper)*
2. giudice
3. medico di pronto soccorso *(ER physician)*
4. imprenditore (settore abbigliamento) *(fashion entrepreneur)*
5. attore
6. commercialista laureato *(business consultant)*
7. progettista siti internet *(website developer)*
8. cassiere di banca
9. elettricista
10. commesso *(salesperson)*
11. operaio metalmeccanico *(metal worker)*
12. portiere di abitazione *(doorman)*

Da *Corriere della Sera*, 14 aprile 2004

---

1. Discutete questa lista con i vostri compagni. Qual è la vostra reazione alle preferenze indicate? Siete d'accordo con le priorità o no? Perché?
2. Quali sono, in generale, le professioni della lista apprezzate dai giovani americani? Perché? Quali considerate interessanti per voi?
3. Nella lista l'esperto di informatica *(computer science)* è al settimo posto. Avete idea della situazione in Nord America? Secondo voi gli esperti di informatica sono più apprezzati negli Stati Uniti? Sì, no, perché?
4. Secondo voi l'indice di gradimento *(popularity index)* è in relazione agli stipendi?
5. Scegliete due o tre professioni dalla lista. Le considerate desiderabili anche voi? Quali sono secondo voi i vantaggi e gli svantaggi che offrono?

I. Futuro

The two future tenses in Italian correspond to the two future tenses in English. They are called **futuro semplice** and **futuro anteriore.**

A. The **futuro semplice** (*simple future*) is formed by dropping the final **-e** of the infinitive and adding the endings **-ò, -ai, -à, -emo, -ete, -anno; -are** verbs change the **-a-** of the infinitive ending to **-e-**.

AMARE	CREDERE	FINIRE
amer**ò**	creder**ò**	finir**ò**
amer**ai**	creder**ai**	finir**ai**
amer**à**	creder**à**	finir**à**
amer**emo**	creder**emo**	finir**emo**
amer**ete**	creder**ete**	finir**ete**
amer**anno**	creder**anno**	finir**anno**

Note that unlike the other simple tenses, the third-person plural of the future retains the stress on its ending.

1. Some verbs have spelling changes in the future tense for phonetic reasons.

    Verbs ending in **-care** and **-gare** insert an **h** after **c** and **g** in order to maintain the hard sound:

    cercare: cerc**h**erò, cerc**h**erai, etc.
    pagare: pag**h**erò, pag**h**erai, etc.

    Verbs ending in **-ciare, -giare,** and **-sciare** drop the **i** of the stem:

    cominciare: comin**c**erò, comin**c**erai, etc.
    mangiare: man**g**erò, man**g**erai, etc.
    lasciare: la**sc**erò, la**sc**erai, etc.

2. A number of verbs have irregular stems in the **futuro semplice.**

    Some verbs drop the characteristic vowel of the infinitive:

INFINITIVE		FUTURE
andare	**andr-**	andrò
avere	**avr-**	avrò
cadere	**cadr-**	cadrò
dovere	**dovr-**	dovrò
potere	**potr-**	potrò
sapere	**sapr-**	saprò
vedere	**vedr-**	vedrò
vivere	**vivr-**	vivrò

Some verbs, besides dropping the characteristic vowel of the infinitive, undergo further changes:

INFINITIVE		FUTURE
bere	**berr-**	berrò
parere	**parr-**	parrò
rimanere	**rimarr-**	rimarrò
tenere	**terr-**	terrò
valere	**varr-**	varrò
venire	**verr-**	verrò
volere	**vorr-**	vorrò

Some verbs in **-are** keep the characteristic vowel of the infinitive:

INFINITIVE		FUTURE
dare	**dar-**	darò
fare	**far-**	farò
stare	**star-**	starò

3. The future of **essere** is:

ESSERE
sarò
sarai
sarà
saremo
sarete
saranno

B. The **futuro anteriore** *(future perfect)* is formed with the future of **avere** or **essere** plus the past participle of the verb.

VERBS CONJUGATED WITH *avere*		VERBS CONJUGATED WITH *essere*	
avrò	amato	sarò	partito/a
avrai	amato	sarai	partito/a
avrà	amato	sarà	partito/a
avremo	amato	saremo	partiti/e
avrete	amato	sarete	partiti/e
avranno	amato	saranno	partiti/e

Uso del futuro

A. The **futuro semplice** is used to express an action in the future. It has three possible equivalents in English: *I will do, I'm going to do, I will be doing.*[1]

Non dimenticherò mai il mio primo impiego.
I will never forget my first job.

Lucia risponderà a Maria immediatamente.
Lucia is going to answer Maria right away.

Lavoreranno tutta la settimana?
Are they going to work the whole week?

B. The **futuro anteriore** is used to express an action that will be completed by a specified time in the future. Its English equivalent is *will have* + past participle.

Fra un anno ti avranno aumentato lo stipendio.
Within a year they will have given you a raise.

C. The future tenses are also used to express probability—that is, an uncertainty, a conjecture, or a deduction. The **futuro semplice** expresses probability in the present; the **futuro anteriore** expresses probability in the past.[2]

—È tardi, dove sarà Carlo?
  It is late, where might Carlo be?

—Non sono ancora arrivati?
  Haven't they arrived yet?

—Che cosa sarà successo?
  What could have happened?

—Avranno perso il treno.
  They must have missed the train.

D. The future tenses are also used after **se** and **quando** and other conjunctions of time, such as **appena, non appena,** and **finché,** to express a future action when the verb of the main clause is in either the future or the imperative. In English, the corresponding tenses are the present for the **futuro semplice** and the present perfect for the **futuro anteriore.**

Quando sarò grande, farò l'ingegnere.
When I grow up, I'll be an engineer.

Appena arriveranno, telefonaci!
As soon as they get there, call us!

Se non sarai contento/a, cambierai lavoro.
If you aren't happy, you will change jobs.

Quando avrò finito, mi riposerò.
When I have finished, I'll rest.

—*Spesso mi chiedo cosa farà quando andrà in pensione.*

---

[1] Remember that in Italian the present tense can also be used to express a future action when accompanied by an expression of future time (see p. 6).

[2] Probability can also be expressed in other ways: with **forse** or **probabilmente** plus a verb in a present or past tense, or with the verbs **potere** or **dovere** + *infinitive*: **Se la ragazza è arrossita, deve essere timida.** *If the girl blushed, she must be shy.* **Non hanno risposto? Forse non hanno sentito la domanda.** *They didn't answer? Maybe they didn't hear the question.*

■ Esercizi

a. Volere e potere... *Tutte le persone nominate in quest'esercizio realizzano i loro desideri. Cambiare secondo l'esempio.*

> ESEMPIO Silvia vuole scrivere un libro.
> **Silvia scriverà un libro.**

1. Fausto vuole trovare un impiego a tempo pieno.
2. Anna e Marco vogliono vedere un nuovo appartamento.
3. Tu e Pietro volete studiare in Italia.
4. Io voglio fare domanda di assunzione ad una ditta americana.
5. Noi vogliamo essere contenti delle nostre scelte *(choices)*.
6. Marina vuole rimanere a Parigi.
7. I nostri amici vogliono venire a lavorare con noi.
8. Giuliana vuole occuparsi dei disabili.

b. Non l'hanno fatto ma lo faranno prima o poi *(sooner or later)*... *Completare le seguenti frasi usando il futuro.*

> ESEMPIO Non ho pagato le tasse, ma **le pagherò.**

1. Non hai cercato nuovi amici, ma...
2. Non abbiamo incominciato l'università, ma...
3. Non avete visto il film che ha vinto l'Oscar, ma...
4. Non abbiamo lasciato una buona mancia *(tip)*, ma...
5. Tu non sei ancora caduto/a sciando, ma...
6. Non ho mandato l'email al direttore, ma...
7. Non abbiamo bevuto il caffè, ma...
8. Tu e Marcella non avete mangiato il dolce, ma...

c. La cartomante *(The fortune teller)*. *Immagini di essere Elena e di andare da una cartomante per farsi predire il futuro. La cartomante, impersonata da un compagno/una compagna, risponde alle Sue domande. Segua i suggerimenti dati.*

Domandi...

1. che cosa farà dopo la laurea.
2. dove vivrà.
3. quale tipo di lavoro troverà.
4. se userà una lingua straniera sul posto di lavoro.
5. se e quando incontrerà il principe azzurro *(Mr. Right)*.
6. se si sposerà o rimarrà nubile.

d. L'incidente d'auto. *Caterina ha avuto un incidente. Che cosa sarà successo? Esprimere le ipotesi usando il futuro.*

1. Probabilmente non ha visto la curva.
2. Deve essersi fatta male.
3. Forse la mamma non lo sa ancora.
4. Suo marito deve essere molto preoccupato.
5. Deve aver telefonato al suo amico chirurgo.
6. Probabilmente rimangono tutti e due all'ospedale.
7. I bambini devono essere soli a casa.
8. O forse c'è andata Silvana.

e. **Indovina!** *Stamattina la segretaria non è venuta in ufficio. Quale sarà stata la ragione? Fare cinque ipotesi plausibili.*

ESEMPIO **Non avrà sentito la sveglia. Avrà l'influenza.**

f. **Azioni future.** *Mettere al futuro.*

ESEMPIO Dorme quando è stanco.
Dormirà quando sarà stanco.

1. Escono se ne hanno voglia.
2. Veniamo quando possiamo.
3. Se sai bene l'inglese, puoi trovare un buon lavoro.
4. Se vogliono un tavolo, devono aspettare.
5. Appena ho finito, ti telefono.
6. Finché stai con me, non paghi niente.
7. Lo salutiamo se lo riconosciamo.
8. Che cosa faccio dopo che mi sono laureato/a?

g. **Sognare ad occhi aperti** (Daydreaming). *Luigi è un tipo dinamico che ama fare programmi per il futuro. Che cosa sogna di fare? Completi le frasi seguenti e poi parli dei Suoi sogni per il futuro.*

1. Quando saprò l'italiano...
2. Appena Barbara si laureerà...
3. Se papà mi darà soldi...
4. Non appena io e Gianni compreremo...
5. Se avrò finito...
6. Finché mia sorella vivrà con i miei genitori...

(**II. Condizionale**)

There are two conditional tenses in Italian that correspond to the two conditional tenses in English. They are called **condizionale presente** and **condizionale passato.**

A. The **condizionale presente** *(present conditional)*, like the **futuro semplice,** is formed by dropping the final **-e** of the infinitive and adding the conditional endings **-ei, -esti, -ebbe, -emmo, -este, -ebbero; -are** verbs change the **-a-** of the infinitive ending to **-e-.**

AMARE	CREDERE	FINIRE
amer**ei**	creder**ei**	finir**ei**
amer**esti**	creder**esti**	finir**esti**
amer**ebbe**	creder**ebbe**	finir**ebbe**
amer**emmo**	creder**emmo**	finir**emmo**
amer**este**	creder**este**	finir**este**
amer**ebbero**	creder**ebbero**	finir**ebbero**

1. In the conditional, verbs ending in **-care** and **-gare,** and in **-ciare, -giare,** and **-sciare,** undergo the same spelling changes as in the future (see p. 165).

Al tuo posto io non **pagherei** niente.
In your place, I wouldn't pay anything.

Incomincereste da capo voi?
Would you start again from the beginning?

2. Verbs that are irregular in the future (see pp. 165–166) have the same irregularities in the conditional.

Berremmo volentieri un caffè.
We'd be glad to have a cup of coffee.

Vorrei fermarmi ma non posso.
I would like to stay but I can't.

3. The conditional of **essere** is:

ESSERE
sarei
saresti
sarebbe
saremmo
sareste
sar<u>e</u>bbero

B. The **condizionale passato** (*conditional perfect*) is formed with the present conditional of **avere** or **essere** plus the past participle of the verb.

VERBS CONJUGATED WITH *avere*		VERBS CONJUGATED WITH *essere*	
avrei	amato	sarei	partito/a
avresti	amato	saresti	partito/a
avrebbe	amato	sarebbe	partito/a
avremmo	amato	saremmo	partiti/e
avreste	amato	sareste	partiti/e
avr<u>e</u>bbero	amato	sar<u>e</u>bbero	partiti/e

Non potremmo comprarla per il nostro giardino?

Uso del condizionale

A. The **condizionale presente** corresponds to *would*[1] + verb. Just as in English, it is used in the following cases:

1. to express polite requests, wishes, and preferences.

   Vorresti lavorare per me?
   Would you like to work for me?

   Preferirei un bicchiere di latte.
   I would prefer a glass of milk.

2. to express the consequence of a hypothetical situation (see pp. 269–270).

   Mangerei ora se avessi tempo.
   I would eat now if I had the time.

3. To express doubt (see p. 268).

   Non so se verrebbero volentieri.
   I don't know whether they would come willingly.

B. The **condizionale passato** corresponds to *would have* + verb and is used in the same cases as the **condizionale presente.**

Sarebbero venuti se li avessimo invitati.
They would have come if we had invited them.

Dubito che avrebbero capito.
I doubt they would have understood.

C. The **condizionale passato** is used to express a future action introduced by verbs of knowing, saying, telling, or informing in a past tense. In English, the present conditional is used in such cases *(He said he would come)*:

Hai detto che **avresti pagato** tu.
You said you would pay.

Non aveva promesso che **avrebbe scritto?**
Hadn't he promised he would write?

Hanno detto che **sarebbero venuti,** ma io ero certo che **sarebbero stati** a casa.
They said they'd come, but I was certain they would stay home.

D. Note that the conditional of **fare meglio a** + *infinitive* expresses *had better, would do well to, would be better off to.*

Faresti meglio a tacere.
You'd better be quiet.

Avreste fatto meglio ad aspettare.
You would have been better off to wait (waiting).

---

[1] Other Italian constructions whose English equivalents use *would* (where *would* does not have a conditional meaning) are:

Imperfetto: Ogni sabato andavamo al cinema.
                      Every Saturday we would (used to) go to the movies.

Passato prossimo: Le ho chiesto di aprire la porta, ma lei non ha voluto aprirla.
                      I asked her to open the door, but she wouldn't (refused to) open it.

Passato remoto: Le chiesi di aprire la porta, ma lei non volle aprirla.
                      I asked her to open the door, but she wouldn't (refused to) open it.

■ Esercizi

a. **All'ospedale.** *Dopo l'incidente Caterina non si può muovere dal letto. Cambiare le frasi usando il condizionale secondo l'esempio.*

> ESEMPIO   Mi porti dell'acqua?
> **Mi porteresti dell'acqua?**

1. Mi fai un favore? Mi compri un giornale?
2. Ti dispiace aprire la finestra?
3. Mi dà quella scatola di aspirine?
4. Sanno spiegarmi perché questo mal di testa non passa?
5. Mi piace sedermi in terrazzo. Potete aiutarmi?
6. Non voglio stare qui un'altra settimana.
7. Preferisco avere la lampada vicino al letto.

b. **Io avrei fatto le cose diversamente...** *Reagire a ogni situazione cominciando con* **Io non** *e usando il condizionale passato.*

> ESEMPIO   Hai comprato quell'automobile?
> **Io non avrei comprato quell'automobile.**

1. Sei andato a quella festa?
2. Siete usciti con questo tempaccio?
3. Avete chiesto scusa?
4. Si sono offesi per quello scherzo?
5. Ti sei fidato di quell'uomo?
6. Le hai regalato una sedia?

c. **Buone intenzioni.** *Certe persone inventano sempre dei pretesti per evitare responsabilità. Completare le frasi con un pretesto logico.*

> ESEMPIO   io / aiutarla a far trasloco *(to move)* / ma...
> **La aiuterei a far trasloco, ma ho mal di schiena.**

1. io e Gabriele / cercare lavoro / ma...
2. voi / poter finire la tesi a marzo / ma...
3. tu / fare amicizia con gli studenti stranieri / ma...
4. io / pagare in contanti / ma...
5. io e mio cognato / venire al battesimo di Giorgio / ma...
6. Angelo / tenerti il cane durante le ferie / ma...
7. noi / stare a casa sabato sera / ma...

d. **Promesse, promesse.** *Che cosa hanno promesso di fare le seguenti persone?*

> ESEMPIO   il dottore / venire nel pomeriggio
> **Il dottore ha promesso che sarebbe venuto nel pomeriggio.**

1. noi / smettere di fumare
2. tu / passare in biblioteca
3. Paolo e Caterina / venire con noi al concerto
4. il professore / darmi consigli per la tesi
5. Luisa / non lamentarsi del freddo durante la gita
6. voi / alzarvi presto e andare in piscina
7. io / riportare il motorino in giornata
8. l'architetto / metterci poco tempo a farci il progetto della casa.

e. **Farebbe meglio...** *La portiera e la signora Adele stanno parlando degli altri inquilini* (tenants). *Seguire gli esempi.*

1. Dica che cosa farebbero meglio a fare questi inquilini.

   ESEMPIO La signora Del Bue si separa dal marito.
   Farebbe meglio a non separarsi dal marito.

   a. Il signor Perotti beve tanto.
   b. La figlia dell'avvocato mangia sempre gelati.
   c. I Cerruti fumano due pacchetti di sigarette al giorno.
   d. Le figlie di Enrico ridono e chiacchierano sempre.
   e. La signora Adelina non esce mai di casa.
   f. Lo scapolo del terzo piano si arrabbia così facilmente!

2. Ora dica che cosa avrebbero fatto meglio a fare. Completare ogni frase con una soluzione diversa.

   ESEMPIO I Davoli hanno comprato una casa al mare.
   Avrebbero fatto meglio a comprare un appartamento.

   a. Marcello si dedica alla pittura da mesi.
   b. La signora Antonelli è andata in pensione.
   c. Il figlio di Cerruti si è laureato in archeologia.
   d. Abbiamo venduto la Maserati di mio zio.
   e. Avete preso l'aereo per andare in Sicilia.
   f. Ho dato le dimissioni.

III. *Dovere, potere e volere*

Dovere

Dovere + *infinitive* can express two basic meanings: necessity or moral obligation, and probability.

Tutti devono morire.
Everyone must die.

Deve essere tardi.
It must be late.

There are many English equivalents for **dovere** in the various tenses.

Presente: *must, have to, am supposed to*

Devo restituirti il libro.
I must return the book to you.

Imperfetto: *had to, was supposed to*

Il treno doveva arrivare alle otto.
The train was supposed to arrive at eight.

Passato prossimo or **remoto:** *had to, was obliged to*

Mario ha dovuto (dovette) aspettare quasi mezz'ora.
Mario had to wait almost half an hour.

—Ti avevo detto che questa storia del diluvio doveva restare tra noi!

Futuro semplice: *will have to*

> Dovranno prendere un altro aereo.
> *They will have to take another plane.*

Futuro anteriore: *will have had to, probably had to*

> Avranno dovuto pagare l'intera somma.
> *They probably had to pay the entire sum.*

Condizionale presente: *would have to, should, ought to*

> Fa freddo. Dovresti metterti il cappotto.
> *It's cold. You should put on your coat.*

Condizionale passato: *would have had to, should have, ought to have*

> Lei avrebbe dovuto dirmelo prima.
> *You should have told me sooner.*

■ Esercizi

a. *Usare **dovere** + infinito al posto del futuro.*

> ESEMPI   Avrà vent'anni.
> **Deve avere vent'anni.**
>
> Avrà studiato molto.
> **Deve aver studiato molto.**

1. Saranno stanchi.
2. Conoscerete molta gente.
3. Saprà molte lingue.
4. L'avrò sognato.
5. Avrà sbagliato strada.
6. Avremo lasciato l'ombrello al ristorante.

b. *Lei è d'accordo o no? Spiegare perché.*

1. Ogni persona dovrebbe avere degli hobby.
2. Ogni casa dovrebbe avere la lavastoviglie.
3. Ogni famiglia americana dovrebbe avere due macchine.

c. **Sei insopportabile!** *Marco e Giulia non si trovano mai d'accordo su nulla. Seguire l'esempio usando i suggerimenti dati.*

ESEMPI   Lucia fa medicina all'università di Milano. (lettere)
Dovrebbe fare lettere.

Ho preso il raffreddore. (mettersi la giacca)
Avresti dovuto metterti la giacca.

1. Sono un po' giù. Preferisco rimanere a casa stasera. (uscire)
2. Non mi sento bene, ho mal di stomaco. (mangiare di meno)
3. Ho mangiato per consolarmi. M'è andato male un esame. (studiare di più)
4. Come sei noioso! Sapevi che Alfredo ha comprato una Lancia? (Alfa Romeo)
5. Ed è andato a passare le vacanze in Svizzera. (Spagna)
6. Ma Alfredo è ricco. Ha regalato a Pia un orologio d'oro. (regalarle niente)
7. Tanto lei non lo sposa. (sposarlo)
8. Lei gli ha detto categoricamente di no. (dire di sì)
9. Ma non le piace e non lo ama. (sposarlo lo stesso)

Potere

Potere can express two basic meanings: ability to do something and permission to do something.

Non posso correre; sono troppo stanca!
I can't run; I'm too tired!

Posso farLe una domanda indiscreta?
May I ask you a personal question?

There are many English equivalents for **potere** in the various tenses.

Presente: *can, may, am capable, am allowed*

Dove possiamo trovare un buon ristorante?
Where can we find a good restaurant?

Imperfetto: *could, was able, was allowed*

Tosca non poteva sopportare il silenzio.
Tosca could not stand silence.

Passato prossimo or **remoto:** *could, managed to, succeeded in*

Non hanno potuto (poterono) entrare perché non avevano le chiavi.
They couldn't get in because they didn't have the keys.

Futuro semplice: *will be able, will be allowed*

I bambini potranno stare alzati fino alle dieci.
The children will be allowed to stay up until ten.

Condizionale presente: *could, might, would be able, would be allowed*

Potrebbe dirmi che ore sono?
Could you tell me what time it is?

Condizionale passato: *could have, might have*

Avremmo potuto pagarti ieri.
We could have paid you yesterday.

■ Esercizi

a. *Se vogliamo che gli altri ci aiutino, dobbiamo essere più cortesi. Formulare le domande usando il condizionale presente di* **potere.**

> ESEMPIO   Mi dice che ore sono?
> **Potrebbe dirmi che ore sono?**

1. La aiuta a traversare la strada?
2. Ci dà una mano?
3. Vi fermate un momento?
4. Stai a casa e guardi i bambini?
5. Finisce di lavare i piatti?
6. Vengono subito dopo cena?

b. *Lei è d'accordo? Sì, no, perché?*

1. Con un po' di buona volontà, potremmo evitare tanti sprechi.
2. Molti potrebbero fare più esercizio fisico, se volessero.
3. Ciascuno di noi potrebbe organizzare meglio il proprio tempo.

c. **Potere e non potere.** *Riformulare le frasi che seguono con il verbo* **potere** *nel modo e tempo opportuni.*

> ESEMPIO   Tutti gli anni Giulio andava in vacanza alle Bahamas.
> **Tutti gli anni Giulio poteva andare in vacanza alle Bahamas.**

1. Laura mangia un mucchio di grassi e non le sale mai il colesterolo.
2. Vent'anni fa ho comprato una casa al mare spendendo relativamente poco.
3. Io e Lucia andremmo al cinema, ma non c'è niente di interessante da vedere.
4. I ragazzi giocheranno a tennis nel pomeriggio. Non piove più.
5. Pensi che papà e mamma si fermino a dormire dallo zio Mario?
6. Tu non sei venuto con noi perché non ti sentivi bene.

Volere

Volere corresponds to the English *to want, to wish* and has many English equivalents in the various tenses.

Presente: *want, wish, intend, feel like*

> Vogliamo andare in Europa quest'estate.
> *We want to go to Europe this summer.*

Imperfetto: *wanted, wished, intended, felt like*

> Antonio voleva partire nel pomeriggio, ma è poi partito dopo cena.
> *Antonio intended to leave in the afternoon, but he left after supper.*

Passato prossimo or **remoto:** *wanted, insisted upon*

> Hanno voluto (vollero) offrire il caffè a tutti.
> *They wanted to offer everyone coffee (and they did).*

Futuro semplice: *will want, will wish*

> La zia vorrà continuare a vivere nella vecchia casa.
> *The aunt will want to continue living in the old house.*

Condizionale presente: *would want, would like*

Vorrei chiederti un favore.
I would like to ask a favor of you.

Condizionale passato: *would have wanted, would have liked*

Avrebbero voluto invitarla.
They would have liked to invite her.

■ Esercizi

a. *Inserire il verbo* **volere** *nel modo e tempo opportuni.*

1. Non siete mai contenti! Insomma, cosa volete?
   _____ essere lasciati in pace!
2. Come mai sei uscita così tardi dall'ufficio?
   _____ finire un lavoro al computer.
3. Cosa regali a tua moglie per il suo compleanno?
   _____ proprio regalarle una macchina nuova, ma non ho soldi.
4. Perché sei arrabbiata con me?
   Perché non _____ farmi il favore di accompagnarmi a casa.
5. Cosa farà Claudio dopo la laurea?
   Penso che _____ prendere il dottorato di ricerca in biofisica.
6. Andrà in pensione papà l'anno prossimo?
   Macché! Vedrai che _____ continuare a lavorare.

b. Decisioni. *Pensa che sia (sia stata) una buona idea? Perché sì, perché no?*

1. Una Sua amica vuole interrompere gli studi e andare a fare l'assistente sociale nel Terzo Mondo.
2. Io vorrei dimagrire e ho deciso di digiunare per una settimana.
3. Dario e Carla hanno voluto sposarsi prima della laurea; ora sono disoccupati e continuano a vivere con i genitori di lei.

c. Che tipo difficile! *Completare il brano con le forme opportune del verbo* **volere.**

Andrea non _____ più studiare, ora dice che _____ fare il marinaio sulle navi da trasporto. L'anno scorso _____ iscriversi a medicina, l'anno prima diceva che _____ fare l'attore, suppongo che l'anno prossimo _____ darsi alla politica. Anche da piccolo era un tipo difficile. Ci _____ tanta pazienza con lui. Noi gli _____ molto bene e _____ vederlo contento, ma forse sbagliamo. Gli ci _____ dei genitori all'antica, che lo costringono a fare quello che _____ loro. I genitori sanno quello che ci _____ per i figli e hanno quasi sempre ragione.

■ Vocabolario utile

l'accoglienza welcome; reception
l'artigianato craft
la bancarella market stall
il cambiamento change
il diritto right
il marciapiede sidewalk
la licenza permit
il passante passerby
il permesso di soggiorno residency permit
lo scherzo joke
il servizio sanitario health care
gli spiccioli coins

mettere in mostra display
*****provenire** to come from

Immigrati senegalesi offrono la loro merce al mercato del parco Le Cascine (Firenze).

■ Prima di leggere

L'articolo che segue tratta degli immigrati in Italia. Il fenomeno dell'immigrazione non è nuovo e sono molte le ragioni che spingono la gente a lasciare il proprio paese.

In gruppi di tre o quattro studenti, esaminate i motivi per cui la gente decide di stabilirsi in un paese straniero e quali difficoltà incontra.

1. Chi sono gli immigrati e che cosa sperano?

2. Pensate che siano essenzialmente i poveri ad emigrare? Perché sì, perché no?

3. Conoscete o avete sentito parlare di persone importanti e famose che vivono all'estero? Quali motivi avranno?

4. Come reagisce la gente locale nei confronti degli stranieri? Fa differenza se sono ricchi o poveri, istruiti o di modesta cultura, bianchi o di colore?

5. Che tipo di lavoro trovano gli immigrati?

6. Siete a conoscenza di altri paesi in cui l'immigrazione sia diventata un problema sociale; per esempio: difficoltà di integrazione, intolleranza, contrasti culturali?

Gli extracomunitari

Secondo i dati del rapporto annuale Caritas-Migrantes, gli immigrati regolari sono raddoppiati° in quattro anni, e hanno raggiunto° la cifra di 2 milioni e 600 mila. Provengono dall'Europa, dall'Africa, dall'Asia e dalle Americhe, si chiamano extracomunitari perché non appartengono° ai paesi dell'Unione Europea. Circa il 90% vive nelle zone urbane del centro-nord. Gli immigrati dalle Filippine e da Sri Lanka sono ricercati e apprezzati per i servizi domestici°; a Milano egiziani e pakistani lavorano nei ristoranti come cuochi e camerieri; le «badanti», cioé le persone che hanno cura degli anziani, vengono in prevalenza dall'Europa orientale; l'industria lattiera° della Valle del Po funziona grazie agli indiani Sikh. Molti immigrati lavorano nell'edilizia°, nel commercio all'ingrosso° e nei trasporti. Ci sono anche quelli che hanno un'attività indipendente: un ristorante etnico, un negozio, un'impresa che offre servizi. I meno fortunati ottengono la licenza di venditore ambulante°, che permette loro di esercitare il piccolo commercio di monili° e articoli di artigianato del loro paese. Li mettono in mostra su bancarelle lungo i marciapiedi e li vendono ai passanti.

I regolari risiedono in Italia con il permesso di soggiorno. Ci sono varie organizzazioni di accoglienza che li aiutano, offrono lezioni d'italiano, corsi di formazione professionale e assistenza legale. Per legge gli extracomunitari godono dello stesso trattamento dei cittadini italiani: devono pagare le tasse, ma hanno diritto al servizio sanitario nazionale, alle scuole per i figli, e a tutte le altre protezioni previste dalla legge.

Esiste purtroppo il problema dei clandestini. Fino a qualche tempo fa molti venivano dall'Albania, ora una maggioranza parte dall'Africa diretta verso la Sicilia. Arrivano illegalmente a centinaia su imbarcazioni° pericolosamente cariche, e sono quasi sempre scoperti dalle autorità locali che li assistono nei centri di accoglienza e poi li riportano indietro. Alcuni riescono a non farsi prendere e finiscono nelle città. Anche se privi del permesso di soggiorno ottengono assistenza medica in caso di emergenza.

Clandestini a parte gli extracomunitari sono il 4,5% dei residenti in Italia e la loro presenza cambia il tessuto sociale del paese. Accogliere e integrare gente tanto diversa non è uno scherzo e l'opinione pubblica è divisa. C'è chi si lascia pulire il parabrezza° dai «lavavetri», immigrati clandestini, in cambio di un po' di spiccioli; chi protesta perché a scuola ci sono bambini di etnie diverse che non parlano italiano; chi fa lavoro volontario nei centri di accoglienza, e chi sostiene che gli immigrati sono un costo troppo alto per la società.

Gli extracomunitari sono quasi sempre riconoscibili, continuano ad offrire la loro merce e i loro servizi, considerati con benevolenza da alcuni ma anche con timore e intolleranza da altri. Purtroppo tutto ciò che è diverso provoca disagio.

doubled / reached

belong

household help

milk industry
building industry
wholesale industry

peddler
costume jewelry

boats

windshield

■ Comprensione

1. Chi sono gli extracomunitari?
2. Quanti sono?
3. Da dove vengono?
4. Perché emigrano?
5. Che tipo di lavoro ottengono gli stranieri legalmente immigrati in Italia?
6. Quali protezioni sociali hanno?
7. Come arrivano i clandestini e cosa sperano?
8. Qual è la reazione dell'opinione pubblica italiana verso gli immigrati?

■ Studio di parole

joke

scherzo
practical joke, trick, something said

Lo dico sul serio, non è uno scherzo.
I'm saying it seriously, it's not a joke.

Related expressions: **fare uno scherzo** *to play a trick;* **per scherzo** *as a joke* (the opposite is **sul serio** *seriously*)

barzelletta
joke (in the form of a story) or done to amuse

Non mi piacciono le barzellette che racconti.
I don't like the jokes you tell.

change

cambiamento
change, alteration

Ci sono stati molti cambiamenti di
  governo in Italia.
*There have been many changes of
  government in Italy.*

spiccioli
small change, coins

Ho bisogno di spiccioli per l'autobus.
I need some change for the bus.

cambio
exchange, rate of exchange

Quant'è il cambio del dollaro oggi?
What is the exchange rate for the dollar today?

È un agente di cambio.
He's a foreign exchange agent.

resto
*money returned when payment exceeds the
  amount due*

Non ho il resto da darLe.
I don't have change for you.

to change

cambiare
to change, alter (with **avere**)
to change, become different (with **essere**)

Voglio cambiare i mobili del salotto.
I want to change the living room furniture.

Il tempo è cambiato.
The weather has changed.

Hanno cambiato casa.
They've moved.

*cambiarsi
to change one's clothes

Sei tutto bagnato; cambiati!
You're all wet; change your clothes!

cambiare idea
to change one's mind

Ha cambiato idea; andrà a Yale, non a Harvard.
He changed his mind; he'll go to Yale, not Harvard.

to exchange

scambiare (con)

to exchange (one thing for another)

Ho scambiato un orologio con un anello.
I exchanged a watch for a ring.

Quando ci vediamo, scambiamo due parole.
When we see one another, we exchange a few words.

Related word: **scambio** *exchange*

*scambiarsi

to give to each other, to exchange

Le amiche si scambiano regali.
Friends exchange gifts.

cambiare

to change (exchange) money

Hai potuto cambiare gli euro in dollari?
Were you able to exchange euros for dollars?

▪ Pratica

a. *Scegliere la parola o l'espressione che meglio completa la frase.*

1. Non possiamo andare alla festa vestiti così! Dobbiamo _____.
2. Perché non continuiamo a parlare di politica? Perché vuoi _____ argomento?
3. C'è un «lavavetri» al semaforo. Hai _____?
4. Quei due si vedono ogni giorno e _____ posta elettronica ogni sera.
5. Posso pagare il caffè con un biglietto da cento euro? —Mi dispiace, ma non ho il _____.
6. Se vuoi ridere, devi sentire l'ultima _____ sui carabinieri.
7. Rajeed ha deciso di emigrare. È stato un grande _____ nella sua vita.

b. La coppia moderna. *Completare il paragrafo seguente inserendo il verbo o la parola suggeriti in parentesi.*

Nina *(changed)* _____ lavoro, è all'ufficio *(exchange)* _____ della Banca Commerciale. È un'ottima carriera e guadagna molto. Lei e suo marito *(exchanged)* _____ i ruoli. Lei lavora a tempo pieno e lui di pomeriggio sta a casa con i bambini. Li va a prendere a scuola, *(changes his clothes)* _____, dà loro da mangiare, li fa giocare... È un padre modello. Ieri volevano andare tutti allo zoo, ma poi *(they changed their minds)* _____ perché pioveva. Sono rimasti a casa tutto il pomeriggio. I bambini hanno incominciato a *(play tricks)* _____ e hanno finito per litigare. Allora il povero Massimo ha telefonato al bar e ha ordinato tre spumoni *(soft ice cream)*. Al momento di pagare, però, il garzone *(errand boy)* del barista non aveva *(change)* _____. Massimo non aveva *(change)* _____ per la mancia e ha dovuto lasciargli più soldi del previsto. Per fortuna i bambini si sono calmati. Fare i genitori è una cosa seria, non è *(a joke)* _____.

c. Domande per Lei

1. Conosce le origini della Sua famiglia e del Suo cognome *(family name)*?
2. Il Suo quartiere *(neighborhood)* accoglie gente diversa o persone che hanno una comune origine etnica? È bene che sia così? Sì, no, perché?
3. Conosce personalmente degli immigrati? Pensa che abbiano difficoltà nei loro rapporti con la gente locale e viceversa? Perché?
4. Ci sono molti «clandestini» nel Suo paese? Come vivono?

✳ Temi per componimento o discussione

1. Cosa pensa della politica (policy) italiana di dare agli extracomunitari legalmente immigrati gli stessi diritti che hanno i lavoratori italiani?

2. Vivere a contatto di gente straniera, soprattutto se di etnie diverse, richiede un grande esercizio di tolleranza. Come si manifesta la tolleranza? Come si manifesta l'intolleranza?

3. Qual è la Sua opinione a proposito dei «clandestini»? Pensa che abbiano diritto al soggiorno e ai servizi sociali? Sì, no, perché?

4. **Dibattito.** L'immigrazione, sia legale che illegale, è un fenomeno complesso carico di ramificazioni sociali, culturali e politiche. Discutetene i pro e i contro partendo dalle alternative che seguono.

   Pro: È dovere dei popoli ricchi accogliere e integrare nella loro società gli immigrati in cerca di una vita migliore. Gli immigrati contribuiscono con il loro lavoro e si accontentano di poco.

   Contro: Anche nelle società ricche, ci sono già tanti poveri ai quali bisogna provvedere. L'immigrazione provoca problemi di ogni genere.

RICERCA WEB

A partire dalla fine dell'Ottocento, si è verificato (occurred) un flusso di emigrazione dall'Italia verso gli Stati Uniti e l'America Latina. È interessante ricercare le cause dell'emigrazione e la diffusione degli emigrati italiani nei paesi stranieri.

1. L'emigrazione italiana all'estero: motivi e difficoltà

2. Italiani nel mondo

3. Molti Italiani o Italo-Americani si sono distinti nel Nord America. Fate una breve ricerca su una persona che vi interessa. Per esempio:
   a. Amedeo Pietro Giannini, fondatore della Banca d'America
   b. Santa Francesca Saverio Cabrini, definita la madre degli immigrati
   c. Francis Ford Coppola
   d. Martin Scorsese
   e. Mario Cuomo
   f. Marcella Hazan
   g. Frank Capra
   h. Antonio Meucci, lo scopritore del telefono

Comunicare per lettera. Nella vita quotidiana scriviamo lettere a persone differenti per motivi differenti. La forma e il tono della lettera cambiano a seconda delle circostanze.

Indicare il destinatario sulla busta

Per Antonella Nasi
Prof. Arturo Colombo
Gentile Signora Salvetti
Dott. Aldo Incerti
Ms. Maria Pellegrini

Dott.ssa Maria Guiducci
Sig. Mario Carrelli
Famiglia Bernardini
Egr. (Egregio) Signor Achille Maramotti

Come differiscono gli indirizzi italiani da quelli americani?

Iniziare una lettera

Se scriviamo ad un amico/un'amica o ad una persona che conosciamo molto bene, usiamo...

Cara Pia/Caro Michele
Carissima Laila/Carissimo Carlo
Carissima/Carissimo

Se indirizziamo la lettera ad un/a conoscente, come per esempio il medico di famiglia, possiamo scrivere...

Caro dottore
Caro avvocato
Caro architetto

Per una lettera formale o d'affari, usiamo...

Egregi Signori
Gentile Signora Olga Salvetti
Egregio Signor Dallaglio
Spettabile ditta F.lli Lolli

Terminare una lettera

In italiano non esiste l'equivalente dell'espressione inglese *Yours sincerely,* e la parola «amore» nel senso dell'inglese *love* non è usata alla fine dei messaggi.

A un amico/un'amica che vogliamo salutare affettuosamente, scriviamo...

Cari saluti (a te e famiglia)	*Greetings (to you and your family)*
Saluti affettuosi	
Ti abbraccio	*A hug*
Un caro abbraccio	
A presto	*See you soon*
Un abbraccio a tutti	*Hugs for everybody*

Quando vogliamo essere piu «neutrali», diciamo...

Con i migliori saluti	*With best regards*
Grazie e distinti saluti	*Thank you and best regards*
La ringrazio e La saluto cordialmente	

Quando terminiamo una lettera formale o d'affari, scriviamo...

Distinti saluti	*(Yours) sincerely*
In attesa di una Vostra sollecita risposta invio distinti saluti	*I look forward to hearing from you (soon).* *Yours sincerely,*
In attesa di leggerLa presto Le invio distinti saluti	

Abbreviazioni utili

1. Titoli professionali (usati al maschile):

   arch. (architetto)
   ing. (ingegnere)
   avv. (avvocato)

2. Titoli di personaggi politici:

   onorevole
   senatore
   senatrice
   eccellenza (riservato a ministri e ad alti funzionari)

3. Titoli dei membri del clero:

   reverendo
   reverendo padre
   reverenda madre
   monsignore
   eccellenza (per i vescovi)
   eminenza (per i cardinali)
   santità (per il papa)

■ Situazioni

1. Immagini di essere Lucia e di rispondere al messaggio di Marina che appare all'inizio del capitolo.

2. Lei ha quarant'anni, è solo/a e vuole passare le vacanze in montagna. Scriva...
   a. a un amico/un'amica per invitarlo/a a passare le vacanze con Lei.
   b. all'Albergo Dolomiti, 32046 San Vito di Cadore (Belluno), per prenotare due camere dal 15 al 30 luglio.

3. I Suoi genitori sono molto amici dei signori Salvetti di Bologna. Scriva alla signora Bianca per dirle che Lei sarà in Italia quest'estate e le chieda ospitalità. Spieghi quando arriverà, il motivo del Suo viaggio in Italia, quanto tempo ha intenzione di restare a Bologna e quali sono i Suoi programmi durante il Suo soggiorno a casa Salvetti. Sia cortese e usi il condizionale.

Abitare in famiglia o no?

Un appartamento per Fabrizia? Fabrizia è figlia unica, ha ventisette anni e un buon impiego. Ha continuato a vivere in famiglia dopo la scuola, ma ora pensa che sia arrivato il momento di andare via da casa e avere una vita indipendente. Ne parla con i genitori.

FABRIZIA: Sembra che mi diano un altro aumento di stipendio.

MAMMA: Oh, come sono contenta!

PAPÀ: Congratulazioni!

FABRIZIA: Grazie, grazie. Ma, a proposito, volevo dirvi che, benché io stia bene con voi, desidero proprio vivere da sola. Gli amici mi consigliano di comprare un piccolo appartamento.

PAPÀ: È vero che hai uno stipendio molto buono, ma non mi sembra pensabile che tu possa comprare un appartamento.

MAMMA: I prezzi sono così alti!

FABRIZIA: Ho un po' di risparmi, e il nuovo stipendio mi permette di pagare il mutuo. Ho solo bisogno di aiuto per l'anticipo.

MAMMA: Mah, non so. Sono d'accordo che è ora che tu abbia una casa tua...

PAPÀ: Sì, sì, ma ci devo pensare. Prima di prendere una decisione bisogna che io faccia bene i conti.

FABRIZIA: Capisco, Papà.

PAPÀ: E poi, senti, perché non prendi un appartamento in affitto? Non pensi che sia una soluzione più semplice?

FABRIZIA: Ho capito, Papà, ci penserò.

A fare la spesa con papà e mamma.

La famiglia italiana attuale è composta dai genitori e, in media, due figli. Non esiste più la famiglia patriarcale con tutti i membri che convivono *(live together)* sotto lo stesso tetto. Nonni, zii e cugini abitano nelle rispettive case spesso nella stessa città, e i legami familiari continuano ad essere molto stretti sia in senso affettivo, sia per aiuto reciproco. Non esiste la mobilità tipica della società americana. La gente tende a restare nella città dove abitano parenti ed amici. I giovani vivono con i genitori durante il periodo scolastico, compresa la maggioranza degli universitari, e sono molti i «pendolari» *(commuters)* che vanno a scuola in treno in una città vicina e tornano a casa la sera.

Relativamente recente è la tendenza dei figli a restare più a lungo «in famiglia» anche quando hanno un lavoro stabile. Secondo l'ultimo rapporto del Censis (Centro Studi Investimenti Sociali) che pubblica un rapporto annuale sulla situazione sociale del paese, in totale abitano con i genitori il 60% dei giovani con una maggioranza del 16% dei maschi rispetto alle femmine. È il fenomeno dei «mammoni», come vengono chiamati i figli maschi adulti che stanno bene a casa con la mamma e si lasciano servire, anche se gli amici li prendono in giro *(kid them)*. Il risultato è che i genitori continuano a «fare i genitori» in tempi allungati; spesso forniscono gratis vitto e alloggio *(room and board)*, qualche volta danno aiuti finanziari, ma essenzialmente offrono appoggio e sicurezza affettiva.

È passato il grande desiderio di indipendenza degli anni Settanta. Allora il periodo della «contestazione» era caratterizzato da un atteggiamento di protesta contro tutto, famiglia compresa. Adesso la difficoltà a trovare impieghi stabili, gli stipendi relativamente bassi, le incertezze del futuro, non aiutano i giovani a scegliere il matrimonio o il rapporto di coppia, cioè ad avere una vita autonoma.

■ Vocabolario utile

l'aiuto help
l'anticipo deposit
l'aumento raise

comprare to buy
consigliare to advise
*sembrare to appear

basso low
pensabile thinkable
stabile permanent

*andare via di casa to leave home
 da solo/a by oneself
*essere figlio unico/figlia unica to be an only child
*essere d'accordo to agree

La famiglia

il coniuge/la coniuge spouse
i genitori parents
il figlio/la figlia son, daughter
il fratello brother

la fretta haste/hurry
il mutuo mortgage
i risparmi savings

fare i conti to make, balance a budget
prendere una decisione to make a decision
prendere in affitto to rent

la sorella sister
il gemello/la gemella twin brother/sister
il (bis)nonno/la (bis)nonna
    (great-)grandfather/mother

I parenti

il cognato/la cognata brother/sister-in-law
il cugino/la cugina cousin
il genero son-in-law
la nuora daughter-in-law

il nipote/la nipote nephew, niece,
  grandson/daughter
il suocero/la suocera father/mother-in-law
lo zio/la zia uncle, aunt

Note: When referring to a step-member of the family, Italians say "my father's (new) wife" or "the daughter of (the name of the stepparent)," etc. For example:

Sono andata in vacanza con la moglie di mio padre.
Ho fatto amicizia con il figlio di Luisa.

Stato civile

celibe single (man)
coniugato/a married
divorziato/a divorced
nubile single (woman)

scapolo bachelor
separato/a separated
singolo/a single
vedovo/a widower, widow

◼ Esercizi

a. *Vero o falso?*

1. _____ Fabrizia ha un nuovo impiego.
2. _____ Fabrizia ha avuto un aumento di stipendio.
3. _____ Fabrizia vuole andare ad abitare con gli amici.
4. _____ Fabrizia vuole comprare un appartamento.
5. _____ Papà non è d'accordo.
6. _____ Fabrizia non ha abbastanza soldi.
7. _____ Papà non la può aiutare.

b. *Cambiare le parole sottolineate con parole di significato opposto.*

1. Flavia ha deciso di <u>tornare a casa</u>. Speriamo che sia contenta!
2. Valerio <u>ha due fratelli e tre sorelle</u>.
3. Marco ha deciso di fare un viaggio <u>con Aldo e Lucia</u>.
4. Sono due anni che ho un lavoro <u>temporaneo</u>.
5. Da tanto tempo ho uno stipendio <u>alto</u>.
6. Roberto vuole <u>vendere</u> la casa dei genitori.

c. *Inserire le parole o le espressioni che meglio completano le frasi.*

1. Prima abitavo in famiglia, ora vivo _____.
2. Ho potuto comprare un appartamento perché papà mi ha prestato i soldi per _____.
3. Io abito ancora in famiglia ma voglio _____ di casa ed essere indipendente.
4. Iscrivermi all'università o cercare subito un lavoro? Non sono capace di _____ definitiva.
5. Non possiamo comprare una casa, possiamo solo _____.
6. Anna è sola e senza lavoro, ha bisogno di _____.
7. Non so se ti posso aiutare, prima devo _____.

d. *Inserire le parole opportune.*

1. I genitori di mio padre sono i _____.
2. Il fratello di mia madre è mio _____.
3. Il figlio di mia zia è mio _____.
4. Io sono la _____ di mia zia.
5. Il marito di mia sorella è mio _____.
6. La moglie di mio fratello è la _____ dei miei genitori.
7. Mario non è sposato, è _____.
8. Neanche Maria è sposata, è _____.

■ A voi la parola

a. Dove abitare? *In piccoli gruppi rispondete alle domande che seguono e paragonate le vostre conclusioni con quelle degli altri gruppi.*

1. Come reagite all'idea di andare all'università la mattina, mangiare a mezzogiorno al «baretto» o alla tavola calda con gli amici, e tornare la sera in famiglia?
2. Quali pensate che siano le difficoltà di vivere con i genitori (invitare gli amici, sentire musica ad alto volume, ospitare un compagno/una compagna...)?
3. Siete d'accordo con i ragazzi italiani che apprezzano la vita in famiglia? Pensate che sia pensabile per voi tornare a vivere in famiglia? Perché?
4. Vi piacerebbe trovare un lavoro nella città dove vive la vostra famiglia ma abitare da soli? Sì, no, perché?
5. Quali sono i vantaggi di abitare da soli o con gli amici? In quali situazioni potete meglio esprimere il vostro stile di vita, i vostri gusti?

b. Rapporti familiari. *Leggete i risultati di una ricerca Eurispes-Telefono Azzurro a proposito dei giovani italiani e rispondete alle domande che seguono.*

> • Il mammismo prevale tra i ragazzi, il desiderio d'indipendenza è maggiore tra le ragazze che nel 51,3% dei casi affermano di voler vivere da sole appena possibile.
>
> • Tutti considerano molto necessaria una vita familiare serena.
>
> • Il 79,9% dei giovani ritiene importante che le decisioni che li riguardano vengano prese insieme ai propri genitori; il 90,6% riconosce che le proprie richieste e i propri desideri vengono accolti.

1. Vi sorprende che in Italia ci siano più ragazze che ragazzi disposte ad andar via di casa? Sapete spiegare come mai?
2. Supponete di avere un buon lavoro e di voler comprare un appartamento. Come pensate di avere la cifra necessaria per il deposito? Potete sperare nell'aiuto della vostra famiglia?
3. Secondo voi l'opinione dei genitori a proposito della vita dei figli è importante per i giovani americani come per i giovani italiani? I genitori americani sono altrettanto disposti ad aiutare i figli grandi? Discutete le vostre conclusioni con i compagni.

I. Congiuntivo presente e passato

Unlike the **indicativo,** which states facts and conveys both certainty and objectivity, the **congiuntivo** *(subjunctive)* expresses views and emotions, possibility, and uncertainty. The **congiuntivo** has four tenses: **presente, passato, imperfetto,** and **trapassato.** All four tenses are used in both spoken and written Italian.

A. The **congiuntivo presente** *(present subjunctive)* is formed by adding the appropriate endings to the stem. Verbs ending in **-ire** that insert **-isc-** in the present indicative also insert **-isc-** in the present subjunctive, except in the first- and second-persons plural.

	AMARE	CREDERE	FINIRE	PARTIRE
che io	am**i**	cred**a**	fin**isca**	part**a**
che tu	am**i**	cred**a**	fin**isca**	part**a**
che lui (lei)	am**i**	cred**a**	fin**isca**	part**a**
che (noi)	am**iamo**	cred**iamo**	fin**iamo**	part**iamo**
che (voi)	am**iate**	cred**iate**	fin**iate**	part**iate**
che (loro)	am**ino**	cred**ano**	fin**iscano**	part**ano**

1. Certain verbs show spelling changes in the present subjunctive. Verbs ending in:

-care change the **c** to **ch:**	cercare → cer**chi**
-gare change the **g** to **gh:**	pagare → pa**ghi**
-ciare drop the **i:**	cominciare → cominc**i**
-giare drop the **i:**	mangiare → mang**i**
-sciare drop the **i:**	lasciare → lasc**i**
-gliare drop the **i:**	sbagliare → sbagl**i**

2. Verbs ending in **-iare** drop the **-i** from the end of the stem unless it is stressed in the first person of the present indicative.

   studiare (studio): stud**i**, stud**iamo**
   inviare (invio): inv**ii**, inv**iamo**

3. Verbs that are irregular in the first-person singular of the present indicative typically show the same irregularity in all forms of the subjunctive.

FARE → FACCIO	DIRE → DICO	POTERE → POSSO	VOLERE → VOGLIO	BERE → BEVO
faccia	**dica**	**possa**	**voglia**	**beva**
faccia	dica	possa	voglia	beva
faccia	dica	possa	voglia	beva
facciamo	diciamo	possiamo	vogliamo	beviamo
facciate	diciate	possiate	vogliate	beviate
facciano	dicano	possano	vogliano	bevano

4. There are also irregular subjunctive forms that use the stems of the first-person *singular* and *plural*.

ANDARE → VADO	DOVERE → DEVO	VENIRE → VENGO	USCIRE → ESCO	SCEGLIERE → SCELGO
vada	deva (debba)	venga	esca	scelga
vada	deva (debba)	venga	esca	scelga
vada	deva (debba)	venga	esca	scelga
andiamo	**dobbiamo**	**veniamo**	**usciamo**	**scegliamo**
andiate	**dobbiate**	**veniate**	**usciate**	**scegliate**
vadano	devano (debbano)	vengano	escano	scelgano

5. Some very common irregular verbs have a completely irregular stem in the subjunctive.

AVERE	ESSERE	DARE	STARE	SAPERE
abbia	**sia**	**dia**	**stia**	**sappia**
abbia	sia	dia	stia	sappia
abbia	sia	dia	stia	sappia
abbiamo	siamo	diamo	stiamo	sappiamo
abbiate	siate	diate	stiate	sappiate
abbiano	siano	diano	stiano	sappiano

B. The **congiuntivo passato** (*past subjunctive*) is formed with the present subjunctive of **avere** or **essere** plus the past participle of the verb.

VERBS CONJUGATED WITH *avere*			VERBS CONJUGATED WITH *ESSERE*		
che io	abbia	amato	che io	sia	partito/a
che tu	abbia	amato	che tu	sia	partito/a
che lui (lei)	abbia	amato	che lui (lei)	sia	partito/a
che (noi)	abbiamo	amato	che (noi)	siamo	partiti/e
che (voi)	abbiate	amato	che (voi)	siate	partiti/e
che (loro)	abbiano	amato	che (loro)	siano	partiti/e

■ Esercizi

a. *Dare la forma corretta del congiuntivo presente dei verbi tra parentesi.*

1. Temo che Laura (andare via) _____ di casa.
2. Sono contento che Piero e Gioia (comprare) _____ un appartamento.
3. È strano che tu non (potere) _____ vivere da solo.
4. Ci fa piacere che i tuoi genitori ti (dare) _____ un aiuto per l'anticipo.
5. È importante che voi (prendere) _____ una decisione.
6. Dubito che gli amici (sapere) _____ che hai cambiato lavoro.
7. Non credo che Roberto (essere) _____ figlio unico.
8. Sembra che tua figlia (trovarsi) _____ bene in America.
9. Mi dispiace che voi (dovere) _____ vendere la casa dei nonni.
10. Bisogna che Luca (scegliere) _____ dove abitare.
11. Ho paura che Diana e suo marito non (volere) _____ più stare insieme.
12. È incredibile che mio fratello non (avere) _____ mai fretta.

b. **Al centro commerciale.** *Dire che cosa sperano le persone seguenti.*

ESEMPIO   Che cosa sperano i proprietari del negozio?
io / comprare molte cose
Sperano che io compri molte cose.

1. Che cosa sperano i proprietari del negozio?
   a. voi / non portare indietro la camicia di seta
   b. i clienti / pagare in contanti
   c. nessuno / rubare la merce *(merchandise)*
   d. tu / spendere molti soldi
   e. noi / tornare spesso

2. Che cosa vogliono i clienti del negozio?
   a. i prezzi / essere convenienti
   b. il commesso / essere paziente
   c. il negozio / avere merce di buona qualità
   d. il proprietario / accettare la carta di credito
   e. i clienti / poter cambiare la merce

c. **Il viaggio d'affari.** *Franca vuole esser sicura che tutto proceda bene durante la sua assenza. Riscrivere le frasi seguenti usando* **bisogna che...**

ESEMPIO   Devo ricordare a Carlo di portare il cane dal veterinario.
Bisogna che ricordi a Carlo di portare il cane dal veterinario.

1. Marco e Andrea faranno la spesa sabato mattina.
2. Elena starà a casa dei nonni.
3. Dobbiamo lasciare l'assegno per l'affitto all'amministratore.
4. Marco dirà alla segretaria di tornare lunedì.
5. Finirò questo lavoro entro domani.
6. Farò una lista delle cose da fare prima di partire.
7. I bambini devono bere il succo d'arancia tutte le mattine.
8. Luigi dovrà inviare il telegramma alla Sig.ra Buchholz.

d. **Che cosa sarà accaduto?** *Sono le quattro del mattino e Angelo non è ancora tornato a casa. L'intera famiglia è molto preoccupata. Riscrivere le frasi seguenti usando il congiuntivo passato e seguendo l'esempio.*

ESEMPIO   Maria almeno ha telefonato ai suoi. (sono contenta)
Sono contenta che almeno Maria abbia telefonato ai suoi.

1. Angelo è uscito a mezzanotte. (crediamo)
2. Voi avete telefonato all'ospedale. (sono contenta)
3. Non è successo niente. (auguriamoci)
4. Hanno avuto un incidente. (temo)
5. Voi non avete ricevuto nessun messaggio da lui. (è un peccato)
6. Ha nevicato tutta la notte. (pare)
7. Si sono fermati in pizzeria. (è probabile)
8. Hai chiamato anche la polizia. (è giusto)
9. Si è fermato a dormire da Lucia. (speriamo)
10. Sono rimasti senza benzina. (ho paura)

e. Curiosità. *Adele è molto curiosa, e ogni volta che Lei la incontra per la strada Le fa un mucchio di domande. Rispondere alle domande di Adele usando lo stesso verbo della domanda o dando una risposta originale.*

ESEMPIO —I tuoi cugini hanno sempre intenzione di trasferirsi a Salerno?
—**Sì, temo che abbiano intenzione di trasferirsi.**

1. È vero che Roberto fa il pittore? —No, ma pare che...
2. Sta meglio oggi tua nonna? —No, ho l'impressione che...
3. Hanno dato retta al dottore? —Be', veramente dubitiamo che...
4. E il bambino, riesce in matematica adesso? —No, sembra che...
5. Michele se ne è accorto? —Sì, ed è meglio che...
6. È vero che Michele è ancora arrabbiato con i suoi? —Suppongo che...
7. E Luciana si è trovata bene presso la famiglia in Germania? —Sì, pare che...
8. E Luciana ora dà lezioni di tedesco? —Sì, e spero che...
9. Le ragazze vanno all'università in macchina? —No, mio marito insiste che...
10. Be', adesso devo andare. —Sì, anch'io è bene che...

II. Uso del congiuntivo

A. The subjunctive is used mainly in dependent clauses introduced by **che** *(that)*. Note that **che** is almost always expressed in Italian.

INDEPENDENT CLAUSE	DEPENDENT CLAUSE
La mamma spera	che tu venga subito.

Mother hopes that you are coming right away.

INDEPENDENT CLAUSE	DEPENDENT CLAUSE
Preferiamo	che prendiate un tassì.

We prefer that you take a taxi.

The verb or expression in the independent clause determines whether the indicative or the subjunctive is used in the dependent clause. Some verbs take the indicative in a dependent clause, some take the subjunctive, and some may take either one depending on the meaning.

INDICATIVE		SUBJUNCTIVE	
Sanno	che **avete** torto.	Credono	che **abbiate** torto.
They know	*that you are wrong.*	*They believe*	*that you are wrong.*
Ricordiamo	che **è partito.**	Temiamo	che **sia partito.**
We remember	*that he has left.*	*We are afraid*	*that he has left.*
Riconosco	che **fa** freddo.	Mi dispiace	che **faccia** freddo.
I am aware	*that it is cold.*	*I am sorry*	*that it is cold.*
È certo	che **ha rubato.**	È probabile	che **abbia rubato.**
It is certain	*that he has stolen.*	*It is likely*	*that he has stolen.*

The English dependent clause is the same in each pair of examples above, but the Italian dependent clause uses the indicative when it expresses a fact and the subjunctive when it expresses a thought, a feeling, or an attitude.

B. The tense of the subjunctive used in the dependent clause is determined by the time relationship between the actions of the two clauses. If the action of the dependent clause:

1. takes place in the immediate future or at the same time as the action of the independent clause,

$\overset{\text{use}}{\longrightarrow}$ PRESENT SUBJUNCTIVE

2. took place before the action of the independent clause,

$\overset{\text{use}}{\longrightarrow}$ PAST SUBJUNCTIVE

Credete che prendano un tassì?
Do you think they are taking a cab?

CONCURRENT ACTION

Credete che abbiano preso un tassì?
Do you believe they took a cab?

PAST ACTION

Verbi ed espressioni che reggono il congiuntivo

The subjunctive is used if the verb in the independent clause expresses a thought, a feeling, or an attitude.

<table>
<tr><td>INDEPENDENT CLAUSE</td><td>DEPENDENT CLAUSE</td></tr>
<tr><td>Credono</td><td>che io abbia torto.</td></tr>
</table>

They believe that I am wrong.

A. Expressing emotion (fear, sorrow, joy, etc.)

Siamo contenti che piova.
We are happy it's raining.

B. Expressing a wish or a command

Il professore vuole che tutti ascoltino.
The professor wants everyone to listen.

C. Expressing an opinion

Nego che mi abbiano aiutato.
I deny that they helped me.

D. Expressing expectation

Aspettiamo che lui ci telefoni.
We're waiting for him to call us.

E. Expressing doubt or uncertainty

Non sono sicuro che loro siano ricchi.
I am not sure they are rich.

—Caro, sei sicuro che siamo
in una colonia di nudisti?

■ Esercizi

a. *Completare con la forma corretta di* **essere** *all'indicativo o al congiuntivo.*

1. Ho letto che il 6 gennaio _____ giorno di vacanza in Italia.
2. Vuoi dire che tutti gli uffici _____ chiusi?
3. Non so, credo che _____ chiuse solo le scuole.
4. Ho paura che lo spettacolo non ti _____ piaciuto.
5. Ma no, al contrario! Ti assicuro che mi _____ piaciuto moltissimo!
6. Ho l'impressione che il protagonista non si _____ accorto di aver dimenticato alcune battute *(lines)*.
7. _____ vero. Ma Pino dice che non _____ importante. Tu credi che _____ necessario ricordare proprio tutto?
8. I ragazzi sanno che la mamma _____ all'ospedale?
9. Sì, e ho paura che _____ molto preoccupati.
10. Ma il dottore pensa che non _____ niente di grave.

b. *Completare con la forma corretta del verbo dato tra parentesi. Scegliere il presente dell'indicativo o del congiuntivo, secondo il senso.*

ESEMPIO   Siamo d'accordo che Papà (avere) **ha** ragione, ma dubito che Fabrizia (essere) **sia** contenta.

1. Fabrizia sa che le (dare) _____ un aumento di stipendio.
2. È logico che Papà (congratularsi) _____ con lei.
3. Tutti in ufficio dicono che il direttore (essere) _____ molto contento di Fabrizia.
4. Sembra che Fabrizia non (volere) _____ più abitare con i genitori.
5. Il padre di Fabrizia pensa che lei non (potere) _____ comprare un appartamento.
6. È vero che Fabrizia non (avere) _____ abbastanza soldi anche per l'anticipo.
7. Papà spera che Fabrizia (prendere) _____ un appartamento in affitto.
8. Non credi anche tu che (essere) _____ la soluzione migliore?

c. **Vi interessano le persone pessimiste?** *Leggere la seguente storia e poi riscriverla usando il congiuntivo nei casi in cui è possibile.*

Io sono un pessimista nato: ho sempre paura che le cose non riusciranno come voglio io. Per esempio, se ho in programma di andare al mare per il week-end, penso che pioverà o che succederà qualcosa che mi impedirà di andarci. Se compro una camicia o un golf, temo che non mi staranno bene o che non dureranno molto. Quando telefono a un amico, immagino che non sarà in casa o che, se c'è, non mi vorrà parlare. Quando invito una ragazza al ristorante, temo che lei sceglierà il piatto più caro o che i soldi non basteranno.

Quando vado a ballare con gli amici, immagino che tutte le ragazze avranno voglia di ballare con gli altri ma non con me. Non voglio neppure pensare al giorno in cui chiederò a una ragazza di sposarmi: sono sicuro che mi dirà di no!

Il congiuntivo e l'infinito nelle proposizioni dipendenti

The subjunctive is used only if the subject of the dependent clause is different from that of the independent clause. When the subject of both clauses is the same, **di** + *infinitive* is used instead of the subjunctive. The infinitive without **di** is used after verbs of wishing, such as **volere** and **preferire.** Compare:

DIFFERENT SUBJECT	SAME SUBJECT
Siete contenti **che capiscano.**	**Siete contenti** di capire.
You are glad they understand.	*You are glad you understand.*
Spero **che tu abbia ricevuto** una lettera ieri.	Spero **di avere ricevuto** una lettera ieri.
I hope you got a letter yesterday.	*I hope I got a letter yesterday.*
Credono **che io ricordi** tutto.	Credono **di ricordare** tutto.
They think I remember everything.	*They think they remember everything.*
Non vediamo l'ora **che lui parta.**	Non vediamo l'ora **di partire.**
We are looking forward to his leaving.	*We're looking forward to leaving.*
Vuole **che io smetta** di fumare.	Vuole **smettere** di fumare.
He wants me to stop smoking.	*He wants to stop smoking.*

■ Esercizio

Scrivere ogni frase due volte cominciando coi verbi indicati. Fare i cambiamenti necessari.

ESEMPI   Hai abbastanza risparmi. (credi, credo)
Credi di avere abbastanza risparmi.
Credo che tu abbia abbastanza risparmi.

Hai avuto un aumento di stipendio. (siamo contenti, sei contenta)
Siamo contenti che tu abbia avuto un aumento di stipendio.
Sei contenta di aver avuto un aumento di stipendio.

1. Ha mille euro in tasca. (spera, sperano)
2. Commettono un errore. (hai paura, hanno paura)
3. Non ho potuto comprare l'appartamento. (mi dispiace, gli dispiace)
4. Ci ripensa prima di decidere. (vuole, voglio)
5. Non si sono resi conto del problema. (temono, temiamo)
6. Avete trovato la vostra strada. (non credo, non credete)
7. Finisci questo lavoro stasera. (preferisci, preferiamo)
8. L'abbiamo rivista in Italia. (siamo contenti, sei contento)

Verbi ed espressioni impersonali che reggono il congiuntivo[1]

A. The subjunctive is used in dependent clauses introduced by **che** after impersonal verbs and expressions that denote doubt, necessity, possibility, or emotion.

È importante che tu **sia** puntuale.   È probabile che non **abbiano capito.**
It's important that you be punctual.   *It is probable they didn't understand.*

---

[1] For a list of impersonal verbs and expressions that require the subjunctive in a dependent clause, see the Appendix, p. 377.

È meglio che ve ne **andiate**.
It's better for you to leave.

Pare che **piova**.
It seems to be raining.

B. Impersonal verbs and expressions are followed by a verb in the infinitive if that verb has no expressed subject. Compare:

EXPRESSED SUBJECT	UNEXPRESSED SUBJECT
È importante **che tu capisca**.	È importante **capire**.
It's important for you to understand.	*It's important to understand.*
Non è possibile **che io vada** avanti così.	Non è possibile **andare** avanti così.
It's not possible for me to go on like this.	*It's not possible to go on like this.*

■ Esercizi

a. *Formare nuove frasi cominciando con le espressioni date fra parentesi.*

ESEMPIO   Adesso i figli abitano a lungo con i genitori. (è regolare)
    È regolare che adesso i figli abitino a lungo con i genitori.

1. La gente non cambia spesso città. (è interessante)
2. I legami familiari sono stretti. (è bene)
3. Ci sono tanti «mammoni». (pare)
4. I genitori «fanno i genitori» per molto tempo. (è strano)
5. Ti assicuro che le cose stanno così. (è possibile)
6. È difficile trovare un lavoro stabile. (mi dispiace)
7. La situazione non aiuta i giovani ad avere una vita autonoma. (è un peccato)

b. *Riscrivere le seguenti frasi usando il soggetto fra parentesi.*

ESEMPIO   È bene invitare anche gli zii. (tu)
    È bene che tu inviti anche gli zii.

1. È meglio pensarci ora. (io)
2. È importante studiare le lingue straniere. (voi)
3. Non occorre mettersi il cappotto. (lui)
4. Bisogna sapere queste cose. (loro)
5. Basta chiedere a un vigile. (noi)
6. È ora di finirla! (Lei)
7. È difficile trovare una donna di servizio. (loro)
8. È inutile continuare a piangere. (tu)

c. *Oggi tutti parlano di cose da mangiare o da evitare, di cose che fanno bene, di cose che fanno male. Usare **è bene che** o **è male che gli Italiani** con il verbo al congiuntivo.*

ESEMPIO   bere latte scremato *(skim milk)*
    È bene (È male) che gli Italiani bevano latte scremato.

1. mettere zucchero nel caffè
2. mangiare pane con gli spaghetti
3. bere acqua minerale
4. usare margarina invece del burro
5. fare il pane in casa
6. variare la dieta

d. È giusto o no? *Gli studenti devono fare molte cose: molte sembrano utili e necessarie, altre un po' meno. Esprimere un giudizio cominciando con **è giusto che** o **non è giusto che** e usando il congiuntivo presente.*

ESEMPIO   dare esami tre volte all'anno
   (Non) È giusto che diano esami tre volte all'anno.

1. studiare durante il week-end
2. pagare le tasse
3. non fare troppe assenze
4. imparare una lingua straniera
5. avere un mese di vacanza a Natale
6. interessarsi di politica

e. Punti di vista... *Esprimere un punto di vista cominciando con le espressioni **so che, credo che, non credo che, dubito che, è vero che, è possibile che,** ecc., e scegliendo l'indicativo o il congiuntivo.*

1. L'italiano è una lingua importante.
2. Gli Italiani sanno vivere.
3. Gli Italiani guidano come matti.
4. I giovani italiani ammirano l'America.
5. Le relazioni italo-americane sono buone.
6. I film italiani hanno successo in America.

f. Opinioni. *Completare le frasi o rispondere alle domande usando il congiuntivo.*

1. Non credo che gli Italiani...
2. Sono contento/contenta che i miei genitori...
3. È impossibile che...
4. È normale che il marito aiuti la moglie nelle faccende di casa?
5. È giusto che le persone fumino al cinema o nei locali pubblici?
6. È logico che un/una giovane non voglia abitare con i suoi genitori?

g. Secondo me. *Completare le seguenti frasi usando o il congiuntivo o l'infinito, secondo i casi.*

1. Mi sembra logico che...
2. È una cosa normale che...
3. Non ci pare di...
4. Bisogna che...

Congiunzioni che reggono il congiuntivo

A. The following conjunctions introduce dependent clauses that require the subjunctive.

benché **sebbene** **quantunque**	*although*
affinché **perché**[1] **in modo che**	*in order that, so that*

---

[1] **Perché** takes the indicative when it means *because*.

purché	
a patto che	} provided that
a condizione che	

a meno che non[1]	unless
prima che	before
senza che	without
finché (non)[1]	until (referring to future time)

Vado in ufficio **sebbene** non ne **abbia voglia.**
I'm going to the office although I don't feel like it.

Ve lo ripeto **perché** ve lo **ricordiate.**
I'll repeat it to you so that you remember it.

Vengono **a patto che** io li **accompagni** a casa.
They'll come provided (that) I take them home.

Benché questi appartamenti siano cari, Fabrizia spera di poterne comprare uno.

B. **Prima di** + *infinitive* and **senza** + *infinitive* are used when the subject of the main clause and the dependent clause are the same.

DIFFERENT SUBJECT	SAME SUBJECT
Perché non le telefoni **prima che** lei **parta?**	Perché non le telefoni **prima di partire?**
Why don't you call her before she leaves?	*Why don't you call her before leaving (before you leave)?*

ATTENZIONE! dopo che takes the indicative mood!

Telefoniamo **dopo che** tutti **sono usciti.**
We call after everyone has left.

---

[3] The **non** has no negative meaning here.

■ Esercizi

a. *Riscrivere le seguenti frasi usando* **benché, purché** *o* **perché** + *congiuntivo (presente o passato).*

ESEMPI   È ricco ma non è felice.
         Benché sia ricco, non è felice.

         Vi aspettiamo se ritornate.
         Vi aspettiamo purché ritorniate.

         Gli do il libro da leggere.
         Gli do il libro perché lo legga.

1. Nevica e fa freddo ma lui esce senza cappotto.
2. Ti presto gli appunti se me li restituisci prima di sabato.
3. Tu ce lo dici sempre, ma noi non ci crediamo.
4. Hanno mangiato molto ma hanno ancora fame.
5. Le do le cartoline da imbucare.
6. Stanno attenti in classe ma non imparano.
7. Mi piace anche il tè ma preferisco bere caffè.
8. Il dottore è contento se ve ne state a letto due o tre giorni.
9. Gianni, vuoi venire al cinema? —Sì, ci vengo se pagate voi!
10. Gli date gli assegni da depositare.
11. Puoi uscire se hai finito di studiare.
12. L'ho vista molte volte ma non me la ricordo.
13. Mi danno le camicie da stirare.
14. Potete andare se non c'è nessun pericolo *(danger)*.
15. Ti dà gli esami da correggere.
16. Vi do i dischi da ascoltare.
17. Le date una mela da mangiare.
18. Avete acceso la luce ma io non ci vedo.

b. **L'eredità.** *Inserire* **benché, purché, perché, a meno che, finché non.**

   La zia Ginevra ha detto che ti lascerà in eredità la sua villa al mare _____ tu
non vada in Brasile. Ci puoi contare, _____ non cambi idea all'ultimo momento.
Te la lascia _____ tu ci porti Dino e Marcello. Ai bambini fa bene il mare,
_____ non prendano troppo sole. _____ il lavoro in Brasile sia
interessante, non dimenticare che qui a Torino ci sono i tuoi amici. In Brasile sarai sola e triste.
Non ci andare, _____ tu non preferisca stare lontana da tutti noi. Del resto *(After
all)* la zia Ginevra ha quasi cent'anni; puoi bene aspettare _____ vada in paradiso!

c. **Genitori e figli.** *I genitori lasciano Marco a casa da solo per il week-end. Completare le istruzioni lasciate dai genitori di Marco.*

1. Stasera tu ed Elena potete andare alla festa a condizione che...
2. Non aprire la porta a nessuno a meno che...
3. Lascia la chiave a Giuliana affinché...
4. Non dimenticarti di spegnere la televisione prima...
5. Domenica pomeriggio puoi invitare i tuoi amici a casa a patto che...
6. Telefona alla nonna perché...
7. Metti in ordine la tua camera dopo che...

A. The subjunctive is used in dependent clauses introduced by the following indefinite forms ending in **-unque** (*-ever*).

chiunque	*whoever*
qualunque	*any, whatever, whichever (adjective)*
qualunque cosa	*whatever (pronoun)*
comunque, in qualunque modo	*however, no matter how*
dovunque	*wherever*

Qualunque decisione prendiate, non importa.
Whatever decision you make, it doesn't matter.

Ti troverò **dovunque** tu vada.
I'll find you wherever you go.

—Carlo è il cacciatore più leale che abbia mai visto!

B. The subjunctive is often found in relative clauses that follow . . .

1. **il più** + *adjective*   *the most (the . . . est)*
   il meno + *adjective*   *the least*

   Sei la ragazza **più bella** che ci **sia.**
   You're the nicest girl there is.

2. **il solo**   *the only*
   il primo   *the first*
   l'ultimo   *the last*

   Sono **il primo** che **si sia laureato** nella mia famiglia.
   I am the first in my family to have graduated.

3. a negative expression.

   Non conosco **nessuno** che **abbia** tanta pazienza.
   I don't know anyone who has so much patience.

4. an indefinite expression.

un (uno, una)	*a*
qualcuno	*someone*
qualcosa	*something*

Cerchiamo **una** stanza che **sia** in centro.
We are looking for a room that is downtown.

C. With verbs like **non capire, non sapere, chieder(si), domandar(si),** the subjunctive can be used to emphasize doubt in indirect interrogative clauses.

Non so chi **sia!**
I don't know who he is!

Non capisco come **faccia.**
I don't understand how he can do it.

▪ Esercizio

Completare le seguenti frasi usando il congiuntivo.

ESEMPIO   Conosco un ristorante che è aperto dopo mezzanotte.
Cerco un ristorante che **sia aperto dopo mezzanotte.**

1. Conosco un professore che parla sette lingue.
   Non conosco nessun professore che...
2. C'è qualcosa che potete fare.
   Non c'è niente che...
3. Sono gli esempi che ho usato.
   Sono i soli esempi che...
4. È il dottore che conosco.
   È il più bravo dottore che...
5. Che cosa ti succede?
   Non capisco che cosa...
6. È lo studente che ha avuto l'influenza.
   È il solo studente che...
7. Quelli che vogliono possono vedere gli esami.
   Chiunque...
8. Che ora è?
   Non so che...
9. Dove sono andati?
   Mi domando dove...
10. Hanno un collega che non fuma.
    Preferiscono un collega che...
11. Ci piacciono gli insegnanti che hanno molta pazienza.
    Cerchiamo insegnanti che...
12. Mario trova un libro che gli piace.
    Mario cerca un libro che...
13. Ecco un romanzo che è facile e divertente.
    Vuole un romanzo che...
14. Ho comprato un cappotto che mi tiene caldo.
    Ho bisogno di un cappotto che...
15. Hanno una segretaria che sa il tedesco e il francese.
    Cercano una segretaria che...

■ Vocabolario utile

l'ansia anxiety, anxiousness
la fonte source
il rapporto relationship
lo squillo (telephone) ring

fingere (**di** + *inf*) (*pp* **finto**) to pretend
***comportarsi** to behave
indossare to put on (clothing)
***lasciarsi** (+ *inf*) to allow oneself to be
   lasciarti mantenere dai genitori to let
   yourself be supported by your parents
rendere (+ *adj*) (*pp* **reso**) to make
***riuscire** (**a**/**di** + *inf*) to succeed in
trascorrere (*pp* **trascorso**) to spend (time)

angosciato worried, distressed
disponibile available
folle mad, crazy, foolish
   l'amore folle mad love
insuperabile insurmountable
sudato sweaty

L'autrice Lara Cardella

■ Prima di leggere

Questo brano, «Una ragazza normale», è preso dal romanzo dello stesso titolo. L'autrice, Lara Cardella, è nata in Sicilia e ha frequentato l'università di Palermo. Cardella è diventata famosa per il suo primo romanzo, il best-seller *Volevo i pantaloni* che ha scritto quando aveva soltanto diciannove anni. *Volevo i pantaloni* è la storia di una ragazza che desiderava liberarsi dal controllo severo dei suoi genitori e dalle norme soffocanti del piccolo paese in cui viveva. Il romanzo affronta il problema della repressione delle donne in Sicilia e per questo motivo ha causato uno scandalo. Infatti l'autrice, come la sua protagonista, è stata messa al bando° dal suo paese natio. Cardella ha scritto *Una ragazza normale* cinque anni dopo, nel 1994. Benché la storia sia molto diversa, anche questo romanzo tratta di una ragazza che vive in famiglia e che cerca di stabilire una sua propria identità.

messa... : banished

In gruppi di due o tre studenti, discutete le seguenti domande:

1. Abitate in questo momento con la vostra famiglia? Perché sì o no?
2. Immaginate di avere ventisei anni e di vivere ancora in casa con i genitori. Siete in buoni rapporti con loro? Credete che sia difficile avere un ragazzo/una ragazza? Pensate che sia possibile parlare con lui/lei in confidenza? Discutetene.

3. La protagonista del brano vuole essere una ragazza normale. Cosa pensate che sia «normale»? Secondo voi, perché una persona vorrebbe essere considerata normale? Come volete essere voi? Perché?
4. Immaginate di avere un ragazzo/una ragazza che volete lasciare ma non sapete come dirglielo. Cosa fate? Avete mai notato un segno che il ragazzo/la ragazza voleva lasciarvi? Raccontate la vostra storia.

■ Una ragazza normale

Deianira è una ragazza come tante. Così, almeno, la vedono gli altri; carina come tante, simpatica come tante, disponibile come tante, normale... Cosa è normale? Entro le righe°, mai eccessiva, quasi sempre repressa. Deianira non risponde mai male agli altri, perché non vuole che soffrano o, forse, molto più probabilmente, perché ha paura. Paura
5 di non essere normale, di non essere accettata, di non essere amata... E allora finge, con tutti.
(...)
   Del resto, Deianira ha ventisei anni e, dopo ventisei anni trascorsi ad interpretare un certo ruolo, non è facile, davvero, riuscire a liberarsi di tutto... Per i genitori sarebbe un
10 trauma insuperabile. Vedete, la madre di Deianira è una donna molto dolce e buona, sapete, quel genere di persona che prepara dolcetti in casa per le amiche della figlia e piange di felicità quando l'adorata, unica figlia, indossa per la prima volta la prima di reggiseno° (...) da una vita comprato° e preparato per l'occasione. Ecco, la madre di Deianira è così. (...)
   Il padre di Deianira. Beh, lui è molto diverso dalla madre, è autoritario, anche un
15 tantino arrogante, ma solo a casa. Voglio dire, in ufficio si trasforma: esce un leone da casa ed entra nella stanza del direttore da pecorella. (...)

   E domani arriva: (...) anche se Deianira non ama la primavera, si sveglia serena, riposata. Poi, subito, l'ansia: che ora è? Spera, con tutta se stessa, che siano le undici meno qualche minuto, perché Giovanni la chiamerà alle undici e lei non vuole
20 assolutamente dover aspettare quella telefonata. Ma è mai possibile che una persona già da appena sveglia (...) debba immediatamente essere assalita dai pensieri? Perché non può svegliarsi, alzarsi, fare colazione, senza avere niente in testa? Guarda l'orologio: sono le dieci meno un quarto: settantacinque minuti da far passare (...) Si alza e va in cucina...
(...)
25   Deianira sorseggia° il suo caffè (...). Felicità... Amore... Giovanni... Non deve pensare a lui, deve parlare, tenere impegnata la mente°, pensare ad altro, non pensare proprio (...) Il problema è che Deianira vuole essere lasciata° e non sa come fare, teme di non riuscirci, ma soprattutto soffre di ansia... Questo tratto° caratteristico della sua personalità è stato sempre una delle principali fonti dei suoi sbagli e abbagli°
30 sentimentali. Perché Deianira scambiava questa ansia, insita° in lei, per amore folle, passione (...). Eppure, Deianira sapeva benissimo che Giovanni avrebbe telefonato alle undici (...); perché lui era puntuale, abitudinario e, soprattutto, non aveva nient'altro di meglio da fare... Doveva laurearsi, è vero, ma detestava studiare, e lasciarsi mantenere dai genitori non gli sembrava una prospettiva, una realtà così umiliante... (...) È
35 angosciata, sta aspettando quello squillo, fuma voracemente, non riesce a concentrarsi

Entro... : Between the lines

prima... : her first bra, size one / *da... :* bought a long time ago

sips
tenere... : keep her mind busy / *essere... :* to be dumped / *feature*

blunders
innate

su nulla, non fa che° pensare a lui: non è amore questo? (...) non fa che guardare **non... :** *she does*
l'orologio (ancora un quarto d'ora), non fa che aspettare, ha la tachicardia, le mani *nothing but*
sudate... Lo ama, non può che essere amore (...) E forse si sposeranno, così renderà
40 felici anche i suoi genitori, perché lui è l'uomo della sua vita, l'unico che sappia
renderla così felice, così in ansia, così innamorata... E ci crede, ci vuole credere,
continua a voler dimenticare il disgusto che la voce, la sola voce di Giovanni, le
arreca°... Si è riinnamorata di lui, ne ha fatto di nuovo il centro della sua esistenza, **le... :** *causes her*
fino a quando... Fino a quando non si sente la sua voce, e si ritrova catapultata a terra,
45 e si accorge che davvero non prova altro per lui se non disgusto e noia...
«Deia, sono Giovanni...»

Lara Cardella, da *Una ragazza normale*

■ Comprensione

1. Che carattere ha Deianira? In che senso è «normale»? Come si comporta con i suoi amici e la sua famiglia?
2. Con chi abita? Come sono i suoi genitori?
3. Quando Deianira si sveglia, di che cosa si preoccupa? Che cosa aspetta?
4. Chi è Giovanni? Com'è? Cosa fa e dove abita? Perché?
5. Quando Deianira si sveglia, cosa vuole dal suo rapporto con Giovanni?
6. Questo brano ci presenta i numerosi pensieri di Deianira riguardo a Giovanni. Però i suoi sentimenti cambiano tanto da un momento all'altro. Come si sente Deianira verso Giovanni all'inizio del brano? Nel mezzo? Alla fine? Descrivete i cambiamenti nei suoi pensieri e sentimenti. Perché Deianira non sembra avere un'opinione fissa?

■ Studio di parole

confidence

fiducia
confidence, trust, faith, reliance

È un uomo che non ispira fiducia.
He's a man who doesn't inspire confidence.

avere fiducia in, *fidarsi di
to trust

Ho fiducia nel (Mi fido del) mio amico.
I trust my friend.

confidenza
something that is confided; a secret

Ti posso fare una confidenza?
May I confide in you?

Te lo dico in confidenza.
I'm telling it to you in confidence.

sign

segno
sign, indication, gesture, motion

È un brutto segno quando i figli
    litigano con i genitori.
*It's a bad sign when children argue with
    their parents.*

fare segno
to motion

Mi hanno fatto segno di seguirli.
They motioned to me to follow them.

cartello

written or printed sign

Perché non metti un cartello sulla tua porta?
Why don't you put a sign on your door?

insegna

sign on a business or public facility

Vi piace l'insegna di quel bar?
Do you like that bar's sign?

segnale (*m*)

standardized instructional sign or signal

Tu capisci tutti i segnali stradali?
Do you understand all the road signs?

■ Pratica

a. *Scegliere la parola o l'espressione che completa meglio la frase.*

1. I genitori dovrebbero aver _____ nel giudizio dei figli.
2. Una luce rossa è un _____ di pericolo.
3. Non devi dirlo a nessuno: è una _____!
4. Gli ho chiesto: «Vieni?» e lui mi ha fatto _____ d'aspettare.
5. Hanno messo un _____ sulla porta. Dice: «Lezioni d'italiano. Venticinque dollari all'ora».
6. Ti dà fastidio l'_____ al neon di quel negozio?

b. Una cena per un'amica. *Scegliere la parola o l'espressione che completa meglio la frase.*

Domani è il compleanno di Deia e Giovanni pensa di prepararle una cena meravigliosa. Giovanni lo dice in _____ alla mamma di Deia. Giovanni _____ di lei; il segreto è sicuro. Giovanni fa tutto per la festa. Scrive un _____ con le parole «Tanti auguri!» Ha anche bisogno di una buonissima torta. Quando vede _____ «Pasticceria da Marina» ci entra e ordina una torta meravigliosa al limone. Infine Giovanni telefona a Deia per invitarla a cena. Ma lei risponde che non ha voglia di uscire; preferisce guardare la TV! Questo è un brutto _____ per il loro futuro.

c. *Domande per Lei.*

1. In che tipo di persone non ha fiducia Lei?
2. A chi ama fare confidenze?
3. Ha mai fatto una confidenza a Sua madre o Suo padre? Perché sì o perché no?
4. Da bambino/a, ha mai messo un cartello sulla porta della Sua camera da letto? C'era un cartello sulla porta di un fratello/una sorella? Se sì, cosa diceva?
5. Sotto quale segno è nato/a?[1] Quali sono le caratteristiche delle persone nate sotto il Suo segno?

---

[1] The names of the signs are **Ariete** (*m*), **Toro, Gemelli, Cancro, Leone, Vergine** (*f*), **Bilancia, Scorpione** (*m*), **Sagittario, Capricorno, Acquario, Pesci.**

⊛ Temi per componimento o discussione

1. I giovani hanno bisogno di staccarsi dalla famiglia e di vivere la propria vita. Secondo voi, dove finisce l'autorità dei genitori? Dove comincia la libertà dei figli?

2. Qualche volta i giovani americani tornano ad abitare con i loro genitori, ad esempio dopo la fine dell'università o quando ci sono problemi personali o quando non trovano un lavoro. Cosa si aspettano da papà e mamma? Cosa danno in cambio? Secondo voi, è una buon'idea fare così?

3. In Italia ci sono molti giovani che vivono in famiglia con i loro genitori, spesso fino a quando si sposano. In America i giovani vanno via di casa molto presto, o per continuare gli studi o perché hanno un lavoro. Ci sono dei vantaggi e degli svantaggi in tutti e due i modi di vivere. Quali sono? In quale situazione preferireste vivere voi?

4. Nel brano che avete letto, Deianira ha voglia di separarsi dal suo ragazzo. Però lei ha anche un carattere molto mutevole *(changeable)*. Il brano finisce nel momento in cui Deianira risponde alla telefonata di Giovanni. Di che cosa parleranno? Cosa succederà? Scrivete la loro conversazione e rappresentatela in classe. Usate le forme del congiuntivo nel vostro dialogo.

5. In «Una ragazza normale» avete letto la storia del rapporto fra Deianira e Giovanni attraverso il punto di vista di Deianira. Secondo voi, come si sente Giovanni? Quali sono i suoi pensieri quella mattina, prima di telefonare a Deianira? Raccontate la storia dal punto di vista di Giovanni.

RICERCA WEB

1. Si chiama contestazione il movimento giovanile di protesta nei confronti delle strutture scolastiche da cui è nata una radicale opposizione al sistema sociale, economico e politico. La contestazione si è sviluppata in Europa e in America verso la fine degli anni Sessanta.
   a. La contestazione
   b. Il Sessantotto italiano

2. La vita universitaria italiana è diversa da quella del Nord America. Fate una breve ricerca sulle attività sportive e culturali degli studenti italiani. Potete usare:
   a. CUS (Centro Universitario Sportivo)
   b. Vita universitaria

Un lavoro noioso. Simona abita da sola e lavora in una banca, ma non è contenta e vuole smettere. Gli amici offrono opinioni e commenti.

SIMONA:	Basta! È un lavoro noioso. All'ufficio prestiti° viene solo gente piena di problemi. Io lascio tutto.
GIANNI:	Ma come ti viene in mente?
TINA:	Devi capire che al giorno d'oggi° chi ha un lavoro se lo tiene!
GRAZIA:	Mi preoccupi! Ho paura che non potrai pagare l'affitto e dovrai tornare a casa.
TINA:	Ti dovresti proprio adattare.
GIANNI:	Cosa posso fare per aiutarti? Vuoi che chieda a mio padre se c'è una possibilità nella sua ditta?
SIMONA:	Dici davvero? Lo puoi fare? Che bello avere amici come te. Ma allora aspetto!
GIANNI:	Meno male!

loan office

nowadays

Convincere

È vero che... ma dovresti/potresti...	*It's true that . . . but you should/could . . .*
Devi riconoscere che...	*You must acknowledge that . . .*
Devi capire che...	*You must understand that . . .*
Devi ammettere che...	*You must admit that . . .*
Come puoi pensare che... ?	*How can you think that . . . ?*
	What makes you think that . . . ?
Come ti viene in mente di... ?	*How can it cross your mind to . . . ?*

Esprimere preoccupazione

Mi preoccupo per te/loro.	
Ho paura che tu...	
Ho paura di...	
Temo che sia sbagliato...	*I'm afraid it's wrong . . .*

Esprimere sollievo

Meno male!	
Ringraziamo il cielo!	*Thank God!*
Finalmente!	*At last!*
Meglio così!	*So much the better!*
Oh, che bellezza!	*How nice!*
Per fortuna che...	*Luckily . . .*

Offrire aiuto

Ti posso aiutare?	
Cosa posso fare per aiutarti?	
Vuoi che vada/faccia/compri...	
C'è niente che posso fare per te?	
Puoi contare su di me.	*You can count on me.*

Che cosa dice?

1. Un Suo amico/Una Sua amica è in gravi difficoltà finanziarie. Lei è ricco/a.

2. Un amico Le propone di interrompere gli studi e di andare con lui ad avviare un'azienda agricola in Cile. Lei non è sicuro/a che l'avventura finisca a Suo vantaggio.

3. Un Suo amico italiano vive in famiglia. Secondo Lei, dovrebbe essere indipendente. Che cosa gli dice per convincerlo?

4. Lei è all'aeroporto da tanto tempo. L'aereo su cui viaggiano i Suoi genitori ha moltissimo ritardo e non si capisce perché. Dopo ore di attesa Lei legge sullo schermo televisivo che l'aereo è atterrato.

Situazioni

1. Suo fratello non va d'accordo con la moglie, vuole lasciarla e andare a vivere con un'altra donna. Lei pensa che le conseguenze saranno disastrose e cerca di fargli cambiare idea.

2. Una Sua amica voleva andare ad abitare con un tipo che Lei trova proprio antipatico, ma lui è partito all'improvviso. Lei pensa che sia meglio così. Cosa dice alla Sua amica per esprimere il Suo sollievo?

3. La Sua amica Gioia è in crisi. Le spiega che deve ancora finire una relazione per domani e non farà in tempo a inserirla nel computer. Lei offre aiuto. Che cosa dice Gioia? Che cosa dice Lei?

Quale sarà la situazione? Padre e figlia? Colloquio di lavoro? Di che cosa parleranno?

Ma come, non hai la macchina?

Scherzavo. Serena e Silvano hanno bisogno di una macchina nuova, ma quella che piace a Silvano costa troppo e Serena ha qualcosa da dire in proposito.

SILVANO: Magari potessimo permetterci una macchina così! È meravigliosa! Se chiedessimo un prestito?

SERENA: Credevo che fossi una persona ragionevole! Quella è una macchina da milionari!

SILVANO: E io credevo che tu capissi quanto mi piacciono le belle macchine!

SERENA: Ma sì, sì, lo so, ti capisco, ma come puoi pensare che io sia d'accordo? È una follia!

SILVANO: Beh, sì... Bisognerebbe che mi aumentassero lo stipendio...

SERENA: Che ti stia tornando la ragione? Con tutti gli anni che hai passato a studiare, credevo che avessi imparato a fare i conti!

SILVANO: Ma dai! Scherzavo! Davvero pensavi che dicessi sul serio?

VIVERE IN ITALIA | Automobile ed ecologia

Secondo Ecoage.com (Community ecologista indipendente) in Italia circolano 768 automobili per ogni 1000 abitanti, mentre la media europea è di 591,9. Il risultato è che, specialmente nelle grandi città, la gente respira smog. I comuni prendono iniziative per risolvere la situazione, hanno istituito il blocco periodico del traffico in città, di solito durante il fine settimana, e la circolazione a giorni alterni in base al numero di targa *(license plate)*. Ma non sono provvedimenti sufficienti, dicono gli ambientalisti *(environmentalists)*. Bisogna usare automobili ecologiche, cioè elettriche o ibride, bisogna produrre autobus a idrogeno, bisogna convincere la gente ad usare i mezzi di trasporto pubblici e ad andare a lavorare facendo carpooling.

Negli ultimi decenni gli Italiani hanno sviluppato una forte coscienza ecologica, grazie anche all'attività di organizzazioni come Legambiente, WWF (World Wildife Fund), Amici della Terra e il partito dei Verdi. Si riconosce l'importanza della protezione dell'ambiente e ai cittadini si chiede di collaborare. Funziona in tutta la penisola, in particolare nelle grandi città, la raccolta differenziata dei rifiuti solidi *(raccolta... : sorting of solid waste)*: i vetri si depositano nelle «campane», i grandi contenitori ben visibili sui marciapiedi *(sidewalks)* in ogni quartiere; le medicine non usate o scadute *(expired)* si riportano in farmacia, esistono speciali contenitori per le pile *(batteries)* usate. Anche metalli, carta, fibre tessili *(textiles)* e plastica vengono raccolti separatamente e, per quanto possibile, riciclati.

L'idea che l'ambiente deve essere protetto si diffonde sempre di più. È nato il sito web «Idee in fumo», rivolto specialmente ai giovani, a sostegno *(support)* della nuova legge contro il fumo. L'Associazione Italiana Città Ciclabili promuove l'uso della bicicletta nelle aree urbane: a Torino sono già in funzione 65 kilometri di piste ciclabili *(piste: bicycle paths)*. Per invitare la gente a lasciare a casa l'automobile esiste il treno «low cost» anche per viaggi all'estero. Si diffonde il concetto che è importante usare energia rinnovabile: la Regione Toscana ha reso *(made)* obbligatorio l'uso dei pannelli solari nelle nuove costruzioni. Esiste perfino un'associazione di guardie ecologiche volontarie che aiutano a far applicare le leggi e i regolamenti.

■ Vocabolario utile

l'ambiente environment
l'ambientalista environmentalist
la carrozzeria (car) body
cc cubic centimeter
l'energia energy
l'inquinamento pollution
la media average
il motore engine
la porta door
il provvedimento measure
la ruota wheel

obbligatorio compulsory
ragionevole reasonable

diffondere to spread
respirare to breathe

Usiamo la mascherina per non respirare smog.

prendere iniziative to take measures   **riciclare** to recycle   **di solito** usually
*__potersi permettere__ to be able to afford **sviluppare** to develop   **sul serio** seriously

■ Esercizi

a. *Rispondere alle domande seguenti.*

1. Cosa potrebbe fare Silvano per comprare la macchina che gli piace?
2. Cosa pensa Serena? È d'accordo? Perché?
3. Di che cosa avrebbe bisogno Silvano?
4. Silvano pensa davvero di comprare la macchina che gli piace tanto?

b. *Rispondere alle domande che seguono.*

1. Quali provvedimenti prendono i comuni contro lo smog?
2. Quali sono i mezzi di trasporto ecologici?
3. Che cosa vogliono proteggere gli ambientalisti?
4. Dove si depositano gli oggetti di vetro nelle città italiane?
5. Perché ci sono treni «low cost»?
6. Qual è un esempio di energia rinnovabile?

■ A voi la parola

a. Troppe macchine in circolazione. *In piccoli gruppi, rispondete alle domande che seguono e para-gonate le vostre conclusioni con quelle degli altri gruppi.*

1. Lo smog è un grave problema delle città italiane, in particolare al nord della penisola dove è maggiore la concentrazione degli abitanti. Esistono difficoltà simili dove abitate voi? Ci sono misure per limitare il traffico e la contaminazione dell'aria?
2. Gli ambientalisti italiani insistono sulla necessità di produrre automobili ecologiche che non contribuiscano alla contaminazione dell'ambiente. Nel Nord America si diffondono le auto ibride. A voi interessano? Perché? Quali problemi risolvono?
3. Sebbene in Italia ci sia un'ampia rete di trasporti pubblici come autobus, filobus *(trolleybus)*, tram *(streetcars)*, metropolitana *(subway)* e treni, chi può preferisce usare la propria auto. Succede lo stesso nella vostra città? Quali sono le vostre preferenze personali? Perché?

LEGAMBIENTE

**Centro Nazionale
per lo Sviluppo Sostenibile di Legambiente**

Il piacere di conoscere

Nella magia del Parco della Maremma
Legambiente
organizza soggiorni ecologici
per singoli, gruppi e associazioni.

Fino al 30 Aprile pensione completa a soli 35 euro.

*Centro Nazionale per lo Sviluppo Sostenibile
Loc. Enaoli 58010 Rispescia (Gr)
tel. 056448771 fax 0564487740
www.csslegambiente.org* - info@csslegambiente.org

b. **Ecologia.** *Discutete le domande sui problemi dell'ambiente e paragonate le vostre opinioni con quelle dei compagni.*

1. Conoscete organizzazioni americane che si occupano di ecologia? Ne fate parte? Vi piacerebbe partecipare ad una vacanza-studio come quella proposta da Legambiente? Sì, no, perché?
2. Qualcuno di voi partecipa, o ha partecipato, ad un lavoro volontario a scopo ecologico? Di che cosa si tratta, si trattava?
3. In molte città americane è in atto il riciclaggio dei rifiuti domestici. Come funziona rispetto all'Italia? Voi e i vostri compagni partecipate? Sì, no, perché?
4. In Italia c'è una legge contro il fumo in tutti i locali pubblici e in tutti gli uffici. Secondo voi è bene che la legge si diffonda in Italia e in Europa? Perché sì, perché no?

c. **Smart Cars** *e «macchinette» diventano frequenti nelle città italiane. Cosa pensate di un mezzo di trasporto così? Scambiate le vostre opinioni con quelle dei vostri compagni.*

1. Le trovate divertenti? C'è posto solo per due persone e un paio di pacchi. Vi attrae l'idea di possederne una? Sì, no, perché?
2. Secondo voi, avrebbero successo negli Stati Uniti? Perché sì, perché no?

Smart Car. Due o tre porte, corta, facile da parcheggiare e da guidare nel traffico, ha un motore piccolo (698 cc.), consuma poco.

«Macchinetta». Motorino con carrozzeria a quattro ruote, due porte, motore piccolissimo (50 cc.), velocità massima 50 km/h., si parcheggia sempre, consuma pochissimo. La usano i ragazzi.

I. Congiuntivo imperfetto e trapassato

A. The **congiuntivo imperfetto** *(imperfect subjunctive)* is formed by adding the characteristic vowel for the conjugation plus the appropriate endings to the stem. The endings are the same for all three conjugations: **-ssi, -ssi, -sse, -ssimo, -ste, -ssero.**

	AMARE	CREDERE	FINIRE
che io	ama**ssi**	crede**ssi**	fini**ssi**
che tu	ama**ssi**	crede**ssi**	fini**ssi**
che (lui/lei)	ama**sse**	crede**sse**	fini**sse**
che (noi)	am**assimo**	cred**essimo**	fin**issimo**
che (voi)	ama**ste**	crede**ste**	fini**ste**
che (loro)	am**assero**	cred**essero**	fin**issero**

1. Very few verbs are irregular in the imperfect subjunctive. The most common are shown below.

	ESSERE	DARE	STARE
che io	fossi	dessi	stessi
che tu	fossi	dessi	stessi
che (lui/lei)	fosse	desse	stesse
che (noi)	fossimo	dessimo	stessimo
che (voi)	foste	deste	steste
che (loro)	fossero	dessero	stessero

2. Verbs that use the Latin stem to form the **indicativo imperfetto** use the same stem in the **congiuntivo imperfetto.**

	BERE (BEVEVO)	DIRE (DICEVO)	FARE (FACEVO)	TRADURRE (TRADUCEVO)
che io	bevessi	dicessi	facessi	traducessi
che tu	bevessi	dicessi	facessi	traducessi
che (lui/lei)	bevesse	dicesse	facesse	traducesse
che (noi)	bevessimo	dicessimo	facessimo	traducessimo
che (voi)	beveste	diceste	faceste	traduceste
che (loro)	bevessero	dicessero	facessero	traducessero

B. The **congiuntivo trapassato** (*past perfect subjunctive*) is formed with the imperfect subjunctive of **avere** or **essere** plus the past participle of the verb.

VERBS CONJUGATED WITH *avere*			VERBS CONJUGATED WITH *essere*		
che io	avessi	amato	che io	fossi	partito/a
che tu	avessi	amato	che tu	fossi	partito/a
che (lui/lei)	avesse	amato	che (lui/lei)	fosse	partito/a
che (noi)	avessimo	amato	che (noi)	fossimo	partiti/e
che (voi)	aveste	amato	che (voi)	foste	partiti/e
che (loro)	avessero	amato	che (loro)	fossero	partiti/e

Uso del congiuntivo imperfetto e trapassato

A. The imperfect and past perfect subjunctive are used in the very same cases in which the present and past subjunctive are used. (See Chapter 8, pp. 191–203.)

B. The tense of the subjunctive used in the dependent clause is determined by the time relationship between the actions of the two clauses. If the action of the dependent clause:

1. takes place at about the same time as or shortly after the action of the independent clause,   use→   imperfect subjunctive

2. took place before the action of the independent clause,   use→   past perfect subjunctive

Temevo che **avesse** un incidente.
I was afraid he might have an accident.

Non volevo che lui **comprasse** una macchina veloce.
I did not want him to buy a fast car.

> concurrent action

Temevo che lui **avesse avuto** un incidente.
I was afraid that he might have had an accident.

Speravo che lui non **avesse comprato** una macchina veloce.
I was hoping that he had not bought a fast car.

> past action

The imperfect and past perfect subjunctive are also used if the main clause contains a verb in the conditional that indicates will (**volere**), desire (**desiderare**), or preference (**preferire**).

Vorrei che lui finisse l'università.
I would like him to finish college.

Preferirei che lui avesse finito l'università.
I would prefer that he had finished college.

Avrei preferito che lui avesse finito l'università.
I would have preferred that he had finished college.

Il congiuntivo usato da solo

The subjunctive tenses can also be used in independent clauses to express:

A. a deeply felt wish that something should come about. The present subjunctive is used in this case.

> Che Dio ti benedica!
> *God bless you!*
>
> Dio vi accompagni!
> *God be with you!*

B. a wish or a desire whose fulfillment seems unlikely, or a regret that something did not happen in the past. **Oh, almeno, magari,** and **se** often introduce such expressions, followed by the imperfect or the past perfect subjunctive.

> Fosse vero!
> *I wish it were true!*
>
> Se avesse fatto ingegneria!
> *If only he/she had graduated in engineering!*

C. a sense of doubt or an assumption *(Is it possible that . . . ? Do you suppose that . . . ?)*. This expression is often introduced by **che.**

> Che l'abbiano già saputo?
> *Do you suppose they've already found out?*
>
> Che fosse innamorato di me?
> *Is it possible he was in love with me?*

■ Esercizi

a. Una macchina di lusso? *Trasformare le frasi al passato usando l'imperfetto del congiuntivo.*

> ESEMPIO   Non mi piace che tu spenda tanto.
> **Non mi piaceva che tu spendessi tanto.**

1. Serena teme che Silvano voglia una macchina di lusso.
2. Serena spera che lui faccia una scelta ragionevole.
3. Silvano desidera che gli aumentino lo stipendio.
4. Serena ha paura che Silvano faccia una follia.
5. Silvano crede che Serena non lo capisca.
6. Serena non immagina che Silvano stia scherzando.
7. Silvano si meraviglia che Serena non capisca lo scherzo.
8. È necessario che alla fine siano d'accordo.

b. A vent'anni... *La nonna Piera racconta di quando lo zio Giovanni andò via di casa per una settimana. Trasformare le frasi al passato, usando la forma corretta del trapassato del congiuntivo.*

> ESEMPIO   Giovanni è l'unico figlio che abbia mai fatto una cosa simile.
> **Giovanni era l'unico figlio che avesse mai fatto una cosa simile.**

1. Tutti credono che gli sia accaduto qualcosa.
2. Nessuno sa che cosa sia andato storto *(to go wrong)*.
3. Noi non sappiamo dove sia andato.

4. È probabile che Giovanni non abbia voluto telefonare di proposito *(on purpose)*.
5. Sembra che noi non abbiamo capito l'intera situazione.
6. Gli dispiace che siamo stati in pensiero.
7. Lia e Isa pensano che voi non vi siate accorti di niente.

c. **Occasioni mancate.** *Immagini di parlare con un compagno/una compagna delle occasioni mancate della sua vita. Usare le espressioni* **oh, magari, almeno,** *e* **se.**

> ESEMPIO io / studiare storia dell'arte a Firenze
> **Almeno avessi studiato storia dell'arte a Firenze!**

1. miei genitori / darmi più libertà
2. il mio fidanzato / comprare quell'appartamento in via Tassoni
3. io e Luca / andare a lavorare all'estero
4. tu / vincere tanti soldi alla Lotteria di Capodanno
5. mamma / permetterci di uscire la sera
6. voi / non dare un tale dispiacere al nonno Tino

d. **Vita d'ufficio.** *Il vostro capo è stato chiamato d'urgenza nell'ufficio del presidente. Cercate di immaginare con i vostri colleghi che cosa sia potuto accadere. Inventare delle frasi usando le espressioni seguenti o altre espressioni da voi scelte.*

> ESEMPIO licenziare qualcuno
> **Che abbiano in mente di licenziare qualcuno?**

1. dare il permesso di uscire un'ora prima
2. dare le dimissioni
3. andare in pensione
4. aumentare lo stipendio
5. organizzare uno sciopero
6. diminuire la produzione
7. esserci un errore nel bilancio
8. accorgersi dell'assenza di Mario

e. **Vita in famiglia.** *Formare un'unica frase usando* **di** *+ infinito o* **che** *+ congiuntivo, secondo il senso.*

> ESEMPI Marina era contenta. Usciva con Leo.
> **Marina era contenta di uscire con Leo.**
>
> Marina era contenta. I suoi la lasciavano uscire con Leo.
> **Marina era contenta che i suoi la lasciassero uscire con Leo.**

1. Fabrizia si preoccupava. Non aveva abbastanza soldi per comprare un appartamento.
2. Il padre aveva paura. Fabrizia aveva preso una decisione sbagliata.
3. I figli non volevano. I genitori li sorvegliavano.
4. A Grazia dava fastidio. Il suo ragazzo non le aveva telefonato.
5. Ci dispiaceva molto. Non ricordavamo il nome della madre di Leo.
6. Simona era preoccupata. Il marito non era tornato.
7. Lui era sorpreso. Era arrivato con tanto ritardo.
8. Alla bambina faceva piacere. Il papà le aveva portato un regalo.

A. The following chart shows the sequence of tenses when the verb in the independent clause is in the *present*, *future*, or *imperative*.

INDEPENDENT CLAUSE	DEPENDENT CLAUSE	
Presente **Futuro** **Imperativo**	Concurrent action Past action	**Congiuntivo presente** **Congiuntivo passato**

Dubito che **capiscano.**
I doubt they understand.

Dubito che **abbiano capito.**
I doubt they (have) understood.

Siamo contenti che **vengano.**
We're glad they are coming.

Siate contenti che **siano venuti!**
Be glad that they came!

Credete che **piova** domani?
Do you think it will rain tomorrow?

Non crederete che Mario **si sia divertito.**
You won't believe Mario has had a good time.

Contrary to the above sequence, the *imperfect subjunctive* is used in the dependent clause when the verb reports a habitual action in the past or a past condition or state of being. A test of this usage is that the **imperfetto** would be used if the clause were independent.

Pare che gli antichi **morissero** giovani. (Gli antichi **morivano** giovani.)
It seems that the ancients died young.

Crediamo che lui **fosse** stanco quel giorno. (Lui **era** stanco quel giorno.)
We think that he was tired that day.

B. The following chart shows the sequence of tenses when the verb in the independent clause is in any *past tense* or in the *conditional*.

INDEPENDENT CLAUSE	DEPENDENT CLAUSE	
Imperfetto **Passato prossimo** **Passato remoto** **Trapassato** **Condizionale presente** **Condizionale passato**	Concurrent action Past action	**Congiuntivo imperfetto** **Congiuntivo trapassato**

Dubitavo che **ascoltassero.**
I doubted they were listening.

Dubitavo che **avessero ascoltato.**
I doubted they had listened.

Preferiremmo che tu **venissi** ora.
We would prefer that you come now.

Avremmo preferito che tu **fossi venuto** ieri.
We would have preferred that you had come yesterday.

After **come se** (*as if*) the *imperfect* and *past perfect* subjunctive are used, no matter what the tense is in the independent clause.

Gli volevamo bene come se **fosse** nostro figlio.
We loved him as if he were our own son.

Voi parlate come se **aveste capito** tutto.
You talk as if you had understood everything.

C. The following examples illustrate the sequence of tenses in the subjunctive.

Credi che
{
Gianni lavori alla FIAT?
Gianni abbia lavorato alla FIAT?
Gianni lavorasse alla FIAT quando preparava la tesi?
}

Credevi che
{
Gianni lavorasse alla FIAT?
Gianni avesse lavorato alla FIAT?
}

Ti pago il cinema
{
purché tu finisca i compiti.
purché tu abbia finito i compiti.
}

Gli pagavo il cinema
{
purché finisse i compiti.
purché avesse finito i compiti.
}

D. Remember that the future of the past is always expressed with the past conditional (see p. 171).

Credevi che dopo la laurea Gianni **avrebbe lavorato** alla FIAT?
Did you believe that after graduating Gianni would work for FIAT?

■ Esercizi

a. *Completare le seguenti frasi con la forma corretta del congiuntivo.*

1. Prende iniziative senza che noi glielo chiediamo.
   Ha preso iniziative ...
2. Non sapevo che cosa si potesse permettere.
   Non so che cosa ...
3. È importante che usiate i pannelli solari.
   Sarebbe importante ...
4. Spero che Lei non respiri troppo smog in città.
   Speravo che Lei ...
5. Bastava un esempio perché io potessi capire.
   Basta un esempio perché ...
6. Pensavo che fosse una persona ragionevole.
   Penso che ...
7. Lui insiste perché io porti il vetro a riciclare.
   Lui insisteva perché ...
8. Mi hanno comprato una bicicletta nuova perché io non usassi la macchina.
   Mi comprano ...
9. Chi avrebbe voluto che io diventassi ambientalista?
   Chi vorrà ...

Non credevo che la benzina in Italia costasse tanto così.

b. *Completare le seguenti frasi con la forma corretta del verbo dato fra parentesi.*

ESEMPIO   Sentivo dei rumori strani. Avevo l'impressione che la macchina non (funzionare) **funzionasse** regolarmente.

1. Cominciarono a ridere prima che io (parlare) _____ .
2. Cominceranno a ridere prima che io (parlare) _____ .
3. Occorre che tu (lasciare) _____ la macchina in un parcheggio e (prendere) _____ l'autobus.
4. Sarebbe necessario che anche voi (venire) _____ alla riunione.
5. Sebbene loro non (fare) _____ mai attenzione, imparano molto.
6. Vi do il permesso di uscire purché (ritornare) _____ prima di mezzanotte.
7. Parlò forte perché tutti (potere) _____ capire.
8. Preferirei che mio figlio (cercare) _____ un lavoro e (imparare) _____ a guadagnarsi la vita.
9. Luisa sperava che tu (andare) _____ a prenderla alla stazione. Quando è arrivata e non ti ha visto, ha pensato che tu (dimenticare) _____.
10. Dove sono gli zii? Non credo che (arrivare) _____. Può darsi che (perdere) _____ il treno.

c. *Formare nuove frasi usando* **che** + *congiuntivo invece di* **di** + *infinito.*

ESEMPIO   Gli ho detto di tornare subito a casa.
Gli ho detto che tornasse subito a casa.

1. Le ho ordinato di fare presto.
2. Ti ho detto di svegliarmi alle sette.
3. Ho detto loro di non lavorare troppo.
4. Ho raccomandato ai clienti di avere pazienza e di aspettarmi ancora un po'.
5. Gli ho ordinato di chiudere la porta e di seguirmi.
6. Vi avevo suggerito di spegnere la luce e di andare a letto.

d. Fratello e sorella. *Completare le frasi con il verbo al congiuntivo o all'indicativo, secondo il senso.*

Carlotta dice che la macchina non (andare bene) _____ e pensa che (essere necessario) _____ portarla dal meccanico. Ieri era sull'autostrada e ha avuto l'impressione che i freni (non funzionare) _____. Le ho detto che io (usare) _____ la stessa macchina sabato e domenica e che non (avere) _____ difficoltà. Ho paura che (essere) _____ lei che non (sapere) _____ guidare.

Vorrei che dal meccanico la macchina la (portare) _____ Carlotta. Lei invece ha proprio l'aria di credere che (toccare) _____ a me occuparmene, come se i fratelli (esistere) _____ esclusivamente per liberare le sorelle da tutte le seccature.

È sempre la stessa storia. Qualsiasi cosa non le (funzionare) _____ viene da me, come se io non (avere) _____ niente altro da fare. Non solo! Ieri sono andato un momento in cucina a prendere il caffè e lei si è messa a usare il mio computer. Quando sono tornato in camera mia, mi ha guardato con aria innocente e mi ha detto:

—Oh! credevo che tu (uscire) _____! Be', ho paura che tu (dovere) _____ lasciarmi lavorare una mezz'oretta, sto scrivendo il tema di storia per domani.

Non ho protestato, ma almeno mi (dire) _____ grazie!

III. *Questo* e *quello* e altri dimostrativi

A. **Questo** and **quello** as adjectives

1. **Questo** *(This)* can be shortened to **quest'** before a singular noun or adjective beginning with a vowel.

   Guarda questo quadro!
   Look at this painting.

   Cosa fate quest'inverno?
   What are you doing this winter?

2. In the following forms, **questo** is contracted and combined with the noun.

stamattina (questa mattina)	*this morning*
Also: **stamani** *or* **stamane**	
stasera (questa sera)	*this evening, tonight (the earlier part of the night)*
stanotte (questa notte)	*tonight (now or later), last night*
stavolta (questa volta)	*this time*

3. **Quello** *(that)* has several forms that follow the same pattern as **bello** and definite articles combined with **di** (**del, dello, dell'**, etc.). For an explanation of the forms of **quello** and their uses, see pp. 63–64.

4. **Questo** and **quello** are often accompanied by **qui** (**qua**) and **lì** (**là**).

   questo libro qui
   this book here

   quel giornale là
   that newspaper there

B. **Questo** and **quello** as pronouns

Questo and **quello** are pronouns as well as adjectives. As pronouns, they both have four forms.

SINGULAR	PLURAL	SINGULAR	PLURAL
questo	questi	quello	quelli
questa	queste	quella	quelle

Questo è il mio orologio.
This is my watch.

Quella è mia moglie e quelli sono i miei bambini.
That's my wife and those are my children.

1. **Questo** can mean **questa cosa; quello** can mean **quella cosa.**

   Questo mi preoccupa davvero.
   This (matter) really worries me.

   Tu pensi solo a quello!
   You think only of that (matter)!

2. **Quello** and **questo** can also mean *the former* and *the latter*, respectively.

   Milano e Genova sono due grandi città: quella è in Lombardia, questa (è) in Liguria.
   Milan and Genoa are two large cities; the former is in Lombardy, the latter (is) in Liguria.

—Quello pensa solo ai quattrini.

3. **Quello** may be followed by an adjective or a prepositional phrase. Its English equivalents are *the one, the ones.*

—Ti piacciono le biciclette italiane?
Do you like Italian bicycles?

—No, preferisco **quelle** francesi.
No, I prefer French ones.

—Quale pasticceria preferisce?
Which pastry shop do you prefer?

—**Quella** vicino a Piazza del Duomo.
The one near Piazza del Duomo.

4. **Quello** may be followed by **di** to indicate possession. Its English equivalents are *that (those) of, the one(s) of.*

—Hai letto i racconti di Moravia?
Have you read Moravia's short stories?

—No, ho letto solo **quelli** di Buzzati.
No, I've only read Buzzati's.

5. **Quello** may be followed by a relative pronoun. Its English equivalents are *the one(s) who, the one(s) that.*

Ecco una vite: è **quella** che cercavi?
Here's a screw: is it the one you were looking for?

Ecco un libro: è **quello** di cui avevo bisogno.
Here's a book: it is the one I needed.

C. Ciò

The pronoun **ciò** can replace both **questo** and **quello** only when they refer to *things.*
Ciò is always masculine singular.

Ciò è strano.
That's strange.

Dovete ricordare ciò.
You must remember this.

Mario non scrive da mesi e ciò mi preoccupa.
Mario hasn't written for months, and that worries me.

When it is not a subject, **ciò** is often replaced by **lo, ne, ci.**

lo = ciò
Chi **lo** ha detto? Chi ha detto **ciò?**
Who said so?

ne = di ciò, di questo, di quello
Chi **ne** vuole parlare? Chi vuole parlare **di ciò?**
Who wants to talk about that?

ci = a ciò, a questo, a quello
Un'altra volta devi pensar**ci** prima!
Next time you must think about it first.

■ Esercizi

a. È questione di gusti... *Rispondere alle domande usando le parole fra parentesi.*

ESEMPIO Ti piace il vestito verde? (rosso)
—No, preferisco quello rosso.

1. Ti piace la camicetta a righe? (a quadri)
2. Ti piacciono gli stivali neri? (marrone)
3. Ti piace quella giacca elegante? (sportiva)
4. Ti piace il caffè americano? (italiano)
5. Ti piacciono i mobili in plastica? (in legno)
6. Ti piacciono le piante della zia? (della mamma)

b. Gusti opposti. *Indicare le preferenze di Marta e di Maria, prendendo l'esempio come guida.*

ESEMPIO MARTA: A me piacciono i romanzi che parlano d'amore.
MARIA: **Io preferisco quelli che non parlano d'amore.**

1. le canzoni che parlano di Napoli
2. le persone che s'intendono di arte moderna
3. le storie che finiscono bene
4. gli uomini che hanno la barba
5. le automobili che hanno due portiere
6. i golf che sono in vetrina

c. Questo o quello? *Inserire il termine appropriato.*

_____ storia proprio non mi piace. Toni ha preso un'altra multa e non ha soldi per pagarla. Gli ho già pagato _____ che gli hanno fatto la settimana scorsa, _____ di quaranta euro per eccesso di velocità. È proprio vero _____ che dice suo padre, Toni è uno di _____ che non rispettano mai le regole. Ma _____ volta io non lo aiuto: non sono la Banca d'Italia!

L'appuntamento

Una telefonata dal ristorante.

Un cartellone pubblicitario.

Una gondola a Venezia.

Che buon gelato!

Una gita in Toscana

La Smartcar, che piccola!

Panorama toscano.

La strada dei vini.

Due amici e una carta stradale.

In campagna.

La facciata del duomo di Siena.

Una strada affollata di San Gimignano.

O no, un incidente stradale!

All'università

Alla Sapienza di Roma.

UNIVERSITÁ DEGLI STUDI DI ROMA
" LA SAPIENZA "

AGLI STUDENTI CHE POSTEGGIANO
I PROPRI MOTORINI
SU QUESTO PIAZZALE SARÁ APPLICATO
PROVVEDIMENTO DISCIPLINARE

(DELIBERA DEL SENATO ACCADEMICO DEL 14/07/95)

Buon giorno, professoressa!

All'esame scritto.

Ciao, ragazze!

A relative pronoun *(who, whom, that, which, whose)* joins a dependent clause to a preceding noun or pronoun called the *antecedent*. The dependent clause introduced by a relative pronoun is called a *relative clause*. In Italian relative pronouns are always expressed.

Il golf **che** ho comprato è rosso.
The sweater (that) I bought is red.

Mario è il ragazzo con **cui** sono uscita.
Mario is the young man I went out with (with whom I went out).

The relative pronouns are: **che; cui; chi; il quale, la quale, i quali, le quali.**

A. Che

1. **Che** corresponds to *who, whom, that, which.* **Che** refers to both persons and things, either singular or plural, masculine or feminine. It is invariable and can be either the subject or the direct object of the verb in the relative clause. It cannot be the object of a preposition.

   il ragazzo **che** ride
   the boy who laughs

   la ragazza **che** conosco
   the girl (whom) I know

   gli esami **che** devo dare
   the exams (that) I must take

   le case **che** costano poco
   the houses that cost little

2. When **che** is the direct object of a verb in a compound tense, agreement of the past participle in gender and number with the antecedent is optional.

   La signora che ho invitat**o** (invitat**a**) è inglese.
   The woman I invited is English.

B. Cui

1. **Cui** corresponds to *whom, that, which* and is always used after a preposition. It refers to both persons and things and is invariable.

   l'uomo **di cui** parli
   the man (whom) you're talking about

   la signora **di cui** ci siamo lamentati
   the lady (whom) we complained about

   i bambini **a cui** piacciono i biscotti
   the children who like cookies

   il palazzo **in cui** abitate
   the building (that) you live in

   Note that in Italian, the preposition never comes at the end of a relative clause.

2. **In cui** or **che** is used after expressions of time where English uses *when* (which is often unexpressed).

> il giorno **in cui** (che) mi hai visto
> *the day (when) you saw me*

> l'anno **in cui** (che) ha nevicato
> *the year (when) it snowed*

3. **Per cui** is used after expressions of cause where English uses *why* or *that* (which is usually unexpressed).

> la ragione **per cui** non sono venuti
> *the reason (that) they didn't come*

> il motivo **per cui** piangi
> *the reason (that) you are crying*

4. **In cui** is used after **modo** or **maniera** to mean *the way in which*. In English, *in which* is often unexpressed.

> il modo **in cui** Lei parla
> *the way (in which) you talk*

> la maniera **in cui** ballano
> *the way they dance*

C. Il cui, la cui, i cui, le cui

The *definite article* + **cui** expresses possession *(whose, of which)*. The article agrees with the noun that follows **cui** and not with the antecedent of **cui.**

Ecco la signora **il cui marito** è avvocato.
There's the woman whose husband is a lawyer.

Il palazzo **le cui finestre** sono chiuse è in vendita.
The building whose windows are closed is for sale.

D. Il quale, la quale, i quali, le quali

1. The article + **quale** can be used instead of **che** as the subject of a clause often in order to avoid ambiguity.

Ho conosciuto la sorella di Luca **la quale** (che) abita a Firenze.
I met Luca's sister who lives in Florence.

2. The article + **quale** can be used instead of **cui** after a preposition. The article combines with the preceding preposition as necessary: **al quale, della quale, nei quali, sulle quali,** etc.

Sono i parenti con **i quali** (con cui) vado in vacanza.
They are the ralatives with whom I go on vacation.

Ci sono organizzazioni ecologiche **alle quali** (a cui) appartengono molti giovani.
There are ecological organizations to which many young people belong.

E. Chi

Unlike the other relative pronouns, **chi** does not require an antecedent and is used only for people. It corresponds to *he (him) who, she (her) who, whoever, whomever, the one(s) who, those who.* When used as the subject of the relative clause, it always takes a singular verb. **Chi** is often found in proverbs, popular sayings, and generalizations.

Ride bene **chi** ride ultimo.
He who laughs last laughs best.

Potete dare il mio indirizzo a **chi** volete.
You can give my address to whomever you want.

Ammiro **chi** dice la verità.
I admire those who tell the truth.

F. Chi?

Chi?—not to be confused with **chi** used as a relative or indefinite pronoun—is an interrogative pronoun that corresponds to *who?* or *whom?* Preceded by prepositions, **chi?** corresponds to *whose?, to whom?, with whom?, for whom?,* etc. It can appear in direct or indirect questions:

Chi viene a cena? / Mi domando **chi** hai invitato a cena.
Who is coming for dinner? / I wonder whom you have invited for dinner.

Di chi è quella villa? / Anna sa **di chi** è quella villa.
Whose villa is that? / Anna knows whose villa that is.

Con chi esci questa sera? / Dimmi **con chi** esci questa sera.
With whom are you going out tonight? / Tell me with whom you are going out tonight.

G. Quello che, quel che, ciò che, quanto

quello (quel) che **ciò che** **quanto**	*that which, what*	refer to things
tutto quello (quel) che **tutto ciò che** **tutto quanto**	*everything that, all that*	refer to things
tutti quelli che **(tutti) quanti**	*everyone that, all that*	refer to people or things

—*Quello che mi spinge a scrivere è il bisogno di comunicare con altre persone...*

Non capisco **quello che** dici.
I don't understand what you are saying.

Facevano **tutto quanto** potevano.
They did everything they could.

Tutti quelli che lo conoscono gli vogliono bene.
Everyone who knows him loves him.

Devi restituirmi **tutti quanti** i soldi che ti ho prestato.
You must return all the money that I lent you.

■ Esercizi

a. **Ecologia.** *Inserire la forma corretta del pronome relativo.*

1. Mi fa paura lo smog _____ respiriamo in città.
2. Sono importanti le iniziative con _____ si cerca di risolvere la situazione.
3. Oggi è il giorno in _____ le macchine circolano a targhe alterne.
4. Gli ambientalisti offrono suggerimenti _____ migliorano la qualità dell'aria.
5. Legambiente è un'organizzazione a _____ collaborano molti cittadini.
6. È la campana nella _____ si depositano i vetri.
7. L'AICC è l'associazione _____ promuove l'uso della bicicletta.
8. È il treno «low cost» con _____ siamo andati in Inghilterra.
9. Ci sono diverse organizzazioni _____ promuovono la coscienza ecologica.

b. *Completare ciascuna delle frasi del Gruppo A con la frase corretta del Gruppo B.*

A	B
1. Quello che non mi piace	a. quelli che se lo meritano.
2. Non riuscivamo a capire	b. che si occupi dei bambini.
3. Non c'era nessun ristorante	c. il motivo per cui parlavano in quel modo.
4. Aiutiamo volentieri	d. in cui non fossimo stati.
5. Cercano una signorina	e. è che si interessino degli affari miei.
6. È bene parlare di cose	f. di cui abbiamo un'esperienza diretta.

c. *Sostituire un altro pronome relativo a quello usato.*

ESEMPIO   Il romanzo di cui mi parli non mi è piaciuto affatto.
          Il romanzo del quale mi parli non mi è piaciuto affatto.

1. Chi non vuole venire può restare a casa.
2. L'università in cui studiano i suoi figli è la stessa in cui ha studiato lui.
3. Vuoi sapere il motivo per cui ho preferito tacere?
4. Prendi solo i libri di cui hai bisogno.
5. Desidero ringraziarvi di ciò che avete fatto per me.
6. Non sono molti gli Americani a cui piacciono gli spinaci.
7. L'avvocato di cui mi avete parlato non abita più qui.
8. Fa' quello che vuoi!

d. *Combinare le due frasi usando* **che** *o una preposizione* + **cui.**

> ESEMPIO   Vada a prendere i libri. Sono sugli scaffali.
>   **Vada a prendere i libri che sono sugli scaffali.**

1. Qual è la casa? La casa è in vendita.
2. Non ricordo lo studente. Gli ho imprestato il dizionario.
3. Come si chiama la ragazza? Le hai telefonato pochi minuti fa.
4. Ha un fratello. Non va d'accordo con lui.
5. Sono problemi attuali. Ne abbiamo già parlato ieri.
6. Questo è l'indirizzo. Non dovete dimenticarlo.
7. Quella è la professoressa. Le dà fastidio il fumo.
8. Ecco l'appartamento. Ci abitano da diversi anni.

e. *Formare un'unica frase usando* **il (la, i, le) cui.**

> ESEMPIO   Alberto Moravia è uno scrittore. I suoi racconti sono famosi.
>   **Alberto Moravia è uno scrittore i cui racconti sono famosi.**

1. Andiamo dallo zio. La sua casa è in montagna.
2. Aldo è un mio amico. I suoi genitori sono piemontesi.
3. Roma è una città. Abbiamo studiato i suoi monumenti.
4. C'è una via. Ho dimenticato il suo nome.
5. Giancarlo Giannini è un attore. I suoi occhi mi piacciono molto.
6. Michelangelo è un artista. Le sue opere sono ammirate da tutti.

f. *Completare il seguente brano con i pronomi relativi appropriati.*

L'autore di _____ parleremo e con _____ chiuderemo questo ciclo di lezioni presenta alcune caratteristiche _____ lo differenziano dagli altri autori _____ abbiamo letto. Il romanzo da _____ ho tratto il brano _____ leggeremo è stato incominciato in un periodo in _____ l'autore si trovava in America. È la storia di una serie di misteriosi delitti _____ sono commessi nella biblioteca di un monastero. Il romanzo la _____ storia s'intreccia *(intertwines)* con la Storia è difficile da definire. Ci sono critici _____ lo chiamano un'allegoria, altri _____ lo considerano un romanzo poliziesco. Il libro, da _____ hanno anche tratto un film, ha ricevuto molti premi letterari.

g. *Completare le seguenti frasi.*

1. Chi studia molto...
2. Ricordo ancora il giorno in cui...
3. Le cose di cui ho più bisogno sono...
4. Non mi piace il modo in cui...
5. Quello che conta nella vita è...
6. Ciò che Serena voleva era che...
7. La ragione per cui studio l'italiano è che...

h. *Rispondere alle seguenti domande.*

1. Ci sono persone che Lei conosce i cui genitori o i cui nonni sono nati in Italia?
2. C'è un professore/una professoressa alla Sua università che è conosciuto/a in tutti gli Stati Uniti?
3. Conosce un regista italiano/una regista italiana i cui film sono popolari in America?
4. Conosce qualche scrittore americano le cui opere Lei considera importanti?
5. Lei sa il nome degli attori e delle attrici che hanno vinto l'Oscar l'anno scorso?
6. C'è qualche uomo politico moderno il cui nome, secondo Lei, sarà ricordato nella storia?

■ Vocabolario utile

l'accendino lighter
la benzina gasoline
il buco hole
il colpo banging
il dito (*pl* **le dita**) finger
la gita excursion
la portiera door (of a car)
il sedile seat (**il sedile anteriore/posteriore**
front/back seat)
la sicurezza safety
la vite screw

al giorno d'oggi nowadays
sicuro safe
veloce fast

aumentare to increase
***chinarsi** to bend down
curare to take care of, to treat
***dipendere** (*pp* **dipeso;** *pr* **dipesi**) (**da**) to
depend (on)
rallentare to slow down
***salire in macchina** to get in a car
***scendere** (*pp* **sceso;** *pr* **scesi**) **dalla macchina** to
get out of a car
staccare to detach
***staccarsi** to fall out

Credevamo che non ci fosse abbastanza olio.

Carlo Manzoni (1909–1975) è un umorista milanese. Nella storia che segue, egli esplora come da un evento banale possano derivare conseguenze assurde. La storia può far ridere, ma fa anche riflettere sui piccoli avvenimenti nella nostra vita che assumono significati imprevisti, prodotti dalla nostra immaginazione.

Due amici sono sull'autostrada, in una macchina ben funzionante e silenziosissima. Ad un tratto uno di loro vede una vite per terra; poco dopo si sente anche odor di benzina e una strana vibrazione. Qualcosa che non va? Da dove viene la vite? Dal motore, dalla carrozzeria? I due amici si fermano preoccupati.

Succede abbastanza spesso che interpretiamo la realtà in maniera sbagliata perché diamo a certi «segni» significati che essi non hanno. Non solo, ma alle volte°, partendo da una supposizione iniziale, «vediamo» e «sentiamo» quello che non c'è.   *at times*

In gruppi di due o tre studenti, cercate di ricostruire e raccontarvi un'esperienza che vi ha portati ad una conclusione sbagliata. Ecco alcune domande utili.

1. Come è cominciata la cosa? Quale è stato il «segno» iniziale?
2. C'erano altri elementi che davano valore alla vostra interpretazione?
3. Era logico quello che avete fatto o pensato? In che senso?
4. Com'è andata a finire?
5. A quale punto c'è stato un errore di interpretazione?
6. Quando ve ne siete resi conto?

Una vite di troppo°   *Una... : one screw too many*

C'era un tempo meraviglioso, proprio un tempo di primavera. Un sole e un'aria fresca che avevano il potere di trasformare anche un viaggio d'affari in una piacevole gita.

La macchina era a posto. Perfetta sotto tutti i punti di vista. Motore in ordine, freni potentissimi, carrozzeria silenziosissima.

5 Prendemmo l'auto e ci avviammo all'autostrada, e quando fummo sul rettilineo° lanciai la macchina a tutta velocità.   *straightaway*

—È inutile correre°, —disse Attilio—noi non abbiamo nessuna premura° e dobbiamo considerare questo viaggio come una gita.   *to speed / **fretta***

Rallentai. Sull'autostrada non c'è molto da vedere, ma anche quel poco che c'è, con 10 una giornata di sole, è sempre piacevole. L'auto scivolava via silenziosa, e cominciammo a parlare delle automobili, del motore e della sicurezza delle macchine di oggi. Una volta non si viaggiava così sicuri. C'era sempre il timore che qualcosa smettesse di funzionare, e le panne° erano molto più frequenti di adesso.   *breakdowns*

Adesso, infatti, è rarissimo trovare automobili ferme ai lati delle strade. Se si trovano 15 automobili ferme ai lati delle strade è perché si tratta di panini imbottiti° e non di carburatori o altro.   ***panini... :*** *stuffed sandwiches*

Attilio fece alcune considerazioni sulla silenziosità della mia automobile. Era davvero un miracolo che essa fosse in così buone condizioni. Era già qualche anno che l'usavo, ma io la curavo proprio come una cosa preziosa e appena mi accorgevo di qualcosa che 20 cominciava a non andare la portavo subito dal meccanico.

Se tutti tenessero l'auto come la tengo io, le automobili durerebbero di più.

—Fumi?—disse a un tratto° Attilio interrompendo il discorso e prendendo un pacchetto di sigarette.   ***a... :*** *suddenly*

Io dissi di sì e Attilio mi mise in bocca la sigaretta, poi prese l'accendino e fece
25 sprizzare la fiamma. Accendemmo la sigaretta e continuammo il discorso sulle automobili
ma a un tratto sentimmo chiaramente un tintinnio° come di un piccolo oggetto di   *rattle*
metallo che batte contro un piano di metallo. Attilio si chinò a guardare sotto il
cruscotto e si rialzò tenendo fra le dita un piccolo oggetto luccicante°.   *shining*
    —Cos'è?—dissi.
30 —Una vite,—disse Attilio,—da che parte viene?
    —Non so,—dissi,—è caduta dalla tua parte, mi pare.
    Attilio guardò la portiera dimenandosi° un poco sul sedile, guardò sul soffitto della **muovendosi**
macchina, dietro lo specchio retrovisore°.   *rear-view mirror*
    —Non trovo,—disse,—mi pare che tutte le viti siano a posto, qui.
35 Attilio allungò le mani e cominciò a tastare° sotto il cruscotto.   *feel*
    —Ci sono un sacco di fili° e non riesco a capire dove manca una vite,—disse,—ad   *wires*
ogni modo deve essere una vite poco importante perché vedo che la macchina va lo
stesso.
    —Tutte le viti sono importanti, se ci sono,—dissi,—a te pare di sentire qualcosa?
40 Vidi che si metteva° ad ascoltare attentamente.   ***si... : cominciava***
    —Mi pare di sentire come una vibrazione,—disse,—dalla mia parte. E prima non
c'era,—disse.
    —La sento anch'io,—dissi—e sento anche un tuc tuc.
    Sentivo effettivamente una vibrazione e dei colpi regolari, e poi mi sembrò che la
45 vibrazione aumentasse e ai colpi si fosse aggiunto un altro rumore.
    —Effettivamente c'è qualcosa che non va,—disse Attilio,—prova a rallentare.
    Rallentai, poi aumentai di nuovo la velocità.
    Adesso mi sembrava che tutto traballasse° e che la macchina si dovesse sfasciare° da   *was shaking / fall*
un momento all'altro.   *apart*
50 —Sembra proprio che la macchina si stia sfasciando,—disse Attilio,—si vede proprio
che la vite era importante. Alle volte basta che venga via una vite perché si provochi°   ***si... : succeda***
un disastro. Io mi fermerei.
    —Tanto più,—continuò,—che sento odor di benzina.
    —Odor di benzina?—dissi arricciando il naso e annusando° qua e là.   *sniffing*
55 —È vero.
    Sentivo infatti un leggero odor di benzina e la cosa cominciava a preoccuparmi: se si
sente odor di benzina, la vite è venuta via da qualche parte della macchina.
    Accostai° la macchina al lato della strada e andai a fermarmi pochi metri più avanti.   **avvicinai**
    —Qui c'è un buco,—disse Attilio,—ma è grosso come un dito.
60 Occorrerebbe una vite grossa quattro volte questa°.   **quattro... :** *four times*
    Guardammo il buco, ma non era nemmeno un buco da vite e continuammo a cercare.   *as big as this one*
Una piccola automobile venne a fermarsi davanti a noi.
    —Avete perduto qualcosa?,—ci domandò un giovane che era sceso dalla macchina.
    —No,—dissi,—abbiamo trovato qualcosa. Si tratta di una vite e stiamo cercando il
65 suo buco che non riusciamo a trovare.
    Il giovanotto guardò la vite e poi disse che gli sembrava si trattasse di una vite da
accessorio. Forse del retrovisore o dell'orologio del cruscotto.
    —Impossibile,—disse Attilio.—Quando si è staccata abbiamo cominciato a sentire
odore di benzina. Non si sente odore di benzina se si stacca una vite del retrovisore.
70 —Questo è vero,—disse il giovanotto,—e allora bisogna alzare il cofano° e guardare   *hood*
il carburatore. Sebbene mi sembra molto difficile° che una vite che sta nel motore   *unlikely*
debba cadere dentro la macchina.

—Tutto può succedere al giorno d'oggi—disse Attilio.

Alzammo il cofano e guardammo il carburatore e il condotto della benzina.

Ad alzare il cofano non si sentiva nessun odore di benzina. Accendemmo il motore
75 ma tutto funzionava regolarmente e non si sentiva nessun odore di benzina.

—Eppure da qualche parte deve venire,—dissi,—da quando si è staccata, oltre
all'odore di benzina, la macchina si è messa a fare un rumore indiavolato° come se si *terrible*
dovesse sfasciare da un momento all'altro.

Il giovanotto scosse° la testa. *shook (from* **scuotere**) *

80 —Allora dipende dalla° carrozzeria,—disse,—e se dipende dalla carrozzeria non **dipende...** : *it comes*
capisco perché si dovrebbe sentire odore di benzina. *from*

—Sembra strano anche a me,—dissi,—ma d'altra parte questi sono i fatti.

Il giovanotto alzò le spalle e tornò alla sua macchina dopo averci consigliato di
riprendere la strada pian piano e di fermarci alla prima officina°. *garage*

85 Continuammo a cercare ancora per un pezzo°, poi ci sedemmo sul ciglio° della strada **per...** : *for a while /*
senza essere riusciti a trovare il buco della vite. *edge*

—Non c'è niente da fare,—disse Attilio,—il buco non si trova e ci conviene° **ci...** : *we'd better*
proseguire fino alla prossima officina. Sigaretta?

Presi la sigaretta e Attilio fece scattare l'accendisigaro e accese.

90 —Sento di nuovo odore di benzina,—disse.

—Impossibile.—dissi,—siamo lontani dalla macchina.

—Eppure!—disse Attilio. Si sfregò° il palmo della mano e annusò, poi prese di tasca **si...** : *he rubbed*
l'accendisigaro e mandò un accidente°. **mandò...** : *cursed*

—Ecco,—disse,—di dove manca la vite!

95 Mostrò l'accendisigaro e il buco che gocciolava° benzina. Vi accostò° la vite che *was dripping /* **vi...** : *he*
combaciò° perfettamente e la strinse con una moneta da cinque lire. *held up to it / fit*

Risalimmo soddisfatti in macchina e riprendemmo la marcia. Ora la macchina filava° **andava**
via sull'autostrada a tutta velocità, e non si sentiva il più piccolo rumore.

Era una bellissima mattina di primavera.

Carlo Manzoni, da *Il signor Brambilla e dintorni*

■ **Comprensione**

1. Dove sono Attilio ed il suo amico?
2. Che tipo di viaggio è il loro? Hanno fretta? Perché?
3. Di che cosa parlano?
4. Com'è la macchina in cui viaggiano?
5. Ad un certo punto si sente un rumorino. Da dove proviene?
6. Che cosa preoccupa i due amici?
7. Ci sono altri segni di possibili problemi?
8. Che cosa decidono di fare i due amici?
9. Qual è l'opinione del giovanotto che si è fermato per aiutarli? Che cosa consiglia?
10. Come si scopre il mistero della vite e dell'odore di benzina?
11. Quando i due amici ritornano in macchina, tutto funziona perfettamente. Perché?

■ Studio di parole

next

prossimo
next, after this one (in both time and space)

Vai a Roma il mese prossimo?
Are you going to Rome next month?

Devo scendere alla prossima stazione.
I must get off at the next station.

seguente or **dopo**
next, following (in both time and space)

Sono arrivati il due maggio e sono ripartiti il giorno seguente (dopo).
They arrived on May 2 and left again the following day.

to take

prendere
to take; to have (something to eat)

Abbiamo preso la macchina e siamo partiti.
We took the car and left.

Perché non andiamo a prendere un caffè?
Why don't we go have a cup of coffee?

portare
to take, to carry, to accompany; to wear

Abbiamo portato la macchina dal meccanico.
We took the car to the mechanic.

Voglio portare i bambini allo zoo.
I want to take the children to the zoo.

Perché porti gli occhiali?
Why do you wear glasses?

There are many idiomatic expressions in Italian in which a verb other than **prendere** or **portare** corresponds to the English *take:*

seguire un corso (fare un corso) *to take a course*
But: **prendere una lezione** *to take a lesson*
fare un viaggio (una gita) *to take a trip (excursion)*
fare un esame *to take an exam*

■ Pratica

a. *Scegliere la parola che completa meglio la frase.*

1. Per arrivare prima, quale strada dobbiamo _____?
2. Non sono scesi alla fermata in Piazza Dante; sono scesi alla fermata _____.
3. Se non ti senti bene, ti devo _____ dal dottore.
4. Quante volte alla settimana _____ lezioni di ballo i bambini?
5. Sono sicuro che gli zii arriveranno la settimana _____.
6. La signora era molto elegante: _____ un vestito rosso con accessori neri.
7. Quanti viaggi avete _____ da quando vi siete sposati?
8. Non hai studiato abbastanza. Come puoi _____ l'esame domani?
9. La storia continua al _____ numero.
10. La _____ volta che mangiamo insieme, offro io!

b. Anna ha la patente. *Inserire le parole opportune.*

   Prima di _____ l'esame di guida, Anna ha _____ molte lezioni dall'istruttore della scuola. Appena ha _____ la patente, è andata a fare una gita con le sue amiche. Sono partite di mattina presto e dopo circa tre ore sono arrivate in un paesino di montagna. Sono andate al bar della piazza a _____ il caffè; Anna, che ha sempre fame, ha _____ anche due cornetti. Poi hanno _____ la funivia *(cable car)* che le ha _____ su in alto dove c'era un panorama stupendo. Hanno _____ qualcosa da mangiare e sono rimaste un paio d'ore a _____ il sole. Il posto era molto carino e hanno deciso di passarci anche il week-end _____. Circa tre ore dopo, erano di nuovo in paese dove hanno _____ la macchina per tornare a casa. Anna voleva essere di ritorno presto perché la sera aveva un appuntamento con Giorgio che sarebbe andato a _____ la alle 8.30 per _____ la a teatro.

c. *Domande per Lei.*

   1. Che cosa fa Lei quando Le sembra che qualcosa non funzioni nella Sua macchina?
   2. Le è mai capitato di sentire odore di benzina? Che cosa ha pensato?
   3. Che tipo di automobile preferisce? Ne spieghi le ragioni ad un amico italiano.
   4. È a favore dei limiti di velocità sulle autostrade? Li rispetta? Sì, no, perché?
   5. Nelle città italiane circolano le SUV insieme alle Smart Cars. Quali saranno le ragioni per comprare l'uno o l'altro tipo di automobile? Quali sono le Sue preferenze? Perché?

❋ Temi per componimento o discussione

   1. La benzina in Italia costa molto di più che negli Stati Uniti. Discutete la dipendenza degli esseri umani dall'automobile.

   2. La benzina è una risorsa che non durerà in eterno. Discutete come conservarla e quali impegni *(commitments)* personali e tecnologici andrebbero messi in atto per il bene di tutti.

   3. Di tanto in tanto in molte città italiane sono in vigore *(in effect)* i «week-end a piedi». La gente riscopre la bicicletta e il piacere di lunghe passeggiate, l'aria dell'ambiente urbano è più pulita, si conserva la benzina. Che ne pensate? Sarebbe possibile un provvedimento del genere dove abitate voi?

RICERCA WEB

   a. Fate una breve ricerca su una fabbrica italiana di automobili, la sua storia, la sua fama, l'esportazione negli Stati Uniti. Per esempio: FIAT, Lamborghini, Alfa Romeo, Lancia, Ferrari, Maserati ...

   b. Legambiente. Nel portale *(Web portal)* di *Legambiente* cercate informazioni su «Treno Verde», centro studi mobile dell'inquinamento delle città.

   c. In Italia ci sono 21 parchi nazionali. Scegliete un parco nel portale *I Parchi Nazionali in Italia* e studiate brevemente le sue caratteristiche. Esaminate alcune delle attività e le proposte di educazione ambientale. Per esempio: Arcipelago di «La Maddalena», Parco Nazionale dell'Aspromonte, Parco Nazionale dello Stelvio, Parco Nazionale del Vesuvio ...

Volta a sinistra. Paolo e Sabina sono diretti a piedi a casa di amici che non vedono da tanto tempo.

PAOLO: Andiamo di qua. Continuiamo dritto fino al semaforo e poi voltiamo a destra.

SABINA: No, no. Dobbiamo voltare a sinistra qui al primo incrocio, poi a destra subito dopo il ponte. Ricordo benissimo che bisogna arrivare fino in fondo al viale. C'è un bar all'angolo e la casa è davanti alla chiesa.

PAOLO: Mah! Io ho idea che si debba passare vicino ai giardini pubblici, attraversare al semaforo e prendere corso Rinascimento a destra subito dopo la farmacia.

SABINA: Secondo me ti sbagli e dovremo tornare indietro. Se non avessi dimenticato a casa la carta!

Dare indicazioni stradali

(Per) di qua.	*This way.*
Vada dritto.	*Go straight ahead.*
Attraversi al semaforo.	*Cross at the traffic light.*
Giri/volti a destra/sinistra.	*Turn right/left.*
all'incrocio, alla traversa	*at the intersection*
all'angolo	*at the corner*
la prima/seconda strada	*the first/second street*

Punti di riferimento

davanti ai giardini pubblici	*in front of the public gardens*
dietro la chiesa	*behind the church*
prima del ponte	*before the bridge*
dopo la farmacia	*after the pharmacy*
vicino al bar	*close to the bar*
a destra dell'edicola dei giornali	*to the right of the newsstand*
a sinistra della stazione	*to the left of the station*
davanti alla fermata dell'autobus	*in front of the bus stop*
a cento metri dalla scuola	*one hundred meters from the school*
di fronte alla banca	*facing the bank*

Termini utili

viale, via, vicolo, corso	*boulevard, street, alley, large street*
piazza, piazzale, largo	*square, esplanade, square*
circonvallazione	*bypass, beltway*
strada, strada statale, autostrada, superstrada	*street, main street, highway, superhighway*

■ Che cosa dice?

Dove sono? *Suggerire dei punti di riferimento per meglio identificare i seguenti luoghi.*

1. il dipartimento di lingue
2. la libreria dell'università
3. la discoteca
4. la Sua pizzeria preferita
5. l'ufficio postale
6. la fermata dell'autobus
7. il centro commerciale

■ Situazioni

1. Lei dà una festa. Ha invitato i compagni di corso e il professore d'italiano, ma il professore non è mai stato a casa Sua. Gli spieghi come arrivarci dall'università.
2. Qual è la strada più breve tra l'università e il centro?
3. Il Suo amico Piero è appena arrivato e Le telefona dall'aeroporto. Ha preso una macchina a noleggio ma non sa come arrivare a casa Sua.
4. Lei lavora da Hertz. Spieghi a dei clienti italiani come raggiungere un'interessante zona turistica non lontana dalla città.

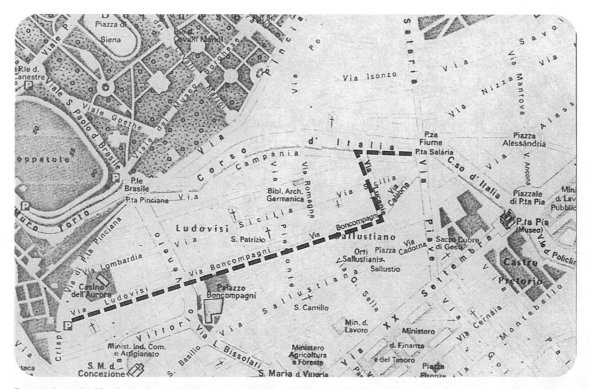

Per andare da Via Ludovisi a Piazza Fiume continui dritto su Via Ludovisi e Via Boncompagni, volti a sinistra su Via Lucania e poi a destra su Corso d'Italia. Da lì Piazza Fiume non è lontana.

Cosa facciamo questa sera?

Grazie al cielo è venerdì! Le lezioni sono finite, i ragazzi s'incontrano al baretto dell'università per discutere i programmi del fine settimana.

ANNA:	Stasera sul Canale 5 danno *Mamma in sciopero*.
MARCO:	Stai pure a casa a guardarlo, se vuoi. Anzi°, no. Registralo e esci con noi. *Or better*
ANNA:	Ma sì, perché no? Andiamo al cinema. Al Palace fanno *Le chiavi di casa* di Gianni Amelio. È di quelli del festival di Venezia.
ISA:	Buona idea! Il Palace è vicino a casa tua ed è meglio comprare subito i biglietti. Comprali tu per tutti, per favore. Ci vediamo lì alle 8.00.
CARLO:	Un momento! C'è un concerto di Jovannotti domani allo stadio. Non ce lo perdiamo!
ISA:	Giusto! Andiamoci!
MARCO:	Sarà carissimo. Io non me lo posso permettere.
ISA:	È vero, sì. Beh, io ho il nuovo CD. Venite da me domani e lo ascoltiamo insieme.
MARCO:	Ma che carina°! Pensate quanto ci fa risparmiare! *How nice she is!*

VIVERE IN ITALIA | I diversivi del tempo libero: televisione, cinema e musica

Praticamente in tutte le case italiane c'è un televisore e sono tanti i telespettatori. La TV offre programmi di ogni genere, sia italiani che stranieri: politici, di attualità, culturali e sportivi. Hanno successo i giochi, come «Chi vuol esser milionario» e, soprattutto, le trasmissioni del genere reality show come «Il Grande Fratello» e «L'Isola dei Famosi». Sono seguiti con interesse gli incontri sportivi e i festival musicali. Insieme ai film e ai telefilm italiani la TV trasmette film stranieri doppiati *(dubbed)*, «soap opera» e cartoni animati, compresi «I Simpson». Per i giovanissimi c'è la rete ITALIA 1 dedicata ai teen-ager e ai loro interessi.

Ai cinema italiani non mancano gli spettatori, tanto che è meglio prenotare i biglietti in anticipo. Insieme alla produzione italiana sono diffusi i film stranieri, in gran parte americani e europei. Di solito sono doppiati e non c'è il problema di leggere i sottotitoli. Dal neorealismo alla produzione di Nanni Moretti e Roberto Benigni il cinema italiano continua ad esplorare la realtà contemporanea con i nuovi registi, quali Gianni Amelio, Roberto Placidi e Michele Mazzacurati. Si studiano le situazioni familiari, i rapporti tra genitori e figli, i drammi psicologici personali.

Anche la musica è accolta con grande interesse. Continuano gli spettacoli di musica lirica e sinfonica nei teatri famosi e negli auditori. Ai giovani piacciono in particolare i concerti e i festival di musica popolare, seguono le trasmissioni televisive di videomusica e il Festival della Canzone Italiana di San Remo. S'interessano alla musica americana ma amano in particolare i cantautori italiani. Claudio Baglioni, Lucio Dalla, Francesco Gregori, Eros Ramazzotti parlano dei problemi dei giovani, dei loro sentimenti e desideri, delle loro preoccupazioni. E piacciono molto i cantautori più giovani: il rock di Gianna Nannini, il rap di Jovannotti e la vena lirica del cantante cieco *(blind)* Andrea Bocelli. I concerti di musica popolare si tengono di solito negli stadi o in teatri molto grandi e attraggono moltissimi spettatori.

■ Vocabolario utile

l'attualità current events
il desiderio wish
l'incontro sportivo match
la pubblicità advertising
il regista film director
lo sciopero strike
il sentimento feeling
il sottotitolo subtitle
lo spettacolo performance
il telespettatore television viewer
la trasmissione broadcast

accogliere to receive, to welcome
dare (alla TV) to show
perdere to lose, to miss
prenotare to reserve
registrare to record
risparmiare to save
seguire to follow

in anticipo ahead of time

Un concerto entusiasmante allo Stadio di San Siro a Milano.

■ Esercizi

a. *Rispondere alle domande seguenti.*

1. Di che cosa parlano i ragazzi?
2. Quale film vuole vedere Anna in TV?
3. Che cosa consiglia Marco?
4. Anna ha un'idea precisa di come passare la serata con gli amici. Quale?
5. Gli amici accettano, ma le danno un incarico *(task)*. Cosa deve fare?
6. Ma c'è un'altra attrazione. Di che cosa si tratta?
7. Interessante! Ma qual è il problema e come si risolve?

b. *Combinare le parole della lista A con i significati della lista B.*

A	B
1. registrare	a. vuole convincerti a fare o comprare
2. telespettatore	b. rappresentazione artistica
3. attualità	c. allestisce *(stages)* e dirige uno spettacolo
4. pubblicità	d. fissare suoni/immagini su disco o nastro
5. spettacolo	e. aspirare a qualcosa
6. regista	f. cose che succedono nel presente
7. sentimento	g. guarda la TV
8. desiderare	h. emozione

■ A voi la parola

a. **TV, cinema e musica.** *In gruppi di due o più studenti, rispondete alle domande che seguono e paragonate le vostre opinioni con quelle dei compagni.*

1. Ci sono programmi televisivi che vi interessano in particolare? Quali? Perché? Piacciono anche ai vostri amici? Li vedete insieme?
2. Andate spesso al cinema? Che tipo di film vi interessa? Conoscete film stranieri? Quali?
3. Discutete con i vostri compagni il film che vi è piaciuto di più e spiegate perché.
4. Ascoltate spesso la musica? Quando? Che tipo di musica vi piace?
5. Quali sono i cantanti/compositori che preferite? Perché? Siete attratti dalla musica, dalle parole delle canzoni, dalla personalità del musicista? Avete occasione di andare ai loro concerti?
6. In Italia ha molto successo Jovannotti con la sua musica rap. È una musica di origine americana. Ne sapete spiegare la diffusione?

Andrea Bocelli

Sono nato nel 1958 nella campagna toscana. Le tradizioni regionali, così come i miei genitori, mi hanno insegnato a non accettare mai le difficoltà della vita in modo passivo, ma piuttosto ad attingere nuova forza da esse. Cerco di essere sempre ottimista, ispirandomi al vero significato della frase dello scrittore francese Antoine de Saint-Exupèry: «Si può vedere chiaramente solo attraverso il cuore. L'essenziale è invisibile agli occhi.»

Dalla biografia del cantante cieco Andrea Bocelli.

b. **Vita e arte.** *Con due o più compagni, esprimete le vostre opinioni e rispondete alle domande che seguono.*

1. Andrea Bocelli è un cantante di fama internazionale. Commentate le parole tratte dalla sua biografia.
2. Conoscete un altro personaggio del mondo dell'arte o dello spettacolo che deve/ha dovuto superare un handicap fisico? Parlatene con i compagni.
3. Avete occasione di ascoltare le canzoni di cantautori italiani? Quali? Cosa ne pensate? Trovate similitudini o differenze con gli americani?

c. **Dai giornali: informazioni e commenti.** *Leggete le informazioni proposte e discutete con i compagni le domande che seguono.*

1. Scegliete nella lista dei programmi televisivi un titolo che vi interessa. Di che cosa tratterà la trasmissione? Cosa ne pensano i compagni?
2. Riconoscete trasmissioni che vi sono familiari? Perché, secondo voi, sono popolari in Italia?
3. Da cosa pensate che derivi il successo italiano del reality show «L'Isola dei famosi»? Che cosa attrae un numero così alto di spettatori?
4. In Italia arrivano regolarmente i film americani di successo con grande interesse del pubblico e della critica. Conoscete film italiani che hanno avuto successo negli Stati Uniti? Ricordate i nomi dei registi e degli attori?

CANALE5

6.00	TG5 Prima Pagina
7.55	Traffico - Meteo 5
7.58	Borsa e monete
8.00	TG5 Mattina
8.50	Il Diario
9.05	Tutte le mattine
9.34	TG5 Borsa Flash
11.42	La mattina di Verissimo
12.27	Vivere - Soap opera con Veronika Logan, Giorgio Ginex, mavi Felli, Edoardo Costa
13.00	TG5
13.40	Beautiful
14.10	Tutto questo è soap
14.15	Centovetrine
14.45	Uomini e Donne
16.10	Amici
17.00	Verissimo - Tutti i colori della cronaca - Conduce Cristina Parodi
18.45	Chi vuol essere milionario
20.00	TG5
20.31	Striscia La Notizia - La voce dell'indipendenza
21.00	Mamma in sciopero Film TV di James Keach con Faith Ford, Tim Matheson
23.10	Palmetto - Un torbido inganno - Film di Volker Schlondorff con Elisabeth Shue, Woody Harrelson
1.00	TG5 Notte
1.30	Striscia La Notizia - La voce dell'indipendenza (R)
2.01	Il Diario
2.15	Shopping By Night
2.45	Amici
3.20	TG5 (R)
3.50	Tre nipoti e un maggiordomo
4.15	TG5 (R)
4.45	Chips - Telefilm

ITALIA1

7.00	Franklin
7.15	Pixie e Dixie
7.30	Peter Pan
7.55	Un fiume di avventure con Huck
8.25	Tom & Jerry
8.35	Scooby Doo
9.10	Tom & Jerry
9.20	Don, un cavallo per amico Film di Michael Dinner con Bob Goldthwait, Virginia Madsen
11.15	MediaShopping
11.20	Boston Public - Telefilm
12.15	Secondo voi
12.25	Studio Aperto
13.00	Studio Sport
13.40	Detective Conan
14.05	I Simpson
14.30	Campioni, il sogno
15.00	Settimo cielo - Telefilm Menzogne
15.55	Doraemon
16.10	Tartarughe Ninja
16.35	Pokemon Advance Challenge
16.55	Mille magie Doremì
17.25	Piccoli problemi di cuore
17.50	Picchiarello
17.55	Malcolm - Telefilm
18.25	MediaShopping
18.30	Studio Aperto
19.00	Camera Cafè - Telefilm
19.30	Love Bugs
20.00	Camera Cafè Story Telefilm
20.10	Love Bugs
20.40	UEFA Champions League 2004/2005: Juventus-Real Madrid
22.50	Cronache marziane
0.40	Studio Sport
1.10	Studio Aperto La giornata (R)

Audience record per «L'isola»: 11 milioni. Lo share al 45,02%

Milano - Ultima puntata da record per «L'isola dei famosi», il reality show condotto da Simona Ventura su Raidue. L'appuntamento di ieri è stato seguito da quasi 11 milioni di spettatori, con il 46,02 di share, conquistando la prima serata TV, ma anche la «palma» di programma più visto dell'intera giornata. Praticamente un italiano su due, davanti al piccolo schermo, era sintonizzato sull'«Isola».

I. Imperativo

The **imperativo** *(imperative)* is used in Italian, as in English, to give orders and advice and to exhort. It exists in all persons except the first-person singular.

Verbi regolari

The forms of the imperative for regular verbs in the three conjugations are:

	AMARE	CREDERE	FINIRE	PARTIRE
(tu)	ama	credi	finisci	parti
(Lei)	ami	creda	finisca	parta
(noi)	amiamo	crediamo	finiamo	partiamo
(voi)	amate	credete	finite	partite
(Loro)	amino	credano	finiscano	partano

Note that only the second-person singular (**tu**) of **-are** verbs has a special imperative form: *stem + -a.* **Tu, noi,** and **voi** use the present indicative forms; **Lei** and **Loro** use the present subjunctive forms.

1. The first-person plural of the imperative (**noi**) is used to make suggestions. It corresponds to the English *Let's + verb.*

Andiamo a casa!
Let's go home!

Accendiamo la luce!
Let's turn on the light!

Facciamo una passeggiata!
Let's go for a walk!

—E il mio motto è: vivi e lascia vivere!

2. For extra emphasis, the imperative may be accompanied by the subject pronoun placed before or after the verb.

Rispondi **tu!** **Lei** mi dica cosa vuole!
You answer! You tell me what you want!

3. To soften the intensity of the imperative, the words **pure** or **un po'** are often used.

Resta pure a cena!   Indovina un po'!
Please stay for dinner!   *Take a guess!*

Verbi irregolari

A. **Avere** and **essere** have special forms for the second-person singular, **abbi** and **sii,** and use the present subjunctive forms in all other persons.

AVERE	ESSERE
abbi	sii
abbia	sia
abbiamo	siamo
abbiate	siate
abbiano	siano

B. In the second-person singular, a few verbs use either a contracted form or the full form of the present indicative (except for **dire**).

ANDARE	DARE	FARE	STARE	DIRE
va' (vai)	**da'** (dai)	**fa'** (fai)	**sta'** (stai)	**di'**
vada	dia	faccia	stia	dica
andiamo	diamo	facciamo	stiamo	diciamo
andate	date	fate	state	dite
vadano	diano	facciano	stiano	dicano

C. Verbs that have irregular forms in the present indicative and present subjunctive show the same irregularities in the imperative.

TENERE	USCIRE	VENIRE
tieni	esci	vieni
tenga	esca	venga
teniamo	usciamo	veniamo
tenete	uscite	venite
tengano	escano	vengano

Imperativo negativo

To form the negative imperative, **non** is placed before the affirmative form in all persons except for **tu.** In the **tu** form, **non** + *infinitive* is used.

	AFFIRMATIVE	NEGATIVE
(tu)	lavora	non lavorare
(Lei)	lavori	non lavori
(noi)	lavoriamo	non lavoriamo
(voi)	lavorate	non lavorate
(Loro)	lav<u>o</u>rino	non lav<u>o</u>rino

Sii puntuale!   **Non essere** in ritardo!
Be on time!   *Don't be late!*

Prenda il giornale!   **Non prenda** la rivista!
Take the newspaper!   *Don't take the magazine!*

■ Esercizi

a. In classe. *Cosa dice un professore italiano? Dare tutt'e due le forme dell'imperativo (il* **Lei** *e il* **voi***) per il verbo di ogni frase.*

> ESEMPIO   Il professore dice di studiare la lezione.
> **Studi la lezione!** (quando parla a uno studente)
> **Studiate la lezione!** (quando parla a tutti gli studenti)

Il professore dice di...

1. fare attenzione.
2. finire l'esercizio.
3. andare alla lavagna.
4. tradurre le frasi.
5. non dimenticare le eccezioni.
6. ripetere, per favore.
7. parlare più forte.
8. leggere il brano ad alta voce.
9. non avere fretta.
10. aprire il libro a pagina novanta.

b. *Dire all'amica Orietta di fare il contrario di quello che fa.*

> ESEMPI   Orietta tiene sempre il televisore acceso.
> **—Non tenere sempre il televisore acceso!**
>
> Orietta non studia.
> **—Orietta, studia!**

1. Orietta guarda la TV.
2. Non viene al cinema con noi.
3. Non va al Festival di San Remo.
4. Ascolta soltanto la musica rock.
5. Regala solo i CD di Gianna Nannini.
6. Non sta zitta durante i concerti.
7. Non prenota i biglietti del teatro.

Imperativo + pronomi

A. When object pronouns (direct and indirect, **ci** and **ne,** and combined forms) are used with the imperative, their position in relation to the verb is determined by the person of the verb.

1. Object pronouns *always* precede the verb in the **Lei** and **Loro** persons in both the *affirmative* and *negative* imperative.

Lei	**Mi presenti** al regista! *Introduce me to the film director!*	**Non mi presenti** a tutti gli attori! *Do not introduce me to all the actors!*
Loro	**Lo facciano** adesso! *Do it now!*	**Non lo facciano** stasera! *Don't do it tonight!*

2. When object pronouns are used with the *affirmative* imperative in the **tu, noi,** and **voi** persons, they follow the verb and are attached to it, forming one word. No matter how long the word becomes, the stress remains unaffected by the addition.

tu	**Raccontami** il film! *Tell me the plot of the movie!*	**Raccontamelo** esattamente! *Tell it to me exactly!*
noi	**Prendiamone** un po'! *Let's take a little!*	Carla non vede i sottotitoli. **Leggiamoglieli!** *Carla doesn't see the subtitles.* *Let's read them to her!*
voi	Jovannotti? **Ascoltatelo** a casa di Isa! *Jovannotti? Listen to him at Isa's!*	Il Festival? **Guardatelo** alla televisione! *The Festival? Watch it on TV!*

3. When the shortened **tu** form of **andare, dare, dire, fare,** and **stare** is used with a pronoun (single or combined), the apostrophe disappears and the initial consonant of the pronoun is doubled (except for **gli**).

dare	**da'**	**Dalle (dagli)** un bacione! *Give her (him) a big kiss!*	**Dacci** oggi il nostro pane quotidiano! *Give us this day our daily bread!*
dire	**di'**	Anna, **dimmi** di sì! *Anna, tell me yes!*	**Digli** quando vieni! *Tell him when you're coming!*
fare	**fa'**	**Fallo** ora! *Do it now!*	Hai le foto? **Faccele** vedere! *Do you have the pictures? Show them to us!*
stare	**sta'**	Va' in Italia e **stacci** almeno un mese! *Go to Italy and stay at least a month!*	
andare	**va'**	**Vattene** a casa e riposati! *Go on home and rest!*	

4. With the negative imperative of the **tu, noi,** and **voi** persons, object pronouns may either precede or follow the verb. With the **noi** form of the negative imperative, it is less common for object pronouns to follow the verb.

AFFIRMATIVE	NEGATIVE
Parlale!	Non **le** parlare! Non parlarle!
Parliamole!	Non **le** parliamo! (Non parliamole!)
Parlatele!	Non **le** parlate! Non parlatele!

B. The preceding rules governing the position of object pronouns with the imperative also apply to the imperative of reflexive verbs.

AFFIRMATIVE	NEGATIVE		
Alzati!	Non **ti** alzare!	*or*	Non alzar**ti**!
Si alzi!	Non **si** alzi!		
Alzi**amoci**!	Non **ci** alziamo!	*or*	(Non alzi**amoci**!)
Alz**atevi**!	Non **vi** alzate!	*or*	Non alz**atevi**!
Si **a**lzino!	Non **si** **a**lzino!		

As we have seen, reflexive pronouns may combine with other pronouns. The following imperatives of **andarsene** illustrate the combination of reflexive pronouns with **ne.**

AFFIRMATIVE	NEGATIVE		
V**a**ttene!	Non te ne andare!	*or*	Non and**a**rtene!
Se ne vada!	Non se ne vada!		
Andi**a**mocene!	Non ce ne andiamo!		
And**a**tevene!	Non ve ne andate!		
Se ne v**a**dano!	Non se ne v**a**dano!		

▪ Esercizi

a. Dare istruzioni. *Certe persone sanno dare gli ordini molto bene. Dare l'imperativo usando le espressioni suggerite.*

1. Per il compleanno della mamma, Sabina dice a Paola di... (use **tu**)

    a. andare dal pasticciere.
    b. comprare un dolce.
    c. non comprarlo al cioccolato.
    d. ordinarlo per venerdì sera.
    e. non dire niente a nessuno.

2. Il Suo compagno, la Sua compagna non sta bene e Le chiede di... (use **tu**)

    a. portargli/le le pantofole.
    b. preparargli/le il caffè.
    c. chiudere la finestra.
    d. non accendere la luce.
    e. dirgli/le le ultime notizie.
    f. fargli/le la zuppa di pesce per cena.

3. Il fotografo dice a una coppia di sposi di...

    a. guardarsi nello specchio.
    b. pettinarsi.
    c. sedersi di fronte alla macchina fotografica.
    d. girare la testa un po' a sinistra.
    e. stare dritti.
    f. non muoversi.
    g. sorridere.

b. *Mi piace dare dei suggerimenti (suggestions)...*

ESEMPIO   Voglio proporre agli amici di fare una passeggiata.
Facciamo una passeggiata!

Voglio proporre di...

1. andare al cinema.
2. giocare a carte.
3. prendere lezioni di judo.
4. bere qualcosa.
5. non dirlo a nessuno.
6. finire gli esercizi.
7. non parlarne più.
8. tornare in Europa e starci un mese.

c. Entrate pure! *Durante una cena in onore di alcuni studenti americani, fateli sentire a loro agio (ease). Seguire l'esempio.*

ESEMPIO   venire dentro
Venite dentro!
Venga dentro!

1. venire verso le otto
2. accomodarsi in salotto
3. non stare in piedi
4. non preoccuparsi per il ritardo
5. scusare il disordine
6. aspettarci cinque minuti
7. non chiudere la porta
8. prendere un caffè

d. Ordini strani... *In un racconto di Moravia, una donna sente una voce che le ordina di fare cose strane. Leggere attentamente e poi cambiare dal* **tu** *al* **Lei.**

Alzati, esci in camicia come sei, va' a suonare alla porta del tuo vicino e digli che hai paura. Va' a comprare una bottiglia di cognac, bevine la metà e poi mettiti a letto. Telefona in ufficio. Di' che non ti senti bene. Resta a casa. Restaci tre giorni.

e. E adesso come faccio? *Lei si rende conto di aver perso il passaporto e domanda consiglio al portiere del Suo albergo a Roma. Completi il dialogo con le forme corrette dei verbi indicati.*

LEI: Non trovo più il passaporto! Non so come fare.
PORTIERE: Non (preoccuparsi) _____ più del necessario. Mi (ascoltare) _____.
            (Andare) _____ dal fotografo qui vicino e (farsi fare) _____ le foto
            formato tessera; gliele fanno subito. Poi (telefonare) _____ al Suo consolato
            e (domandare) _____ qual è l'orario di apertura al pubblico.
            Ci (arrivare) _____ presto e non (dimenticarsi) _____ di portare la
            patente di guida o un altro documento di riconoscimento. (Spiegare) _____
            la situazione e (dare) _____ tutte le informazioni che Le chiederanno.
            (Stare) _____ tranquillo/a, sono cose che succedono.

f. Sì, sì. *È così facile andare d'accordo quando l'altra persona dice sempre di sì! Seguire l'esempio.*

ESEMPIO   Allora, ci andiamo?
          —**Sì, andiamoci!**

1. Allora, ci sediamo?
2. Allora, lo facciamo?
3. Allora, ce ne andiamo?
4. Allora, le portiamo due fiori?
5. Allora, ci scommettiamo?
6. Allora, glielo diciamo?
7. Allora, li compriamo?
8. Allora, ci fermiamo?

g. *Sostituire al nome la forma corretta del pronome. Fare i cambiamenti necessari.*

ESEMPIO   Dicci la verità!
          Sì, diccela!

1. Parlale dei bambini!
2. Dillo al professore!
3. Indicale la strada!
4. Restituiscigli l'anello!
5. Chiedilo alla mamma!
6. Dagli il passaporto!
7. Falle un regalo!
8. Falle molti regali!
9. Sta' a casa!
10. Vendile il mobile!

Altri modi di esprimere l'imperativo

1. The infinitive often replaces the imperative when addressing the general public rather than an individual person or persons (public notices, signs, instructions, recipes).

   Non fumare.
   No smoking.

   Cuocere un'ora a fuoco lento.
   Cook an hour on low heat.

2. A question phrased in the present indicative or conditional may be substituted for the imperative to soften an order or request. Compare:

   Mi porta un caffè?
   Will you bring me a cup of coffee?

   Mi porterebbe un caffè?
   Would you bring me a cup of coffee?

   The present indicative or conditional of **potere** or **volere** + *verb* can also be used instead of the imperative.

   Può portarmi un caffè?
   Can you bring me a cup of coffee?

   Mi porteresti un caffè?
   Would you bring me a cup of coffee?

3. To express a command affecting a third party, (**che**) + *present subjunctive* is used. These indirect commands express what the speaker wants another person or persons to do.

> **Venga** Mario se vuole!
> *Let Mario come if he wants to!*

> Che **parli** lei al professore!
> *Let her talk to the professor.*

Note that when the subject is expressed, it often follows the verb for emphasis.

■ Esercizio

Rispondere alle domande usando i nomi fra parentesi.

ESEMPIO   Chi lo fa? Tu? (Carlo)
           —**No, lo faccia Carlo!**

1. Chi paga? Tu? (l'avvocato)
2. Chi glielo dice? Tu? (la nonna)
3. Chi ci va? Tu? (Luigi)
4. Chi ne parla? Tu? (Silvia)
5. Chi le accompagna? Tu? (l'autista)
6. Chi gli telefona? Tu? (l'ingegnere)
7. Chi se ne occupa? Tu? (lo zio)

II. *Come* e *quanto* nelle esclamazioni

A. **Come** and **quanto** can introduce exclamatory sentences. They correspond to the English *how* and are invariable.

Come sono felice!
How happy I am!

Quanto sei buona, nonna!
How kind you are, Grandma!

Come cantano bene quei bambini!
How well those children sing!

Quanto è stato lungo il viaggio!
How long the trip was!

Come parlavi piano!
How softly you talked!

B. **Che** + *adjective* is often used to express *how* used as an exclamation.

Che bello!	Com'è bello!
How beautiful!	*How beautiful it is!*
Che strana!	Com'era strana!
How strange!	*How strange she was!*
Che buoni!	Come sono buoni!
How good!	*How good they are!*

—*Com'è romantico qui: cadono le foglie!*

III. Pronomi tonici

A. Pronomi tonici (*Stressed pronouns*) are used as objects of prepositions and as object pronouns following a verb. Unlike the other object pronouns we have studied, they occupy the same position in a sentence as their English equivalents.

SINGULAR		PLURAL	
me	*me, myself*	noi	*us, ourselves*
te	*you, yourself*	voi	*you, yourselves*
Lei	*you*	Loro	*you*
lui, lei	*him, her*	loro	*them (people)*
esso, essa	*it*	essi, esse	*them (things)*
sé	{ *yourself* *himself, herself, itself, oneself*	sé	{ *yourselves* *themselves*

Note that **me, te, noi,** and **voi** can also express a reflexive meaning, whereas in the third-person singular and plural, there is a special form for the reflexive: **sé.**

Secondo loro hai torto.
According to them you are wrong.

Non mi piace lavorare **per lui**.
I don't like to work for him.

Il direttore vuole **te**!
The director wants you!

Parla **a me?**
Are you speaking to me?

Lui non pensa mai agli altri, pensa **a sé.**
He never thinks of others, he thinks of himself.

Preferisco non parlare **di me.**
I prefer not to talk about myself.

B. Stressed pronouns are used most frequently as objects of prepositions.

Il fornitore ha lasciato un messaggio **per te.** Venga **con me!**
The vendor left a message for you. *Come with me!*

Non gettar via quei libri. Qualcuno **di essi** può esserti utile.
Don't throw away those books. Some of them can be useful to you.

1. Many single-word prepositions add **di** before a stressed pronoun.

contro *against*	Ha combattuto contro gli inglesi; sì, **contro di loro.** *He fought against the British; yes, against them.*
dentro *inside*	C'è qualcosa **dentro di te.** *There is something you're holding in.*
dietro *behind*	Camminavano **dietro di me.** *They were walking behind me.*
dopo *after*	Arrivarono dopo gli zii. Arrivarono **dopo di loro.** *They arrived after our aunt and uncle. They arrived after them.*
fra (tra) *between, among*	C'era una certa ostilità **fra di loro.** *There was a certain hostility between them.*
fuori *outside*	È fuori città: è **fuori di sé** dalla gioia. *He is out of town; he is beside himself with happiness.*
presso *at, near*	Vive presso i nonni? —Sì, vivo **presso di loro.** *Do you live at (your) grandparents? —Yes, I live with them.*
senza *without*	Viene senza il marito; viene **senza di lui.** *She is coming without her husband; she is coming without him.*
sopra *above*	Volava sopra la città; volava **sopra di noi.** *It flew over the city; it flew over us.*
sotto *under*	**Sotto di me** abita una famiglia inglese. *An English family lives below me.*
su *on*	Contiamo sul tuo aiuto; sì, contiamo **su di te.** *We're counting on your help; yes, we're counting on you.*
verso *to, toward*	È stato buono **verso di voi.** *He has been kind to (toward) you.*

2. **Da** + *stressed pronoun* can mean two things: **a** (**in**) **casa di** *(at/to someone's home)* and **da solo** (**sola, soli, sole**) *(without assistance).*

Dove andiamo? A casa di Riccardo? —Sì, andiamo **da lui!**
Where shall we go? To Riccardo's? —Yes, let's go to his house.

L'ho capito **da me (da solo).**
I understood it by myself.

Hanno riparato il televisore **da sé (da soli).**
They fixed the TV themselves.

C. Stressed pronouns are also used after verbs

1. for emphasis, instead of the other object pronouns (direct or indirect). They always follow the verb.

Ho visto **lei.**	L'ho vista.	Scrivono **a me.**	Mi scrivono.
(emphasis on her)	*(no emphasis)*	*(emphasis on* me)	*(no emphasis)*
I saw her.	*I saw her.*	*They write to me.*	*They write to me.*

Often, for greater emphasis, adverbs like **anche, proprio,** and **solamente** are used with the stressed pronouns.

Aspettavamo **proprio te.**	Telefono **solamente a lui.**
We were waiting just for you.	*I call only him.*

2. when there are two or more direct objects or indirect objects in the same sentence.

Hanno invitato **lui** e **lei.**	Antonio ha scritto **a me** e **a Maria.**
They invited him and her.	*Antonio wrote to me and to Mary.*

D. The **sé** form can only be used in the reflexive. It is masculine or feminine, singular or plural, and can refer to either people or things.

Silvia non ama parlare **di sé.**	Carla e Valeria amano parlare **di sé.**
Sylvia doesn't like to talk about herself.	*Carla and Valeria love to talk about themselves.*

La cosa **in sé** ha poca importanza.
The thing has little importance in itself.

Stesso is often added to the pronoun for extra emphasis and agrees in gender and number with the stressed pronoun. The accent mark on **sé** is optional before **stesso.**

Parlavo tra **me stessa.**	Paolo è egoista: pensa solo a **sé stesso.**
I was talking to myself.	*Paul is selfish: he thinks only of himself.*

■ Esercizi

a. In ditta. *Il direttore di una ditta di componenti meccaniche che esporta all'estero parla con un collega. Rispondere alle domande usando i pronomi tonici.*

ESEMPIO   Vuoi parlare davvero con i sindacati *(unions)?*
           Sì, voglio parlare davvero con loro.

1. Hai intenzione di dare il nuovo incarico <u>a Marco</u>?
2. Hai veramente fiducia <u>in Marina</u> per il contratto con la TRE EFFE?
3. Vuoi che mandiamo gli ordini per settembre solo <u>ai F.lli Rosselli?</u>
4. Non sembra anche <u>a te</u> che i prodotti della Selenia siano i migliori?
5. Il dottor Merlotti vuole solo <u>Stefano</u> per il contratto di Oslo, vero?
6. E possono sempre contare <u>su te e Luca</u> per la merce dall'Inghilterra, vero?
7. E finiranno la produzione di quest'anno anche <u>senza di me e senza di te</u>?

b. Non ci credo! *Federica ha passato un anno all'estero e non è al corrente di quanto è successo durante la sua assenza. Seguire l'esempio.*

ESEMPIO   Franco è andato in ferie senza sua moglie.
          Veramente è andato in ferie senza di lei?

1. Gli Arbizzi contano su di te per il nuovo negozio.
2. Adesso mia cugina vive a Londra senza i suoi amici.
3. Il nostro ex professore di storia abita sotto di noi.
4. Le nostre compagne di Padova si sono laureate dopo di mia sorella.
5. Luciano si è rotto la gamba proprio mentre sciava dietro di me.
6. Patrizia è andata via di casa e adesso vive presso i nonni.
7. Margherita è sempre molto gentile verso di noi.

Il Teatro Verdi a Busseto. Giuseppe Verdi è nato a Roncole, frazione di Busseto, nel 1813.

■ Vocabolario utile

il **buco** hole
il **passo** footstep
la **sceneggiatura** movie script
le **tenebre** darkness
il **tradimento** betrayal

ammazzare to kill
ansimare to gasp / pant
buttare to throw
farcela to make it, to manage to do something
gradire (isc) to enjoy, appreciate
legare to tie (up)
levare to remove, take off
*__nascondersi__ to hide oneself
rapire (isc) to kidnap
*__scappare__ to run away
spingere (*pp* **spinto**) to push
tirare to pull
urlare to yell, scream

forza! come on!

Michele, il protagonista, in un'immagine del film *Io non ho paura*.

■ Prima di leggere

Questo brano fa parte del romanzo *Io non ho paura* scritto da Niccolò Ammaniti. Il libro è un best-seller molto gradito al pubblico, apprezzato anche all'estero, e ha vinto il premio Viareggio-Repaci nel 2001. Ammaniti, nato nel 1966, è lo scrittore più giovane che abbia mai vinto questo premio prestigioso. Ammaniti è un autore molto attivo e scrive romanzi, racconti, e persino fumetti. Dal libro *Io non ho paura* è stato fatto un film con lo stesso titolo, e il testo è servito anche per la sceneggiatura. Il film è uscito nel 2003 con molto successo. Il regista del film, Gabriele Salvatores, è anche noto per il suo famoso film *Mediterraneo*.

Il protagonista di *Io non ho paura* è un bambino chiamato Michele che abita in un piccolo paese isolato nel sud d'Italia. La storia è ambientata nel 1978. Nei caldissimi giorni d'estate, Michele esplora la campagna con sua sorella ed i suoi amici. Un giorno, Michele scopre un segreto terribile in una casa abbandonata. Il film ci fa vedere una storia di tragedia, tradimento e amicizia in un contesto che ci mostra la bellezza dell'aspra° campagna insieme alla vita dura del popolo. L'autore ha scritto   *harsh, rugged* questo racconto in un modo semplice e diretto, attraverso il punto di vista di un bambino. Il testo ci presenta anche la lingua dei bambini, ricca di espressioni colloquiali.

In gruppi di due o tre studenti, discutete le seguenti domande:

1. Considerate le informazioni date, il vocabolario sopra riportato e il titolo del brano. Che tipo di film credete che sia? Di che cosa pensate che tratti?
2. Ci sono vari tipi di film che provocano spavento, dai thriller ai film dell'orrore. Gradite i film che vi fanno paura? Vi piacciono quelli con molta violenza, o preferite i film di suspense?
3. Pensate ai film americani o italiani che hanno i bambini come protagonisti. Come si chiamano questi film? Vi piacciono? Come sono i giovani attori? Date degli esempi.
4. Siete mai andati in campagna nel Sud d'Italia? Avete mai visto le immagini del Sud alla televisione o in un film? Descrivetele.
5. Ricordatevi di quando avevate 9 o 10 anni. Cosa facevate di solito durante le vacanze d'estate? Giocavate da soli o con i fratelli o gli amici? Restavate in casa o uscivate per giocare? Avevate genitori severi o permissivi? Discutetene.
6. Immaginate di vivere in una zona dove fa molto caldo e non c'è l'aria condizionata. Cosa fanno gli adulti d'estate? E i bambini?

▪ Io non ho paura

Era nero come la pece°. E c'era odore di legna bruciata e cenere°. Non capivo quanto era profondo. `pitch / legna... : burnt wood and ashes`

Ci ho infilato la testa° e ho chiamato. —Filippo? `Ci... : I put my head inside`

Mi ha risposto l'eco della mia voce.

5   —Filippo? —Mi sono affacciato di più°. —Filippo? `Mi... : I looked in farther`

Ho aspettato. Nessun rumore.

—Filippo, mi senti?

Non c'era.

(...)

10   Ho fatto tre passi quando ho avuto l'impressione di sentire un lamento, un gemito sordo°. `gemito... : muffled moan`

Me l'ero immaginato?

Sono tornato indietro e ho cacciato° la testa nel buco. `plunged`

—Filippo? Filippo, ci sei?

15   E dal buco è uscito un «Mmmm! Mmmm!»

(...)

Lo avevo trovato. (...)

Mi sono calato° dentro. Il cuore pompava così forte da farmi tremare il petto° e le braccia. Le tenebre mi davano le vertigini°. Mi mancava l'aria. Sembrava di stare nel `Mi... : I went down / chest / mi... : made me dizzy`
20   petrolio e faceva freddo.

(...) Era steso a terra. Nudo. Aveva le braccia e le gambe legate con lo scotch da pacchi.

—Mmmm!

Gli ho messo le mani sulla faccia. Anche sulla bocca aveva lo scotch.

25   —Non puoi parlare. Aspetta, te lo levo. Forse ti faccio un po' male.

Gliel'ho strappato via°. Non ha urlato, ma ha cominciato ad ansimare. (...) Si gonfiava e si sgonfiava° troppo in fretta. `Gliel'... : I tore it off of him / Si... : He was breathing in and out`

—Ora andiamo via. Andiamo via. Aspetta—. (...) Gli ho liberato prima le mani e poi i piedi.

30 —Ecco fatto. Andiamo—. Gli ho preso un braccio. Ma il braccio è ricaduto senza forze.

—Mettiti dritto, ti prego. Dobbiamo andare, stanno arrivando (...) Ti prego, Filippo, aiutami...—L'ho preso per le braccia. —Dài! Dài!— (...) Sono scoppiato a piangere°. Ero scosso dai singhiozzi°. —Ti... devi... alzare... stupido, stupido (...) Alzati! Alzati!—ho urlato, e l'ho preso a pugni°.

35 (...) —Filippo! Filippo, stanno qua! Ti vogliono ammazzare. Alzati.

Ha ansimato. —Non posso.

(...)

Le voci erano vicine. (...)

—Ora devi metterti in piedi. Lo devi fare. E basta. (...) Ora però devi salire. Io ti
40 spingo da sotto (...)

—Senza te non vado.

Lo abbracciavo come fosse un fantoccio°. —Non fare il cretino°. Arrivo subito.

(...) L'ho preso tra le braccia e l'ho spinto verso l'alto. —Prendi la corda, forza.

(...) Era su di me. Poggiava° i piedi sulle mie spalle.
45 —Ora io ti spingo, ma tu continua a tirarti su con le braccia, capito? Non mollare°.

Ho visto la sua piccola testa avvolta° dalla luce pallida del buco.

—Sei arrivato. Ora tirati fuori. (...) Aspetta, ti aiuto io,—ho detto, afferrandolo° per le caviglie. —Ti dò una spinta. Tu buttati—. (...)

—Michele, Michele, ce l'ho fatta! Vieni. (...)
50 Sentivo le voci sempre piú vicine. Il rumore dei passi.

—Michele, vieni?

—Arrivo.

La testa mi girava°, ma mi sono messo in ginocchio. Non ce la facevo a tirarmi su.

Ho detto: —Filippo, scappa!
55 Si è affacciato. —Sali!

—Non ce la faccio. (...) Scappa, tu!

Ha fatto no con la testa. —No, non vado—. La luce alle sue spalle era più forte.

—Scappa. Stanno qui. Scappa. (...)

Si è messo a piangere.
60 —Vattene. Vattene via. Ti prego, ti scongiuro°. Vattene via... E non ti fermare. Non ti fermare mai. Mai piú... Nasconditi!— Sono caduto a terra.

—Non ce la faccio,—ha detto. —Ho paura.

—No, tu non hai paura. Non hai paura. Non c'è niente da avere paura. Nasconditi.

Ha fatto sì con la testa ed è scomparso°.
65 Da terra ho cominciato a cercare la corda nel buio, l'ho sfiorata°, ma l'ho perduta. Ci ho riprovato, ma era troppo in alto.

Niccolò Ammaniti, da *Io non ho paura*

Sono... : *I burst into tears /* **scosso... :** *shaken by sobs /* **l'ho... :** *I hit him*

come... : *as if he were a puppet / idiot, fool*

He put

to let go

wrapped

holding him

La... : *My head was spinning*

I implore

vanished

l'ho... : *I brushed against it*

■ Comprensione

1. All'inizio del brano, dove sono Michele e Filippo? Descrivete il luogo.
2. Perché Michele non sente la voce di Filippo? Perché non lo vede subito? Spiegate.
3. Cosa fa Michele quando trova Filippo?
4. Michele vuole che Filippo scappi, fino al punto di urlare e picchiarlo. Perché?
5. Di che cosa ha paura Filippo? E Michele?
6. Alla fine del brano, dove sono Michele e Filippo?

■ Studio di parole

<hr />

sentire (less commonly **udire**) qualcuno/qualcosa
to hear someone/something

Mi pare di sentire dei rumori.
I think I hear noises.

sentirci
to be able to hear

Non ci sento bene; sono quasi sordo!
I can't hear well; I'm almost deaf!

sentire (dire) che
to hear a rumor that

Hanno sentito che ci sarà un nuovo programma.
They heard there will be a new program.

sentire parlare di qualcuno/qualcosa
to hear about someone/something

Avete sentito parlare di questo film?
Have you heard about this film?

ascoltare
to listen to

Ti piace ascoltare la radio?
Do you like to listen to the radio?

avere notizie di
ricevere notizie da } qualcuno
to hear from someone

Chi ha ricevuto notizie da Vittorio?
È molto tempo che non ho sue notizie.
Who has heard from Vittorio?
I haven't heard from him in a long time.

*piacere
to enjoy = to like

Ho visto il film ma non mi è piaciuto.
I saw the movie but I didn't enjoy it.

ATTENZIONE! **Piacere** is used when *enjoy*
means *to like.* The other verbs that express
to enjoy are limited to certain idiomatic expressions.

godere
to enjoy = to have, to possess

godere buona salute, buona reputazione,
    una bella vista

to enjoy = to derive pleasure from

godere il sole, l'aria fresca, la compagnia di una
    persona, i frutti del proprio lavoro, le gioie
    della vita

gustare
to enjoy = to savor, to appreciate

gustare il cibo
gustare la musica, un buon sonno

Related words:
il piacere *pleasure*
piacevole *pleasant*
gusto *taste*
gustoso *tasty*

fare piacere a qualcuno + *infinitive*
to enjoy doing something

Mi farà piacere conoscerLa.
I'll enjoy meeting you.

gradire
to enjoy = to appreciate, to welcome

gradire una lettera, un regalo, una vista,
    dei fiori

to steal

rubare qualcosa **a** qualcuno
*to steal (a thing); to take something away
from someone*

Le hanno rubato il portafoglio.
They stole her wallet.

derubare or **rapinare** qualcuno
to rob (a person)

Mia zia è stata derubata / rapinata.
My aunt was robbed.

Related words:
rapinatore / **ladro** *robber / thief*
rapitore / **rapitrice** *kidnapper*
il rapimento *kidnapping*

rapire (isc)
to kidnap, to abduct (a person)

Hanno rapito il bambino e adesso vogliono
un milione di euro!
*They kidnapped the child and now they want a
million euros!*

■ Pratica

a. *Scegliere la parola o le parole che completano meglio la frase.*

1. Chi ha _____ le ultime notizie?
2. Grazie per la cartolina che ho molto _____.
3. È impossibile che non abbiate mai _____ Dante, il padre della letteratura italiana.
4. I criminali volevano _____ la figlia del milionario.
5. I nonni di Paolo avevano quasi novant'anni ma _____ ancora buona salute.
6. Signora Raggi, complimenti per il dolce! L'ho veramente _____.
7. Mario ha avuto un incidente: ora non _____ dall'orecchio destro.
8. Ci sono molte cose che mi _____ fare durante il week-end.
9. È terribile. Giorgio è andato dal gioielliere e ha _____ una collana.

b. *Inserire le parole che completano meglio il dialogo.*

—Renata, ho _____ che hai trovato un lavoro a RAI 2. È vero?
—Sì, chi te l'ha detto?
—Ho _____ di te al supermercato—era tua sorella che parlava con
   un'amica. La notizia mi fa molto _____. Congratulazioni!
—Grazie! Ma tu hai sempre preferito _____ la radio, no?
—Mah, adesso _____ guardare la TV, specialmente le puntate di «Chi vuole essere
   milionario».
—Davvero? Aspetta, io _____ uno squillo. È il tuo telefonino?
—No, purtroppo. Il mio è stato _____ due giorni fa.
—Dici sul serio? Mi dispiace!

c. *Domande per Lei.*

1. Ha mai ascoltato la radio italiana? Ha mai visto un programma italiano alla TV? Se sì, descriva l'esperienza.
2. Le farebbe più piacere ricevere in regalo un grande televisore a colori o una piccola motocicletta? Perché?
3. Come reagisce quando sente parlare male di qualcuno? E quando ne sente parlare bene?
4. Conosce qualcuno che è stato derubato e ha perso la borsa o il portafoglio? Le è mai successa una cosa simile? Che cosa ha fatto?

✹ Temi per componimento o discussione

1. Molti pensano che i film di Hollywood non siano realistici e che finiscano bene troppo spesso. Siete d'accordo? Avete mai visto dei film italiani? Se sì, erano diversi da quelli americani o erano simili? Discutetene.

2. Avete letto un brano che descrive una breve scena del film. Ora immaginate una scena precedente e una successiva, scrivetela insieme e rappresentatela in classe. Usate le forme dell'imperativo e i pronomi tonici.

3. Guardate il film *Io non ho paura* e discutete le vostre impressioni. Vi è piaciuto? Vi ha spaventati? Avete notato qualche differenza tra il brano che avete letto e la scena corrispondente del film? Cosa pensate della rappresentazione della vita del sud d'Italia negli anni Settanta?

4. Quando i romanzi sono trasformati in film, ci sono spesso dei cambiamenti. Alcuni cambiamenti sono piccoli: ad esempio, nel romanzo *Io non ho paura* i bambini hanno nove anni, ma nel film ne hanno dieci. Altri cambiamenti sono maggiori. Secondo voi, è necessario che un film sia fedele al romanzo originale? Potete pensare ad altri esempi nei film che avete visto? Discutetene.

5. La produzione cinematografica offre agli spettatori film che rispondono ad interessi diversi: d'amore, d'avventura, psicologici, storici, di fantascienza, d'orrore. Esaminate due tipi di film a vostra scelta e spiegate che cosa, secondo voi, induce la gente ad andarli a vedere.

6. La TV ci porta in casa immagini di ogni genere, dai programmi per i bambini, a ciò che accade nel mondo, a scene di violenza e di orrore. In che misura questo influisce sulla nostra vita e sulla vita della società in cui viviamo?

7. I concerti di musica popolare sono frequentati da un numero elevato di persone generalmente govani. A quali concerti andate voi? Quali sono i messaggi proposti dai cantautori? Che emozioni suscita la loro musica?

RICERCA WEB

1. Esaminate uno o più programmi su Rai.it (Radiotelevisione Italiana) e spiegate le ragioni del vostro interesse/disinteresse.

2. Fate una breve ricerca su un regista italiano di vostra scelta.
   a. I rappresentanti del neorealismo: Roberto Rossellini *(Roma, città aperta)*, Vittorio De Sica *(Ladri di biciclette)*, Federico Fellini *(La strada)*, Luchino Visconti, Michelangelo Antonioni.
   b. I registi della «nuova commedia italiana»: Nanni Moretti, Roberto Benigni, Gabriele Salvatores.
   c. Giuseppe Tornatore e la vena politico descrittiva di *Cinema paradiso*.
   d. I nuovi registi del Festival di Venezia.

3. A San Remo, centro turistico della regione Liguria, dal 1951 ha luogo il Festival della Canzone Italiana. Cercate informazioni sul Festival e la sua storia. (Il sito web della città contiene notizie interessanti.)

4. Fate una breve ricerca su un cantautore italiano di successo, e cercate di spiegare le ragioni della sua fama. (Biagio Antonacci, Claudio Baglioni, Franco Battiato, Paolo Conte, Lucio Dalla, Fabrizio De Andrè, Tiziano Ferro, Jovannotti...)

Dieci anni dopo. Due vecchi amici, Angelo e Daniela, non si vedono da dieci anni.

ANGELO:	Mi scusi, Lei non è per caso... Ma sì, sei Daniela!
DANIELA:	Angelo? Non è possibile! Che sorpresa!
ANGELO:	Ma guarda! Ritrovarsi dopo tanto tempo, e in Cile!
DANIELA:	Incredibile!
ANGELO:	Dimmi, come stai? Cosa fai?
DANIELA:	Sono consulente di una compagnia italiana che ha investimenti nell'agricoltura cilena.
ANGELO:	Ma va'! Che mi dici? Non facevi antropologia?
DANIELA:	Sì, quand'ero giovane. E tu cosa fai? Come mai sei qui?
ANGELO:	Sono venuto a filmare un servizio sugli emigrati italiani.
DANIELA:	Ma allora sei diventato davvero corrispondente televisivo! Magnifico! Sono proprio contenta per te! Devo andare. Hanno appena annunciato il mio volo. Senti, hai notizie di Michele?
ANGELO:	Sta bene, è informatico, è ricchissimo, ha appena divorziato per la terza volta.
DANIELA:	Ma come! Un tipo accomodante come lui!
ANGELO:	Eh già! È meglio che tu vada adesso, se no perdi l'aereo.
DANIELA:	Angelo, mi ha fatto davvero piacere rivederti.
ANGELO:	Anche a me. Il mondo è veramente piccolo!

Esprimere ammirazione

Magnifico! Splendido! Stupendo! Meraviglioso!	*How wonderful!*
Perfetto!	*Perfect!*
Che bello! Com'è bello!	*How nice!*
Quanto mi piace!	*I really like it!*

Dimostrare incredulità

Ma và! Incredibile!	*Come on! Incredible!*
Non è possibile!	*It's not possible!*
Ma come! Sei sicuro/a?	*What? Are you sure?*
Dici sul serio?	*Are you serious?*
Che mi dici? Cosa mi racconti?	*What are you telling me?*
Non ci credo proprio! Ma dai, chi ci crede!	*I can't believe it.*

Esprimere sorpresa

Veramente? Davvero?	*Really?*
Che sorpresa!	*What a surprise!*
Proprio non me l'aspettavo!	*I didn't expect this at all!*
Ma guarda! Che strano!	*How strange!*

■ Che cosa dice?

1. Il Suo amico Giuseppe, quello che non studia mai, ha preso trenta e lode all'esame di latino.

2. Mara, la Sua compagna di liceo, quella timidissima e introversa che sedeva sempre al terzo banco, è diventata un'attrice famosa.

3. Sua moglie/Suo marito Le fa trovare sotto il tovagliolo le chiavi di un'Alfa Romeo nuova.

4. Le chiedono il Suo giudizio su un quadro che Lei ammira moltissimo.

5. Una chiromante Le predice che si sposerà presto e avrà sei figli.

■ Situazioni

1. Lei ha fatto molto bene l'esame di ingegneria mineraria e il Suo professore Le ha offerto di lavorare con lui in Alaska. Immagini una conversazione telefonica in cui Lei dà la notizia a Sua madre e le racconta le Sue reazioni.

2. Durante il telegiornale vede sullo schermo televisivo una Sua vecchia compagna di scuola che ha appena ricevuto il premio Nobel. Ne parli con Suo marito/Sua moglie.

3. Il Suo aereo passa vicino al polo artico e Lei vede per la prima volta il fenomeno dell'aurora boreale. Comunichi le Sue impressioni agli altri passeggeri.

4. Lei va a trovare Suo nonno, un vecchio signore di ottantasette anni a cui piace scherzare. Il nonno Le annuncia con molta serietà che ha deciso di sposarsi e L'invita al matrimonio. Lei esprime la Sua sorpresa e si fa raccontare dal nonno i preparativi del matrimonio.

Se gli esami andassero sempre bene!

L'esame è andato male. Emilio è preoccupato, s'interessa di scienza del linguaggio e vuol fare la tesi in linguistica, ma l'esame di fonologia è andato maluccio. Fabio cerca di dargli appoggio morale.

EMILIO: Se quest'esame mi va male, non so cosa fare.

FABIO: Andrà certamente meglio dell'altro, stai studiando moltissimo. Prenderai senza dubbio un voto migliore.

EMILIO: Ma deve essere un voto molto più alto! Se prendessi trenta e lode, potrei andare da De Mauro e chiedergli la tesi senza timore.

FABIO: Non devi preoccuparti così! Hai una media alta.

EMILIO: Se non avessi ventuno in fonologia non mi preoccuperei.

FABIO: Secondo me ti crei più problemi di quanto non sia necessario. E poi mi sento un po' responsabile anch'io. Se non ti avessi invitato a sciare avresti avuto più tempo per studiare e ora saresti più tranquillo.

EMILIO: Ma no! Mi ha fatto bene! Meno male che tra due settimane finisco. Se continuo così divento matto.

VIVERE IN ITALIA | Università e scuole superiori

All'università italiana si iscrive un numero sempre maggiore di studenti. I giovani arrivano all'università a diciannove anni, e scelgono una facoltà e un corso di laurea. Tanti nuovi corsi di «laurea breve»—tre anni soltanto, invece dei regolari quattro o sei—preparano ad opportunità di lavoro in Italia e all'estero. Gli insegnamenti sono specifici, in relazione al piano di studi scelto, non esistono corsi di cultura generale come nel «college» americano. Con il diploma di una delle tante scuole secondarie gli studenti possono essere ammessi all'università mediante un esame «attitudinale». Il costo dei corsi di laurea è in relazione al reddito della famiglia e va da circa 1000 euro ad un massimo di 3000 euro all'anno. Le lezioni dei professori sono spesso accompagnate da attività di laboratorio o esercitazioni. Per ogni corso gli studenti devono sostenere un esame orale, e spesso uno scritto, e ottenere il voto minimo di almeno 18. Il massimo è 30 e lode.

Con poche eccezioni, gli edifici universitari non sono in un campus di stile americano, ma sparsi nelle città, e si tratta spesso di antichi palazzi storici. Poche residenze universitarie ospitano gli studenti che provengono da città differenti o dall'estero. I «Portali degli Studenti» offrono informazioni sulle attività ricreative che interessano ai giovani.

L'istruzione superiore è aperta a tutti gli studenti dei paesi dell'Europa Unita, e si tende a rendere i piani di studio dei vari paesi simili tra loro. Il Progetto Erasmus offre programmi di studio all'estero da tre mesi a un anno, e aiuti finanziari con borse di studio, allo scopo di facilitare i contatti tra i giovani dei diversi paesi dell'Unione Europea. Spesso gli studenti americani che studiano in Italia con i programmi offerti dalle loro università seguono anche alcune lezioni presso università italiane.

Ci sono poi altre scuole, non necessariamente universitarie, che preparano ad una professione spesso con corsi biennali, come alcune scuole di giornalismo, di arte o di scienze gastronomiche.

A Siena e a Perugia ci sono poi Università per Stranieri, dove si insegnano essenzialmente corsi di lingua e cultura italiana che preparano all'insegnamento dell'italiano lingua seconda.

Palazzo della Carovana, sede della scuola Normale di Pisa.

■ Vocabolario utile

la borsa di studio scholarship
il dipartimento the branch of a school
le esercitazioni practice sections
la facoltà school (within a university), college (within a university)
l'istituto department (within a university); institute
la laurea university degree

sparso spread, scattered

dare statistica/latino/storia romana to take statistics, Latin, Roman history
fare il primo/il secondo anno to be in first/second year
frequentare to attend

la linguistica linguistics
la media grade point average
il piano di studio program of study
il reddito income
le scienze gastronomiche culinary arts
le tasse universitarie tuition
la tesi (di laurea) graduation thesis

*__iscriversi__ to register
prendere diciotto/trenta e lode to get 18/30 cum laude
sostenere un esame to take an exam
superare un esame to pass an exam

■ Esercizi

a. Completare le frasi con le espressioni opportune.

1. Emilio pensa: «Se quest'esame mi va male...»
   a. abbandono gli studi.
   b. non importa perché il voto dell'esame conta poco.
   c. non posso chiedere la tesi.

2. Fabio teme che...
   a. Emilio non abbia studiato abbastanza.
   b. sia colpa sua se Emilio ha perso tempo.
   c. Emilio pensi a divertirsi invece che a studiare.

3. Emilio dice che...
   a. c'è tanto tempo prima dell'esame.
   b. ha voglia di divertirsi.
   c. fare un po' di vacanza è una buona cosa.

b. La definizione. *Dare il termine descritto dalle frasi seguenti.*

1. La ricerca originale fatta dallo studente per ottenere la laurea.
2. Le attività supplementari in preparazione di un esame.
3. La scuola universitaria dove si insegnano i corsi che portano ad una laurea specifica.
4. La somma dei voti ottenuti diviso per il numero degli esami.
5. Gli insegnamenti che preparano alla professione di cuoco.
6. Lo studio del linguaggio e delle lingue naturali.
7. Essere regolarmente presenti alle lezioni di un corso.
8. Aiuto finanziario assegnato agli studenti.

■ A voi la parola

a. All'università. *In gruppi di due o più studenti rispondete alle domande che seguono e discutete le vostre opinioni con quelle degli altri gruppi.*

1. In Italia gli studenti che si iscrivono ad un corso di «laurea breve» si preparano ad un lavoro specifico, devono inoltre dimostrare di conoscere almeno una lingua straniera. I corsi che seguite voi vi danno la possibilità di ottenere un posto di lavoro nel campo di vostra scelta? Sarà importante per voi la conoscenza di una lingua straniera? Sì, no, perché?
2. L'università italiana differisce dal «college» americano, tra l'altro, perché non offre corsi di cultura generale. Chi sceglie medicina non segue corsi di lingua o letteratura, chi si iscrive a arti dello spettacolo non deve studiare matematica. Quali sono le differenze rispetto al vostro piano di studi? Sapreste spiegarne le ragioni? Cosa pensate della situazione italiana?
3. In Italia le università sono quasi tutte pubbliche e le spese dell'istruzione sono essenzialmente a carico dello stato. Le tasse universitarie pagate dagli studenti ne coprono solo una piccola parte. Nel Nord America molte università sono private e costose, ma ci sono vari meccanismi per diminuirne le spese. Discutete possibili vantaggi e svantaggi nei due casi.
4. Gli universitari italiani non devono sostenere tanti esami durante il semestre, ma un solo esame alla fine del corso. Vi piacerebbe se i vostri corsi fossero organizzati così? Perché sì, perché no?

Università di Milano Facoltà	Università di Urbino Facoltà di Lettere e Filosofia Istituti
Agraria	Archeologia
Farmacia	Civiltà Antiche
Giurisprudenza	Filologia Classica
Lettere e Filosofia	Filologia Moderna
Medicina e Chirurgia	Filosofia
Medicina Veterinaria	Geografia
Scienze Matematiche, Fisiche e Naturali	Linguistica
Scienze Motorie (Sport)	Storia
Scienze Politiche	Storia dell'Arte

b. Facoltà e istituti/dipartimenti. *Le università italiane sono divise in facoltà (vedi Università di Milano), e ogni facoltà offre diversi corsi nei vari istituti o dipartimenti (vedi Università di Urbino). Tenendo conto che diverse università hanno diverse facoltà e dipartimenti, esaminate i piani di studio proposti da Milano e Urbino e notate somiglianze e differenze con la vostra università. Che cosa manca? Ci sono studi che vi piacerebbe seguire e mancano nella vostra università? Se sì quali? Se no, perché?*

**Studi all'estero per avvicinare sempre di più i giovani all'Eu.
PROGETTO ERASMUS.**

ROMA - Partire a vent'anni per studiare in una università straniera: vivere a Parigi, a Londra, a Madrid. Viverci, non passarci un weekend e via. Imparare davvero una lingua, non sui libri, ma nella vita di tutti i giorni. Divertirsi. Farsi nuovi amici. Arricchire il proprio curriculum. E, senza accorgersene, costruire un pezzo della nuova Europa. Dal 1987 a oggi sono stati 1 milione 250 mila gli universitari europei che hanno partecipato a Erasmus, il progetto che permette di studiare per almeno tre mesi in un altro Stato dell'Unione. Un formidabile canale di integrazione che l'Italia usa meno degli altri paesi e che il Presidente della Repubblica, Carlo Azeglio Ciampi, vuole estendere anche alle scuole superiori.

Corriere della Sera, 10 novembre 2004

c. **Esperienze all'estero.**

1. Grazie al Progetto Erasmus gli universitari europei possono fare un'esperienza di studi all'estero. Quali sono le opportunità offerte dalle università americane? Qualcuno di voi ha studiato o spera di studiare in un paese straniero? Discutete le vostre esperienze o i vostri progetti. Che tipo di spese bisogna considerare? Chi paga?

2. Vivere lontano da casa, fuori dal proprio ambiente sociale può presentare difficoltà e richiedere molta tolleranza. Pensate che sia comunque importante fare esperienza personale dello stile di vita di gente diversa? Quali sono i vantaggi di conoscere altre forme culturali?

Studenti francesi davanti all'università La Sorbonne a Parigi.

I. Periodo ipotetico con *se*

A. The **periodo ipotetico** (*if*-clause) consists of two parts or clauses: a *dependent clause* introduced by *if* (**se**) indicating a condition, a possibility, or a hypothesis (*If I felt ready for the exam ...*), and a *main clause* indicating the result of the condition (*... I would take it*). An *if*-clause can express real or probable situations, possible situations, or contrary-to-fact situations. The mood and tense of the verb depend on the type of the condition.

Situation: Lucia is giving a party; two of her friends are talking about it.

ANNA: Vieni alla festa di Lucia?
PAOLA: Oh sì! **Vengo** volentieri se **m'invita.**

Paola uses the indicative mood because she is talking about a real probability; she expects to be invited.

ANNA: Vieni alla festa di Lucia?
PAOLA: **Verrei** volentieri se **mi invitasse!**

Paola is not sure that she will be invited; her choice of verb moods reflects her doubt.

ANNA: Perché non sei venuta alla festa di Lucia?
PAOLA: **Sarei venuta** se **mi avesse invitata.**

Paola was *not* invited; her choice of verb moods indicates a contrary-to-fact situation.

B. When real or probable situations are described, the **se**-clause is in the indicative and the result clause is in the indicative or the imperative.

CONDITION: *SE*-CLAUSE	RESULT: INDEPENDENT CLAUSE
Se + presente	presente futuro imperativo

—Se tu mi dai l'indirizzo del tuo sarto io ti do quello del mio.

Se **studiate, imparate.**
If you study, you (will) learn.

Se **corriamo,** li **raggiungeremo.**
If we run, we'll catch up with them.

Se lo **vedi, digli** di aspettarmi.
If you see him, tell him to wait for me.

CONDITION: *SE*-CLAUSE	RESULT: INDEPENDENT CLAUSE
Se + futuro[1]	futuro

Se **potrò,** lo **farò.**
If I can, I'll do it.

CONDITION: *SE*-CLAUSE	RESULT: INDEPENDENT CLAUSE
Se + passato prossimo o remoto imperfetto	presente futuro imperfetto passato prossimo o remoto imperativo

Sei hai studiato, lo sai.
If you have studied, you (will) know it.

Se hanno preso l'aereo, arriveranno prima.
If they took a plane, they'll arrive earlier.

Se disse questo, non sapeva quel che diceva.
*If he said that, he didn't know what he
   was saying.*

Se avete riso, non avete capito niente.
If you laughed, you didn't understand a thing.

Se non era vero, perché l'hai detto?
If it wasn't true, why did you say it?

Se è arrivata, dille di telefonarmi.
If she has arrived, tell her to phone me.

C. When describing probable or imaginary situations (whether likely or unlikely), the **se**-clause is in the imperfect subjunctive, and the result clause is in the conditional (usually the present conditional).

CONDITION: *SE*-CLAUSE	RESULT: INDEPENDENT CLAUSE
Se + congiuntivo imperfetto	condizionale presente condizionale passato

Se trovassimo un ristorante, mangeremmo.
If we found a restaurant, we would eat.

Se lui avesse un buon carattere, non avrebbe detto queste cose.
If he had a good disposition, he wouldn't have said these things.

---

[1] This is the only tense sequence that differs from English: **se** + **futuro** in Italian; *if* + *present* in English. This construction is possible only when the verb of the independent clause is in the future.

D. When describing improbable or impossible situations (contrary to fact, unlikely to happen or to have happened), the **se**-clause is in the past perfect subjunctive, and the result clause is in the conditional (usually the conditional perfect).

CONDITION: *SE*-CLAUSE	RESULT: INDEPENDENT CLAUSE
Se + congiuntivo trapassato	condizionale passato condizionale presente

Se gli altri avessero taciuto, anche noi avremmo taciuto.
If the others had kept quiet, we would have kept quiet too.

Se tu mi avessi aiutato, ora sarei ricco.
If you had helped me, I would be rich now.

1. ATTENZIONE! If the independent clause in an English sentence contains *would* (signal for the present conditional) or *would have* (signal for the conditional perfect), use the subjunctive (imperfect or past perfect) in the **se**-clause in Italian. The conditional is used in the independent clause, never in the **se**-clause.

   If I were rich, I would travel. → **Se fossi** ricco, viaggerei.

   If they had missed the train, they would have called. → **Se avessero perso** il treno, avrebbero telefonato.

2. Sometimes **se** is omitted, as in English.

   Fossi laureata, non lavorerei qui.
   Were I a college graduate, I wouldn't work here.

   Fosse stato vivo mio padre, che cosa avrebbe detto?
   Had my father been alive, what would he have said?

   Rinascessi, tornerei a fare lo scrittore.
   Were I born again, I'd be a writer again.

3. The order of the clauses is interchangeable.

   Se avessimo tempo mangeremmo. ⎫
   Mangeremmo se avessimo tempo. ⎭   *We would eat if we had time.*

▪ Esercizi

a. *Trasformare le seguenti frasi secondo il modello.*

ESEMPIO   Se fa bel tempo, (noi/poter andare) al mare.
        a) **Se fa bel tempo, possiamo andare al mare.**
        b) **Se facesse bel tempo, potremmo andare al mare.**
        c) **Se avesse fatto bel tempo, saremmo potuti andare al mare.**

Remember! Se is NEVER followed by a conditional.

1. a) Se ho tempo, (venire) _____ volentieri al concerto con te.
   b) Se avessi tempo _____.
   c) Se avessi avuto tempo _____.

2. a) Se Piero non deve studiare, (andare) _____ a giocare a calcio.
   b) Se Piero non dovesse _____.
   c) Se Piero non avesse dovuto _____.

3. a) Papà non dorme se (prendere) _____ il caffè prima di andare a letto.
   b) Papà non dormirebbe se _____.
   c) Papà non avrebbe dormito se _____.

4. a) Fatti un panino se (avere) _____.
   b) Ti faresti un panino se _____.
   c) Ti saresti fatta un panino se _____.

5. a) Se il mare è inquinato, noi non (potere) _____ fare il bagno.
   b) Se il mare fosse inquinato, noi non _____.
   c) Se il mare fosse stato inquinato, noi non _____.

6. a) Maria ha detto che se non vado io da lei, (venire) _____ lei da me.
   b) Maria ha detto che se non andassi io da lei, _____ .
   c) Maria ha detto che se non fossi andata io da lei, _____.

b. Realtà o possibilità. *Trasformare le seguenti frasi secondo l'esempio terminando ciascuna frase in modo originale.*

ESEMPIO   Se sono stanchi...
           Se sono stanchi non escono.
           Se fossero stanchi non uscirebbero.
           Se fossero stati stanchi non sarebbero usciti.

1. Se devo studiare...
2. Se piove...
3. Se tu resti...
4. Se non hanno tempo...
5. Se ci laureiamo a luglio...
6. Se studiate sodo...
7. Se notano qualcosa di strano...
8. Se riusciamo a prendere trenta nell'esame di biologia...

c. A dire il vero... *Rispondere alle seguenti domande seguendo l'esempio e dando una ragione plausibile.*

ESEMPIO   Mi aiuteresti a fare i compiti?
           Se potessi ti aiuterei, ma non ho tempo.

1. I professori pospongono gli esami?
2. Dareste l'esame di psicologia con noi a marzo?
3. Verresti con me all'Istituto di Italianistica?
4. Mi daresti gli appunti di filosofia?
5. Professore, mi spiegherebbe di nuovo le teorie di Keynes?
6. Mi aiuteresti ad organizzare la festa della matricola?
7. Eleggono un nuovo rettore *(president)*?
8. Gli impiegati della segreteria fanno sciopero *(strike)*?

d. Vita universitaria. *Formare un'unica frase secondo l'esempio.*

> **ESEMPIO** Fiorello diede l'esame di storia moderna. Prese trenta.
> **Se Fiorello avesse dato l'esame di storia moderna, avrebbe preso trenta.**

1. Marinella voleva diventare diplomatico. Entrò all'università subito dopo il liceo.
2. Anna andò alla festa di laurea di Patrizia. Rivide molte compagne di corso.
3. Le poste non hanno funzionato. Gli appunti di chimica non sono arrivati in tempo.
4. Vi fermaste in biblioteca. Tornaste a casa tardi.
5. Andammo alla conferenza. Ascoltammo la relazione di Raimondi.
6. Tu facevi lingue moderne. Potevi fare l'interprete.
7. Chiesi la tesi a Celati. La mia proposta gli piacque.

e. Che cosa farebbe Lei? *Formare frasi complete indicanti condizioni e conseguenze, usando i seguenti verbi.*

> **ESEMPIO** arrivare, salutare
> **Se arrivassi in ritardo, non potrei salutare Daniela.**
> **Se fossi arrivata in ritardo, non avrei potuto salutare Daniela.**

1. avere paura, scappare
2. piacere, comprare
3. fare attenzione, capire
4. essere bel tempo, fare una gita
5. vedere, salutare
6. alzarsi tardi, perdere il treno
7. sapere, dire

f. *Completare con la forma corretta (condizionale o congiuntivo) del verbo fra parentesi.*

1. Che cosa _____ (rispondere) se Le chiedessero di andare sulla luna?
2. Se i bambini _____ (stare) zitti, potremmo studiare meglio.
3. Se tu avessi avuto la coscienza tranquilla, non _____ (parlare) così!
4. Se lui ci _____ (dare) una mano, finiremmo prima.
5. _____ (bagnarsi) se fosse uscita senza ombrello.
6. Non ci avrei creduto se non lo _____ (leggere) sul giornale.
7. Mi dispiace, se _____ (potere) lo farei volentieri, ma proprio non posso.
8. Se _____ (mettersi) gli occhiali, ci vedresti.

g. Le conseguenze... *Completare con un verbo all'indicativo o al condizionale.*

1. Se mi iscrivessi a un corso di laurea breve...
2. Se dessi tre esami a giugno...
3. Se vieni a sciare con me...
4. Se vinco una borsa di studio...
5. Se prendessi trenta e lode in Storia Moderna...
6. Se avessi una media alta...
7. Se studiassi un anno a Parigi...
8. Se divento un bravo giornalista...

h. *Rispondere alle domande. Che cosa succederebbe...*

1. se un giorno Lei vedesse un UFO?
2. se i marziani arrivassero sulla terra?
3. se Le proponessero una parte in un film?
4. se La invitassero a un pranzo e il Suo vicino di tavola fosse un attore famoso?
5. se mancasse l'elettricità per ventiquattro ore?
6. se vincesse un milione a «Chi vuol esser milionario»?
7. se Le offrissero un semestre di studio in Europa?
8. se Le regalassero una Maserati?
9. se Le offrissero un lavoro alla Casa Bianca?

II. Altri usi di *se*

A. **Se** followed by the imperfect subjunctive introduces a suggestion. It corresponds to the English *How about . . . ? What about . . . ? Shouldn't we . . . ?*

Se prendessimo le ferie in maggio?
How about taking our vacation in May?

Che ne diresti (direbbe) di + *infinitive (What would you say to . . . ?)* can also introduce a suggestion.

Che ne diresti di venire al cinema con me?
How about going to the movies with me?

B. When **se** means *whether* and is introduced by a verb that denotes doubt or uncertainty or asks a question, **se** may be followed by the indicative, the conditional, or the subjunctive (all four tenses).

Domandagli se **vuole** venire o no.
Ask him whether he wants to come or not.

Mi domando se **è** possibile.
I wonder if (whether) it's possible.

Non so se **sarei** capace di dire una bugia.
I don't know if I could tell a lie.

Sono curiosa di sapere se lo **accetteranno.**
I'm curious to know if (whether) they will accept him.

Non so se a Pina **piacciano** o no le lumache.
I don't know if (whether) Pina likes snails.

Si chiedevano se **avrebbe parlato** o se **avrebbe taciuto.**
They were wondering whether he would talk or remain silent.

Non sapevano se lei **avesse** voglia di venire.
They didn't know whether she felt like coming.

Note that use of the subjunctive when **se** is introduced by a verb of doubt is optional. The subjunctive stresses the element of doubt or uncertainty.

Non so se **hanno** ragione.
Non so se **abbiano** ragione.
I don't know if they're right.

C. The imperfect and past perfect subjunctive may be used alone (with or without **se**) in sentences that express a wish or regret (see p. 217).

Se i vecchi **potessero** e i giovani **sapessero!**
If only the old could and the young knew!

(Se) **avessi avuto** un figlio!
If only I had had a son!

■ Esercizio

Il gioco dei se... *Completare le seguenti frasi.*

1. Non sanno se...
2. Sarei andato in aereo se...
3. Ci domandavamo se...
4. Studieresti più volentieri se...
5. Vengono a trovarci se...
6. Chiedile se...
7. Gli ho domandato se...
8. Non gli parleremo mai più se...
9. Ci sarebbero meno incidenti se...
10. Voglio sapere se...

III. Avverbi

A. Adverbs are invariable words that modify a verb, an adjective, or another adverb. Adverbs express time, place, manner, and quantity.

Federico è partito **improvvisamente.**
Frederick left suddenly.

Maria è **molto** intelligente.
Maria is very intelligent.

Mangi **troppo velocemente.**
You eat too fast.

Parla **poco,** ascolta **assai** e **giammai** non fallirai!
Speak little, listen a lot, and you'll never go wrong.

B. Adverbs are most often formed by adding **-mente** to the feminine form of the adjective. This form corresponds to the *-ly* form in English.

improvviso → improvvisa → **improvvisamente** *suddenly*
vero → vera → **veramente** *truly*
dolce → **dolcemente** *sweetly*

If the adjective ends in **-le** or **-re** preceded by a vowel, the final **-e** is dropped before adding **-mente.**

naturale → natural → **naturalmente** *naturally*
regolare → regolar → **regolarmente** *regularly*

C. Some commonly used adverbs have forms of their own: **tardi, spesso, insieme, bene, male, così, volentieri,** etc.

D. Some adverbs have the same form as the adjective.

Andate **piano!**
Go slow!

Parliamoci **chiaro!**
Let's talk frankly!

Non parlare così **forte!**
Don't talk so loud!

Perché cammini così **svelto?**
Why are you walking so fast?

Hai visto **giusto.**
You guessed right.

Lavorate **sodo,** ragazzi!
Work hard, boys!

Abitano **vicino.**
They live nearby.

E. Like nouns and adjectives, many adverbs can be altered using the same suffixes discussed in Chapter 5; see pp. 117–119.

bene → **benino, benone**

Come va? —Va **benone.**
How are things? —Quite good.

male → **maluccio**

Oggi sto **maluccio.**
Today I am feeling a little down.

poco → **pochino, pochettino**

Sono un **pochino** stanco.
I'm a bit tired.

presto → **prestino**

È ancora **prestino.**
It is still rather early.

Improvvisamente è suonata le mezzanotte.

F. Adverbial expressions consisting of two or more words are often used instead of simple adverbs.

a poco a poco	**di solito**	**per caso**
little by little	*usually*	*by chance*
in tutto e per tutto	**di tanto in tanto**	**per fortuna**
completely	*from time to time*	*fortunately*
all'improvviso	**in seguito**	**ad un tratto**
all of a sudden, suddenly	*later on*	*suddenly*

Posizione degli avverbi

A. In general, the adverb directly follows the verb in a simple tense, but it may precede the verb for emphasis.

Parlano **bene** l'italiano.
They speak Italian well.

Qui abita mia sorella.
My sister lives here.

La vediamo **raramente.**
We rarely see her.

Allora non lo conoscevo.
I did not know him then.

B. In sentences with compound tenses, the adverb may be placed:

1. between the auxiliary verb and the past participle, especially common adverbs of time: **già, mai, sempre, ancora, spesso, più.**

   Te l'ho **già** detto mille volte!
   I already told you a thousand times!

   Ci siamo **veramente** divertiti.
   We really had a good time.

   Non mi hanno **ancora** invitato.
   They haven't invited me yet.

   Non ci sono **più** andati.
   They didn't go there again.

2. directly after the past participle (most adverbs of place, time, and manner).

   Non sono venuti **qui.**
   They didn't come here.

   Mi hanno risposto **male.**
   They answered me badly.

   Sei arrivata **tardi.**
   You arrived late.

3. before the auxiliary verb, for emphasis.

   Io **subito** ho risposto.
   I answered right away.

   Mai avrei immaginato una cosa simile.
   I would never have imagined such a thing.

C. Anche (*also, too, as well*) normally precedes the word it refers to.

Fausto era intelligente ed era **anche** bello.
Fausto was intelligent and handsome too.

Possiamo prendere l'autobus ma possiamo **anche** prendere un tassì.
We can take the bus, but we can also take a cab.

Vengo **anch'io** al concerto.
I am coming to the concert too.

Anche cannot be used at the beginning of a sentence to mean *also* in the sense of *besides, moreover, in addition, furthermore*. **Inoltre** must be used in such cases.

Non posso venire. **Inoltre,** non ne ho voglia.
I can't come. Besides, I don't feel like it.

■ Esercizi

a. Il primo appuntamento. *Ieri sera Annamaria è uscita per la prima volta con un ragazzo che lavora con lei. La sua amica le chiede i particolari. Seguire l'esempio.*

ESEMPIO   Ha parlato molto? (costantemente)
           Sì, ha parlato costantemente.

1. Ti ha raccontato la storia della sua vita? (già)
2. Ama gli animali? (molto)
3. Quando siete usciti, vi siete sentiti a vostro agio? (immediatamente)
4. Esce la sera con i suoi amici? (raramente)
5. Va alla partita di calcio? (regolarmente)
6. Ti piacerebbe uscire con lui un'altra volta? (ancora)
7. Ha parlato di cose interessanti? (subito)
8. Hai capito se ha la ragazza? (no/assolutamente)
9. Si è lamentato di qualcosa? (mai)
10. Ma senti, hai intenzione di dirlo a Mario? (certamente)

b. Gli esami. *Il professor Monti fa parte di una commissione di esami di maturità e ne parla con la moglie. Formare nuove frasi usando l'opposto degli avverbi sottolineati.*

1. Il presidente (*chairman*) aveva <u>già</u> aperto le buste con i temi di italiano quando sono arrivato.
2. <u>Fortunatamente</u> all'esame orale quasi tutti i ragazzi hanno risposto <u>bene</u>.
3. Abbiamo concluso gli esami abbastanza <u>presto</u>.
4. Un membro della commissione ci ha chiesto se avevamo <u>mai</u> avuto delle difficoltà di procedura.
5. Il mio collega di scienze <u>non</u> gli aveva <u>ancora</u> raccontato quello che successe l'anno scorso.
6. Ho notato che al presidente piace <u>molto</u> interrogare gli studenti.
7. Devo ammettere che io do voti alti <u>raramente</u>.
8. L'unica cosa che mi disturba è quando i membri della commissione vogliono fare tutto <u>in fretta</u>.

Comparativo di uguaglianza

The following forms are used in comparisons of equality:

A. (**così**) + *adjective or adverb* + **come**　　as . . . as
　　(**tanto**) + *adjective or adverb* + **quanto**　　as . . . as

La mia casa è (**così**) **grande come** la tua.
La mia casa è (**tanto**) **grande quanto** la tua.
My house is as big as yours.

Così and **tanto** are often unexpressed.

When a personal pronoun follows **come** or **quanto,** it is a stressed pronoun.

Il bambino è alto quanto **me.**
The child is as tall as I am.

B. **tanto** + *noun* + **quanto**　　as much as; as many . . . as
　　tanto quanto　　as much as

Tanto + *noun* + **quanto** usually agree in gender and number with the noun they modify.

Hanno ricevuto tant**i** regal**i** quant**i** ne volevano.
They received as many presents as they wanted.

(**Tanto**) **quanto** (invariable and not separated) follows a verb.

È vero che guadagni (**tanto**) **quanto** me?
Is it true you earn as much as I do?

Comparativo di maggioranza e minoranza

The following forms are used for comparisons of inequality:

più... di **più... che**	*more . . . than; -er . . . than*
meno... di **meno... che**	*less . . . than; fewer . . . than*

A. **più/meno... di** (**di** combines with the definite article) with numbers and when two different persons or things are compared in terms of the same quality or action.

Il nonno ha **più di** settant'anni.
Grandpa is more than seventy years old.

Gli Italiani bevono **più** vino **degli** Americani.
Italians drink more wine than Americans.

I soldi sono **meno** importanti **della** salute.
Money is less important than health.

Tu sei **più** alto **di** me?
Are you taller than I am?

L'Italia è trenta volte **più** piccola **degli** Stati Uniti.
Italy is thirty times smaller than the United States.

B. più / meno... che when two words of the same grammatical category (nouns, adjectives, infinitives, adverbs) are directly compared in relation to the same person, thing, or action.

I miei amici mangiano **meno** carne **che** pesce.
My friends eat less meat than fish.

L'alta moda è **più** elegante **che** pratica.
High fashion is more elegant than practical.

È **più** facile salire **che** scendere.
It is easier to get up than to get down.

Hanno risposto **più** gentilmente oggi **che** ieri.
They answered more kindly today than yesterday.

Scriverò **più** rapidamente con la matita **che** con la penna.
I will write faster with a pencil than with a pen.

ATTENZIONE! If the two words on either side of *than* can be reversed, and the sentence still makes sense though with an opposite meaning, the word you want for *than* is **che**; otherwise use **di.**

I drink more coffee than *tea.*
(*I drink more tea* than *coffee.*)
Bevo più caffè **che** tè.

They spent more time in France than *in Italy.*
(*They spent more time in Italy* than *in France.*)
Hanno passato più tempo in Francia **che** in Italia.

But:

I drink more coffee than *Mary.*
(*cannot be reversed*)
Bevo più caffè **di** Maria.

C. più / meno... { **di quel(lo) che** + *verb* in the indicative
di quanto + *verb* in the indicative or subjunctive
che non + *verb* in the subjunctive

when the comparison is followed by a conjugated verb, that is, when it introduces a dependent clause.

Lo spettacolo è stato **meno** interessante **di quello che** ci aspettavamo.
The show was less interesting than we expected.

La conferenza durò **più di quanto** immaginavo (immaginassi).
The lecture lasted longer than I imagined.

Hanno lavorato **più di quel che** credi.
They worked more than you think.

Quell'uomo è **più** gentile **che non** sembri.
That man is kinder than he seems.

■ Esercizi

a. *Completare le seguenti frasi con un comparativo (di uguaglianza, maggioranza o minoranza), secondo il senso.*

ESEMPIO   Un treno locale è **meno** veloce **di** un treno rapido.

1. I mesi invernali sono _____ caldi _____ quelli estivi.
2. Il mese di novembre ha _____ giorni _____ il mese d'aprile, ma _____ giorni _____ dicembre.
3. La giraffa ha il collo _____ lungo _____ l'elefante.
4. Un limone è _____ dolce _____ una mela.
5. Sei sicuro che ci siano _____ calorie in una carota _____ in un avocado?
6. Le montagne sono _____ alte _____ le colline.
7. Un'Audi costa _____ _____ una Ford.
8. Negli Stati Uniti un viaggio in autobus è _____ caro _____ un viaggio in treno.
9. Gli Italiani bevono _____ vino _____ gli Americani; bevono _____ la gente creda!
10. Non sono veramente malato; sono _____ stanco _____ malato!

b. *Riscrivere le seguenti frasi sostituendo il comparativo di maggioranza o minoranza al comparativo di uguaglianza.*

ESEMPIO   Sono alta come mio padre.
          Sono più (meno) alta di mio padre.

1. È vero che il bambino mangia tanto quanto te?
2. Non è tardi come pensavo.
3. Abbiamo usato tanto burro quanta farina.
4. Il letto sembrava tanto bello quanto comodo.
5. Sapete che guadagnate quanto noi?
6. Eravate stanchi come gli altri.
7. Hanno tanto coraggio quanto credi.
8. Per me, la storia è interessante come la geografia.

c. *Completare le seguenti frasi usando* **di** *(di* + articolo)*, **che, di quel che, come, quanto.**

1. Gli Americani bevono più caffè _____ vino.
2. Mi sento più felice in campagna _____ in città.
3. I giorni feriali sono più numerosi _____ giorni festivi.
4. Non trovate che i motorini siano più pericolosi _____ automobili?
5. L'aria è tanto necessaria _____ acqua.
6. Quell'edificio è più bello _____ utile.
7. La tua macchina consuma più benzina _____ mia.
8. Nella vita, tu hai avuto più gioie _____ dolori.
9. L'autunno è meno caldo _____ estate.
10. Nessuno ha tanta pazienza _____ ne ho io.
11. L'esame sarà meno facile _____ voi crediate!
12. Camminavano meno rapidamente _____ me.
13. Qualche volta è più difficile tacere _____ parlare.
14. Come balli bene! Sei leggera _____ una piuma.
15. L'Italia ha più colline e montagne _____ pianure.

Superlativo relativo

Italian forms the relative superlative of adjectives and adverbs (*most, least, -est*) with the definite article + **più** or **meno**. **Di** (or **fra**) used after a superlative is the equivalent of *in* or *of* in English.

> **la meno** famosa di tutte le attrici
> *the least famous of all actresses*
>
> **il** ragazzo **più** intelligente della famiglia
> *the most intelligent boy in the family*
>
> **il più** rapidamente possibile
> *the most rapidly (as rapidly as possible)*

A. When the superlative follows its noun, the definite article is not repeated with **più** or **meno**.

> il museo più famoso
> *the most famous museum*
>
> la sorella meno carina
> *the least pretty sister*

B. The subjunctive often follows the superlative (see p. 202).

> Il dottore è l'uomo più alto che io **conosca.**   È il film più lungo che io **abbia visto.**
> *The doctor is the tallest man I know.*   *It's the longest movie I have seen.*

C. With the superlative of adverbs, the definite article is usually omitted unless **possibile** is added to the adverb. (Note the idiomatic expressions with **possibile.**)

> Ha parlato **più rapidamente** di tutti.   Ha parlato **il più rapidamente possibile.**
> *He spoke the most rapidly of all.*   *He spoke as rapidly as possible.*
>
> **il più presto possibile** (al più presto)   **il più tardi possibile**
> *as soon as possible*   *as late as possible*

Superlativo assoluto

The absolute superlative (*very intelligent, quite pretty, very rapidly*) can be formed:

A. by dropping the final vowel of the masculine plural form of the adjective and adding **-issimo** (**-issima, -issimi, -issime**). The absolute superlative always agrees in gender and in number with the noun it modifies.

> ricco → ricchi → **ricchissimo**
> simpatico → simpatici → **simpaticissimo**
> lungo → lunghi → **lunghissimo**
>
> Pietro prende sempre voti **altissimi.**
> *Pietro always gets very high grades.*
>
> La situazione politica era **gravissima.**
> *The political situation was very serious.*

B. by adding **-issimo** to the adverb minus its final vowel.

tardi → **tard<u>i</u>ssimo**
spesso → **spess<u>i</u>ssimo**

La mamma è arrivata ieri sera, **tard<u>i</u>ssimo.**
Mother arrived last night, very late.

C. for adverbs ending in **-mente,** by adding **-mente** to the feminine form of the superlative adjective.

sicuramente: sicuro → sicur<u>i</u>ssima → **sicurissimamente**
gentilmente: gentile → gentil<u>i</u>ssima → **gentilissimamente**

Questo succede **rarissimamente.**
This happens very rarely.

D. by using such adverbs as **molto, assai, bene, estremamente, incredibilmente, infinitamente, altamente** + *adjective* or *adverb.*

Silvia è una ragazza **molto strana.**
Sylvia is a very strange girl.

La situazione è **estremamente difficile.**
The situation is very difficult.

Le sono **infinitamente grato.**
I'm extremely grateful to you.

Lo farò **ben volentieri.**
I'll be delighted to do it.

E. by adding a prefix to an adjective: **arci**contento, **stra**pieno, **extra**rapido, **super**veloce, **ultra**moderno, etc.

La carne era **stracotta.**
The meat was overcooked.

Vivono in un palazzo **ultramoderno.**
They live in a very modern apartment building.

F. by adding another adjective or phrase to an adjective.

ricco sfondato
filthy rich

vecchio decr<u>e</u>pito
very old, on one's last legs

pieno zeppo
overflowing

ubriaco fr<u>a</u>dicio
drunk

innamorato cotto
madly in love

pazzo da legare
raving mad (fit to be tied)

stanco morto
dead tired

sordo come una campana
as deaf as a post

G. by repeating the adjective or the adverb.

Se ne stava in un angolo **zitta zitta.**
She kept very silent in a corner.

I bambini camminavano **piano piano.**
The children were walking very slowly.

■ Esercizi

a. **Sono eccezionali!** *Trasformare le frasi secondo l'esempio dato.*

ESEMPIO   È un bel palazzo.
          È il palazzo più bello della città. È bellissimo!

1. È un monumento famoso.
2. È un bel parco.
3. È una vecchia statua.
4. È un ristorante caro.
5. Sono dei palazzi moderni.
6. Sono chiese buie.

b. **Interessantissimo!** *Paola racconta a Umberto come si trova con il professor Marchetti. Riscrivere le frasi usando un'altra forma del superlativo assoluto.*

1. Le sue lezioni sono molto interessanti.
2. Ma i suoi esami sono estremamente difficili.
3. Anche i seminari di storia medievale sono molto lunghi.
4. Normalmente l'aula è strapiena di studenti.
5. Dopo aver assistito alle sue lezioni, arriviamo tutti a casa stanchissimi.
6. Ma è un docente *(teacher)* assai bravo e molto preparato.
7. Saremmo arcicontenti se anche tu ti iscrivessi a Lettere e Filosofia.
8. Vedrai che i suoi assistenti ti tratteranno benissimo.

c. **Da Luigi.** *Che cosa dice Luigi per convincere i clienti a comprare la sua merce? Seguire l'esempio usando* **che ci sia/siano** *a seconda del caso.*

ESEMPIO   Queste pere sono buone?
          Sono le più buone che ci siano.

1. Le uova sono fresche?
2. I fichi sono maturi?
3. Le olive nere in vasetto *(jar)* sono saporite?
4. La mozzarella è fresca di giornata?
5. I piselli sono dolci?
6. Questo prosciutto è buono?
7. Le arance siciliane sono belle rosse?

A. Some adjectives have irregular comparatives and superlatives in addition to their regular forms. The first form shown is the regular one.

ADJECTIVES		
	Comparative	Relative Superlative	Absolute Superlative
buono	più buono	il più buono	buonissimo
good	migliore	il migliore	ottimo
	better	*the best*	*very good*
cattivo	più cattivo	il più cattivo	cattivissimo
bad	peggiore	il peggiore	pessimo
	worse	*the worst*	*very bad*
grande	più grande	il più grande	grandissimo
big, great	maggiore	il maggiore	massimo
	bigger, greater	*the biggest*	*very big*
piccolo	più piccolo	il più piccolo	piccolissimo
small, little	minore	il minore	minimo
	smaller	*the smallest*	*very small, slightest*
alto	più alto	il più alto	altissimo
high, tall	superiore	il superiore	supremo/sommo
	higher	*the highest*	*very high, supreme*
basso	più basso	il più basso	bassissimo
low, short	inferiore	l'inferiore	infimo
	lower	*the lowest*	*very low*

1. The choice of a regular or an irregular form is dictated by meaning and/or style and usage. In general, the irregular forms indicate figurative qualities and values; the regular forms are used to indicate material qualities.

   Questa casa è **più alta** di quella.   Vorrei scarpe con tacchi **più bassi.**
   This house is taller than that one.   *I'd like shoes with lower heels.*

   Questa quantità è **superiore** al necessario.   Sono scarpe di qualità **inferiore.**
   This quantity is more than necessary.   *They are shoes of poorer quality.*

2. Note the special meanings of **maggiore** and **minore.** In addition to meaning *greater, major,* and *lesser,* they are frequently used in reference to people to mean *older* and *younger.* **Il maggiore** means *the oldest* (in a family) and **il minore** means *the youngest.* When referring to physical size, *bigger* and *biggest* are expressed by **più grande** and **il più grande;** *smaller* and *smallest* by **più piccolo** and **il più piccolo.**

   Il sole è **più grande** della luna.   I tuoi difetti sono **minori** dei miei.
   The sun is bigger than the moon.   *Your faults are smaller than mine.*

   Chi è **maggiore:** tu o tua sorella?   I tuoi piedi sono **più piccoli** dei miei.
   Who is older: you or your sister?   *Your feet are smaller than mine.*

3. Often the regular and irregular forms are used interchangeably, especially when material qualities are compared.

Questo formaggio è **più buono (migliore)** di quello.
This cheese is better than that.

In questo negozio i prezzi sono **inferiori (più bassi).**
In this shop prices are lower.

4. Some additional examples of the irregular forms are:

I Rossi sono **i** miei **migliori** amici.
The Rossis are my best friends.

Al **minimo** rumore si spaventa.
He gets frightened at the smallest noise.

È un'**ottima** occasione.
It's an excellent opportunity.

Dovete andare al piano **superiore.**
You must go to the upper floor.

L'ipocrisia è **il peggior(e)**[1] difetto.
Hypocrisy is the worst fault.

Il valore di quel libro è **infimo.**
The value of that book is minimal.

Quali sono state le temperature **minime** e **massime** ieri?
What were the lowest and highest temperatures yesterday?

B. Some adverbs have irregular comparatives and superlatives.

ADVERBS			
	Comparative	Relative Superlative	Absolute Superlative
bene *well*	meglio *better*	(il) meglio *the best*	molto bene, benissimo ottimamente *very well*
male *badly*	peggio *worse*	(il) peggio *the worst*	molto male, malissimo pessimamente *very badly*
molto *much, a lot*	più, di più *more*	(il) più *the most*	moltissimo *very much*
poco *little*	meno, di meno *less*	(il) meno *the least*	pochissimo *very little*

L'hai fatto bene, ma puoi farlo **meglio.**
You did it well, but you can do it better.

Hanno scritto **malissimo.**
They wrote very badly.

Vedo che hai già finito. **Benissimo!**
I see you are already done. Very good!

Cercano di mangiare **il meno possibile.**
They try to eat as little as possible.

In the relative superlative, the article is usually omitted unless **possibile** is added.

Ha risposto **meglio** di tutti.
He gave the best answer.
(lit: He answered the best of all.)

Ha risposto **il meglio possibile (nel miglior modo possibile).**
He answered as well as possible.

---

[1] **Migliore, peggiore, maggiore,** and **minore** can drop the final -e before nouns that do not begin with z or s + consonant: **il maggior dolore; il miglior professore;** but **il migliore scrittore.**

1. Note that *more* and *less*, when used alone without nouns (usually after a verb), are **di più** and **di meno**.

Bisogna lavorare **di più** e
chiacchierare **di meno**.
One must work more and chatter less.

Quando è depresso, Pietro mangia **di più**.
When he is depressed, Peter eats more.

2. **Sempre più** and **sempre meno** correspond to *more and more* and *less and less* + adjective or adverb. Use **sempre di più** and **sempre di meno** when the expressions are used by themselves.

La situazione diventa **sempre più** grave.
*The situation is getting more and more
serious.*

Capite **sempre di meno**.
You understand less and less.

3. **Più... più** and **meno... meno** correspond to *the more . . . the more* and *the less . . . the less*.

Più dorme, **più** ha sonno.
The more he sleeps, the sleepier he is.

Meno lavorano, **meno** guadagnano.
The less they work, the less they earn.

4. **Il più, i più, la maggior parte (la maggioranza)** + **di** + *noun* + *verb* (singular or plural) express *most*, meaning *the greatest quantity, the majority, most persons*.

Il più è fatto.
Most of it is done.

I più preferiscono quest'idea.
Most people prefer this idea.

La maggior parte dei nostri amici
era già partita.
Most of our friends had already left.

La maggior parte (la maggioranza) degli
uomini è contenta del proprio stato.
Most men are happy with their condition.

C. When expressing *better* or *worse* you have to determine whether they are used as adjectives or adverbs. **Migliore/Migliori** express *better* as an adjective; **peggiore/peggiori** express *worse* as an adjective.

Abbiamo visto tempi **migliori**.
We've seen better times.

Non ho mai bevuto un vino **peggiore** di questo.
I've never drunk a worse wine than this one.

Meglio and **peggio** express *better* and *worse* as adverbs.

Stanotte ho dormito **meglio**.
Last night I slept better.

Con questi occhiali ci vede **peggio**.
*With these glasses he doesn't see as well
(he sees worse).*

Meglio and **peggio** can also be used with **il** as masculine nouns to mean *the best (thing), the worst (thing)*.

Il **meglio** deve ancora venire.
The best is yet to come.

Il peggio è passato.
The worst is over.

■ Esercizi

a. Contrasti. *Completare le seguenti frasi usando* **meglio, migliore/i, peggio** *e* **peggiore/i.**

1. La macchina nuova funziona _____ di quella vecchia.
2. È un bravo dentista: credo che sia il _____ dentista che io abbia mai avuto.
3. Abitano in una brutta zona; è la zona _____ della città.
4. Questo vestito ti sta veramente bene; sta _____ a te che a me.
5. Gli studenti di quest'anno sono _____ di quelli dell'anno scorso.
6. Luigi non è certo modesto! Dice sempre: «Quello che fanno gli altri, io lo faccio _____.»
7. Le cose vanno male! Non potrebbero andar _____.
8. Come la tratti male! La tratti _____ di una schiava.
9. Non gli ho detto niente; ho ritenuto che fosse _____ non dirgli niente.
10. Con gli occhiali nuovi la nonna ci vede _____.
11. Dobbiamo risolvere il problema nel modo _____.
12. Vuoi abbandonare gli studi? Io non sono d'accordo. Mi sembra la soluzione _____.

b. Quiz. *Rispondere alle seguenti domande.*

1. I Rossi abitano sopra di noi; i Bianchi abitano sotto di noi. Chi abita al piano inferiore?
2. Paolo ha preso ventisei; Roberto ha preso ventinove. Chi ha preso il voto migliore?
3. Il mio orologio è di plastica; quello di Giancarlo è d'oro. Qual è l'orologio di qualità superiore?
4. Anna pesa 53 chili; Mirella pesa 140 libbre. Chi pesa di più?
5. Mario ha la febbre a 39° C., Carlo a 37° C. Chi sta peggio?
6. Mio cugino ha 20 anni; io ne ho 19. Chi è maggiore?
7. Io ho fatto tre chilometri; tu hai fatto tre miglia. Chi ha camminato di più?[1]

c. Parliamo un po'. *Lavorando con un compagno/una compagna, immagini di aver appena conosciuto un ragazzo/una ragazza alla mensa universitaria. Alternatevi a fare domande e a rispondere.*

Domandare...

1. se ha un fratello maggiore o una sorella maggiore e quanti anni hanno più di lui/lei.
2. se lui/lei è alto/a come suo padre o più alto/a.
3. chi è la persona più simpatica della sua famiglia, la più strana e la meglio vestita.
4. chi parla più lingue, chi parla meglio l'inglese e chi ha la migliore pronuncia.

d. Conversazione.

1. Si parla tanto di un mondo migliore: come lo immagina Lei?
2. Quali sono i tre apparecchi elettronici che Lei considera più utili? Perché?
3. Qual è il più bel regalo che Lei abbia mai fatto o ricevuto?
4. Qual è il più bel complimento che Lei abbia mai fatto o ricevuto?
5. Qual è il miglior voto che Lei abbia mai preso?

---

[1] A mile equals 1.6 kilometers.

■ Vocabolario utile

l'appello exam session (also: roll call; appeal)
l'assistente universitario (assistant) lecturer: in
    the Italian university system, assists the primary
    professor of a course
la cattedra teacher's desk
il fastidio annoyance, bother
l'impegno diligence, commitment
il libretto (universitario) grade record book
lo scherzo trick, joke
    uno scherzo di natura a freak of nature
il sollievo relief

*__farsi avanti__ to come forward, approach
*__regredire (isc)__ to regress, go backward
rivolgere (*pp* **rivolto**; *pr* **rivolsi**) to address
rivolgere una domanda to ask a question
scuotere (*pp* **scosso**; *pr* **scossi**) to shake

Sarà stanco o disperato?

■ Prima di leggere

Questo brano fa parte di un racconto intitolato «Essere e tempo», scritto da Riccardo Ferrazzi. L'autore, nato nel 1947, si è laureato in economia, ma dopo venti anni di lavoro ha deciso invece di diventare scrittore. Questo suo brano, pubblicato nel 2000, è la storia di un'esperienza stranissima capitata al narratore, studente universitario, durante l'appello di un esame orale.

Nel sistema universitario italiano, i voti dipendono più dagli esami che da altri fattori, come la frequenza e i compiti assegnati. Ci sono alcuni corsi che richiedono di lavorare a dei progetti, ma gli esami finali sono spesso l'unico metodo di giudizio. Generalmente gli studenti devono superare due tipi di esame per ogni materia che studiano: quello scritto e quello orale. L'esame orale non è nemmeno un'esperienza privata fra studente e professore. Infatti ci sono quasi sempre delle altre persone, di solito altri studenti, che osservano l'interrogazione. Inoltre, qualche volta c'è un gruppo di professori a cui gli studenti devono rispondere.

Questo brano ci comunica l'ansia e lo stress di sostenere un esame importantissimo. Però, com'è suggerito dal titolo del racconto originale, in questa storia universale è introdotto un elemento straordinario. Quel giorno, che era pure il suo compleanno, il protagonista ha scoperto di possedere un potere sovrannaturale.

In gruppi di due o tre studenti, discutete le seguenti domande:

1. Avete mai sostenuto un esame orale? Se sì, in quale materia? Descrivete la vostra esperienza. Eravate nervosi o avevate fiducia in voi stessi?
2. Come vi sentite prima di dare un esame importante? State più tranquilli se vi siete preparati? Quali emozioni provate se non avete studiato abbastanza?

3. Avete mai sognato di dare un esame per il quale non eravate affatto preparati? Descrivete il vostro sogno. Cosa fareste se il vostro sogno diventasse realtà?
4. Avete mai preso in un esame un voto migliore di quello che vi aspettavate? Cosa fareste se vi capitasse invece di ricevere un voto peggiore? Cosa fareste se, secondo voi, il professore si fosse sbagliato?
5. Il narratore di questo brano chiama se stesso «uno scherzo di natura». Dato che deve dare un esame, che tipo di potere pensate che abbia?

■ L'esame orale

Scoprii di essere uno scherzo di natura il giorno del mio diciottesimo compleanno. (...)
Il mio destino cambiò verso la fine del primo anno di università. All'appello di giugno portai cinque esami, convinto di superarne due o tre. Con molta fortuna e un po' di sfacciataggine° riuscii a levarli di mezzo° tutti e cinque. All'appello di ottobre mi *impudence / levarli... : get them out of the way*
5 presentai a matematica. Passai lo scritto, con che voto non so, non me lo dissero mai, e il giorno del mio compleanno fui chiamato a sostenere l'orale.

Alle nove del mattino, un assistente si presentò in aula col fiato corto° per aver *col... : out of breath* salito due piani di scale. Non si degnò di salutare i presenti, gettò le sue carte sulla cattedra, accese una sigaretta, buttò a terra un cerino° scosso ma non spento, e chiamò *match*
10 il primo candidato.

Si fece avanti un ragazzo magro, dal viso rettangolare, che portava occhiali senza montatura e capelli a spazzola°: sembrava un ingegnere tedesco. E sapeva tutto: dal *brush cut* calcolo combinatorio alle equazioni differenziali snocciolò° risposte precise, sviluppando *he rattled off* i ragionamenti con la logica percussiva di un Clausewitz[1]. Dopo cinque domande e
15 altrettante° risposte l'assistente lasciò cadere il mozzicone°, lo schiacciò sotto il tacco, *an equal number of / cigarette butt* e propose:

«Ventisette. Le va bene?»

Il poveraccio si sentì sprofondare°: si era preparato per il trenta. Chiese di poter *to sink* rispondere a un'altra domanda. L'assistente scosse il capo.
20 «Se crede, può ritirarsi.»

Lo studente batté le ciglia° sugli occhi miopi, si alzò senza una parola e uscì. *eyelashes*

Mi feci avanti con l'animo rimescolato da un presagio° di catastrofe. L'assistente aprì *rimescolato... : disturbed by a foreboding /* il libretto e contemplò i miei cinque voti che, all'insegna° della mediocrità, planavano° *under the banner /* dal ventiquattro al diciotto. Lessi nel suo sguardo° che quel mattino avrei fatto meglio *glided / look*
25 a non venire.

«Il secondo teorema di Napier» mormorò.

Non saprei dire cosa mi successe. Ai tre teoremi di Napier avevo dedicato lunghi pomeriggi di impegno, tormento e conquista. Attaccai la dimostrazione col sollievo di chi vaga° in un quartiere sconosciuto, svolta° un angolo e ritrova la strada di casa. *wanders / turns*
30 «Ha problemi di udito? Le ho chiesto il SECONDO teorema!»

Una luce bianca mi esplose nel cervello.

«Torni a febbraio, se per allora avrà imparato a distinguere il secondo teorema dal terzo.»

[1] Expression used here to illustrate tactical genius; from the name Carl Von Clausewitz, military philosopher known for his book, *On War*, published in 1832.

Non ebbi il coraggio di aprire bocca. Uscii dall'aula e andai a sedere sconsolato sui
35 gradini della scala coi gomiti sui ginocchi e il viso nelle mani. Pensavo a mia madre,
che aveva cucinato una torta, e a mio padre che era sceso in cantina a prelevare° una   *take out*
bottiglia di spumante. E io tornavo a casa con un calcio° nel sedere. Se avessi potuto   *kick*
cancellare l'ultima mezz'ora, se qualche perversa singolarità nella struttura dell'universo
mi avesse fatto regredire di trenta minuti, non mi sarei lasciato smontare° da un   **non... :** *I wouldn't*
40 commento sarcastico. E non avrei buttato via tre mesi a ristudiare quel che sapevo già.   *have let myself be*
                                                                                              disheartened

All'improvviso mi sentii battere su una spalla. Un compagno di corso mi disse: «Be',
che fai, non vieni?»

Non so nemmeno perché lo seguii. Tornai in aula e mi schizzarono° gli occhi dalle   *bulged*
orbite. L'orologio segnava le nove e dieci. Il ragazzo con la faccia da ingegnere stava
45 rosolando sulla graticola°.   **stava... :** *was browning*
                                                                                              on the grill / From the
Dapprincipio° accaddero le stesse cose. L'assistente propose il ventisette, il candidato   *beginning*
implorò di essere interrogato ancora, ma soggiunse che aveva bisogno di un voto alto
per mantenere la borsa di studio. L'esaminatore lo guardò dall'alto in basso, domandò
una inezia qualsiasi°, tanto per forma, e scrisse il voto ancor prima che lo studente   **una... :** *any old nonsense*
50 avesse finito di rispondere.

«Ventinove» sentenziò porgendo° il libretto. L'altro lo prese e se ne andò, non   *handing back*
esultante ma neppure disperato.

Venne il mio turno. L'assistente tralasciò° di ispezionare i miei precedenti°. Mi   *skipped / record*
rivolse una domanda di routine e sanzionò le mie incertezze con occhiatacce, grugniti°   *snorts*
55 e gesti di fastidio, ma evitò di infierire°.   *acting cruelly*

Alla fine, mi diede ventitré. (...)

Fu un bel compleanno.

Riccardo Ferrazzi, da «Essere e tempo» in *Il tempo, probabilmente*

▪ Comprensione

1. Perché questo giorno è tanto importante per il narratore?
2. È un bravo studente il narratore? Come lo sappiamo?
3. Quale esame sostiene? A che ora comincia?
4. Com'è il ragazzo che è interrogato prima del narratore? Che voto prende?
5. Quando tocca al narratore essere interrogato, cosa succede? Come si comporta l'assistente con lui?
6. Che ore sono quando il narratore esce per la prima volta dall'aula? Quando entra di nuovo, che ore sono? Qual è il potere speciale del narratore?
7. Infine, cosa succede con l'esame orale? Come si sente il narratore?

■ Studio di parole

introdurre
to introduce, to insert, to bring in

Per aprire la porta, dobbiamo introdurre
la chiave nella serratura.
*To open the door, we have to insert the
key into the keyhole.*

Chi ha introdotto il tabacco in Europa?
Who introduced tobacco in Europe?

presentare
to introduce, to get people acquainted

Tu conosci Mariangela? Chi te l'ha presentata?
*Do you know Mariangela? Who introduced
her to you?*

*presentarsi
to appear; to introduce oneself

Lo studente si è presentato all'esame in pigiama.
The student appeared at the exam in his pajamas.

fallire
Used transitively: *to fail, to botch something*
Used intransitively: *to fail, to be unsuccessful,
to go bankrupt*

Chi ha fallito l'esperimento?
Who botched the experiment?

Molte banche fallirono durante la depressione.
Many banks failed during the Depression.

bocciare
to fail, to flunk someone
Quest'anno i professori hanno bocciato molti studenti.
This year teachers have failed many students.

Bocciare is very often used in the passive **(essere bocciato).**

Roberto è stato bocciato in francese.
Roberto failed French.

Note the expression: **non superare un esame**
to fail an exam

L'esame era difficile e molti studenti non l'hanno superato.
The exam was difficult, and many students failed it.

*mancare di + *infinitive*
to fail, to neglect to do something

Non mancare di salutare i tuoi genitori!
Don't forget to say hi to your parents!

■ Pratica

a. *Scegliere la parola o le parole che completano meglio la frase.*

1. Era una prova troppo difficile. Non sono stato sorpreso quando ho sentito che molti l'avevano _____.

2. Voglio conoscere la ragazza seduta vicino alla finestra. Perché non me la _____ se la conosci?

3. I genitori di Riccardo sono preoccupati perché il figlio non ha fatto bene gli esami ed è stato _____.

4. Non sapevi che bisogna _____ la carta telefonica nell'apparecchio prima di fare il numero?

5. L'esame d'italiano sarà difficile. Ragazzi, non _____ di studiare anche le frasi ipotetiche!

b. *Scegliere le parole che completano meglio il brano.*

La conferenza. È stata una conferenza noiosissima. L'oratore ha _____ molti concetti nuovi e difficili. Avevo voglia di andarmene ma speravo di imparare la ragione per cui la sua ditta è _____. Non lontano da me c'era una ragazza interessante, forse era quella tua amica che mi hai _____ alla mostra d'arte. L'idea mi consolava un po', ma invece no, era una mia professoressa che l'anno scorso mi ha _____ in diritto internazionale. Che peccato!

c. *Domande per Lei.*

1. Quando Lei è arrivato/a all'università, ha incontrato molte persone nuove. Si ricorda chi Le ha presentato i Suoi amici attuali? Spieghi.

2. Quali sono le Sue materie preferite all'università? Pensa in modo positivo di qualcuno dei Suoi professori?

3. Cosa farebbero i Suoi genitori se Lei fosse bocciato/a in tutti gli esami? E se prendesse trenta e lode in tutti gli esami?

4. Se fosse il Suo compleanno, cosa farebbero i Suoi amici? Cosa penserebbe Lei se qualcuno mancasse di partecipare alla Sua festa?

5. Lei si è mai presentato/a tardi all'appello di un esame? Che cosa è successo?

✵ Temi per componimento o discussione

1. Secondo Lei, quale delle affermazioni che seguono è la più importante e perché? La funzione principale della scuola è di:
   a. preparare a un lavoro.
   b. insegnare a pensare in maniera critica.
   c. offrire un'esperienza sociale che sviluppi la comprensione e la tolleranza.

2. Nel brano «L'esame orale» il narratore possiede un potere sovrannaturale. Le piacerebbe avere un potere simile? Se Lei potesse scegliere un potere sovrannaturale, quale sceglierebbe? Cosa farebbe Lei con questo potere?

3. Il protagonista di «L'esame orale» è dotato dell'abilità di giocare con il tempo. Secondo Lei, cosa farà con questo potere? Se le cose andassero male per lui, le cambierebbe con il tempo? Cosa succederebbe se lui usasse troppo il suo potere?

4. In Italia, gli esami sono molto importanti per gli studenti universitari. Descriva i metodi usati per giudicare gli studenti del Suo paese. Secondo Lei, è necessario frequentare un corso per superarlo? È meglio usare soltanto gli esami per dare i voti, è preferibile invece fare dei progetti scritti o delle ricerche? Discuta i vantaggi e gli svantaggi dei due sistemi.

5. In gruppi di tre, immaginate di essere:

   Uno studente/Una studentessa che sostiene un esame orale: ieri era il suo compleanno e non ha studiato molto.

   Il professore/La professoressa che amministra l'esame: ha il raffreddore e non ha dormito bene. Inoltre, ci sono un sacco di studenti che deve interrogare.

   Un amico/Un'amica che accompagna lo studente/la studentessa all'appello. Anche lui/lei deve sostenere un esame simile e vuole osservarlo.

   In quale materia è l'esame? Cosa succede? Scrivete una scenetta da rappresentare in classe. Non dimenticate di usare il *Lei* fra professori e studenti, ed il *tu* fra gli studenti.

1. Aprite il sito dell'università di una città italiana dove vi piacerebbe studiare, e cercate il piano di studio che vi interessa. In quale facoltà si trova e in quale dipartimento? Quali sono gli esami del corso di laurea? Sono simili a quelli che dovete sostenere voi? In che cosa consistono le possibili differenze?

2. Fate una breve ricerca sul Progetto Erasmus e i suoi scopi.

3. Aprite il Portale degli Studenti dell'Università di Napoli. Quali attività del tempo libero propone? Paragonate i suggerimenti del Portale alle possibili scelte che offre la vostra scuola.

Studenti universitari a Bologna. Spesso nelle città italiane gli edifici dell'università sono in varie strade del centro storico; solo le università relativamente nuove sono state costruite entro i limiti del campus.

Due mamme.

—Ciao. Come sono andati gli esami di Carlo?

—Bene, bene. Ha preso la maturità a luglio, grazie a Dio! Eravamo così preoccupati! Se l'avessero rimandato anche solo in una o due materie, avremmo dovuto passare l'estate in città e spendere un mucchio di soldi in ripetizioni°.   *tutoring*

Studenti universitari in attesa dell'esame.

—Non so se ce la farò.

—Chissà se riuscirò a rispondere a tutto.

—Se vuole che gli parli di Bloomfield, sono rovinato/a.

—Ho paura di non ricordare più niente.

—Ho studiato tanto! Ci mancherebbe che andasse male!

—Se il prossimo che esce è bocciato, mi ritiro.

Dopo l'esame.

—Ancora non ci credo! M'ha dato ventotto!

—Non mi ha chiesto niente su D'Annunzio. Che fortuna!

—Che rabbia! Basta non sapere tre verbi latini e Paratore ti butta fuori!

—Basta, non ne posso più! Io l'esame di logica non lo passerò mai!

—Accidenti!° Un respinto sul libretto proprio non ci voleva!   *Darn*

Espressioni per la vita universitaria

Le iscrizioni si aprono il 24 ottobre.	*Registration begins October 24th.*
Mi sono iscritto a Economia e Commercio.	*I enrolled in the School of Business.*
Ho ottenuto una borsa di studio.	*I was awarded a scholarship.*
Sono al terzo (primo, secondo) anno di Farmacia.	*I'm in the third (first, second) year of Pharmacy.*
Non frequento./Non vado a lezione.	*I don't attend any classes.*
Do (l'esame di) fisiologia a dicembre.	*I will take the physiology exam in December.*
Faccio la tesi con (il professor) Bernardini.	*I am doing my thesis with Prof. Bernardini.*
Devo parlare con il mio relatore.	*I must speak to my thesis advisor.*
Discuto la tesi a febbraio.	*I will defend my dissertation in February.*

Esprimere insicurezza

Ho paura di non essere pronto/a.	*I'm afraid I'm not prepared.*
Quasi quasi mi ritiro.	*I'm thinking about withdrawing.*
E se poi mi chiede/interroga su...	*And what if he asks me about . . .*
Spero solo che mi vada bene.	*I only hope I'll do well.*
Mi sembra di avere dimenticato tutto.	*It seems as if I've forgotten everything.*

Esprimere frustrazione

È andata male. Che rabbia!	*It didn't go well. How frustrating!*
Mi ha buttato fuori.	*The professor threw me out. (colloquial)*
Non ci mancava altro!	*That's all I needed!*
Lo sapevo!	*I knew it!*
Non ne posso più.	*I can't take it any longer.*
Non c'è più niente da fare.	*There is nothing else I can do.*
È la seconda volta che mi boccia.	*This is the second time he has flunked me.*
Eppure avevo studiato.	*And yet I did study.*

Esprimere sollievo dopo un esame

Meno male!	*Thank goodness!*
Ce l'ho fatta. M'ha dato ventiquattro.	*I made it. He/She gave me twenty-four.*
È andato benissimo.	*It went very well.*
Che sollievo!	*What a relief!*
Che fortuna!	*Such luck!*
Che bellezza!	*It's great!*
Non ci devo pensare più.	*I don't have to think about it any more.*
Se Dio vuole anche questa è fatta!	*Thank heavens I can put this behind me!*
Ho preso trenta e lode. Da non crederci!...	*I received 30 with honors. Hard to believe!*

■ Che cosa dice?

1. Un compagno di corso Le chiede se ha gli appunti di letteratura comparata. Lei non frequenta da più di due semestri.
2. Sta aspettando di dare l'esame di scienze politiche ma non si è preparato/a bene ed è incerto/a del risultato. Che cosa dice alla ragazza seduta vicino a Lei?
3. Dopo aver preso trenta e lode in chimica applicata, esce dall'aula dell'esame ed esclama...
4. Ha fatto la fila per due ore per iscriversi al terzo anno di Magistero *(Education)*, e la segreteria chiude proprio prima che tocchi a Lei.

■ Situazioni

1. La nonna è un po' anziana e non si ricorda mai che cosa Lei faccia all'università. Ogni volta che la va a trovare, Lei deve spiegarle che anno fa, a che corso di laurea si è iscritto/a, se ha ricevuto una borsa di studio, e quali saranno i Suoi prossimi esami. Immagini una conversazione in cui la nonna Le fa diverse domande e Lei risponde.
2. Dopo aver dato un esame per il quale aveva studiato molto, ma che non è andato molto bene, telefona ad un amico/un'amica per sfogarsi *(to vent one's feelings)*. Gli/le racconta com'è andato l'intero esame. L'amico/a cerca di farLe coraggio e di convincerLa che prendere diciotto non è la fine del mondo.
3. Subito dopo aver dato la maturità, sta cercando di decidere a quale facoltà iscriversi. Telefoni a un'interprete che Lei conosce solo di vista e che ha fatto lingue orientali a Ca' Foscari a Venezia. Le domandi quali sono i professori migliori, i seminari più o meno difficili, gli esami più o meno impegnativi. La signora Le risponde specificamente, dandoLe anche consigli sulle possibilità di lavoro dopo l'università.

Lavora la tua mamma?

È nata una bambina. Cristina e Laura frequentano l'Università di Pavia e studiano spesso insieme. La sorella maggiore di Laura è diventata mamma per la seconda volta e Cristina ha tante domande.

CRISTINA:	Tua sorella è a casa in congedo, vero?
LAURA:	Sì, sì. Avendo lavorato i due mesi prima del parto ha quasi cinque mesi di libertà.
CRISTINA:	Come sta tua sorella? La bambina è tranquilla? Dorme la notte?
LAURA:	A dir la verità le prime settimane sono state difficili. Rita si svegliava, piangeva... Era Paolo ad alzarsi e a prendersi cura di lei.
CRISTINA:	Ma che bravo papà! Mi piacerebbe un marito così! Non un tipo come mio fratello che, padre di due bambini, non ha mai cambiato un pannolino°.
LAURA:	Loro desideravano un altro figlio, non volevano che Marco crescesse° da solo. Paolo ha sempre aiutato. È lui che si occupa di Marco la mattina e lo porta a scuola; mia sorella lo va a riprendere e, se il tempo è buono, porta i bambini ai giardini pubblici.
CRISTINA:	E poi torna a casa, prepara la cena, eccetera.
LAURA:	Dice che per adesso non le pesa tanto.
CRISTINA:	E dopo? Quando tua sorella torna a lavorare?
LAURA:	Dovranno portare Marco a scuola, Rita al nido e pagare tante ore della signora Pia. Hanno due stipendi, si possono permettere qualcuno che li aiuti.
CRISTINA:	D'accordo, ma non è solo questione di soldi. Sono bravi tutti e due. Io credo che avrò un figlio solo.

diaper

grow up

Quando papà è in vacanza gioca tanto con noi.

Sono molte le mamme italiane che hanno un'attività di lavoro al di fuori *(outside)* della famiglia, e la percentuale è maggiore nelle regioni del nord. Per fortuna aumenta il numero dei papà che si occupano dei bambini, specialmente la mattina quando bisogna vestirli, preparare loro la colazione e portarli a scuola, ma sono piuttosto pochi. Ancora di meno *(Even less)* sono quelli che fanno la spesa o preparano la cena. La maggior parte dei mariti lascia alle mogli le cure domestiche.

Le lavoratrici godono dei vantaggi che derivano dalle leggi sociali e dal diritto di famiglia, in particolare il congedo con assegni *(congedo... : leave with pay)* per malattia di un familiare *(family member)* e il mantenimento del posto *(position)*, ma non basta. Lo dicono le 50.000 madri lavoratrici che hanno risposto a un sondaggio Istat. Il 35% non riesce a conciliare le esigenze *(demands)* del lavoro con quelle della famiglia. Le fortunate sono quelle che possono contare sull'aiuto dei nonni (31,8%), o che hanno mezzi finanziari *(financial ability)* per pagare asili nido privati e baby-sitter (43,6%). Molte altre spesso non riescono a superare ogni giorno tante difficoltà e decidono di abbandonare l'impiego.

■ Vocabolario utile

l'aiuto help
l'asilo nido nursery school

il congedo leave
il parto childbirth

*__alzarsi__ to get up
*__bastare__ to have enough
cambiare to change
conciliare to reconcile
contare (su) to rely upon
*__essere questione di__ to be a matter of
godere to enjoy
*__occuparsi (di)__ to attend (to)

pesare to be heavy, to weigh
piangere to cry
*__potersi permettere__ to be able to afford
*__prendersi cura (di)__ to take care (of)
riprendere to pick up/get
superare to overcome
*__svegliarsi__ to wake up

■ Esercizi

a. *Inserire le parole opportune: **accompagnare, alzarsi, congedo, contare (su), occuparsi, i pannolini, potersi permettere, riprendere, svegliarsi.***

1. Quando Rita piange di notte _____ papà.
2. È bene che i papà imparino a cambiare i _____.
3. Per fortuna ora Rita non si _____ più tanto spesso di notte.
4. Laura non deve lavorare, è in _____ e per ora non ha preoccupazioni.
5. Per un po' di mesi Laura si deve _____ solo della casa e dei bambini, senza impegni di lavoro.
6. La mattina Paolo _____ Marco a scuola, il pomeriggio Laura e Rita vanno a _____ lo.
7. Laura e Paolo possono _____ due stipendi e sull'aiuto della signora Pia.
8. Non tutte le famiglie _____ la baby-sitter.

b. *Combinare le parole della lista A con quelle della lista B.*

A	B
1. il parto	a. prendersi cura di
2. l'aiuto	b. per i bambini fino a tre anni
3. conciliare	c. avere fiducia nell'aiuto di
4. potersi permettere	d. mettere d'accordo
5. contare su	e. così nascono i bambini
6. occuparsi (di)	f. la collaborazione
7. asilo nido	g. avere la possibilità

■ A voi la parola

a. **Ruoli vecchi e nuovi.** *In piccoli gruppi, rispondete alle domande che seguono e paragonate le vostre conclusioni con quelle degli altri gruppi.*

1. Pensate di sposarvi o di abitare con il vostro ragazzo/la vostra ragazza? Come saranno divise le cure domestiche? In che modo vi sembra ragionevole partecipare e che cosa vi aspettate dal compagno/dalla compagna?
2. Molte donne italiane hanno difficoltà a conciliare famiglia e professione. Pensate che ci siano anche molte donne americane in condizioni simili? Se sì, quali sono i loro problemi? Quali potrebbero essere le soluzioni?
3. Avete letto nel dialogo iniziale che la sorella di Laura ha diritto a quasi cinque mesi di congedo dopo il parto. È una delle tante regole molto generose delle leggi sociali italiane. Pensate che sia desiderabile ottenere qualcosa di simile nel Nord America? Perché?
4. Sono ancora molti gli uomini italiani che non amano occuparsi delle cure domestiche. Che giustificazioni avranno? Qual è l'atteggiamento degli uomini che conoscete voi? È sempre stato così?
5. Eravate a conoscenza *(Were you aware)* dello stereotipo italiano della donna che si occupa soltanto della casa e della famiglia? Che cosa, secondo voi, avrà provocato i cambiamenti?
6. Qual è il ruolo della donna nel vostro paese? Quali differenze sono evidenti tra la vostra vita e quella dei vostri genitori, dei vostri nonni?

b. **Lavorare lo stesso, guadagnare di meno.** Leggete le informazioni sulla pay gap in Italia e rispondete alle domande.

> ## Paghe minori
>
> Negli ultimi dieci anni è cresciuta l'occupazione femminile, ma le donne continuano ad essere svantaggiate rispetto agli uomini. Il pay gap in Italia è intorno al 16%. L'occupazione femminile è maggiore dove lo stipendio è intorno agli 800 euro mensili, al di sopra dei 1000 euro la maggioranza dei posti di lavoro è occupata dagli uomini.
>
> *Corriere della Sera, 8 Marzo 2004.*

1. In molti casi le lavoratrici italiane sono pagate meno degli uomini. Qual è la situazione nel vostro paese? (Su Internet potete trovare informazioni a proposito del vostro paese o dell'area in cui vivete, oppure potete fare un sondaggio tra amici.)
2. Qual è la vostra reazione al fatto che l'occupazione femminile in Italia è maggiore quando lo stipendio è basso? Succede lo stesso nel vostro paese?
3. Perché, secondo voi, le donne italiane guadagnano meno degli uomini, e hanno occupazioni di livello inferiore?

I. Infinito

A. The infinitive is the unconjugated form of a verb. It corresponds to *to + verb* in English *(to love)* or the gerund *(loving)*. The infinitive has two forms: the simple (or present) infinitive and the compound (or past) infinitive, which is made up of **avere** or **essere** plus the past participle of the main verb.

INFINITO PRESENTE	INFINITO PASSATO
amare *to love*	**avere amato** *to have loved*
perdere *to lose*	**avere perduto** *to have lost*
partire *to leave*	**essere partito/a/i/e** *to have left*

Note that the past infinitive is translated as *to have + verb,* even when it is formed with **essere.** Also note that when the past infinitive is formed with **essere,** the past participle agrees with the subject in gender and number.

B. In both forms, object pronouns follow the infinitive and are attached to it to form one word. The final **-e** of the infinitive is dropped.

Sarebbe bene dir**glielo.**
It would be a good idea to tell it to him.

Non credo di aver**la** invitata.
I don't think I invited her.

Preferisci veder**li** ora o più tardi?
Do you prefer to see them now or later?

Vino? Spero di aver**ne** comprato abbastanza.
Wine? I hope I bought enough.

C. Reflexive pronouns are also attached to the infinitives of reflexive verbs and must match the subject (pp. 114–115).

Io vorrei lavar**mi.**
I would like to wash.

Voi vorreste lavar**vi?**
Would you like to wash?

In the case of reflexive compound infinitives, the pronoun is attached to **essere,** and the past participle agrees with the subject in gender and number.

Dopo esser**ci** alzat**i,** abbiamo mangiato.
After getting up, we ate.

Laura non crede di esser**si** divertit**a.**
Laura doesn't think she had a good time.

Uso dell'infinito presente

A. The infinitive may be used:

1. as the subject of a sentence.

> **Parlare** con lui è un vero piacere.
> *Speaking with him is a real pleasure.*

2. with an impersonal expression containing **essere.**

   Non sapevo che **fosse proibito parcheggiare** qui.
   I didn't know it was forbidden to park here.

3. as an imperative in impersonal commands (see pp. 249–250).

   Tenere la destra.
   Keep right.

4. as an object of verbs like **volere, potere,** and **dovere** and verbs expressing likes and dislikes, wishing, preferring, etc. (see Appendix, p. 376).

   Non volevano **uscire.**   Preferivano **aspettare.**
   They did not want to go out.   *They preferred to wait.*

B. Most verbs require a preposition before a dependent infinitive.

1. Certain verbs require **a** before a dependent infinitive; others require **di.** There are no general rules governing the usage of **a** and **di;** practice and the dictionary must serve as guides. For a list, see the Appendix, pp. 374–376.

   S'è abituato **a bere** l'espresso.   Non vuoi ammettere **di aver** torto?
   He got used to drinking espresso.   *Don't you want to admit you're wrong?*

   Ti diverti **a guardare** i treni.   Hanno deciso **di partire** in aereo.
   You have fun watching trains.   *They decided to leave by plane.*

   Proviamo **a entrare!**   Vi ringrazio **d'esser venuti.**
   Let's try to get in!   *Thank you for coming.*

   Riesci **a leggere** senza occhiali?   Hanno paura **di uscire** sole la sera.
   Can you read without glasses?   *They're afraid to go out alone at night.*

2. Some frequently used verbs change meaning according to the preposition that follows them.

   cominciare a + *infinitive*   *to begin, to start doing something*
   cominciare con + *article* + *infinitive*   *to begin by (the first thing in a series)*

   finire di + *infinitive*   *to finish, to be through doing something*
   finire per + *infinitive*   *to end up doing something, to do it eventually*

   decidere di + *infinitive*   *to decide to do something*
   decidersi a + *infinitive*   *to make up one's mind to do something*

   Quando ha cominciato **a nevicare?**   Hanno cominciato **col chiedere** cinquanta euro.
   When did it begin to snow?   *They started by asking 50 euros.*

   Hai finito **di piangere?**   Finirai **per stancarmi.**
   Have you finished crying?   *You'll end up making me tired.*

   Ho deciso **di partire.**   Mi sono deciso **a partire.**
   I decided to leave.   *I made up my mind to leave.*

C. Most adjectives require a preposition before a dependent infinitive.

1. Certain adjectives require **a** before a dependent infinitive; others require **di.** For a list, see the Appendix, pp. 376–377.

   Erano abituati **a fare** la siesta.   Silvia era ansiosa **di essere** sola.
   They were used to taking a siesta.   *Silvia was anxious to be alone.*

   State attenti **a non bruciarvi!**   Sareste capaci **di dirglielo?**
   Be careful not to burn yourselves!   *Would you be able to tell it to him?*

Carlo è stato il primo studente **a finire.**
Carlo was the first student to finish.

Eravamo stanchi **di leggere.**
We were tired of reading.

Sono sempre pronti **ad aiutarci.**
They are always ready to help us.

Sembravano contenti **di vederci.**
They seemed happy to see us.

2. Some adjectives require **da** + *infinitive* or, less commonly, **a** + *infinitive* in the reflexive form if the dependent infinitive has a passive meaning.

facile *easy*	**difficile** *difficult*	**orribile** *horrible*
bello *beautiful*	**brutto** *ugly*	**eccellente** *excellent*
buono *good*	**cattivo** *bad*	

Questo formaggio è buono **da mangiare** con la frutta.
This cheese is good to eat with fruit.

Era una cosa orribile **da vedere (a vedersi).**
It was a horrible thing to see.

La parità è difficile **da ottenere.**
Equal rights are difficult to obtain.

D. Nouns also require a preposition before a dependent infinitive.

1. **Da** is used before an infinitive when the infinitive indicates the purpose and use of the noun. Note that the infinitive expresses a passive meaning.

Chi ha tempo **da perdere?**
Who has time to waste?

Casablanca era un film **da vedere.**
Casablanca was a film to see.

Dov'è la roba **da mangiare?**
Where are the things to eat?

Cerco i pacchi **da spedire.**
I'm looking for the packages to be mailed.

2. **Di** (rarely **a** or **per**) is used before an infinitive in all other cases. Note that the infinitive then expresses an active meaning.

Chi ti ha dato il permesso **di parlare**?
Who gave you permission to talk?

Fammi il piacere **di venire** a trovarmi.
Do me the favor of coming to see me.

È ora **di mangiare**?
Is it time to eat?

Mi piace il suo modo **di rispondere**.
I like his way of answering.

E. Prepositions that are not governed by a verb, adjective, or noun can introduce the infinitive to form prepositional phrases.

1. The prepositions **a, da, in, con, su,** and **tra** require the masculine singular article, which combines with the preposition before the infinitive.

Nel rispondere cerca d'essere chiaro!
In answering try to be clear!

Ho fatto uno sbaglio **nell'usare** questo verbo.
I made a mistake in using this verb.

Dal dire al fare c'è di mezzo il mare.
There's an ocean between saying and doing.
(There's many a slip twixt the cup and the lip.)

Col passare del tempo tutto s'aggiusta.
With the passage of time everything works out.
(Time heals all wounds.)

2. Other prepositions can introduce an infinitive without an article.

invece di *instead of*
oltre a (oltre che) *besides, in addition to*
per *to, in order to*
piuttosto che *rather than*

prima di *before*
senza *without*
tranne (che) *except*

Perché giocate **invece di studiare**?
Why are you playing instead of studying?

Sei venuto da me solo **per parlare** di affari?
Have you come to my house only to talk business?

■ Esercizi

a. *Sostituire l'infinito al nome indicato.*

ESEMPIO *Il nuoto* fa bene a tutti.
Nuotare fa bene a tutti.

1. *La lettura* era la nostra passione.
2. Vi piace *lo studio*?
3. *L'amore* per i propri figli dovrebbe essere una cosa istintiva.
4. *La scelta* di una professione non è sempre facile.
5. Ci conforta *il pensiero* che hai trovato lavoro.
6. *La sorveglianza* dei bambini era la sua unica preoccupazione.
7. *La vita* riserva continue sorprese.
8. *La preparazione* della cena è compito tuo.
9. Per Pierino *il gioco* è un'attività necessaria.

b. Preposizioni. *Completare ogni frase con la preposizione corretta, quando è necessaria.*

1. Non vengo ora perché ho paura _____ disturbarvi.
2. Sono facili _____ imparare le lingue orientali?
3. Ci sono domande a cui è impossibile _____ rispondere.
4. Hai qualche buona notizia _____ darmi?

5. Siamo contenti _____ informarvi che non è necessario _____ aspettare.
6. Io non sarei stato capace _____ fare bene come te.
7. Faresti meglio _____ tacere se non vuoi _____ offendere nessuno.
8. Marco è stato il solo studente _____ finire l'esame e _____ uscire prima di mezzogiorno.
9. Chi vi ha dato l'ordine _____ chiudere il negozio?
10. Ho voglia _____ fare qualcosa: perché non andiamo _____ ballare?
11. Se continuano _____ correre così, finiranno _____ stancarsi.
12. Era un concetto difficile _____ capire.
13. Pensate che sia difficile _____ camminare nel bosco?
14. Mi rifiuto _____ credere che non avete intenzione _____ venire alla mia festa.

c. **Abitudini alimentari.** *Rispondere alle seguenti domande.*

1. Che cosa è stanco/a di mangiare?
2. Quanti ravioli (quante pizze, quanti gelati) è capace di mangiare?
3. Che cosa è disposto/a ad eliminare dalla Sua dieta?
4. Che piatto è curioso/a di provare?
5. Che cosa è abituato/a a bere durante i pasti?
6. Sarebbe contento/a di rinunciare ai dolci per un anno?

d. **La gravidanza.** *Il medico consiglia a Beatrice di fare le seguenti cose durante la gravidanza. Seguire l'esempio.*

ESEMPIO Faccia una passeggiata ogni giorno! È meglio.
Ah, è meglio fare una passeggiata ogni giorno?

1. Non fumi! È pericoloso.
2. Mangi adeguatamente! È essenziale.
3. Non faccia molti sforzi! È sbagliato.
4. Non beva alcolici! È importante.
5. Cerchi di rilassarsi! È meglio.
6. Smetta di lavorare! È necessario.
7. Non prenda medicine inutili! È più prudente.
8. Non faccia tardi la sera! È consigliabile.
9. Venga per la visita di controllo mensile! È opportuno.
10. Non vada in motocicletta! È rischioso.

e. *Formare nuove frasi col contrario delle parole indicate.*

ESEMPIO Ho *cominciato* a scrivere alle undici.
Ho finito di scrivere alle undici.

1. Fu il *primo* ad andarsene.
2. È *utile* conoscere le lingue?
3. Il maestro ci *permise* di uscire.
4. Quando ha *smesso* di parlare?
5. Si sono *dimenticati* di comprare il caffè.
6. È un dolce *facile* a farsi.
7. Ha *torto* di lamentarsi.
8. Hanno fatto *bene* a venire.

f. Viva le donne! *Ecco quanto è emerso da un recente incontro femminista. Formare delle nuove frasi con i verbi indicati. Usare le preposizioni necessarie.*

1. Le donne non hanno ancora *ottenuto* la parità dei diritti.
   a. Cercano...
   b. Vogliono...
   c. Non sono riuscite...

2. Infatti, non *hanno* completo *accesso* ai posti di lavoro più prestigiosi.
   a. Non volete...
   b. Vi piacerebbe...
   c. Siete le sole...
   d. Chiedono...

3. Incoraggiamo ogni donna a *battersi* per la propria liberazione.
   a. Mi hanno detto...
   b. Ci hanno consigliato...
   c. Non sono riuscita...
   d. Avrei voluto...

g. *Sostituire alle parole in corsivo* **prima di** + infinito o **prima che** + congiuntivo, *usando gli esempi come guida.*

ESEMPI   *Prima della partenza sono venuti a salutarci.*
Prima di partire sono venuti a salutarci.

Prima del tuo arrivo devo pulire la casa.
Prima che tu arrivi devo pulire la casa.

1. Finirò il lavoro *prima del vostro ritorno.*
2. Andammo via *prima della fine del film.*
3. *Prima della partenza* telefonateci!
4. Ha fatto molto freddo *prima del mio arrivo.*
5. Partì *prima della vostra telefonata.*
6. *Prima della scelta* eravamo tutti indecisi.
7. *Prima della loro venuta* non sapevo cosa fare.

Uso dell'infinito passato

The past infinitive is used instead of the present infinitive to express an action that has clearly taken place before the action expressed by the main verb of the sentence. It can be introduced by a verb or expression and must *always* be used when preceded by the preposition **dopo.**

Siete contenti di **avere scelto** l'italiano?
Are you glad you chose Italian?

Non credo di **averli capiti.**
I don't think I understood them.

Cosa hai fatto **dopo essere ritornato** a casa?
What did you do after returning home?

The past infinitive is always used after the verb **ringraziare.**

Vi ringrazio **di (per) essere venuti** e di (per) **averci portato** i fiori.
I thank you for coming and for bringing us the flowers.

■ Esercizi

a. **I pensieri di Beatrice.** *Sostituire l'infinito passato all'infinito presente.*

> ESEMPIO   Spero di essere brava.
> **Spero di essere stata brava.**

1. Sono contenta di vedere spesso il dottore e di potergli parlare delle mie paure.
2. Temo di pagare troppo le visite.
3. Dubito di saper seguire tutti i suoi consigli.
4. Il dottore spera di tranquillizzarmi.
5. Mio marito vorrebbe preparare la stanza del bambino prima del parto.
6. Io preferisco dedicarmi allo studio della psicologia infantile.
7. Sono contenta di poter scegliere la clinica Sant'Anna.
8. Non credo di perdere il controllo durante il parto.
9. Temo solo di spaventarmi un po' della nuova esperienza.
10. È nata Francesca e mia madre dice di pensare lei a dare l'annuncio a parenti ed amici.

b. **Prima e dopo.** *Mettere **dopo** al posto di **prima di** e fare i cambiamenti necessari.*

> ESEMPIO   Ho avuto dei dubbi prima di prendere questa decisione.
> **Ho avuto dei dubbi dopo aver preso questa decisione.**

1. Gino ha trovato un lavoro prima di laurearsi.
2. Sono venuti a casa nostra prima di andare al cinema.
3. Ce ne siamo andati prima di sapere i risultati.
4. Carla passerà da me prima di fare la spesa.
5. Partimmo prima di ricevere il telegramma.
6. Telefonerete prima di cenare?
7. Mi disse «Buona sera» prima di stringermi la mano.
8. Sei andato via prima di renderti conto del pericolo.

II. Gerundio

The Italian **gerundio** is not the same as the gerund in English (*Reading* is important). Instead, it usually corresponds to the English present participle: *Reading your letter, I found many mistakes.*

A. The **gerundio** has two forms: the simple (or present) gerund formed by adding **-ando** to the stem of **-are** verbs, and **-endo** to the stem of **-ere** and **-ire** verbs; and the compound (or past) gerund, formed with **avendo** or **essendo** plus the past participle of the main verb.

GERUNDIO PRESENTE	GERUNDIO PASSATO
amando *loving*	**avendo amato** *having loved*
perdendo *losing*	**avendo perduto** *having lost*
partendo *leaving*	**essendo partito/a/i/e** *having left*

Note that the translation of the compound gerund is *having* + verb, even when it is formed with **essendo.** Note also that the simple gerund is invariable and that when the compound gerund is formed with **essendo,** the past participle agrees with the subject in gender and number.

B. Verbs that use the Latin stem to form the **imperfetto** also use the same stem to form the gerund.

bere (bevevo) **bevendo**
dire (dicevo) **dicendo**
fare (facevo) **facendo**
introdurre (introducevo) **introducendo**
porre[1] (ponevo) **ponendo**

C. Reflexive and object pronouns follow the gerund and are attached to it to form one word. In the compound gerund, they are attached to **avendo** or **essendo.**

Non sentendo**mi** bene, ho chiamato il dottore.
Not feeling well, I called the doctor.

Non avendo**la** vista, non ho potuto parlarle.
Not having seen her, I was unable to talk to her.

Uso del gerundio presente

1. The **gerundio presente** is used with the **presente** or the **imperfetto** of **stare**[2] to express an action in progress in the present or in the past: **sto lavorando,** *I am (in the process of) working;* **stavo lavorando,** *I was (in the process of) working.*[3]

Note that the progressive forms are used less frequently in Italian than in English.

FORME PROGRESSIVE			
presente		**imperfetto**	
sto		stavo	
stai		stavi	
sta	lavorando	stava	lavorando
stiamo		stavamo	
state		stavate	
stanno		stavano	

Non fate rumore: il bambino **sta dormendo** (dorme).
Don't make noise; the baby is sleeping.

Stavamo uscendo (uscivamo) di casa quando squillò il telefono.
We were leaving the house when the telephone rang.

Che cosa **stai (vai) dicendo** (dici)?
What are you saying?

Quando arrivammo noi, loro **stavano facendo** (facevano) colazione.
When we arrived they were having breakfast.

---

[1] Other verbs ending in -**porre** also use the stem -**pon-.**
[2] And, less commonly, **andare.**
[3] The progressive forms are also used in the subjunctive (present and imperfect): **Non credo che tu stia studiando.** *I don't believe you're studying.* **Pensavo che tu stessi cucinando.** *I thought you were cooking.*

Note the difference:

lavoro: *I am working, I work* **sto lavorando:** *I am working (right now)*
lavoravo: *I was working, I used to work* **stavo lavorando:** *I was working (right at that time)*

In the **stare** + *gerund* construction, reflexive and object pronouns may precede **stare** or be attached to the gerund.

Stavo vestendo**mi** quando sono venuti. Stavamo telefonando**ti,** cara.
Mi stavo vestendo quando sono venuti. **Ti** stavamo telefonando, cara.
I was dressing when they came. *We were calling you, dear.*

2. The **gerundio presente** is also used to express an action or state of being that accompanies the action of the main verb. It is often the equivalent of a dependent clause expressing time, means, manner, condition, or cause. Note that there are several English equivalents for this use of the gerund in Italian and that there is no equivalent in Italian for *while, on, in, by* when followed by the *-ing* form of the verb.

Essendo (= **dato che erano**) malati, non **Volendo** (= **se volete**) potete riuscire.
  sono andati a scuola. *You can succeed if you want to.*
Being sick, they did not go to school.

È diventato ricco **lavorando** molto.
He became rich by working hard.

The gerund must have the same subject as that of the main verb. If the subject is different, a clause is used instead of the gerund. Compare the following two sentences:

L'ho incontrato **camminando** in via L'ho incontrato **che camminava**
  Veneto. **(mentre camminava)** in Via Veneto.
I met him walking (= while I was walking) *I met him walking (= while he was walking)*
  on Via Veneto. *on Via Veneto.*

3. No preposition or conjunction is used before the gerund in Italian, except for **pur(e). Pur** + *gerund* is the equivalent of a clause expressing concession (**benché** or **sebbene** + *subjunctive*).

Pur studiando (Benché studi), non impara niente.
Although he studies (Despite studying), he doesn't learn a thing.

—Sta parlando con me professore?

■ Esercizi

a. In ufficio. *Il dottor Belloli è un direttore estremamente pignolo e vuol sempre sapere che cosa fanno i suoi dipendenti* (employees). *Seguire l'esempio.*

ESEMPIO   Marta / preparare il bilancio annuale
STUDENTE 1:   **E Marta che cosa sta preparando?**
STUDENTE 2:   **Sta preparando il bilancio annuale.**

1. Edoardo / parlare con un cliente
2. tu / battere a macchina la lettera per la ditta Frattini
3. il ragionier Martelli / controllare i conti di novembre
4. gli avvocati / preparare un contratto
5. Lei e il capufficio / discutere gli ordini per il prossimo anno
6. gli esperti di marketing / organizzare la vendita di un nuovo prodotto
7. il vice direttore / chiudersi in ufficio per telefonare alla fidanzata
8. Filippo / andare allo snack bar a mangiare un tramezzino
9. la signora Laura / brontolare *(to grumble)* perché non trova un documento importante

b. *Sostituire a **stare per** + infinito* (to be about to do something) *la forma **stare** + gerundio* (to be doing something).

ESEMPIO   Paolo sta per uscire con i bambini, ma piove.
Paolo sta uscendo con i bambini, ma piove.

1. Gli operai stanno per prendere l'autobus.
2. Il dottore sta per visitare la bambina.
3. Stavamo per uscire di casa; non stavamo per vestirci.
4. Stai per incominciare il congedo o stai per finirlo?
5. Cosa stavi per bere?
6. Stavo per dire una sciocchezza!

c. Intervista. *Intervistiamo alcuni amici sposati. Cosa stavano facendo quando si sono visti per la prima volta? Utilizzare le seguenti espressioni o crearne delle nuove.*

ESEMPIO   camminare
Quando l'ho vista/o, stava camminando.

1. leggere un libro ai giardini pubblici
2. accompagnare un gruppo di turisti
3. studiare in biblioteca
4. prendere un cappuccino al bar
5. uscire da scuola
6. comprare il giornale
7. lavorare in uno studio medico
8. cercare un appartamento in affitto
9. pagare il conto *(check)* al ristorante

d. *Formare nuove frasi mettendo il gerundio al posto delle parole fra parentesi.*

ESEMPIO   (Mentre tornavo) da scuola, ho incontrato lo zio.
Tornando da scuola, ho incontrato lo zio.

1. I bambini correvano (mentre giocavano) al pallone.
2. (Se tu lo vedessi) forse lo riconosceresti.
3. (Benché sapessero) la risposta, sono stati zitti.

4. (Con l'insistere) troppo, non ha ottenuto niente.
5. (Dato che non avevano) spiccioli, non mi hanno potuto dare il resto.
6. (Nello scrivergli) mi sono accorto che dovevo dirgli troppe cose.
7. Sono arrivata in ritardo (perché credevo) che la riunione fosse alle cinque.
8. (Se non comprate) il biglietto, risparmiate cinque dollari.
9. (Poiché abita) in campagna e (conosce) poche persone, quella ragazza è timida e insicura.
10. (Quando ti prepari) per l'esame, non dimenticare di studiare il gerundio!

e. *Formare un'unica frase usando il gerundio del verbo della prima frase.*

ESEMPIO   Prendono il caffè. Chiacchierano.
           Prendendo il caffè, chiacchierano.

1. Voi fate attenzione. Imparate molto.
2. Leggeva la lettera. Piangeva.
3. Dormivo. Ho fatto un brutto sogno.
4. Devo partire. Verrò a salutarvi.
5. Si sente stanca. È andata a letto.
6. Guardavamo la televisione. Ci siamo addormentati.
7. Non accetti il nostro invito. Ci offendi.
8. Si trovano bene qui. Sperano di restare.

f. **Viva le lingue straniere!** *Completare le seguenti frasi usando* **conoscere** *o* **conoscendo.**

1. _____ una lingua straniera è importante.
2. _____ una lingua straniera, dovresti trovare un lavoro migliore.
3. Pur _____ più di una lingua straniera, Mario è disoccupato.
4. Per _____ bene una lingua straniera, ci vogliono molti anni di studio.
5. In America, quante sono le persone che hanno bisogno di _____ una lingua straniera?
6. Com'è possibile vivere in un paese straniero senza _____ la lingua di quel paese?

g. **Conversazione.**

1. In che modo può migliorare il Suo italiano?
2. Come si diverte in un giorno di pioggia?
3. Come può aiutare le persone sole?
4. Come è possibile diventare ricchi secondo Lei?

Uso del gerundio passato

When the action expressed by the gerund has clearly taken place *before* the action of the main verb, the **gerundio passato** is used.

Avendo ottenuto il congedo per maternità, Cristina non lavora.
Since she has gotten maternity leave, Cristina is not working.

Essendo partiti presto, siamo arrivati presto.
Having left early, we arrived early.

Note that the tense of the main verb does not influence the choice of the **gerundio presente** or the **gerundio passato**.

■ Esercizi

a. **Causa cd effetto.** *Formare un'unica frase seguendo l'esempio.*

> ESEMPIO   Ho trovato il caffè cattivo. Ho ordinato del tè.
> **Avendo trovato il caffè cattivo, ho ordinato del tè.**

1. Ho perduto molte lezioni. Sono rimasto indietro.
2. Ha bevuto troppo. È stato male tutta la notte.
3. Hanno finito di mangiare. Sono usciti dal ristorante.
4. Si è rotta una gamba. È andata all'ospedale.
5. Hai perso la scommessa. Devi pagarci un pranzo.
6. Abbiamo perso l'aereo. Arriveremo dopo.
7. Mi sono confusa. Non ho superato l'esame.

b. **Benché...** *Formare nuove frasi usando* **pur** + *gerundio (presente o passato) al posto di* **benché** + *congiuntivo.*

> ESEMPIO   Benché sia stanco, esco.
> **Pur essendo stanco, esco.**

1. Benché fosse raffreddato e non si sentisse bene, il tenore ha voluto cantare lo stesso.
2. Benché avessi mangiato tanto in fretta, ero riuscito a sentire il gusto del formaggio.
3. Benché lo sapesse, non volle dire il nome del ladro.
4. Benché avessero studiato poco, sono riusciti a farcela agli esami.
5. Benché mi conosceste, non mi avete salutato.
6. Benché lavorassimo molto, non guadagnavamo abbastanza.
7. Benché fossero partiti tardi, arrivarono in tempo.
8. Benché io apprezzi l'eleganza nel vestire, non faccio mai attenzione agli abiti delle persone.

(III. Participio)

The Italian participle has two forms: the present and the past.

A. The **participio presente** (*present participle*) is formed by adding **-ante** to the stem of **-are** verbs and **-ente** to the stem of **-ere** and **-ire** verbs.

PARTICIPIO PRESENTE		
amare	**amante**	*loving*
perdere	**perdente**	*losing*
partire	**partente**	*leaving*

1. The participio presente is mostly used as an adjective, and as such agrees with the noun it modifies.

   Era una lettera **commovente** e **convincente**.
   It was a moving and convincing letter.

   Ho visto molte facce **sorridenti**.
   I saw many smiling faces.

2. Sometimes the present participle is used as a noun.

i grandi **cantanti**
the great singers

gli **abitanti** di Roma
the inhabitants of Rome

il mio **assistente**
my assistant

insegnanti e **studenti**
teachers and students

3. When the present participle is used as a verb, it is the equivalent of a relative clause.

Quanti sono i cittadini italiani **residenti** (= **che risiedono**) all'estero?
How many Italian citizens are residing abroad?

Ho comprato un quadro **rappresentante** (= **che rappresenta**) un tramonto.
I bought a picture representing a sunset.

B. The **participio passato** *(past participle)* is formed by adding **-ato** to the stem of **-are** verbs, **-uto** to the stem of **-ere** verbs, and **-ito** to the stem of **-ire** verbs.

PARTICIPIO PASSATO		
amare	**amato**	*loved*
perdere	**perduto**	*lost*
partire	**partito**	*left*

A number of verbs, especially **-ere** verbs, have irregular past participles. Several endings are possible: **-so (-sso), -lto, -nto, -to (-tto), -sto.**

muovere *to move*	**mosso**
togliere *to remove*	**tolto**
vincere *to win*	**vinto**
morire *to die*	**morto**
chiedere *to ask*	**chiesto**

For a list of verbs with irregular past participles, see Capitolo 3, p. 56, and the Appendix, pp. 391–392.

Uso del participio passato

A. The past participle is used with an auxiliary verb, either **avere** or **essere,** to form compound tenses of verbs.[1]

Stefano **ha scritto** molte cartoline.
Stefano wrote many postcards.

È andato a spedirle.
He went to mail them.

In the compound tenses, the past participle is often subject to agreement. If the verb is conjugated with **avere** and a direct-object pronoun precedes the verb, the past participle often agrees in gender and number with the direct object (see pp. 89–90). When the verb is conjugated with **essere,** the past participle agrees with the subject (see p. 54).

---

[1] For a more complete discussion of the compound tenses, see the **passato prossimo,** p. 54, the **trapassato prossimo,** p. 143, the **trapassato remoto,** p. 144, the **futuro anteriore,** pp. 166–167, the **condizionale passato,** pp. 170–171, and the compound tenses of the subjunctive, pp. 192, 216.

B. When used as an adjective, the past participle must agree in gender and number with the noun it modifies.

Era una lettera ben **scritta.**
It was a well-written letter.

L'avvocato sembrava **soddisfatto.**
The lawyer seemed satisfied.

Perché le finestre non sono **chiuse?**
Why aren't the windows closed?

C. The past participle is sometimes used as a noun.

Conosci gli **scritti** di Dante?
Do you know Dante's writings?

Un **laureato** è qualcuno che ha finito l'università.
A "laureato" is someone who has received a university degree.

D. The past participle is frequently used, without an auxiliary verb, in place of the compound gerund *(having finished)* or **dopo** + *compound infinitive (after finishing).*

Arrivati alla porta,
Essendo arrivati alla porta,   } abbiamo suonato il campanello.
Dopo essere arrivati alla porta,

Once we arrived (Upon arriving) at the door, we rang the bell.

1. Reflexive and object pronouns follow the past participle and are attached to it, forming one word.

   Messosi il cappotto, Paolo non aveva più freddo.
   After he put on his winter coat, Paolo was no longer cold.

   Vistala sola, mi sono avvicinato alla donna.
   Seeing her alone (When I saw that she was alone), I went over to the woman.

2. Note the agreement of the past participle in these constructions: If the verb used is conjugated with **avere,** and if there is a direct object, the past participle agrees in gender and number with its direct object.

   Fatta colazione, i bambini andarono a scuola.
   Having had breakfast, the children went to school.

   Fatto il compito, i bambini guardarono la TV.
   After they did their homework, the children watched TV.

   Presili per un braccio, li accompagnammo alla porta.
   Having taken them by the arm, we accompanied them to the door.

   If the verb is conjugated with **essere,** the past participle agrees with the subject.

   Uscita dal portone, **la ragazza** attraversò la strada.
   Having come out the front door, the girl crossed the street.

   Alzatisi in piedi, **gli spettatori** hanno applaudito.
   Having stood up, the spectators applauded.

   The past participle may be preceded by **appena** or **dopo.**

   Appena ricevuto il telegramma, partirono.
   As soon as they received the telegram, they left.

   Cosa farete **dopo mangiato?** Il bagno? Ma non è bene fare il bagno subito **dopo mangiato!**
   What are you going to do after you eat? Go swimming? But it is not a good idea to go swimming right after you eat!

■ Esercizi

a. *Sostituire il participio passato alle costruzioni tra parentesi.*

ESEMPIO   (Dopo aver ottenuto) notevole indipendenza, le donne italiane sono più contente.
Ottenuta notevole indipendenza, le donne italiane sono più contente.

1. (Dopo aver letto) i libri, li riportai in biblioteca.
2. (Avendo sentito) uno strano rumore, si fermarono in un'officina.
3. (Dopo aver riparato) il guasto al motore, ripresero la strada.
4. (Dopo aver lasciato) l'impiego, ho avuto un altro bambino.
5. (Quando finì) la guerra, tornammo alle nostre case.
6. (Dopo aver salutato) i parenti, siamo saliti sul treno.
7. (Dopo essersi cambiata) in fretta, la signora è uscita di nuovo.
8. (Avendo ricevuto) notizie dal figlio, la mamma è tranquilla.
9. (Dopo avermi detto) queste parole, ti sei allontanato.
10. (Quando si sposò) mia figlia, mi trasferii a Milano.

b. *Completare le seguenti frasi usando l'infinito, il participio o il gerundio dei verbi tra parentesi.*

1. Non riesco a _____ (capire) quello che stai _____ (dire).
2. Non volete _____ (ascoltare) un po' di musica? Non credete di _____ (studiare) abbastanza?
3. Lui fingeva di _____ (stare) attento, ma era chiaro che non ascoltava una parola.
4. È possibile _____ (imparare) molto _____ (stare) attenti in classe.
5. _____ (sentirsi) solo, il bambino è scoppiato a _____ (piangere).
6. Tempo _____ (permettere), vorrei _____ (andare) al mare.
7. Gli spettatori si alzarono in piedi _____ (applaudire).
8. _____ (morire) la moglie, il marito ha cambiato casa.
9. Il ragazzino è caduto _____ (giocare) al pallone.
10. Ammetto di _____ (fare) molti sbagli negli ultimi anni.
11. _____ (uscire) subito, troverai la farmacia ancora aperta.
12. Come hai potuto _____ (convincere) tutti?—Ho usato argomenti molto _____ (convincere)!

c. Povera Luciana. Completare il seguente brano usando l'infinito, il participio o il gerundio dei verbi tra parentesi.

Mentre stava _____ (uscire) dall'ufficio, Luciana si è ricordata di non _____ (avere) niente da _____ (mangiare) in casa. Così è passata al supermercato. Dopo _____ (comprare) il necessario, è ritornata subito a casa. Appena _____ (entrare), ha sentito _____ (suonare) il telefono. Invece di _____ (rispondere), ha messo la roba nel frigo. Dopo _____ (mettere) la roba nel frigo, ha preparato la cena. Stava per _____ (sedersi) a tavola e _____ (cenare), quando si è ricordata che Marco l'aveva invitata a cena quella sera! _____ (cambiarsi) in fretta, ha aspettato. _____ (aspettare) Marco, ha guardato la televisione. Ma ecco di nuovo il telefono! Questa volta ha risposto. Era Marco: telefonava per _____ (dire) che non poteva _____ (venire). Luciana era così delusa che ha perso la voglia di _____ (mangiare)!

■ Vocabolario utile

la casalinga housewife
il/la dirigente executive
l'equilibrio balance
l'esigenza need
le faccende domestiche household chores

la gravidanza pregnancy
l'infermiera (female) nurse
la soddisfazione reward
la venditrice sales woman

Che fortunata! Ha trovato un telelavoro!

■ Prima di leggere

Da quando in Italia molte casalinghe sono diventate lavoratrici si è cercato di migliorare il problema del «tempo del lavoro»: uffici pubblici e privati, scuole e negozi hanno adottato orari meno rigidi, e continuano a diffondersi il part-time e il telelavoro fatto a casa con il computer. Si sta sviluppando un nuovo rapporto di coppia per cui i mariti e i padri partecipano alla cura dei figli. Non tutto è risolto, ma cambiano in maniera positiva le condizioni necessarie ad una sempre maggiore emancipazione della donna italiana. Come sono organizzate le cose nel vostro paese?

In gruppi di due o più studenti discutete le domande che seguono.

1. Sono molte le donne che hanno un lavoro retribuito *(paid)*? Che tipo di lavoro fanno? Si tratta di occupazioni tradizionalmente «femminili» (insegnante, infermiera, segretaria, venditrice) o di attività estese ai campi dell'informatica, della medicina, della finanza, della dirigenza industriale?

2. Si tratta, in maggioranza, di attività a tempo pieno o a tempo parziale? Per quali motivi?

3. Nella zona dove abitate voi sono sufficienti i servizi in favore delle donne lavoratrici? Se no, quali sono i problemi e chi dovrebbe risolverli?

La donna, la famiglia e la carriera

Negli ultimi decenni la donna italiana ha ottenuto notevole indipendenza e libertà di decisione. È del 1974 la legge che approva il divorzio, e dal 1978 è legale l'aborto entro tre mesi di gravidanza. Le nuove leggi sul «diritto del lavoro» aprono alle donne infiniti campi di attività ed è drasticamente diminuito il numero delle casalinghe che si
5   occupano soltanto della famiglia e delle faccende domestiche. L'occupazione femminile è maggiore nel nord rispetto al sud, nelle grandi città rispetto ai piccoli centri, ma il fenomeno è diffuso in tutta la penisola.

   Il mercato del lavoro è aperto alle donne in tutte le professioni ed è ormai comune l'uso dei vari titoli professionali al femminile per cui si parla dell'architetta e della
10 psicologa, della farmacista e della radiologa. Ci sono ragazze che frequentano scuole di elettronica o ingegneria informatica, ci sono «donne in carriera» in tutti i campi, dal commercio alla medicina, dalle scienze alla politica.

   Ma nel loro nuovo ruolo le donne devono trovare un equilibrio tra le funzioni di moglie, madre e lavoratrice. E non è facile, anche se è vero che le mamme lavoratrici
15 sono tante. Molte hanno iniziato la carriera prima di sposarsi, un secondo stipendio è benvenuto nel bilancio° familiare, e per le donne è importante quanto per gli uomini   *budget*
avere soddisfazioni personali. Ma non mancano i problemi. Chi lavora in una piccola fabbrica, in un ufficio privato o ha un negozio a conduzione familiare° continua ad   **negozio... :** *family*
avere difficoltà a bilanciare l'orario d'ufficio con le esigenze domestiche. Le fortunate   *store*
20 sono quelle che hanno un impiego presso grandi organizzazioni industriali o bancarie, dove è possibile, in determinate circostanze, ottenere contratti part-time senza perdere i benefici del posto stabile. Si tratta però di scelte che non sono disponibili a tutti i livelli d'impiego e finiscono per essere privilegio di poche. A seconda delle responsabilità professionali dei dipendenti può essere, o non essere, possibile il
25 telelavoro da farsi a casa con il computer. Anche altre facilitazioni° come gli asili   *perks*
aziendali°, la palestra annessa all'ufficio e i centri vacanza per i figli dei dipendenti,   **asili... :** *company-*
sono offerte soltanto da alcune delle industrie più grandi.   *based day care*

   Naturalmente ci sono servizi di appoggio° pubblici. La «Scuola dell'Infanzia» accoglie   *support*
i bambini dall'età di tre anni, e ci sono asili nido pubblici che si curano dei bambini
30 praticamente dalla nascita. Ma gli asili nido sono previsti per le famiglie con basso reddito° e le analoghe organizzazioni private sono generalmente costose.   *low income*

   Secondo Natale Forlani, dirigente di Italia Lavoro, i servizi a sostegno della famiglia non sono ancora sufficienti, ci vogliono più scuole, migliori mezzi di trasporto pubblici, maggiori possibilità di part-time. Quanto alle donne, sono ancora molte quelle che
35 vorrebbero un marito, o compagno, più disposto a collaborare. Nonostante i miglioramenti ottenuti, non è stato eliminato il disagio° di molte lavoratrici e rimane   *difficulties*
l'esigenza di raggiungere una situazione d'equilibrio.

■ Comprensione

1. Cosa è cambiato nella vita delle donne italiane negli ultimi decenni?
2. Che cosa offre alle donne il mercato del lavoro?
3. Quali sono le nuove responsabilità delle donne e delle mamme lavoratrici?
4. Quali sono i vantaggi del lavoro e quali sono le difficoltà per le mogli e le madri?
5. Quali sono i servizi di appoggio pubblici e privati per le mamme lavoratrici?
6. Quali servizi dovrebbero essere migliorati? Cosa vorrebbero le donne?

■ Studio di parole

aspettare
to wait for; to expect (a person or thing)

Da quanto tempo aspetti l'autobus?
How long have you been waiting for the bus?

Aspetti molte lettere oggi?
Do you expect many letters today?

*aspettarsi (**di** + *infinitive* or **che** + *subjunctive*)
to expect (an event or non-material thing)

Mi aspettavo un po' di gratitudine!
I expected a little gratitude!

Non si aspettavano di vedermi.
They didn't expect to see me.

argument

discussione (**f**)
argument, debate; discussion

Hanno molte discussioni perché non
   vanno d'accordo.
*They have many arguments because they
   don't get along.*

argomento
subject, topic; argument, proof, reasoning

Il mio amico è capace di scrivere poesie su
   qualsiasi argomento.
My friend can write poems on any subject.

Mi dispiace ma i Suoi argomenti non sono
   convincenti.
I'm sorry, but your arguments are not convincing.

to pretend

fingere
fare finta } **di** + *infinitive*

to pretend, to feign, to make believe

Michele finge di lavorare, ma in realtà
   sta sognando.
*Michael pretends he's working, but he's
   actually dreaming.*

finto
false, artificial, fake
fiori finti, denti finti, pelle finta, finto marmo

pretendere (**di** + *infinitive* or **che** +
   subjunctive)
to demand, to expect, to want

Lui pretende la massima puntualità dai suoi
   impiegati.
*He demands the utmost punctuality from
   his employees.*

Come potete pretendere che io lasci tutto e venga
   da voi?
*How can you expect me to drop everything and
   come to you?*

■ Pratica

a. *Scegliere la parola o le parole che completano meglio la frase.*

1. I ragazzi, quando tornano da scuola, non _____ che il pranzo sia pronto.
2. I dipendenti degli uffici pubblici sono in sciopero; _____ di essere pagati di più, ma non ci sono soldi.
3. Avrei bisogno di più tempo libero, ma mio marito _____ di non capire.
4. Ho lavorato proprio bene quest'anno e _____ un aumento di stipendio.
5. Capisco perfettamente i Suoi _____, ma non posso darLe un'altra settimana di ferie.
6. Mia moglie è in viaggio per lavoro e io _____ ansiosamente il suo ritorno.
7. Le ha regalato una borsa, ma non è di coccodrillo, è di pelle _____.
8. Ha cercato di giustificarsi, ma i suoi _____ non erano convincenti.

b. *Scegliere le parole che completano meglio il brano.*

Grazie al movimento femminista ai nostri giorni le donne _____ dalla vita molto di più delle loro mamme. Quello della parità degli uomini e delle donne è un _____ convincente; dopotutto perché loro, gli uomini, dovrebbero _____ di essere superiori? È una _____ che va avanti da tanto tempo anche se le soluzioni al livello della coppia sono sempre differenti. Marcello, per esempio, non _____ più—come faceva suo padre—che la moglie gli faccia trovare la cena pronta e le pantofole calde vicino al caminetto. Accetta perfino di aiutare nei lavori di casa; però continua a _____ che Lucia, che l'aiuta in ufficio, faccia le cose esattamente come vuole lui. Quando Lucia gli porta _____ contrari, lui si arrabbia e finiscono col fare una bella _____. La nonna di Lucia non approva. «Ma no—dice—quando non c'è niente da fare è inutile discutere; invece, quando è possibile, devi _____ di dargli ragione e poi fare a modo tuo *(as you please)*».

c. *Domande per Lei.*

1. Nel Suo paese l'organizzazione della società è in favore delle donne lavoratrici? In che modo?
2. Ci sono attività e professioni nelle quali le donne sono più numerose degli uomini? Quali? Perché?
3. Nel Suo paese il lavoro a tempo parziale è regolato dalla legge? Quali sono i vantaggi, o gli svantaggi, per i lavoratori?
4. A Bolzano, città della regione Trentino-Alto Adige, hanno istituito i «cortili aperti» *(open schoolyards)*. Delle associazioni private hanno ottenuto dal Comune l'uso dei cortili delle scuole dove, fuori dagli orari di lezione, gli adolescenti possono riunirsi per giocare e stare insieme. Come passano il tempo libero gli adolescenti della Sua città? Ci sono per loro strutture simili? Quali?
5. Nel centro storico di Pistoia, in Toscana, molti commercianti espongono un orsetto *(teddy bear)*. I bambini che si trovassero in difficoltà sanno che nei negozi con l'orsetto ci sono adulti pronti ad aiutarli. Le sembra una cosa utile? Necessaria? Ci sono provvedimenti *(measures)* simili nella Sua città? Da parte di chi?

✸ Temi per componimento o discussione

1. Fin verso la metà del Novecento, la funzione della donna era quella di «angelo della casa» quando non doveva, per necessità, lavorare in campagna o in fabbrica. Le donne famose del passato si sono distinte essenzialmente nel campo dell'arte o dell'educazione. Esaminare le nuove funzioni della presenza femminile nel mondo del lavoro contemporaneo.
2. Esaminate come i moderni servizi di vendita, quali i supermercati e i centri commerciali, i cibi surgelati o pronti e le strutture pubbliche (scuole, palestre, parchi giochi, piscine) facilitano la vita delle donne e delle mamme contemporanee rispetto alla situazione delle loro nonne. Quali differenze si possono immaginare nel ritmo della giornata?
3. Considerate i vostri interessi e i vostri futuri progetti di lavoro. In particolare: quali sono le professioni preferite dalle ragazze? E quelle preferite dai ragazzi? Perché?
4. Dibattito. Discutete le tesi che seguono.
   a. Le donne hanno le stesse abilità degli uomini e gli stessi diritti al lavoro in tutte le professioni e a tutti i livelli.
   b. Geneticamente le donne hanno minori abilità tecnico-scientifiche rispetto agli uomini, e quindi dovrebbero evitare le carriere per le quali non sono adatte.

1. Cercate su un sito o un «portale» Internet un argomento che vi interessa e fate una breve ricerca a vostra scelta. I suggerimenti che seguono si riferiscono sia al lavoro femminile che, più in generale, ai sindacati *(unions)* dei lavoratori.
   a. Mamme lavoratrici.
   b. Dol's, il sito delle donne on line.
   c. Organizzazioni sociali/donne.
   d. CGIL, Confederazione Generale Italiana del Lavoro.
   e. CISL, Confederazione Italiana Sindacati Lavoratori.
   f. UIL, Unione Italiana del Lavoro

2. Cercate informazioni su una donna italiana famosa e preparate una breve relazione sulla sua vita e il suo successo. In molti casi ci sono foto da stampare e mostrare alla classe.
   a. Maria Montessori, educatrice, la prima donna italiana che ha ottenuto la laurea in medicina.
   b. Susanna Agnelli, carriera politica (presso il Ministero degli Affari Esteri) e di scrittrice.
   c. Dacia Maraini, scrittrice, ha ricevuto vari premi letterari.
   d. Emma Bonino, molto attiva sulla scena politica contemporanea.
   e. Un'Italiana che vi interessa.

Maria Montessori (1870–1952) educatrice. Sono famose le scuole che basano l'insegnamento sul suo metodo educativo.

Congratulazioni! Anna telefona al marito per dirgli della recente promozione. Come risponderà Daniele all'entusiasmo di Anna?

ANNA: Pronto, Daniele?
DANIELE: Ciao, cara. Cosa mi dici di bello?
ANNA: Mi hanno dato la promozione e l'aumento di stipendio.
DANIELE: Congratulazioni! Sono proprio contento per te!
ANNA: Sì, è favoloso! Però devo cambiare ufficio.
DANIELE: Ti dispiace?
ANNA: No, no. Non farà differenza, tanto più che continuerò a lavorare con Giannelli. Ma, amore, c'è una complicazione. Mi chiedono di seguire un corso intensivo di amministrazione aziendale° per tre settimane in Sviz-   *business administration*
            zera, e proprio nei giorni in cui volevamo andare in montagna.
DANIELE: Pazienza! Se è importante per la tua carriera, va bene lo stesso. In ferie ci andremo in un altro momento.
ANNA: Sei un tesoro! *[fra sé]* Che bisogno c'è di essere femministe quando si ha un marito così?

Espressioni di affetto

amore (mio), tesoro (mio)
caro/cara, mio caro/mia cara   } *dear, honey, darling, my love*
Ti voglio (molto, tanto) bene.   *I am (very) fond of you.*
Ti amo.   *I love you.*
Che carino (tesoro, amore)!   *How nice (darling, sweet)!*
zietta, mammina, nonnino   *Auntie, Mommy, Grandaddy*

Esprimere contentezza

Che bello!   *How nice!*
È favoloso!
È fantastico!   } *It's wonderful!*
È meraviglioso!
Sono proprio contento/a.   *I'm really glad.*
Non potrebbe andar meglio!   *It couldn't be any better!*

Dimostrare indifferenza

Per me è lo stesso.
Va bene lo stesso.   } *It's all the same to me.*
È uguale.
Non importa.
Non fa differenza.   } *It doesn't matter.*
Non ha importanza.

Espressioni di rassegnazione e accettazione

Come vuoi tu.	*As you wish.*
Fai come credi.	
Decidi tu.	*It's up to you.*
Pazienza!	*Never mind!*
Se è necessario!	*If it's necessary!*
Fai come ritieni opportuno.	*Do what you believe is right.*
Come ti sembra meglio.	*(Do) what you believe is best.*
Come preferisci.	*As you prefer.*

■ Che cosa dice?

1. Lei vuole comprare una macchinetta per fare il caffè espresso. La preferirebbe nera, ma il commesso Le dice che ce ne sono rimaste solo due, una bianca e una rossa.

2. Lei vuole molto bene alla vecchia zia Livia che, novantenne e in casa di riposo, continua a rendersi utile. La zia Le ha appena fatto le tende per la cucina. Le telefoni per ringraziarla.

3. Il suo amico Marcello ha appena finito una dieta ed è in perfetta forma *(great shape)*. Che cosa gli dice?

4. Lei vuole andare a Parigi in luglio. Il Suo/La Sua compagno/a vuole aspettare fino alla fine di agosto. Lei decide di farlo/a contento/a.

5. Pietro è molto carino e gentile. Ieri L'ha invitata a cena in un delizioso ristorante sul lago. Lei pensa...

■ Situazioni

1. Lei si è appena diplomato/a e cerca lavoro. Sperava di ottenere un posto in una grossa ditta, ma non Le hanno fatto un'offerta e ha dovuto accettare un posto di poca soddisfazione. Sua madre è molto dispiaciuta per Lei. Cerchi di convincerla che Lei è contento/a lo stesso.

2. Sua sorella, la mamma di Chiaretta, sarà in viaggio di lavoro per una settimana, e Lei si occuperà della bambina da quando esce da scuola nel pomeriggio fino all'ora di cena quando ritorna papà. Immagini la conversazione nella quale Lei informa la Sua nipotina.

3. Il Suo fidanzato/La Sua fidanzata sta seguendo un corso di specializzazione all'estero per sei mesi. Vi telefonate spesso e parlate del più e del meno *(this and that)*. Entrambi usate espressioni di affetto.

4. Lei discute con Sua moglie l'acquisto di un'automobile nuova. Lei vorrebbe comprarne una piccola, Sua moglie ne desidera una grande e comoda. La conversazione è molto amichevole e alla fine uno/a dei due fa contento/a l'altro/a.

Il dottore chi lo paga?

Per cominciare

Una gita in montagna
Vivere in Italia: Gli Italiani e lo sport

Struttura

Parlare di relazioni causali
     I. *Fare* + infinito
Permettere a qualcuno di fare qualcosa
     II. *Lasciare* + infinito
     III. Verbi di percezione + infinito
Parlare di persone, cose o eventi in successione
     IV. Numeri ordinali
Relazioni di una parola con un'altra
     V. Preposizioni

Lettura

Il servizio sanitario nazionale in Italia

Per comunicare

Mostrare interesse
Rispondere a dimostrazioni d'interesse
Dimostrare sorpresa nel vedere qualcuno
Accomiatarsi

Una gita in montagna. Mario, Franco e Alberto frequentano l'Università di Roma. Dopo una settimana di studio hanno bisogno di distrazione. Franco e Alberto vogliono convincere Mario a fare una gita con loro al Terminillo, una montagna dell'Appennino centrale.

FRANCO *(a Mario):*   Abbiamo deciso di farti fare esercizio invece di stare davanti alla TV a veder giocare i tuoi campioni preferiti.

ALBERTO: Domani mattina ci alziamo presto e andiamo al Terminillo. Ho sentito dire che c'è una gita organizzata e ho preso informazioni. Il gruppo è composto da ragazzi e ragazze. L'appuntamento è alle 8.00 a Lisciano a meno di 100 chilometri° da qui. Possiamo partire verso le 7.00.   *63 miles*

FRANCO: Il percorso è facile. In quattro ore arriviamo al Rifugio Rinaldi intorno ai 2000 metri°.   *6,600 feet*

MARIO: Quattro ore! Ma siete matti? Io non sono allenato!

ALBERTO: Non sei il solo. Una parte del gruppo prenderà la seggiovia° per metà del percorso, poi continuiamo insieme. Una passeggiata di due ore la puoi fare...   *chair lift*

FRANCO: Il tempo sarà magnifico e dal rifugio c'è un panorama stupendo!

ALBERTO: Non solo, ci sarà anche un pranzo in buona compagnia: polenta, salsicce°, funghi° e vino.   *sausages*
     mushrooms

MARIO: Ho capito, proprio non volete lasciarmi stare a casa in pace!

ALBERTO *(a Franco, quando Mario non sente):*   Speriamo bene°! Non gli abbiamo detto che c'è anche la funivia°. Se in macchina, dalla strada, la vede salire si fa portare fino in cima.   *Let's hope*
     cable car

Il panorama del Rifugio Rinaldi.

Fino a relativamente pochi anni fa si consideravano «sportivi» gli Italiani che seguivano con interesse le partite di calcio, le corse automobilistiche e il Giro d'Italia in bicicletta, ma la loro attività si riduceva a guardare la televisione o a leggere il *Corriere dello Sport*. Ci sono sempre stati gli appassionati del tennis e del nuoto, dello sci e dell'equitazione *(horseback riding)*, sport che erano e sono privilegio di pochi. Recentemente si è manifestato un notevole interesse per le attività fisiche, e non soltanto da parte dei giovani. Aumenta il numero delle palestre e dei centri sportivi che, anche se a pagamento, attraggono sempre nuovi soci. Sono «in» la danza, le arti marziali e le varie forme di ginnastica. Per molti andare in palestra almeno due volte alla settimana diventa un impegno per la propria salute. L'esercizio fisico fa bene e, insieme alla dieta opportuna, aiuta a mantenere la linea. Per chi vuole spendere poco bastano un paio di scarpe adatte per correre o fare il footing, i marciapiedi non costano niente. L'interesse per l'attività fisica ha raggiunto anche gli ultraquarantenni *(those over forty)* che preferiscono fare esercizio in palestra e scelgono il nuoto, l'acquagym o la ginnastica aerobica.

■ Vocabolario utile

la cima top
la danza dance
la distrazione diversion
la ginnastica gymnastics
la gita outing
l'impegno commitment
il marciapiede sidewalk

allenato "in condition"
appassionato fan

il nuoto swimming
la palestra gymnasium
la partita game
la passeggiata walk
il percorso way, path
il rifugio shelter, mountain lodge
il socio/la socia member

a pagamento at a fee

mantenere la linea to stay in shape
prendere informazioni to get information

l'ambulanza ambulance
la convalescenza convalescence
l'emergenza emergency
la frattura fracture
la guarigione recovery
l'incidente accident
l'ingessatura cast
il pronto soccorso emergency room
le stampelle crutches
*****farsi male** to get hurt
guarire to recover
fare una radiografia to get an x-ray
*****rompersi una gamba, un braccio**
    to break a leg, an arm

Ogni tanto gli sportivi
hanno un incidente e si
fanno male.

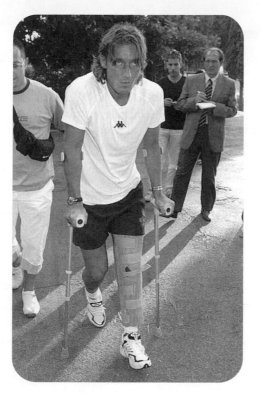

■ Esercizi

a. *Rispondere alle domande seguenti.*

1. Che cosa vogliono fare Franco e Alberto? Perché?
2. Dove vogliono andare? Con chi?
3. Il luogo dell'appuntamento è lontano? Quanto tempo ci vuole per raggiungerlo?
4. Come reagisce Marco?
5. Cosa può fare Marco per abbreviare *(to shorten)* il percorso?
6. Cosa c'è di bello da vedere e di buono da mangiare al Rifugio Rinaldi?
7. Franco e Alberto non hanno dato a Mario un'informazione importante. Quale? Perché?

b. *Inserire le parole che meglio completano le frasi.*

1. Marina ha avuto un incidente di sci e si è rotta una gamba. Per portarla al _____ abbiamo dovuto chiamare l'_____.
2. Il dottore ha detto che si tratta di una brutta _____.
3. Ora Marina ha una pesante ingessatura e cammina con le _____.
4. Alla scuola di sci sono molto bene attrezzati, in caso di _____ arriva subito il gatto delle nevi *(snow cat)* con il personale di assistenza.
5. Marina è ottimista, dice che la _____ arriverà presto. In tutti gli sport può succedere di _____.
6. Solo quelli che guardano la _____ di calcio e gli altri sport alla televisione non corrono rischi.
7. È una bella cosa che molti italiani abbiano deciso di andare in _____ almeno due volte alla settimana.
8. Anche nei centri sportivi è aumentato il numero dei _____ e delle _____.
9. Molti fanno esercizio fisico perché fa bene alla salute e per _____.

■ A voi la parola

a. L'esercizio fisico. In piccoli gruppi rispondete alle domande che seguono e paragonate le vostre conclusioni con quelle degli altri gruppi.

1. In Italia, ci sono varie iniziative per aumentare nelle scuole il periodo dedicato all'educazione fisica. Attualmente *(At present)* l'orario delle lezioni stabilisce un'ora di ginnastica alla settimana. Paragonate la vostra esperienza con quella degli studenti italiani.

2. In Italia sono molto diffusi i club che raggruppano gli appassionati dei vari sport e organizzano attività per i loro soci. Sono famosi il Touring Club Italiano e il CAI (Club Alpino Italiano) che contano moltissimi iscritti. Conoscete organizzazioni simili nel vostro paese? Sapete quali vantaggi offrono? Vi interesserebbe partecipare?

3. Ormai da parecchi anni il calcio, il gioco preferito dagli Italiani, è diffuso nel Nord America. Avete mai giocato a calcio o assistito a una partita? Pensate che il calcio potrà diventare popolare nel Nord America quanto il football e il baseball? Sapete quali giochi americani sono apprezzati in Italia?

4. Voi e i vostri amici partecipate a regolari attività sportive? Quali sono i programmi di fitness più comuni fra i giovani?

5. Vi è mai capitato di avere un incidente e di rompervi un braccio o una gamba? O di aiutare un amico/un'amica che ha avuto un incidente? Se sì, che cosa avete fatto? Siete andati al pronto soccorso? Che tipo di cura hanno proposto i medici? Quanto è durata la convalescenza?

Fit-Boxe

La fit-boxe è un'attività fisica di gruppo praticata a tempo di musica. Combina le caratteristiche dell'aerobica con quelle di alcune arti marziali. Anti-stress, dimagrante, divertente.

NIKE Fitness Club

Milano (02) 73.83.89.99
Palestra body building e cardiofitness, corsi di aerobica, step, tonificazione, fit-boxe, hip-hop, spinning su cyclette. Sauna e Jacuzzi. Personal trainer anche a domicilio.

---

b. Sport per tutti i gusti. Leggete le informazioni del NIKE Fitness Club e la sua proposta della nuova attività fisica di gruppo, la fit-boxe. Rispondete in due o tre studenti alle domande che seguono.

1. Sapcte in che cosa consiste la fit-boxe? Fa parte dei programmi delle palestre della zona in cui abitate voi? Se non avete informazioni cercatele su Internet e poi discutete il possibile interesse vostro e dei vostri amici.

2. Ci sono programmi di Nike che vi interessano? Quali? Spiegate perché e quali sono, secondo voi, i loro vantaggi.

3. Nella pubblicità di Nike ci sono molte parole inglesi. Sapete spiegarne la ragione?

I. *Fare* + infinito

A. Fare *(To make, have, get)* followed immediately by the infinitive is used to form a causative construction. In this construction, the subject of the sentence does not perform the action; instead, the subject causes something to be done or causes someone else to do something.

NON-CAUSATIVE CONSTRUCTION	CAUSATIVE CONSTRUCTION
(subject performs the action)	*(subject causes action to be performed by someone else)*
Il professore **corregge** gli esami.	Il professore **fa correggere** gli esami.
The teacher corrects the exams.	*The teacher has the exams corrected.*
	Fa correggere gli esami agli assistenti.
	He has the assistants correct the exams.

1. In the causative construction:

   ▪ Noun objects follow the infinitive.

   Fai suonare **Marco.**
   Have Marco play.

   ▪ Pronoun objects normally precede the conjugated form of **fare.**

   Lo faccio suonare domani.
   I'll have him play tomorrow.

   ▪ Pronoun objects follow and are attached to **fare** only in the infinitive, gerund, past participle, and imperative (**tu, voi, noi** forms).

Mi piace far**lo** suonare.	Facendo**lo** suonare gli hai fatto un piacere.
I like to have him play.	*By making him play, you did him a favor.*
Fatto**lo** suonare, gli hanno dato un premio.	Fate**lo** suonare ancora.
Having made him play, they gave him a prize.	*Have him play again.*

2. If the infinitive following **fare** is reflexive, the reflexive pronoun is omitted.

   Su, bambini, non fate **arrabbiare** la mamma!
   Come on, children, don't make mother get mad!

   Perché non li fai **accomodare** in salotto?
   Why don't you have them come into the living room?

3. When the causative construction has one object (either a person or a thing), it is a direct object.

   La mamma fa mangiare **la bambina; la** fa mangiare.
   The mother makes the child eat; she makes her eat.

   Ho fatto tradurre **i verbi; li** ho fatti tradurre.
   I had the verbs translated; I had them translated.

If there are two objects (usually a person performing the action and a thing receiving the action), the thing is the direct object and the person the indirect object.

La mamma fa mangiare la minestra **alla bambina; le** fa mangiare la minestra.
The mother makes the child eat the soup; she makes her eat the soup.

Ho fatto tradurre i verbi **a Mario; gli** ho fatto tradurre i verbi.
I had Mario translate the verbs; I had him translate the verbs.

4. Sometimes the use of the indirect object for the person may cause ambiguity: **Faccio scrivere una lettera a Stefano** could mean *I have Stefano write a letter* or *I have a letter written to Stefano.* To avoid ambiguity, **da** + *person* is used instead of **a** + *person.*

Faccio scrivere una lettera **da** Stefano.
I have Stefano write a letter.

B. **Farsi** + *infinitive* is used to express *to have or get something done for oneself by someone else,* usually involving parts of the body or clothing. When the person made to perform the action is expressed, **da** + *person* is used.

Mi faccio tagliare i capelli **da** un parrucchiere italiano. **Me** li **faccio tagliare** una volta al mese.
I have my hair cut by an Italian hairdresser. I have it cut once a month.

La signora **si è fatta fare** due vestiti da sera. **Se** ne **è fatti fare** due.
The lady had two evening gowns made. She had two made.

Farsi + *infinitive* is also used for expressions such as *to make or get oneself understood, heard, loved, arrested, invited,* where the action performed affects the subject of the sentence.

Per **farti capire** da tutti, devi parlare più adagio.
In order to make yourself understood by everyone, you've got to speak more slowly.

C. The causative constructions **fare** + *infinitive* and **farsi** + *infinitive* are used in many common expressions:

fare aspettare	*to keep waiting*
fare costruire[1]	*to build*
fare crescere	*to grow (something)*
fare entrare (uscire)	*to let in (to let out)*
fare esplodere (scoppiare)	*to explode*
fare impazzire	*to drive one insane*
fare osservare	*to point out*
fare pagare	*to charge*
fare saltare	*to blow up (with explosives)*
fare sapere (informare)	*to inform, let someone know*
fare vedere (mostrare)	*to show*
*****farsi imprestare**	*to borrow*
*****farsi vedere**	*to show one's face*

Notice the following cooking terms:

fare arrostire	*to roast*	**fare cuocere**	*to cook*
fare bollire	*to boil*	**fare friggere**	*to fry*

Perché mi **fai** sempre **aspettare?**
Why do you always keep me waiting?

Quanto ci vuole per **fare cuocere** un uovo?
How long does it take to cook an egg?

Si è fatto crescere i baffi.
He has grown a moustache.

Fammi sapere quando arrivi.
Let me know when you're coming.

---

[1] Italian distinguishes between building something yourself, **costruire,** and having something built by someone else, **far costruire.**

■ Esercizi

a. **Alcune persone non fanno mai niente...** *Rispondere a ciascuna domanda usando* **fare** + *infinito come nell'esempio.*

> ESEMPIO Scrive lui le lettere?
> **—No, fa scrivere le lettere.**

1. Stira lei le camicie?
2. Lavano loro la macchina?
3. Tagliano loro l'erba?
4. Dipinge lei la casa?
5. Ripara lui il televisore?
6. Pesano loro le lettere?

b. *Formare nuove frasi con le parole tra parentesi facendo i cambiamenti necessari.*

> ESEMPIO La faccio mangiare. (le lasagne)
> **Le faccio mangiare le lasagne.**

1. La fanno studiare. (lettere)
2. Lo faremo pagare. (il debito)
3. Lo hanno fatto leggere. (la poesia)
4. La farei cantare. (una canzone folk)
5. Fatelo suonare. *(Santa Lucia)*
6. Dobbiamo farlo firmare. (il nuovo contratto)

c. **Quante cose devo far fare oggi...** *Formare frasi con il verbo dato tra parentesi usando un pronome invece del nome.*

> ESEMPIO Il televisore è guasto. (riparare)
> **Devo farlo riparare.**

1. Il passaporto è scaduto *(has expired)*. (rinnovare)
2. Le scarpe sono bucate. (risuolare)
3. Il motore non funziona. (revisionare, *to overhaul*)
4. L'orologio è rotto. (aggiustare)
5. Non ci vedo con questi occhiali. (cambiare)
6. Luigi ha i capelli lunghi. (tagliare)

d. **L'ho già fatto fare...** *Formare frasi usando il passato prossimo di* **fare** + *infinito e un pronome invece del nome.*

> ESEMPIO Dovresti far riparare la radio.
> **—L'ho già fatta riparare.**

1. Dovresti far pitturare la casa.
2. Dovresti far allargare la gonna.
3. Dovresti far rinnovare il passaporto.
4. Dovresti far potare *(trim)* le piante.
5. Dovresti far cambiare l'olio.
6. Dovresti far mettere il telefono.

e. Chi me l'ha fatto fare... *Le persone nominate in quest'esercizio non si considerano responsabili delle proprie azioni. Se hanno fatto qualcosa, è perché qualcuno o qualcosa le ha obbligate a farlo. Trasformare le frasi come nell'esempio.*

ESEMPIO   Ho perso la pazienza. (mio marito)
Mio marito mi ha fatto perdere la pazienza.

1. Ho riso. (le tue barzellette)
2. Abbiamo starnutito. (il pepe)
3. Siamo dimagriti. (le preoccupazioni)
4. Ho letto l'inserzione. (il destino)
5. Siamo arrivati in ritardo. (il traffico)
6. Hai gridato. (la paura)
7. Abbiamo pianto. (il dolore)
8. La bambina è arrossita. (l'imbarazzo)

f. Conversazione.

Quali cose o persone La fanno ridere? La fanno sognare? La fanno arrossire? La fanno applaudire? Le fanno perdere la pazienza? Le fanno amare la vita?

g. Simpatie e antipatie personali... *A Lei quali persone piacciono? Usare* **fare** + *infinito.*

1. A me piacciono le persone che...
   a. mi fanno divertire.
   b. si fanno notare.
   c. non fanno entrare i cani in casa.
   d. fanno arrostire le castagne.
   e. si fanno crescere la barba.
   f. ...

2. A me non piacciono le persone che...
   a. mi fanno aspettare.
   b. mi fanno perdere tempo.
   c. non si fanno capire.
   d. si fanno imprestare soldi.
   e. mi fanno pagare troppo.
   f. ...

h. *A Silvano non piace farsi le cose da solo, preferisce farsele fare dagli altri. Seguire gli esempi.*

ESEMPI   dal barista
Dal barista si fa portare il cappuccino in ufficio.

al figlio
Al figlio fa lavare la macchina.

1. dal barbiere
2. al benzinaio
3. alla moglie
4. dal segretario
5. dagli amici
6. alla figlia
7. dal meccanico
8. dalla collaboratrice domestica
9. perfino dal cane

A. Lasciare *(To let, to allow, to permit)* followed immediately by the infinitive is used just like *let + infinitive* in English; in this construction, the subject of the sentence gives permission to someone to do something or allows something to happen.

Lascio uscire la mia gatta.
I let my cat go out.

La **lascio uscire** tre volte al giorno.
I let her go out three times a day.

1. Noun objects follow the infinitive:

Hanno lasciato scappare **il prigioniero.**
They let the prisoner escape.

Pronoun objects normally precede the conjugated form of **lasciare:**

L'hanno lasciato scappare.
They let him escape.

Pronoun objects follow and are attached to **lasciare** only in the infinitive, gerund, past participle, and imperative (**tu, voi, noi** forms).

Non dovevate lasciar**lo** scappare.
You were not supposed to let him escape.

Lasciando**lo** scappare, mi avete messo nei guai.
By letting him escape, you got me in trouble.

Lasciato**lo** scappare, sono disperato.
Having let him escape, I am desperate.

Lasciate**mi** in pace.
Leave me alone.

—Lascia perdere: se quella pera non si
stacca, vuol dire che è ancora acerba...

2. If the infinitive following **lasciare** is reflexive, the reflexive pronoun is omitted.

Lui vuole **alzarsi,** ma il dottore
   non lo lascia **alzare.**
He wants to get up, but the doctor
   won't let him get up.

Signora, i bambini non devono assolutamente
   bagnarsi; non deve lasciarli **bagnare.**
Ma'am, the children must not get wet; you
   must not let them get wet.

3. As is the case with the causative construction, if the infinitive following **lasciare** takes an object, the object of **lasciare** becomes indirect.

Lascia**la** cantare!
Let her sing!

Lascia**le** cantare la canzone che vuole!
Let her sing the song she wants!

B. **Lasciare** + *infinitive* is the equivalent of **permettere di** + *infinitive*. Compare:

Lasciate**la** parlare. }
Let her speak.

lasciare + direct object + infinitive

Permette**le di** parlare. }
Allow her to speak.

permettere + indirect object + **di** + infinitive

Lasciare and **permettere** may also be followed by **che** + subjunctive.

Lasciate che parli.
Let her speak.

Permettete che parli.
Allow her to speak.

■ Esercizi

a. *Sostituire a **che** + congiuntivo la costruzione con l'infinito.*

ESEMPIO Perché non lasciate che io compri una moto?
         Perché non mi lasciate comprare una moto?

1. Perché non lasciate che io dica quello che penso?
2. Non hanno lasciato che tu pagassi il pranzo.
3. Lasciamo che lui venga alla festa!
4. Lascerò che voi diate la mancia.
5. Lasciava che tutte le macchine passassero.
6. Lasciate che il cane s'avvicini!

b. *Cambiare secondo l'esempio. Il soggetto delle nuove frasi è **voi.***

ESEMPIO Cani e gatti entrano in casa
         —Lasciate entrare in casa cani e gatti.
         —Ma lasciate che entrino!

1. I ragazzi dormono fino a mezzogiorno.
2. Gli amici litigano.
3. Maria va in palestra tutti i giorni.
4. Paolo studia in cucina.
5. Carlo e Anna parlano sempre.
6. La minestra si raffredda *(gets cold).*
7. Nonno e nonna vanno in discoteca?

c. *Mettere* **permettere** *al posto di* **lasciare** *e fare i cambiamenti necessari.*

ESEMPIO   Papà non mi ha lasciato uscire.
   Papà non mi ha permesso di uscire.

1. Il professore non ci ha lasciato usare il dizionario.
2. Il giudice non lasciò parlare l'imputato *(defendant)*.
3. Signora, perché non mi lascia fumare?
4. Lasciatela passare!
5. Perché non mi lasci venire con te?
6. Se io La lasciassi scegliere, che cosa sceglierebbe?
7. Non lo lasciamo giocare con te.
8. Non avrei dovuto lasciarli fermare.

III. Verbi di percezione + infinito

A. The most common verbs of perception in Italian are:

vedere to see   **sentire** to hear
guardare to look at, to watch   **udire** to hear
osservare to observe, to watch   **ascoltare** to listen, listen to

Verbs of perception may be followed directly by the infinitive of another verb.

Guardo passare il treno.   Non **senti muoversi** qualcosa?
I watch the train go by.   *Don't you hear something moving?*

Ho visto piangere Anna.
I saw Anna cry (crying).

1. Noun objects follow the infinitive:

   Hai sentito piangere **i bambini?**
   Did you hear the children cry?

   Pronoun objects precede the conjugated form of the verb of perception:

   Sì, **li** ho sentiti piangere.
   Yes, I heard them cry.

   Pronoun objects follow and are attached to the verb of perception only when the verb is in the infinitive, gerund, past participle, or imperative (**tu, voi, noi** forms):

   Non mi piace sentir**li** piangere.
   I don't like to hear them cry.

   Sent**endoli** piangere, vado a consolarli.
   Hearing them cry, I go to console them.

   Sent**itoli** piangere, ho chiamato la loro mamma.
   Having heard them cry, I called their mother.

   Senti**li** piangere! Perché non vai da loro?
   Hear them crying! Why don't you go to them?

2. If the infinitive following a verb of perception has an object of its own, the noun object is placed between the verb and the infinitive; the object of the infinitive follows it.

   Osserviamo i contadini lavorare la terra.
   We watch farmers till the soil.

   Ho sentito Luciano parlare di Susanna.
   I heard Luciano talk about Susan.

B. A relative clause with **che** + *indicative* or a clause with **mentre** + *indicative* may replace the infinitive after a verb of perception.

Ho sentito Luciano cantare una canzone (**che cantava** una canzone).
I heard Luciano sing a song.

Li vedo uscire di casa (**mentre escono** di casa) ogni mattina.
I see them leave the house every morning.

C. **Sentire,** in addition to *to hear,* can mean *to feel* or *to smell.*

Sento un dolore allo stomaco.   Anche tu senti un cattivo odore?
I feel a pain in my stomach.   *Do you smell something bad too?*

■ Esercizi

a. *Sostituire l'infinito a* **che** + verbo *come nell'esempio.*

ESEMPIO   Sento il bambino che piange.
          Sento piangere il bambino.

1. Ho visto Gigi che correva.
2. Osserviamo la nave che si allontana.
3. Hai sentito Patrizia che rideva?
4. Guardava le macchine che passavano.
5. Vedono i camion che si fermano e uomini mascherati che scendono.
6. Sento mia sorella che suona il pianoforte.
7. L'avete sentita che sospirava?
8. Lo vidi che arrivava con la sua macchina sportiva bianca.

b. **Testimone oculare (eyewitness).** *Il testimone afferma di aver visto ogni azione dell'uomo coi suoi propri occhi.*

ESEMPIO   È sceso da un tassì verso le due?
          —**Sì, l'ho visto scendere da un tassì verso le due.**

1. Ha attraversato la strada?
2. Si è fermato a parlare con un altro uomo?
3. È entrato nella casa dei Rossi?
4. È uscito di corsa poco dopo?
5. Ha urtato un bambino?
6. L'uomo ha fermato una macchina?
7. L'uomo è salito in macchina?
8. La macchina è partita a tutta velocità?

c. *Inserire in modo opportuno i verbi indicati e i pronomi necessari.*

ascoltare   guardare   permettere   vedere   fare   lasciare   sentire

La padrona di casa non _____ in pace. La sera mi telefona per dirmi che
_____ suonare la mia radio troppo forte e _____ abbassare il volume.
Spesso mi aspetta alla finestra e, appena _____ arrivare, scende per _____
fare qualche servizio, poi sta lì a _____ lavorare e io devo _____ mentre mi
racconta la storia della sua vita. Abita in una vecchia casa che _____ costruire nel 1920.
Nel giardino _____ crescere la cicoria (*chicory*) e non _____ a nessuno di
toccarla, neanche a me che vorrei _____ l'insalata. Però in fondo è una brava persona.
La settimana scorsa stavo poco bene; lei mi _____ tossire (*cough*) e si è preoccupata. Mi
ha telefonato per chiedermi il permesso di entrare nel mio appartamento (ha le chiavi) e dopo
poco l'ho _____ arrivare con una minestrina e un bicchiere di Chianti.

—E ora va in onda la trentesima puntata del teleromanzo «Breve storia d'amore».

IV. Numeri ordinali

The Italian ordinal numbers correspond to *first, second, third, fourth,* etc. in English:

NUMERI CARDINALI[1]			NUMERI ORDINALI	
1	uno	I	1°	primo
2	due	II	2°	secondo
3	tre	III	3°	terzo
4	quattro	IV	4°	quarto
5	cinque	V	5°	quinto
6	sei	VI	6°	sesto
7	sette	VII	7°	settimo
8	otto	VIII	8°	ottavo
9	nove	IX	9°	nono
10	dieci	X	10°	decimo
11	undici	XI	11°	undicesimo
12	dodici	XII	12°	dodicesimo
50	cinquanta	L	50°	cinquantesimo
100	cento	C	100°	centesimo
500	cinquecento	D	500°	cinquecentesimo
1000	mille	M	1000°	millesimo

1. From uno to **dieci,** ordinals have forms of their own. From **undici** on, ordinal numbers are formed by adding -**esimo** to the cardinal number. The last vowel is dropped except for cardinals ending in -**tré**, in which case the final -**e** is retained but without the accent.

ventitré **ventitreesimo**   cinquantatré **cinquantatreesimo**

---

[1] For discussion of cardinal numbers, see pp. 39–40.

2. Unlike cardinal numbers, ordinal numbers agree in gender and number with the nouns they modify. They usually precede nouns but follow the names of popes and kings.

Le piace la **nona** sinfonia di Beethoven o preferisce la **quinta?**
Do you like Beethoven's ninth symphony or do you prefer the fifth?

—Chi fu il Papa prima di **Paolo VI (sesto)?** —**Giovanni XXIII (ventitreẹsimo).**
  Who was the pope before Paul the sixth?   *John the twenty-third.*

—I miei cugini arrivarono **terzi.**   —A che piano andate?   —All'**ottavo.**
  My cousins came in third.   *What floor are you going to?*   *To the eighth.*

3. Ordinal numbers can be written with Roman numerals or abbreviated using Arabic numerals with a superscript ° for the masculine and a superscript ᵃ for the feminine.

Sono stato in vacanza dal **1°** agosto al 30 settembre.
I was on vacation from August 1st to September 30th.

Questa è la **9ᵃ** settimana del semestre.
This is the ninth week of the semester.

■ Esercizio

Compleanni e ricorrenze. *Completare con la forma corretta del numero ordinale.*

1. Oggi Roberto compie 20 anni; festeggia il suo _____ compleanno.
2. I miei genitori celebrano le nozze d'argento; cioè il _____ (25°) anniversario del loro matrimonio.
3. Conoscete qualcuno che abbia celebrato le nozze di diamante, cioè il _____ (60°) anniversario del matrimonio?
4. Io compirò 33 anni il 6 novembre; sarà il mio _____ compleanno.
5. L'Associazione dei Giovani Esploratori *(Boy Scouts)* sorse in Italia nel 1911; nell'anno 2011 si celebrerà il _____ anniversario della sua fondazione.
6. Sono già passate quattro settimane dal rapimento dell'ingegnere; ora siamo nella _____ settimana.
7. Sono 40 anni che il grande maestro insegna; quest'anno festeggiamo il _____ anniversario del suo insegnamento.

Frazioni

1. Cardinal and ordinal numbers are used together to indicate fractions. As in English, the cardinal expresses the numerator and the ordinal expresses the denominator.

   1/4 **un quarto**   3/8 **tre ottavi**   7/23 **sette ventitreẹsimi**

2. There are two ways to express *half* as a noun: **mezzo** and **metà. Mezzo** is used for 1/2; **mezzi** is used for all other fractions whose denominator is 2.

   1/2 **un mezzo**   15/2 **quindici mezzi**

   When *half* is not expressed as a fraction, **metà** is used.

   Il bambino ha mangiato solo **metà** della minestra.
   The child ate only half of the soup.

   Metà degli studenti non hanno capito.
   Half of the students didn't get it.

3. **Mezzo** can also be used as an adjective, and as such it agrees with the noun it modifies.

Porzione intera per il bambino o **mezza porzione?**
A full portion for the child or half a portion?

Ho lavorato **due mezze giornate.**
I worked two half-days.

Secoli

There are two ways of indicating centuries in Italian: the ordinal number + the word **secolo**, and, from the thirteenth century on, a cardinal number used with the article. The number is usually capitalized.

(701–800)	VIII secolo	l'ottavo secolo	—
(1101–1200)	XII secolo	il dodicesimo secolo	—
(1201–1300)	XIII secolo	il tredicesimo secolo	il Duecento
(1301–1400)	XIV secolo	il quattordicesimo secolo	il Trecento
(1401–1500)	XV secolo	il quindicesimo secolo	il Quattrocento
(1501–1600)	XVI secolo	il sedicesimo secolo	il Cinquecento
(1601–1700)	XVII secolo	il diciassettesimo secolo	il Seicento
(1701–1800)	XVIII secolo	il diciottesimo secolo	il Settecento
(1801–1900)	XIX secolo	il diciannovesimo secolo	l'Ottocento
(1901–2000)	XX secolo	il ventesimo secolo	il Novecento
(2001–2100)	XXI secolo	il ventunesimo secolo	il Duemila

Scusa, hai detto il **primo secolo** avanti Cristo o dopo Cristo?[1]
Excuse me, did you say the first century B.C. or A.D.?

Boccaccio visse nel **quattordicesimo secolo** (nel **Trecento**).
Boccaccio lived in the fourteenth century.

■ Esercizio

Giochetti coi numeri... *Completare con la forma corretta del numero ordinale.*

1. Tuo padre è ricco, guadagna 6000 euro al mese; mio padre ne guadagna 2000. Mio padre guadagna un _____ del tuo.
2. Quattro è un _____ di dodici.
3. Un minuto è la _____ parte di un'ora.
4. Un metro è la _____ parte di un chilometro.
5. Novembre è l'_____ mese dell'anno.
6. Un giorno è la _____ parte di un anno.
7. Il secolo _____ (15°) e _____ (16°) sono i secoli più gloriosi dell'arte italiana.
8. Giacomo Leopardi fu uno dei più grandi poeti del secolo _____ (19°).
9. L'ascensore si è fermato al diciassettesimo piano; quattro piani più in su, cioè al _____ piano, c'era un guasto.
10. Questa è la _____ lezione del libro.

---

[1] B.C. and A.D. are expressed in Italian as **avanti Cristo** (abbreviated as **a.C.**) and **dopo Cristo** (abbreviated as **d.C.**).

Following are the most frequent cases in which English and Italian differ in the use of prepositions after verbs or verbal expressions:

A		DA
*appoggiarsi a *to lean on*	pensare a *to think of, about*	*dipendere da *to depend on*
credere a *to believe in*	rubare a *to steal from*	*guardarsi da *to beware of*
nascondere a *to hide from, to conceal from*		

DI		ALTRE PREPOSIZIONI
chiedere di *to ask for a person*	piangere di (per) *to cry about (for)*	*essere gentile con *to be kind to*
*essere carico di *to be loaded with*	ridere di *to laugh at*	*congratularsi con qualcuno per qualcosa *to congratulate someone on something*
*essere contento (soddisfatto) di *to be pleased with*	riempire di *to fill with*	
*essere coperto di *to be covered with*	ringraziare di (per) *to thank for*	sperare in *to hope for*
fare a meno di *to do without*	saltare di (per) *to jump with (for)*	
*innamorarsi di *to fall in love with*	soffrire di *to suffer from*	
*interessarsi di (a) *to be interested in*	trattare di *to deal with*	
*meravigliarsi di *to be surprised at*	vivere di *to live on, to subsist on*	

Non puoi **nascondere** la verità **a** tutti.
You can't hide the truth from everyone.

Hanno **rubato** tutto **allo** zio di Romeo.
They stole everything from Romeo's uncle.

Tutto **dipende da** te.
It all depends on you.

Chiedono del dottore, signora.
They are asking for the doctor, Ma'am.

Tutti **si meravigliavano della** nostra scelta.
Everybody was surprised at our choice.

Bisogna **essere gentili con** tutti.
One must be kind to everyone.

Vorrei **congratularmi con** voi **per**
il vostro successo.
I would like to congratulate you on your success.

Le sue parole mi hanno **riempito di** gioia.
His words filled me with joy.

■ Esercizio

Completare con la preposizione corretta (semplice o articolata).

1. L'uomo non vive _____ solo pane.
2. La situazione era disperata ma noi speravamo ancora _____ un miracolo.
3. _____ che cosa tratta il film che ha vinto l'Oscar quest'anno?
4. Da quando si sono trasferiti in campagna, soffrono _____ solitudine.
5. Cerca di non appoggiarti _____ muro: la pittura è ancora fresca.
6. C'è qualcuno _____ cui pensi quando senti questa musica?
7. Non so se potremo fare a meno _____ tuo aiuto.
8. Il nostro amico ha moltissima esperienza e non si meraviglia più _____ niente.
9. Sarebbe stato molto meglio se avessimo imparato a interessarci solo _____ i fatti nostri.
10. Carmela sognava un uomo biondo e con gli occhi azzurri, e sai _____ chi si è innamorata? _____ mio cugino che è castano e ha gli occhi verdi.

Nelle farmacie italiane si comprano medicinali e prodotti cosmetici.

■ Vocabolario utile

il carico expense/charge
il chirurgo surgeon
la clinica private hospital
il congresso conference
la corsia (hospital) ward
l'elenco list

il farmaco medicine
l'inconveniente disadvantage, drawback
il medico physician
il pediatra pediatrician
la ricetta medica prescription
la salute health

*ammalarsi** to get sick

gratis *(adv)* free
gratuito *(adj)* free

La dottoressa è nel suo studio medico con un paziente.

■ Prima di leggere

Nella lettura che segue Anna, durante un pranzo al quale ha invitato degli amici italiani, descrive la sua esperienza di paziente ricoverata in un ospedale americano. Gli amici, a loro volta, spiegano come funziona in Italia la «medicina di stato», cioè il servizio sanitario esteso a tutti i cittadini.

1. Secondo voi, come giudicherà Anna la sua esperienza in un ospedale americano? Sarà soddisfatta del trattamento, delle cure, dei medici? Oppure no?
2. Com'è la vostra assicurazione di studenti? Costa molto? Vi protegge bene?
3. In ogni società ci sono persone che non hanno un lavoro, sono povere o anziane *(elderly)*. Che protezione hanno nel vostro paese le persone del genere quando si ammalano?
4. In molti paesi esistono forme di «medicina di stato». Che tipo di organizzazione ci sarà? Come si pagheranno le spese?

I commensali sono a tavola; è un pranzo all'italiana negli Stati Uniti. Anna e Luca hanno invitato degli amici italiani venuti per un congresso che ha luogo presso la loro università.

ANNA: Così, dopo venticinque anni, ho fatto l'esperienza dell'ospedale americano. Un grand'albergo. Camere a due letti, un armamentario° di bottoni per cambiare la
5   posizione del letto e chiamare l'infermiera, menù calibrato per te in cui scegliere, medici che ti spiegano per filo e per segno° che cosa intendono fare e che cosa hanno trovato. Il personale ti rende la vita facile° per quanto possibile; pensa che la sera mi facevano perfino il massaggio rilassante sulla schiena!

array

per... : in detail

rende... : makes life easy

PIETRO: Ne parli come se fossi stata in crociera° invece che all'ospedale. Ma, dimmi, chi
10   paga?

cruise

LUCA: La nostra assicurazione per l'ottanta per cento. A proposito, come funzionano le cose in Italia?

LUCIA: Al principio degli anni Ottanta è passata la legge sul Servizio Sanitario Nazionale. Tutti i cittadini e alcuni residenti sono assicurati per tutti i servizi necessari alla
15   salute, purché li richiedano attraverso le ASL.

ANNA: Le ASL?

LUCIA: Sì, le Aziende Sanitarie Locali che amministrano la salute pubblica. Sono divise per territorio e i residenti vi sono iscritti.

LUCA: E se t'ammali, che fai?

20 **PIETRO:** Incominciamo dal principio. Nell'elenco ASL del territorio in cui abiti ti scegli un medico di famiglia e, se hai figli piccoli, un pediatra. Quando stai male, telefoni al tuo medico, vai al suo studio°, se puoi, o viene lui in visita domiciliare°. Inizialmente è lui che stabilisce di che cosa hai bisogno.

*office / **visita... :** house call*

ANNA: E non lo paghi?

25 **LUCIA:** No, le visite sono gratuite.

ANNA: E le medicine?

LUCIA: Anche le medicine te le danno gratis con la ricetta medica, purché siano comprese nell'elenco dei farmaci approvati dall'ASL. Altrimenti devi pagare «il ticket», cioè una percentuale del costo.

30 **ANNA:** E se hai bisogno di esami di laboratorio o radiologici?

PIETRO: Devi avere l'autorizzazione della ASL, e in certi casi è a tuo carico una parte del costo. Ma la degenza° in ospedale è gratuita.

stay

LUCA: Puoi andare all'ospedale gratis?

PIETRO: Sì, l'ospedale pubblico. Naturalmente se il tuo medico ASL prescrive il ricovero°
35   in ospedale e tu richiedi trattamenti speciali, li devi pagare.

admission

ANNA: Per esempio?

PIETRO: Per esempio se vuoi il trattamento che definiscono «alberghiero», tipo camera singola e altri privilegi extra.

ANNA: Mi sembra giusto. Ma senti, e se il medico della ASL non ti piace e vuoi
40   consultarne uno privato?

LUCIA: Padronissima°. Puoi anche usare una clinica privata. Basta che paghi.

free to decide

ANNA: Quanto?

LUCIA: Tanto! Non te lo consiglio.

ANNA: Ho capito. Ma, se come è successo a me, devi andare d'urgenza al pronto
45 soccorso?

LUCIA: Non c'è problema. Ci vai e ti curano.

LUCA: E i soldi per pagare i medici e i servizi degli enti pubblici° da dove vengono?

PIETRO: Dalle imposte sul reddito° e le altre tasse che paghiamo tutti.

ANNA: Insomma, il sistema funziona?

50 LUCIA: In generale sì. Meglio nelle città piccole che nelle grandi, al nord che al sud, in
alcune regioni che in altre.

enti... : *public authorities /*
imposte... : *income taxes*

■ Comprensione

1. Dove ha luogo la conversazione sul servizio sanitario italiano?
2. Qual è stata l'esperienza di Anna all'ospedale americano?
3. Chi pagherà le spese di Anna e in che misura?
4. Chi è assicurato in Italia?
5. Che cosa sono le ASL?
6. Cosa deve fare prima di tutto l'Italiano che si ammala?
7. Si pagano in Italia il medico e le medicine?
8. Quanto costa una visita da un medico privato in Italia?
9. Come viene pagato il servizio sanitario italiano?
10. Secondo Pietro e Lucia il sistema italiano funziona?

■ Studio di parole

sympathy

compassione *(f)*
sympathy

Non ho nessuna compassione per i deboli.
I have no sympathy for the weak.

condoglianze *(f, pl)*
sympathy, condolences

Quando è morto il nonno, ho scritto una lettera di condoglianze alla nonna.
When Grandpa died, I wrote a letter of sympathy to Grandma.

simpatia (the opposite is **antipatia**)
liking, attraction

Ho una grande simpatia per quell'attore.
I have a great liking for that actor.

sympathetic

compassionevole or **comprensivo**
sympathetic, understanding

Chi non ha bisogno di una persona
compassionevole nei momenti di sconforto?
*Who doesn't need a sympathetic person in
periods of distress?*

simpatico (the opposite is **antipatico**)
likeable, congenial, nice

Una persona bella non è sempre simpatica.
A good-looking person isn't always congenial.

*essere simpatico (antipatico) a qualcuno

means the same as **piacere (non piacere) a qualcuno.**

Mario mi era molto simpatico.
I liked Mario a lot.

to make + adjective

When the verb *to make* is followed by an adjective *(You make me happy when skies are grey)*, the verb **rendere** (*pp* **reso;** *pr* **resi**) is usually preferred to **fare.** The adjective follows the verb directly.

Il tuo amore mi rende felice.
Your love makes me happy.

Rendevi felici i bambini quando giocavi con loro.
You made the children happy when you played with them.

Il personale ospedaliero rende la vita facile ai pazienti.
The hospital staff makes life easy for patients.

■ Pratica

a. *Scegliere la parola o le parole che completano meglio la frase.*

1. Quel ragazzo ha un così bel carattere; per questo è _____ a tutti.
2. Dobbiamo insegnare ai bambini a provare _____ per i poveri, i vecchi e i malati.
3. Ci sono persone che Lei non può sopportare, persone che Lei trova veramente _____?
4. Vi prego di accettare le mie più sentite _____ in occasione della tragica perdita.
5. Gli ho raccontato tutte le mie sventure e lui mi è stato a sentire, ma non mi è sembrato molto _____.
6. Quando vivevo a Chicago, il vento mi _____ nervosa.
7. Non possiamo ancora parlare di amore tra i due, solo di una grande _____.

b. *Inserire la parola o le parole che completano meglio il brano.*

La signora Beltrami è una persona meravigliosa. Non solo è una persona _____ ma è anche estremamente _____. È sempre pronta ad aiutare chiunque ne abbia bisogno ed è sempre piena di _____ per i poveri e i bisognosi. Se hai delle difficoltà e gliene parli, lei ti ascolta con animo _____; il solo parlarne con lei ti _____ più sereno. Che bello sarebbe se fossero tutti come la signora Beltrami, invece al mondo ci sono tante persone _____!

c. *Domande per Lei.*

1. Se Lei si ammala, che cosa deve fare per ottenere le cure necessarie? Chi paga le spese?
2. Lei è mai stato/a ricoverato/a in ospedale? O forse è capitato a qualcuno dei Suoi parenti o amici? Racconti l'esperienza.
3. Lei ha un medico di famiglia? È assicurato/a contro le malattie? È contento/a della Sua assicurazione? Sì, no, perché?
4. Secondo Lei, i medici in generale, rassicurano i loro pazienti, li rendono tranquilli?
5. Le è mai capitato, in quanto paziente, di trattare con un medico particolarmente simpatico/antipatico, comprensivo/indifferente? Racconti.
6. Che cosa pensa del servizio sanitario italiano?
7. Come fa nel Suo paese una persona non assicurata che abbia bisogno di cure mediche o di ricovero in ospedale?

Filippo Brunelleschi, Loggia dello Spedale degli Innocenti, Firenze. Costruito nel XV secolo per accogliere i bambini abbandonati, ora è un museo.

 Temi per componimento o discussione

1. In vari paesi del mondo esiste la «medicina di stato», cioè un servizio sanitario esteso a tutti i cittadini e pagato essenzialmente con i soldi delle tasse. Le piacerebbe un sistema analogo nel Suo paese? Perché sì, perché no?
2. Se la medicina di stato venisse adottata nel Suo paese, prevede conseguenze positive o negative? Quali? Perché?
3. La clinica privata italiana è un luogo molto confortevole, ma anche molto costoso. Esistono strutture simili nel Suo paese? Come funzionano?
4. È capitato a Lei o a un Suo conoscente di dover stare in ospedale? È stata un'esperienza positiva? Quale è stata la qualità delle cure, del cibo e dei servizi per i pazienti?

RICERCA WEB

1. L'ospedale non è sempre stato il luogo destinato al ricovero e alla cura dei malati. Inizialmente era un'istituzione che forniva «ospitalità» e aiuto ai pellegrini, ai poveri, ai bambini abbandonati oltre che, naturalmente, ai malati.
   a. L'ospedale antico e la sua storia.
   b. Lo «Spedale» degli Innocenti a Firenze.
   c. L'Ospedale di Santa Maria della Scala a Siena.
   d. L'Ospedale di San Giovanni di Gerusalemme (Monaci Ospitalieri/Cavalieri di Malta).
2. Cercate informazioni sui club e gruppi sportivi in Italia. Per esempio:
   a. Touring Club Italiano
   b. CAI, Club Alpino Italiano
   c. FIAB, Federazione Italiana Amici della Bicicletta
3. Il baseball ha successo in Italia. Cercate informazioni sulle squadre di Bologna e di Grosseto.
   a. la Fortitudo Italeri di Bologna
   b. la Prink di Grosseto

PER COMUNICARE

Salutare e accomiatarsi *(to take one's leave)*. In ogni società ci sono dei modi di comportarsi e delle convenzioni sociali che si riflettono nell'uso della lingua. In Italia non esiste l'equivalente di *Hi! How are you (today)?* come forma di saluto. «Come sta/stai?» è una vera e propria domanda che si aspetta una risposta, se non sincera almeno formale. Ai compagni di scuola o ai colleghi d'ufficio basta dire «Buongiorno» o «Ciao». È gentile salutare con «Come sta/stai?» i conoscenti o gli amici che non si vedono tutti i giorni, o i compagni e i colleghi che sono stati assenti o malati. Nei negozi, negli uffici, in banca si dimostra attenzione ai clienti con formule tipo «Prego?» o «Mi dica». È da notare inoltre che, normalmente, nel rispondere a dimostrazioni di interesse, gli Italiani evitano forme di eccessivo entusiasmo quando si tratta di dare informazioni su se stessi o sullo stato della propria salute.

Mostrare interesse

Come sta la famiglia/stanno i tuoi?	*How is your family?*
La signora sta bene?	*How is your wife?*
Come sta Suo marito?	*How is your husband?*
Come va la vita?	} *How are things?*
Come vanno le cose?	
Cosa c'è di nuovo?	*What's new?*
Che cosa fai di bello adesso?	*What are you up to now?*
Cosa mi racconti?	*What's up?*

Rispondere a dimostrazioni d'interesse

Non c'è male.	*It's going O.K.*
Non mi posso lamentare.	*I can't complain.*
Si tira avanti.	*It's going!*
(Va) Così, così.	*So-so.*
(Va) Abbastanza bene.	*I am doing O.K.*
Non potrebbe andare meglio.	*It couldn't be any better.*

Dimostrare sorpresa nel vedere qualcuno

Che sorpresa!	*What a surprise!*
Ma guarda chi si vede!	*Look who's here!*
Dopo tanto tempo che non ci vedevamo!	*It's been a long time since I saw you!*
Che piacere rivederti/rivederLa!	*What a pleasure to see you again!*

Accomiatarsi

Ci vediamo dopo.	} *See you later.*
A più tardi.	
A presto. Ciao!	*See you soon.*
Chiamami tu.	*Call me.*
Ti chiamo io.	*I'll call you.*
Fatti sentire.	*Let me hear from you.*

Allora ci sentiamo.	We'll talk (next week).
Le telefono la prossima settimana.	
Tante belle cose.	Take care.
Salutami tutti a casa.	Say hello to your family.
Saluti alla famiglia.	
Mi saluti la signora.	My regards to your wife.
Tanti saluti a Suo marito.	My regards to your husband
Fammi sapere com'è andata.	Let me know how it turned out.

■ Che cosa dice?

1. Lei incontra le seguenti persone e le saluta:
   a. un Suo ex collega d'ufficio che ha cambiato lavoro
   b. la Sua vicina di casa che ha il marito malato
   c. Cristina Mattarella, una Sua vecchia compagna di scuola, che da sei anni insegna italiano in Australia
   d. il Suo professore di diritto *(law)* di cui Lei conosce anche la moglie
   e. un'amica di Sua madre che Lei non vede da tanto tempo

2. Lei si accomiata dalle seguenti persone:
   a. il professore di radiologia che Le ha dato degli articoli da leggere e vuole riparlarne con Lei
   b. degli amici con cui ha in programma di fare una gita il prossimo fine settimana
   c. una vecchia signora amica di famiglia che ha tanti figli e nipoti
   d. Sua cugina che non Le telefona mai
   e. il Suo amico Antonio che si sta separando dalla moglie

■ Situazioni

1. Lei ha trent'anni, è sposato/a e ha un bambino. In una libreria del centro, dopo tanti anni, rivede con grande piacere la Sua professoressa di lettere della scuola media a cui era molto affezionato/a. Come si svolge la conversazione?
2. Sabato scorso, a una festa, la Sua amica Simona le ha detto che il lunedì successivo sarebbe andata dal professor Bizzarri a chiedergli la tesi. È passata una settimana e Lei incontra Simona allo snack-bar dell'università.
3. Gabriele Settepassi, un tale *(person)* con cui Lei andava in montagna anni fa, ha una casa all'Elba e ha appena comprato una grossa barca a vela. Lei incontra per caso Gabriele all'ufficio postale. Vi scambiate notizie, Gabriele La invita a fare una gita in barca, Lei promette di telefonargli per fare programmi più precisi.
4. Lei deve risolvere una difficoltà legale e si reca dall'avvocato di famiglia che La conosce da quando era bambino/a. L'avvocato La riceve molto cordialmente e Le chiede notizie di tutta la famiglia.
5. Lei è insegnante. Il Suo allievo Massimo Conti, dopo una lunga assenza, torna a scuola con il braccio sinistro ingessato. Cosa dice Lei? Cosa dicono gli studenti? Cosa risponde Massimo?

...appertutto!

Monumenti ed edifici. I turisti hanno appena visitato l'antica chiesa romana di Santa Maria in Cosmedin. Alcuni protestano perché si riprende il percorso turistico, e non è stato concesso loro il tempo di mettere una mano nella Bocca della Verità. Si tratta di un disco di pietra con scolpita una maschera con la bocca aperta. Secondo la credenza popolare, la bocca si chiudeva a imprigionare la mano degli impostori.

GUIDA: Abbiate pazienza! Non si può fare tutto! Da qui, in pochi minuti si raggiunge il Circo Massimo, poi visiteremo il Colosseo. Questa parte del programma è dedicata ai luoghi delle manifestazioni ludiche° dei Romani. *of the games*

Il Circo Massimo è tra i monumenti più antichi, lo si fa risalire° ai leggendari re Tarquini, e si sa per certo che alcune parti sono state costruite intorno al II secolo avanti Cristo. Il circo era dedicato al divertimento del popolo. Lungo 600 m. e largo 140 m., poteva contenere 250.000 persone. La corsa delle bighe° era, insieme alla lotta dei gladiatori, lo spettacolo più amato dalla plebe°. *dates back* *chariots* *populace*

Il Colosseo è stato iniziato nel 72 dopo Cristo dall'Imperatore Vespasiano e terminato otto anni dopo dall'Imperatore Tito. Il nome esatto del monumento è Anfiteatro Flavio, in onore della famiglia Flavia alla quale appartenevano gli imperatori che l'hanno fatto erigere. Quanto al nome Colosseo, sembra che derivi da una statua colossale di Nerone che si trovava lì vicino. Nel Colosseo avevano luogo i «ludi circensi», cioè i giochi del circo: lotte tra gladiatori e tra gladiatori e fiere°. Si sa che era concesso a tutti l'ingresso gratuito, infatti i governanti dicevano che era bene distribuire gratis ai cittadini «pane e giochi». Ai giochi si andava di mattina e ci si restava per molte ore. Perché gli spettatori fossero protetti dal sole e dalla pioggia, un «velario», cioè una sorta di grande tenda, si stendeva a cupola sopra l'anfiteatro; del velario era incaricato un nucleo speciale di marinai° della flotta° di Capo Miseno. L'anfiteatro poteva contenere fino a 50.000 spettatori e, come sempre succede, i ricchi si dividevano i posti migliori. *wild animals* *sailors* *fleet*

Foro Romano: le tre colonne del Tempio dei Dioscuri e il Tempio di Antonino e Faustina, II secolo d.C. (dopo Cristo).

Camminare lungo le strade di Roma significa scoprire tracce di secoli di storia. Sono medievali le torri che appaiono all'improvviso tra le vecchie case, furono fatte costruire dalle ricche famiglie locali a scopi difensivi. Nel Medioevo i grandiosi edifici di epoca romana, ormai in rovina, incominciarono ad essere usati come materiale da costruzione o rinnovati per altri scopi. La pratica è continuata nei secoli successivi. I marmi del Colosseo, danneggiati da una serie di terremoti, servirono a costruire edifici del Seicento fra i quali è famoso Palazzo Barberini, esempio di architettura barocca. Sui resti del teatro di Marcello, inaugurato (opened) dall'imperatore Augusto, la famiglia Fabi, nel 1300, fece costruire un castello, e i Savelli, nel 1500, aggiunsero i due piani (storeys) del palazzo che si vede ora.

Molte chiese romane erano originariamente templi pagani che i papi dedicarono ai santi e ai martiri. È famoso il Pantheon, il tempio di tutti gli dei e ora della Madonna, che fortunatamente mantiene la sua struttura originaria. Mancano però le parti di bronzo del portico che Papa Urbano VIII (Maffeo Barberini) fece fondere (melt) per edificare il «baldacchino» (canopy) dell'altare di San Pietro. Le guide di Roma non mancano di riferire (to report) l'opinione dei Romani in proposito: «Quel che non fecero i barbari, fecero i Barberini».

Sono frequenti i monumenti costruiti su vari strati (layers). È celebre la chiesa di San Clemente che presenta nei suoi livelli la continuità storica di Roma. Al livello più basso si conservano edifici pubblici e privati del I e II secolo tra i quali un «mitreo», santuario di epoca romana dedicato al dio orientale Mitra. Il mitreo fu poi trasformato in un luogo di culto (worship) in onore di San Clemente. Al secondo livello fu eretta (built), nel IV secolo, una grande basilica paleocristiana. Al terzo livello si trova l'attuale basilica, costruita nel 1121, che mantiene la struttura originaria nonostante i cambiamenti operati nel Settecento.

Roma offre infiniti monumenti e opere d'arte che, secondo una guida del Touring Club Italiano presentano «trenta secoli di storia su sette colli» (hills). Catacombe e cortili (courtyards), fontane e obelischi, ponti e torri sono tesori da scoprire.

■ Vocabolario utile

l'abbazia abbey
l'anfiteatro (romano) (Roman) amphitheater
l'arena arena
la basilica basilica
la cattedrale / il duomo cathedral
la cupola dome
l'ingresso entrance, admission
la lotta fight, struggle

il materiale da costruzione building material
il monastero/la certosa monastery
il percorso route
la rovina ruin
la sinagoga synagogue
il tempio temple
il terremoto earthquake
il tragitto route, way

*andare in rovina to decay
concedere to grant, to allow
costruire to build
demolire to demolish
distruggere (pp distrutto; pr distrussi) to destroy

erigere (pp eretto, pr eressi) to build, to erect
iniziare to start, to begin
*risalire to date back/to date from
stendere to spread

■ Esercizi

a. *Rispondere alle domande seguenti.*

1. Che cos'è la Bocca della Verità?
2. Quando si hanno notizie precise del Circo Massimo?
3. Quali spettacoli avevano luogo nel Circo Massimo?
4. Quando fu costruito il Colosseo?
5. Da chi fu fatto costruire?
6. Durante i giochi pubblici, in che periodo della giornata si andava agli spettacoli? Ci si restava a lungo?
7. In che modo gli spettatori erano protetti dal sole e dalla pioggia?
8. Si spendeva molto per comprare il biglietto d'ingresso?
9. Che cosa hanno fatto costruire i Fabi sopra il Teatro di Marcello?
10. A chi era dedicato il Pantheon? A chi è dedicato ora?
11. Su quanti livelli è stata costruita la chiesa di San Clemente?
12. Cosa c'è da vedere a Roma?

b. *Inserire le parole che meglio completano le frasi.*

1. Cesare è in crisi esistenziale e ha deciso di passare una settimana di meditazione in un _____ benedettino.
2. La terza tappa *(leg)* del Giro d'Italia ha attraversato paesi di montagna. È stato un _____ lungo e faticoso.
3. La moderna sinagoga romana fu _____ vicino al Tevere nel 1904.
4. Il Colosseo era un _____ riservato agli spettacoli pubblici.
5. In Italia l'_____ ai musei è spesso gratuito per le persone anziane.
6. Molti monumenti antichi sono andati _____.
7. Nel Medioevo la gente ha incominciato a prendere dagli edifici romani il _____.
8. Il Colosseo è stato parzialmente distrutto da una serie di _____.
9. Su un _____ romano la famiglia Fabi fece costruire un castello.

■ A voi la parola

a. I monumenti come storia di un paese. *In ogni parte del mondo si trovano «segni» della vita dei loro abitanti. Dalle pitture murali ai moderni grattacieli gli abitanti hanno lasciato documenti della loro storia. In piccoli gruppi rispondete alle domande che seguono e paragonate le vostre conclusioni con quelle degli altri gruppi.*

1. Avete visitato luoghi che conservano tracce di civiltà antiche? Se sì, dove? Se no, ci sono dei luoghi particolari dove vi piacerebbe andare? Quali? Perché?
2. Quando visitate per la prima volta una zona o una città, cosa vi piace vedere? Zone archeologiche, monumenti, musei, chiese, giardini? Vi attrae di più scoprire come la gente vive oggi o come viveva nel passato?
3. Sapete come viveva la gente del vostro paese nei secoli passati?
4. Nella zona dove abitate voi ci sono monumenti storici o edifici che hanno una funzione differente da quando sono state costruiti? Per esempio: una stazione diventata un caffè, una scuola ristrutturata in condominio, una fabbrica dove ora sono uffici?
5. Supponete di essere una guida turistica nella zona dove abitate. Secondo voi, quali luoghi o edifici dovete assolutamente mostrare ai visitatori?

GALLERIA NAZIONALE D'ARTE ANTICA

PALAZZO BARBERINI

Via Barberini 18
Tel. 06 4814591
Apertura 9–14
Biglietti: Intero euro 6,20.
Ridotto euro 4,64

Alla costruzione del palazzo Barberini contribuirono i due maggiori architetti del 600: Bernini e Borromini. Dal 1949 il palazzo è diventato un museo. Tra le opere famose vi si ammira «La Fornarina» di Raffaello. Tra gli altri artisti presenti nella raccolta: Andrea del Sarto, Filippino Lippi, Lorenzo Lotto, Perugino e Tintoretto.

IL TEMPIETTO DEL BRAMANTE

Si trova nel cortiletto della chiesa di San Pietro in Montorio, Piazzale del Gianicolo. Accesso attraverso la chiesa quando aperta. È opportuno indossare pantaloni lunghi e avere le spalle coperte.

Il Tempietto del Bramante (1502) è un edificio a pianta centrale, con sedici colonne doriche, e una cupola. Nel Tempietto Bramante espresse per la prima volta il concetto di spazio del Rinascimento.

b. *Leggete le informazioni che la guida turistica dà di due diversi monumenti da visitare a Roma, poi discutete con i compagni le domande che seguono.*

1. Vi interessano questi due edifici romani? Perché sì, perché no? Li conoscevate? Vorreste vederli tutti e due o avete preferenze?

2. Conoscete o avete visitato altri palazzi romani che ora sono un museo? Ci sono chiese o cappelle che vi interessano e vorreste vedere o studiare? Parlatene con i compagni e spiegate le ragioni del vostro interesse.

3. C'è un'opera d'arte che vi ha particolarmente colpiti? Di che cosa si tratta? Parlatene con i vostri compagni.

4. Conoscete opere di pittori italiani? Quali? Parlatene con i compagni.

5. Conoscete opere di scultori italiani? Quali? Parlatene con i compagni.

6. Vi è mai capitato di vedere un documentario o un programma televisivo dedicato all'arte italiana? Quali sono state le vostre reazioni?"

I. Forma passiva

A. Like English verbs, Italian verbs have an active and passive voice. A verb is in the active voice when the subject of the verb performs the action of the verb. A verb is in the passive voice when the subject of the verb is acted upon. In the passive voice, the person or thing that performs the action on the subject is called the *agent.*

ACTIVE	Il gatto	mangia	il topo.
	(subject)	*(active verb)*	*(object)*
PASSIVE	Il topo	è mangiato	dal gatto.
	(subject)	*(passive verb)*	*(agent)*

Note that when an active sentence is changed to a passive sentence, the object becomes the subject and the subject, if expressed, becomes the agent.

B. The passive can be used in all tenses and all moods and is formed with the desired tense of **essere** + *past participle.* The agent, if expressed, is preceded by **da.** Compare the conjugation of the verb **lodare** *(to praise).*

INDICATIVO	
Presente	**Passato prossimo**
sono lodato/a	sono stato/a lodato/a
sei lodato/a	sei stato/a lodato/a
è lodato/a	è stato/a lodato/a
siamo lodati/e	siamo stati/e lodati/e
siete lodati/e	siete stati/e lodati/e
sono lodati/e	sono stati/e lodati/e
Imperfetto	**Trapassato prossimo**
ero lodato/a	ero stato/a lodato/a
Passato remoto	**Trapassato remoto**
fui lodato/a	fui stato/a lodato/a
Futuro semplice	**Futuro anteriore**
sarò lodato/a	sarò stato/a lodato/a

CONGIUNTIVO	
Presente	**Passato**
che io sia lodato/a	che io sia stato/a lodato/a
Imperfetto	**Trapassato**
che io fossi lodato/a	che io fossi stato/a lodato/a

CONDIZIONALE	
Presente	**Passato**
sarei lodato/a	sarei stato/a lodato/a

IMPERATIVO
sii lodato/a

INFINITO	
Presente	**Passato**
essere lodato/a/i/e	essere stato/a/i/e lodato/a/i/e

GERUNDIO	
Presente	**Passato**
essendo lodato/a/i/e	essendo stato/a/i/e lodato/a/i/e

La virtù **è lodata** da tutti.
Virtue is praised by everyone.

Il campanile **è stato colpito** dal fulmine.
The bell tower was struck by lightning.

Quando **saremo ricevuti** da voi?
When will we be received by you?

Le operaie vogliono **essere pagate** subito.
The workers want to be paid right away.

I cantanti **furono applauditi** a lungo.
The singers were applauded a long time.

Non credevo che la tesi **sarebbe stata discussa** così presto.
I didn't think the thesis would be discussed so early.

Pretendevano che il lavoro **fosse finito** in un'ora.
They expected the work to be completed in an hour.

—Non per sfiducia, ma preferiremmo essere pagati in anticipo...

1. Note that *all* past participles agree with the subject in gender and number (which is always the case when the auxiliary verb is **essere**).

2. Remember that in both passive and active voices, the **imperfetto** is used with verbs of description and feelings, or to indicate a habitual action; the **passato prossimo** (or **remoto**) is used to express specific actions.

Gino **era amato** da tutti.
Gino was loved by everyone.

Gino **era invitato** dai nonni ogni estate.
Gino was invited by his grandparents every summer.

Gino **è stato invitato** dai miei per il week-end.
Gino was invited by my family for the weekend.

■ Esercizi

a. *Rispondere alle domande usando la forma passiva. Seguire l'esempio.*

ESEMPIO —Firma lui le lettere?
—Certo! Tutte le lettere sono firmate da lui.

1. Scrive lui i discorsi?
2. Aprono loro le valige?
3. Controlla lei i passaporti?
4. Annunciano loro i voli?
5. Fa lei i dolci?
6. Prendono loro la frutta?
7. Informa lui i parenti?
8. Chiude lui le finestre?

b. **Il preside dell'Istituto Alessandro Volta è oppresso dagli impegni di lavoro.** *Seguire l'esempio mettendo ogni frase al futuro e utilizzando le seguenti espressioni temporali:* **domani, giovedì, la settimana prossima, in primavera, il mese prossimo, durante le vacanze.**

ESEMPIO Pagare la bolletta della luce
La bolletta della luce sarà pagata lunedì.

1. intervistare il nuovo professore di matematica e fisica
2. informare i genitori di Renzo Macchi della sospensione
3. firmare le pagelle del primo semestre
4. acquistare altri quattro microscopi
5. far pulire le finestre
6. convocare il consiglio dei professori
7. far aggiustare il tetto della scuola
8. proibire l'ingresso a motorini e biciclette
9. scrivere gli inviti per la festa della scuola
10. organizzare l'Operazione Riciclaggio

c. È vero che... *Rispondere affermativamente usando la forma passiva. Proseguire a catena: lo studente che risponde formula la domanda successiva.*

ESEMPIO È vero che hanno usato i marmi del Colosseo per costruire altri momumenti?
Sì, i marmi del Colosseo sono stati usati per costruire altri monumenti.

1. È vero che Raffaello ha dipinto questo quadro?
2. È vero che le sorelle Fendi hanno disegnato queste pellicce?
3. È vero che Caino ha ucciso Abele?

4. È vero che Romolo e Remo hanno fondato Roma?
5. È vero che Shakespeare ha scritto l'*Otello*?
6. È vero che un Italiano ha inventato la radio?
7. È vero che uno straniero ha vinto la corsa?
8. È vero che Marco Polo ha introdotto gli spaghetti in Italia?

d. *Cambiare dalla forma attiva alla forma passiva quando possibile.*

ESEMPIO I Rossi hanno comprato una villa al mare.
Una villa al mare è stata comprata dai Rossi.

1. Visitate le Alpi. La bellezza del paesaggio vi colpirà.
2. Hanno rubato una celebre Madonna con Bambino. Una guardia notturna ha riconosciuto i ladri e ha fatto regolare denuncia alla polizia.
3. Non sapevo che avrebbero trasferito il signor Saletti. Mi dispiace moltissimo. I figli gli avevano appena comprato un bell'appartamentino e il pover'uomo sembrava finalmente tranquillo.
4. Niente eredità per noi. Nel 1999 il nonno perse tutto il patrimonio della famiglia.
5. Credevi che Moravia avesse scritto *Il Pendolo di Foucault*? —Ma no, l'ha scritto Umberto Eco.
6. Pensi che abbiano fatto le congratulazioni al presidente eletto? —Sì, ma temo che abbiano mandato i telegrammi all'indirizzo sbagliato.

e. *Cambiare dalla forma passiva alla forma attiva.*

ESEMPIO Molti monumenti antichi sono stati scoperti dagli archeologi.
Gli archeologi hanno scoperto molti monumenti antichi.

1. Gli scaffali della biblioteca erano occupati da migliaia di libri.
2. La festa di San Guido sarà celebrata da tutto il paese.
3. L'attore è stato riconosciuto da molte persone.
4. Da chi è stata dipinta questa Madonna?
5. Come mai il tenore non fu applaudito dal pubblico?
6. Le sue parole potevano essere ascoltate da molti.
7. Credo che il ministro sia stato ricevuto dalle autorità.
8. Le ultime rose potrebbero essere bruciate dal gelo.

f. **Ieri c'è stato un grave incidente...** *Descrivere un incidente utilizzando i vocaboli elencati e usando molti verbi al passivo.*

1. una macchina sportiva / un grande camion / la nebbia
2. scontrarsi / demolire
3. chiamare / un'ambulanza / i feriti / trasportare all'ospedale
4. la polizia / interrogare / il conducente del camion
5. togliere la patente / arrestare / processare / condannare a sette mesi di reclusione
6. la compagnia d'assicurazioni / informare

g. **Conversazione.**

1. È mai stato/a derubato/a? bocciato/a? premiato/a? insultato/a? picchiato/a? ingannato/a (*cheated*)? (Quando la risposta è affermativa, dare particolari.)
2. Lei sa da chi è stato diretto il film *8 1/2*? da chi è stata scritta la *Divina Commedia*? da chi è stata scoperta la penicillina? da chi è stata fondata la Fiat? da chi è stato scritto il romanzo *I promessi sposi*?

Osservazioni supplementari sulla forma passiva

A. Verbs other than **essere** can be used with past participles to express the passive voice in Italian. The past participles agree with the subject in gender and number.

1. **venire** (in simple tenses only)

   Le leggi **vengono** (sono) **discusse** in parlamento.
   Laws are discussed in parliament.

   Io **verrei** (sarei) **licenziato** subito **se** dicessi questo!
   I would be fired immediately if I said this!

2. **andare** (in all tenses) with verbs that indicate the loss of something: **perdere, distruggere, sprecare,** and **smarrire**

   Molto cibo **va** (è) **sprecato** nei ristoranti.
   A lot of food is wasted in restaurants.

   Alcuni documenti importanti **erano andati** (erano stati) **distrutti** nell'incendio.
   Some important documents were destroyed in the fire.

3. **andare** + *past participle* (in simple tenses only) to express necessity or obligation. In this sense, it corresponds to **dover essere** + *past participle*.

   Il vino bianco **va servito** (deve essere servito) freddo.
   White wine must be served cold.

   Quell'esercizio **andava fatto** (doveva essere fatto) per oggi.
   That exercise was supposed to be done for today.

   Common expressions that illustrate this usage are:

va considerato	*it must be considered*	**va ricordato**	*it must be remembered*
va detto	*it must be said*	**va ripetuto**	*it must be repeated*
va notato	*it must be noticed*	**non va dimenticato**	*it mustn't be forgotten*

B. Only transitive verbs (those that take a direct object) can be made passive. In Italian, only the direct object of an active sentence can be made the subject of a passive sentence. The indirect object remains indirect in both the active and passive voices; it can *never* be the subject of a passive sentence. Compare:

ENGLISH	ITALIAN
The director gave Carlo a raise.	**Il direttore ha dato un aumento a Carlo.**
A raise was given to Carlo by the director.	**Un aumento è stato dato a Carlo dal direttore.**
Carlo was given a raise by the director.	(There is no Italian equivalent in the passive.)
The waitress will serve us coffee and tea.	**La cameriera ci servirà caffè e tè.**
Coffee and tea will be served to us by the waitress.	**Caffè e tè ci saranno serviti dalla cameriera.**
We will be served coffee and tea by the waitress.	(There is no Italian equivalent in the passive.)

To express sentences similar to the two labeled "having no Italian equivalent," an active construction must be used. If the agent is not known, an impersonal **loro** is the subject of the active verb.

Hanno dato un aumento a Carlo.
Carlo was given a raise. or *They gave Carlo a raise.*

Mi **chiederanno** di rimanere.
I'll be asked to stay.

Le **hanno promesso** un premio.
She was promised a prize.

Ci **serviranno** caffè e tè.
We'll be served coffee and tea.

Non **permettono** ai bambini di venire.
Children are not allowed to come.

Mi **dicono** che lo sciopero è inevitabile.
I'm told the strike is unavoidable.

■ Esercizio

Completare ogni frase inserendo la forma corretta di **andare** *o* **venire.**

1. Molte macchine straniere _____ comprate dagli Italiani.
2. Mi dispiace, signorina, ma questa lettera _____ rifatta.
3. Questi prodotti _____ conservati in un luogo fresco se non vuoi che vadano a male.
4. In quante università americane _____ insegnato l'italiano?
5. Ogni volta che rispondevano bene, gli studenti _____ lodati dal professore.
6. State attenti! Queste espressioni non _____ prese alla lettera!
7. Per essere apprezzata, la musica classica _____ ascoltata in silenzio.
8. L'anno scorso, Mario _____ spesso invitato a pranzo dagli amici.

II. *Si* passivante

The passive voice can also be expressed by **si**[1] + *active form* of the verb, particularly when the agent is not indicated. The verb is in the third-person singular or plural, depending on whether the subject is singular or plural. The subject usually follows the verb. In compound tenses **essere** is used (with the past participle agreeing in gender and number with the subject).

Non **si studia** abbastanza l'italiano.
Italian isn't studied enough.

Non **si studiano** abbastanza le lingue straniere.
Foreign languages aren't studied enough.

Si è scritto molto sull'energia solare.
A lot has been written on solar energy.

Si sono scritti molti libri e molti articoli.
Many books and many articles have been written.

■ Esercizi

a. *Cambiare le seguenti frasi usando il* **si** *passivante. Cominciare ciascuna frase con* **si.**

ESEMPIO   Quest'articolo è venduto nei migliori negozi.
      Si vende quest'articolo nei migliori negozi.

1. È richiesta la conoscenza di due lingue straniere.
2. Sono stati fatti molti errori.

---

[1] In want ads, advertisements, telegrams, and commercial messages, where brevity is essential, **si** is attached to the end of the verb: **Cercasi** (+ **si cerca**) **autista,** *Chauffeur wanted;* **Offronsi strumenti di misura,** *Measurement instruments for sale;* **Affittasi camera ammobiliata,** *Furnished room for rent.*

3. Alcune parole potrebbero essere tolte.
4. L'autostrada verrà inaugurata domenica prossima.
5. Tutte le partite saranno trasmesse in diretta (live).
6. I responsabili dovrebbero essere puniti.
7. Queste condizioni non possono essere accettate.
8. Una decisione è stata presa.

b. *Inserire i verbi che seguono secondo il senso e usare il* **si** *passivante:* **mangiare, poter fare, avere, scrivere e parlare, trovare, contaminare, ripetere, vedere, perdere.**

Una volta i frutti di mare _____ crudi *(raw)* con una goccia di limone, ma è una cosa che non _____ più, almeno finché non _____ dati rassicuranti sull'eliminazione dello scarico dei rifiuti nel mare. _____ _____ a lungo dei problemi ecologici, ma fino ad ora, come dice il presidente del Touring Club Italiano, non _____ una soluzione. Di giorno in giorno gli ambienti naturali _____ per colpa dell'incuria *(carelessness)* e della mancanza di responsabilità collettiva dei cittadini. Ogni inverno nelle città _____ l'allarme inquinamento, e _____ cittadini con la mascherina bianca che copre il naso e la bocca. Così le speranze di un ambiente pulito e sano _____ in un ipotetico futuro.

III. *Si* impersonale

A. **Si** + *third-person singular* of the verb corresponds to the English impersonal construction *one (you, we, they, people)* + *verb.*

Si mangia tardi.
One eats late.

Si partì senza una meta precisa.
We left without a precise destination.

Se **si potesse** fare quello che **si vuole!**
If only people could do what they want!

Though the verb is singular in this impersonal construction, adjectives or nouns referring to the subject have a plural ending.[1]

Quando si è **stanchi,** non si ragiona bene.
When one is tired, one doesn't reason well.

Quando si è **giornalisti,** si lavora anche di notte.
When you're a journalist, you also work at night.

B. In the **si impersonale** construction, compound tenses are always formed with **essere.** If the verb normally requires **avere** as its auxiliary, the past participle takes the masculine singular ending **-o.**

Si è ris**o** molto alla festa. (La gente **ha** riso...)
People laughed at lot at the party.

Si è dett**o** che si sarebbe lavorat**o** tutta la notte. (**Abbiamo** detto... **avremmo** lavorato...)
We said we'd work all night.

If, however, the verb normally requires **essere** as its auxiliary, the past participle takes a plural ending.

Si è nat**i** per soffrire. (Uno **è** nato...)
We were born to suffer.

Si è rimast**i** più a lungo di quanto si volesse. (**Siamo** rimasti...)
We stayed longer than we wanted to.

---

[1] The same rule applies to all impersonal constructions: if an adjective follows an impersonal verb or expression, the plural form is used: **Bisogna stare molto attenti quando si guida.** *You must be very careful when you drive.* **Non è bello essere gelosi.** *It's not nice to be jealous.*

C. When a reflexive verb is used in the impersonal construction, **ci si** replaces **si si** (that is, the impersonal **si** and the reflexive **si**).

Ci si alza presto d'estate.   **Ci si** è divertiti tanto ieri sera.
People get up early in the summer.   *We had such a good time last night.*

D. Object pronouns precede **si**. Only **ne** can follow, and then **si** becomes **se: se ne...**

Come si parla al nonno? **Gli si** parla con rispetto.
How does one talk to Grandpa? One talks to him with respect.

—Si può fare a meno dello zucchero?   —Sì, **se ne** può fare a meno.
  Can people do without sugar?   *Yes, people can do without it.*

E. Other ways of expressing the impersonal construction in Italian are to use **uno** + *third-person singular* of the verb; **la gente** + *third-person singular* of the verb; or the impersonal **noi, voi,** and **loro.**

Quando **uno viaggia, spende** molti soldi.   Che cosa **dirà la gente?**
When one travels, one spends a lot of money.   *What will people say?*

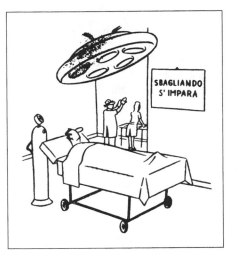

Ricapitolazione

A. Compare the four different Italian constructions using the pronoun **si:**

REFLEXIVE

Luigi **si** vestì.   **Si** credono molto intelligenti.
Louis got dressed.   *They think themselves very intelligent.*

RECIPROCAL

Si sono incontrati al bar.   Non **si** sono salutati.
They met one another at the café.   *They didn't greet one another.*

PASSIVE

Si richiede la laurea.   **Si** offrono ottime condizioni di lavoro.
A university degree is required.   *Excellent working conditions are offered.*

IMPERSONAL

Si dice che nevicherà.   In Italia **si** mangia bene.
They say it will snow.   *In Italy one eats well.*

B. Note the differences between the personal and impersonal constructions in the various cases.[1]

Anna è triste quando è sola.
Anna is sad when she is alone.

Uno è triste quando è solo.
One is sad when one is alone.

Si è tristi quando si è soli.
People (They) are sad when they are alone.

Giancarlo si è alzato presto e ha studiato.
Giancarlo got up early and studied.

Tutti si sono alzati presto e hanno studiato.
Everyone got up early and studied.

Ci si è alzati presto e si è studiato.
We got up early and studied.

■ Esercizi

a. *Mettere le frasi alla forma impersonale come nell'esempio.*

ESEMPIO   La domenica non paghiamo l'ingresso ai musei.
          La domenica non si paga l'ingresso ai musei.

1. Dobbiamo aver pazienza.
2. Abbiamo speso poco e siamo stati bene.
3. Non sappiamo dov'è nascosto.
4. Quando andiamo in montagna, ci divertiamo molto.
5. Se non ci sbrighiamo, arriveremo tardi.
6. Avevamo camminato molto ed eravamo stanchi.
7. Quando vediamo le finestre chiuse, pensiamo che la casa sia disabitata.
8. In questo paese viviamo come se fossimo in una grande città.
9. Non avevamo sentito nessun rumore.
10. Come possiamo finire il lavoro in quindici minuti?

b. Le marachelle (pranks). *Pierino fa sempre le cose sbagliate. Bisogna dirgli che certe cose non si fanno. Completare ogni frase seguendo l'esempio.*

ESEMPIO   Pierino ha dato un calcio al tavolo.
          Pierino, non si danno calci ai mobili!

1. Pierino ha fumato una sigaretta.
   Pierino, non _____ sigarette alla tua età!
2. Pierino ha bevuto un whisky.
   Pierino, non _____ liquori quandi si è piccoli!
3. Pierino ha dato del tu al dottore.
   Pierino, non _____ del tu al dottore!
4. Pierino ha detto che Orietta è stupida.
   Pierino, non _____ queste cose!
5. Pierino ha sbattuto (*slammed*) la porta.
   Pierino, non _____ le porte!
6. Pierino ha domandato l'età all'amica della mamma.
   Pierino, non _____ queste cose!

---

[1] Note that **si** is always expressed, whereas **uno** and other pronouns can be omitted once the subject is indicated.

c. Conversazione. *Rispondere ad ogni domanda indicando se le cose elencate sono possibili alla Sua università.*

1. Si può bere birra alla mensa?
2. Si può fumare in classe?
3. Si possono portare i pantaloncini corti?
4. Si possono fare entrare i cani in aula?
5. Si può camminare scalzi?
6. Si può circolare in bicicletta?

d. Una gita. *Cambiare i verbi in parentesi alla forma impersonale.*

PIERO: Come (facciamo) _____ ad andare a Fregene?
MARIO: (Possiamo) _____ andare in macchina, è la cosa più semplice, non (dobbiamo) _____ guidare tanto e (arriviamo) _____ in un'ora.
PIERO: Ottima idea, ma io non ho la macchina.
MARIO: Neanche io, ma se (invitiamo) _____ Gianni e Marcella (andiamo) _____ in compagnia, (ci divertiamo) _____ e loro hanno una bellissima Alfa Romeo azzurra.
PIERO: Magnifico! Anna dice che se (ci fermiamo) _____ in quel ristorantino dove (abbiamo mangiato) _____ l'estate scorsa, (staremo) _____ benissimo. Servono sempre dell'ottimo pesce fresco.
MARIO: Purché non sia troppo caro!
PIERO: Stai tranquillo! È un ristorantino modesto dove (mangeremo) _____ bene e (spenderemo) _____ poco.
MARIO: Che bella cosa gli amici!

IV. Preposizioni e congiunzioni

Some common English words may be used as both prepositions (with a noun or pronoun) and as conjunctions (to introduce a clause with its own subject and verb). In Italian, the equivalent words usually have slightly different forms; one for the preposition and one for the conjunction.

PREPOSITIONS	CONJUNCTIONS
(followed by a noun or pronoun)	*(followed by a clause)*

after

dopo
dopo di (+ *personal pronoun*)

dopo che (+ *indicative*)

Ci vedremo **dopo** il concerto.
We'll meet after the concert.

Non l'ho più vista **dopo che** si è sposata.
I didn't see her anymore after she got married.

Scusi, ma Lei è arrivata **dopo di** me.
Excuse me, but you came after me.

before

prima di

prima che (+ *subjunctive*)

Preparerò la tavola **prima di** mezzogiorno.
I'll set the table before noon.

Preparerò la tavola **prima che** arrivino gli invitati.
I'll set the table before the guests arrive.

because (of)

a causa di

perché (+ *indicative*)

Non sono uscita **a causa della** neve.
I didn't go out because of the snow.

Non sono uscita **perché** nevicava.
I didn't go out because it was snowing.

since (indicating time)

da

Siamo senz'acqua **da** domenica.
We've been without water since Sunday.

da quando (+ *indicative*)

Siamo senz'acqua **da quando** sei partito tu.
We've been without water since you left.

since (indicating cause)

dato che, poiché (+ *indicative*)
Non posso comprarlo **dato che** non ho soldi.
I can't buy it since I don't have any money.

until

fino a

Aspettate a uscire **fino al** mio ritorno.
Wait until my return before going out.

Aspettarono **fino alle** dieci.
They waited until ten o'clock.

finché (+ *indicative or subjunctive*)[1]

Aspettate a uscire **finché** io **non** torni.
Wait until I return before going out.

Aspettarono **finché non** tornò papà.
They waited until Daddy returned.

without

senza
senza di (+ *personal pronoun*)

Siamo rimasti **senza** soldi.
We remained without money.

Che cosa fareste **senza di** me?
What would you do without me?

senza che (+ *subjunctive*)

Partirono **senza che** io lo sapessi.
They left without my knowing it.

■ Esercizio

Tradurre.

1. Since you like Italian movies, why don't you go see *Roma*?
2. I was bored before your arrival. After you arrived, I had a very good time.
3. Roberto has been with us since September; he has been with us since his mother left for Italy.
4. —We'll wait until he comes back.
   —You don't know what you're saying. He usually doesn't come back until two or three in the morning!
5. They started eating without their daughter; she had gone out of the house without anyone seeing her.
6. I need to talk to you. Can you come to my office after your Italian class?
7. They stayed home because it was raining. Nobody should stay home because of the rain!
8. What would you do without me—without my help, without my advice?

V. Discorso diretto e indiretto

With the exception of plays and dialogue in short stories and novels, speech is seldom reported word by word, as spoken (*direct discourse*). Usually speech is reported indirectly, introduced by such verbs as **dire, affermare, dichiarare, esclamare, chiedere,** and **rispondere** (*indirect discourse*), followed by **che.**

---

[1] **Finché non** (the **non** is optional) requires the subjunctive only if it refers to a future time.

A. In converting from direct to indirect discourse, no change of tense occurs if the verb introducing the direct discourse is in the present or future.

DIRECT DISCOURSE	INDIRECT DISCOURSE
Fausto dice: «Anna è simpatica».	Fausto dice **che** Anna è simpatica.
Fausto says, "Anna is likeable."	*Fausto says that Anna is likeable.*

B. Many tenses and moods change in indirect discourse if the verb introducing the direct discourse is in the past (**passato prossimo, passato remoto, imperfetto,** or **trapassato**).

DIRECT DISCOURSE	INDIRECT DISCOURSE
Presente	**Imperfetto**
Carlo diceva sempre: «Io **so** nuotare molto bene».	Carlo diceva sempre che lui **sapeva** nuotare molto bene.
Charles always said, "I know how to (can) swim very well."	*Charles always said that he knew how to (could) swim very well.*
Passato prossimo / remoto	**Trapassato prossimo**
Carlo ha detto: «**Ho** sempre **amato** i miei genitori».	Carlo ha detto che **aveva** sempre **amato** i suoi genitori.
Charles said, "I've always loved my parents."	*Charles said that he had always loved his parents.*
Futuro	**Condizionale passato**
Carlo ha detto: «**Verrò** alle otto».	Carlo ha detto che **sarebbe venuto**[1] alle otto.
Charles said, "I'll come at eight."	*Charles said that he would come at eight.*
Imperativo	**Congiuntivo imperfetto** *or* **di** + **infinito**
Carlo mi ha detto: «**Fammi** un favore».	Carlo mi ha detto che gli **facessi** (**di fargli**) un favore.
Charles said to me, "Do me a favor."	*Charles told me to do him a favor.*
Congiuntivo presente	**Congiuntivo imperfetto**
Carlo disse: «**Penso** che lei **si sbagli**».	Carlo disse che pensava che lei **si sbagliasse**.
Charles said, "I think she's mistaken."	*Charles said that he thought she was mistaken.*
Congiuntivo passato	**Congiuntivo trapassato**
Carlo disse: «Temo che **abbiano avuto** un incidente».	Carlo disse che temeva che **avessero avuto** un incidente.
Charles said, "I'm afraid they've had an accident."	*Charles said that he was afraid they had had an accident.*

C. Other words also change when direct discourse is converted to indirect discourse.

1. First- and second-person pronouns and possessives become third-person pronouns and possessives.

   io, tu → lui   noi, voi → loro
   mio, tuo → suo   nostro, vostro → loro
   a me, a te → a lui   a noi, a voi → a loro

2. **Questo** becomes **quello.**

---

[1] For this special use of the **condizionale passato,** see pp. 169–170.

3. Expressions of time and place change as follows:

qui (qua) → lì (là)
ora → allora
oggi → in quel giorno   *that same day*
domani → il giorno dopo (l'indomani)   *the following day*
ieri → il giorno prima   *the day before*
la settimana scorsa → la settimana   *the previous week*
  precedente
la settimana prossima → la settimana   *the following week*
  seguente

Ha detto: «La lettera è arrivata **ieri**».   Ha detto che la lettera era arrivata **il giorno prima.**
He said, "The letter arrived yesterday."   *He said that the letter had arrived the day before.*

Ha confessato: «Non **mi** piace partire, ma partirò».   Ha confessato che non **gli** piaceva partire ma che sarebbe partito.
He confessed, "I don't like leaving, but I'll leave."   *He confessed that he didn't like leaving, but that he would leave.*

Ha annunciato: «Partirò **la settimana prossima** con tutta la **mia** famiglia».   Ha annunciato che sarebbe partito **la settimana seguente** con tutta la **sua** famiglia.
He announced, "I will leave next week with my entire family."   *He announced that he would leave the following week with his entire family.*

■ Esercizi

a. *Mettere le frasi al discorso indiretto, usando prima **di** + infinito, poi **che** + congiuntivo.*

ESEMPIO   Ha detto al tabaccaio: «Mi dia dieci francobolli di posta aerea!».
           Ha detto al tabaccaio di dargli dieci francobolli di posta aerea.
           Ha detto al tabaccaio che gli desse dieci francobolli di posta aerea.

1. Ha detto al cameriere: «Tenga il resto!»
2. Ha pregato la signora: «Mi dia degli spiccioli!»
3. Ha detto alla cassiera: «Mi cambi venti dollari!»
4. Ha detto all'autista: «Mi porti in via XX Settembre!»
5. Ha detto al gioielliere: «Mi ripari anche quest'orologio!»
6. Ha ripetuto alla signorina: «Venga a trovarmi!»

b. *Mettere le frasi al discorso indiretto usando i verbi fra parentesi.*

ESEMPIO   Non posso venire in questo momento. (disse)
           Disse che non poteva venire in quel momento.

1. Non sto bene. Ho frequenti mal di testa e ho perso l'appetito. (ha ammesso)
2. Questo quadro è mio! (dichiarò)
3. Devo essere a casa prima di mezzanotte. (diceva)
4. Stiamo guardando la televisione. (hanno risposto)
5. Mia sorella parla bene il francese. (Pierino dice)
6. Non abbiamo finito gli esercizi. (hanno confessato)
7. Trasloccheremo presto. (hanno annunciato)

c. **Le ultime parole famose.** *Scrivere delle frasi cominciando con* **Ha detto che...,** *facendo tutti i cambiamenti necessari.*

1. «Andrò a dormire presto ogni sera».
2. «Giuro, non lo farò mai più».
3. «Avremmo dovuto incontrarci qualche anno prima».
4. «Dobbiamo vederci qualche volta».
5. «La colpa è solo mia. Possiamo restare buoni amici».
6. «Questa è l'ultima sigaretta che fumo. Ho deciso di smettere di fumare».

d. *Mettere al discorso diretto.*

1. Il professore ha annunciato agli studenti che non avrebbe fatto lezione la settimana dopo. Ha spiegato che andava a una riunione di professori di lingua e che sarebbe stato via cinque giorni. Ha detto agli studenti di fare tutti gli esercizi e di finire il capitolo.

2. Attilio disse all'amico che era inutile correre: loro non avevano nessuna premura *(hurry)* e dovevano considerare quel viaggio come una gita. Cinque minuti dopo disse che sentiva odore di benzina e che sarebbe stato meglio fermarsi alla prima officina.

e. **Ricapitolando.** *Mettere le frasi al discorso indiretto.*

1. Giovanna dice: «Abito in una villa a Sabaudia. La mattina vado al mare, la sera esco con gli amici e spesso andiamo a prendere il gelato al bar della piazza».

2. Luciano racconta: «Il giovedì giocavo a minicalcio; due volte alla settimana io e mia sorella avevamo lezione di nuoto».

3. La signora disse: «Non ho saputo resistere. Ho speso un mucchio di soldi, ma sono contenta. Marina si sposerà la settimana prossima e non è il caso di risparmiare».

4. Alberto ha detto: «Sabina sta proprio bene, non l'ho mai vista così contenta. Lei e Andrea hanno lasciato il monolocale e vanno ad abitare nella casa di Via Manzoni».

5. Attilio disse: «Ci sono molti fili e non riesco a capire dove manca una vite; deve essere una vite poco importante perché vedo che la macchina va lo stesso».

6. La mamma diceva: «Guarda, c'è una piazzetta! Ci vorrebbero tante piazzette come questa, dove la gente può incontrarsi e parlare».

7. Deianira pensò: «So benissimo che Giovanni telefonerà alle undici, lui è puntuale e non ha niente di meglio da fare. Dovrebbe laurearsi, ma detesta studiare e si fa mantenere dai genitori».

8. Zia Ermelinda diceva: «Stai dritta, tieni bene le posate e studia il pianoforte. Se sabato prossimo suonerai bene ti darò le caramelle al frutto che ti piacciono tanto».

9. Gli studiosi hanno precisato: «Fino a Colombo non sarà stato possibile cucinare gli spaghetti al pomodoro, né si sarà potuta preparare la parmigiana di melanzane».

■ Vocabolario utile

il borgo village
la carta (geografica), la cartina map
la cima top; summit
la lotta fight

appartenere (*pr* **appartenni**) to belong
collegare to join, connect
mozzare to cut/chop off

tuttavia however

il muro wall
il muro di cinta surrounding wall
le mura city/castle walls
la torre tower

*****risalire a** to date back to, to go back to
*****scomparire** (*pp* **scomparso**; *pr* **scomparvi**)
   to disappear

Le torri di San Gimignano:
usate per fortificazioni,
avevano anche una funzione
simbolica.

■ Prima di leggere

Questo testo è stato tratto da un libro pubblicato dal Touring Club Italiano. Il Touring è un'associazione che offre informazioni agli Italiani che vanno in vacanza, che viaggiano, o che vogliono semplicemente conoscere i luoghi turistici e culturali. Quando si va in vacanza, conviene portare con sé una guida turistica, una cartina, ed un itinerario del Touring. L'associazione pubblica anche una serie di libri, chiamata «Il bel paese», di cui ogni volume è dedicato ad un particolare tesoro architettonico d'Italia. Il libro da cui è tratto il brano che segue fa parte di questa serie e s'intitola *Castelli d'Italia*. Il volume, stampato nel 2004, è ricco di informazioni storiche ed anche di notizie pratiche. Questo brano ha per argomento le torri affascinanti di San Gimignano, un paese antico in Toscana.

In gruppi di due o tre studenti, discutete le seguenti domande:

1. Vi piace viaggiare? Se sì, dove preferite andare? Se no, perché?
2. Quando viaggiate, preferite stare in un posto solo oppure spostarvi da un luogo all'altro?
3. Viaggiando in un luogo sconosciuto, usate una carta geografica o/e una guida turistica? Dove trovate le informazioni di cui avete bisogno per fare il vostro viaggio?
4. Quando si usa una guida turistica, quali informazioni ci si aspetta di trovare?
5. Avete mai visitato una città medievale? Se sì, quale? Descrivete le vostre impressioni.
6. San Gimignano è famosa per le torri costruite dai suoi cittadini. Conoscete edifici o monumenti che conservano una funzione storica nel vostro paese? Discutetene.

> **Come si arriva**
>
> Il borgo murato di San Gimignano, nella provincia di Siena, è situato su un colle che domina la val d'Elsa. **In macchina:** A 11 km da San Gimignano, presso *(near)* Poggibonsi, passano la statale 2 Cassia e l'autostrada; 27 km da Siena e 42 da Firenze. **In treno:** 20 minuti da Siena a Poggibonsi; per arrivare da Poggibonsi a San Gimignano c'è l'autobus.

■ San Gimignano: Una famiglia, una torre

San Gimignano è famosa in tutto il mondo per le sue torri, nonostante° oggi siano solo un quinto delle 72 che la città poteva vantare° nel Medioevo, quando la legge stabiliva che nessuna poteva essere più alta della «Rognosa», la torre del Comune°. Tuttavia una simile concentrazione era tutt'altro che eccezionale all'epoca: in Italia abbondavano le
5 città «dalle cento torri». Le torri di San Gimignano erano tuttavia particolarmente inconsuete°, anche agli occhi di un viaggiatore come Dante che le vide nel 1300 in occasione di una visita diplomatica, per la loro splendida collocazione°, sulla cima di un colle visibile da lontano e al centro di un paesaggio idilliaco.

    Il luogo, già abitato in età etrusca, ebbe un forte sviluppo nel Medioevo grazie alla
10 posizione sul tracciato° della via Francigena, la strada che collegava l'Italia centrale con i paesi del Nord. Trasse° infatti ampi benefici commerciali, che lo trasformarono in uno dei principali centri della Toscana, celebrato soprattutto per la produzione e l'esportazione dello zafferano, spezia° richiestissima all'epoca.

    Le prime fortificazioni di cui abbiamo notizia risalgono a prima del X secolo, quando
15 il borgo apparteneva al vescovo° di Volterra. Vennero poi ampliate e rinforzate a più riprese° nel corso del XII e XIII secolo, quando S. Gimignano, ora libero Comune[1], fu al centro di aspre contese° tra Papato, Impero e città toscane rivali. Il disastro del 1254, quando Firenze diroccò° la cinta urbana da poco completata, portò alla costruzione, a partire dal 1261, di una più ampia cerchia di mura, che includeva i borghi suburbani di
20 San Matteo e San Giovanni.

    Allo stesso periodo risale la maggior parte delle torri, erette dalle nobili famiglie locali come simbolo di potenza e di prestigio. Per innalzarle occorreva infatti dimostrare non solo la propria nobiltà, ma anche la solvibilità finanziaria, certificata dalla proprietà di almeno una nave alla fonda° nel porto di Pisa. E chi perdeva, nelle continue lotte tra
25 fazioni rivali, era spesso obbligato a mozzare la cima della torre di sua appartenenza in segno di umiliazione.

benché
boast
town hall

unusual
arrangement

route
It derived

spice

bishop
a... : in stages
aspre... : bitter disputes
distrusse

alla... : at anchor

---

[1] City state; political institution common in Italy from the 11th to 14th centuries.

La peste nera del 1348, che lasciò in vita meno di quattromila dei tredicimila cittadini, e la sottomissione a Firenze, nel 1353, innescarono° la decadenza della prospera città. Le fortificazioni si arricchirono della rocca° edificata sul colle di

30 Montestaffoli, a controllo più che a presidio° dell'abitato, e poi nel 1470–71 di cinque torrioni cilindrici lungo il tratto orientale della mura. Ma l'abitato divenne sempre più piccolo, e le torri abbandonate finirono per scomparire lentamente. Già nel XVI secolo erano soltanto 25 e oggi sono poco più di una dozzina. Tuttavia, grazie anche al relativo isolamento geografico, e alla decadenza economica che ha evitato

35 trasformazioni dell'antico nucleo urbano, San Gimignano rimane tuttora° la testimonianza più omogenea e convincente di un borgo fortificato del Medioevo italiano.

triggered

fortezza

difesa

ancora

Flavio Conti (Touring Club Italiano), da *Castelli d'Italia*

■ Comprensione

1. Come si va in macchina a San Gimignano? Ci si può arrivare in treno?
2. Quante torri c'erano nel Medioevo? Quante ce ne sono oggi?
3. Nel Medioevo, le città fortificate avevano spesso tante torri. Che cosa distingue le torri di San Gimignano da quelle di altre città?
4. Qual è stata la causa dello svilupo di San Gimignano nel periodo medievale?
5. Da chi sono state fatte costruire le torri e perché?
6. Non tutti potevano innalzare una torre a San Gimignano. Descrivete le condizioni necessarie per averne diritto.
7. Spiegate le ragioni per cui la cima di una torre doveva essere mozzata.
8. Attraverso i secoli è scomparsa la maggior parte delle torri. Perché? Ciò nonostante, la città rimane oggi un bellissimo esempio dell'epoca medievale. Come si è conservata la città?

■ Studio di parole

to move

muovere

to move, to cause to change place or position

Il vento muove le foglie.
The wind moves the leaves.

commuovere

to move, to touch, to arouse the feelings of

La notizia della sua morte ci ha profondamente commossi.
The news of his death deeply moved us.

*muoversi

to move, to change place or position
La luna si muove intorno alla terra.
The moon moves around the earth.

*commuoversi

to be moved, touched
Io mi commuovo sempre quando sento quest'aria.
I'm always moved when I hear this aria.

traslocare or **cambiare casa**

to move, to change residence

Siamo molto occupati perché dobbiamo traslocare (cambiare casa) la settimana prossima.
We're very busy because we have to move next week.

*trasferirsi

to move, to change residence (to a specified location)

Hanno intenzione di trasferirsi in Australia.
They intend to move to Australia.

spostare

to move (something) from one place to another

Deve spostare la macchina, qui c'è divieto di parcheggio.
You need to move your car, parking is not allowed here.

*spostarsi

to move (oneself) from one place to another

Durante il terremoto, il quadro si è spostato.
During the earthquake, the painting shifted.

to save

salvare

to save; to rescue

Ha salvato il bambino dal naufragio.
She saved the boy from the shipwreck.

Hanno salvato alcuni quadri dall'incendio.
They salvaged a few paintings from the fire.

Salvatevi!
Save yourselves!

conservare

to preserve (food, monuments); to keep unaltered; to maintain

Conservo ancora un buon ricordo di San Gimignano.
I still have pleasant memories of San Gimignano.

Vogliono conservare le mura della città.
They want to preserve the city walls.

risparmiare

to save up; to put aside; to economize on something

Dobbiamo risparmiare i soldi se vogliamo andare in vacanza in Italia.
We must save money if we want to go on vacation in Italy.

Risparmia il fiato!
Save your breath!

preservare

to protect (someone/thing from/against someone/thing)

Bisogna preservare il Colosseo dall'inquinamento.
The Coliseum needs to be protected from pollution.

■ Pratica

a. *Scegliere la parola o le parole che completano meglio la frase.*

1. L'ingegner Parodi deve _____ da Milano a Roma per ragioni di lavoro. La moglie non è contenta: in sette anni di matrimonio ha già dovuto _____ quattro volte!
2. Siena è una delle città italiane che hanno chiuso il centro al traffico per _____ i suoi monumenti.
3. Non c'era vento e non una foglia _____.
4. La storia della tragica peste di Firenze ci ha profondamente _____.
5. Vogliamo andare in Italia. Abbiamo bisogno di _____ i soldi!
6. Il bambino è caduto nel lago. Per fortuna un turista lo ha _____.
7. La foto non è riuscita bene. Avevo detto ai bambini di stare fermi, ma invece loro _____!
8. Chi ha _____ i miei occhiali? Non li trovo più.

b. *Scegliere le parole che completano meglio il brano.*

Valeria racconta. Mio nonno era architetto e durante la seconda guerra mondiale non _____ dalla città. Mia madre invece _____ in un paesino di montagna con i suoi fratelli. Vivevano in modo molto semplice perché dovevano _____ i loro soldi. Alla fine della guerra la mamma è tornata in città. Fortunatamente i suoi parenti _____ e stavano tutti bene. Era tanto tempo che non vedeva suo padre e si è profondamente _____.

c. *Domande per Lei.*

1. Da bambino/a, ha mai cambiato casa? Si è mai trasferito/a in una nuova città? Racconti.
2. Qualche volta si vedono monumenti e opere d'arte veramente straordinari. Ne descriva uno che L'ha commossa/o.
3. Si dice che dobbiamo tutti risparmiare dei soldi per il futuro. Ha voglia Lei di risparmiarne? Come vorrebbe spendere i Suoi soldi?
4. Conosce qualcuno che ha salvato la vita di un'altra persona? Se sì, racconti la storia.

Temi per componimento o discussione

1. Se voi poteste scegliere, vi trasferireste in una città ultramoderna o in una città antica e ricca di storia? Discutete i vantaggi e gli svantaggi delle due situazioni.
2. Le torri di San Gimignano non hanno una funzione tanto diversa da quella dei grattacieli di oggi. In quali altri modi vengono usate l'arte e l'architettura per esprimere potere?
3. Pensate che sia importante conservare le opere d'arte e d'architettura antiche? Secondo voi, è importante questo nel vostro paese? Discutete le vostre impressioni.
4. Con un compagno/una compagna, programmate una vacanza in Italia. Cosa vorreste sapere del paese prima di partire? Preferireste visitare città moderne o antiche? Vi interessano i monumenti ed i musei? Scrivete un dialogo in cui spiegate le vostre opinioni. Alla fine del dialogo, decidete se volete viaggiare insieme o separatamente.

RICERCA WEB

L'Italia è ricca di tesori storici e culturali, alcuni famosi, altri da scoprire.

1. Scegliete a caso sulla carta geografica d'Italia una città poco conosciuta e ricercatene la storia e i tesori nascosti.
2. Nelle città e nei paesi italiani la piazza è stata per secoli il centro sociale degli abitanti. Alcune piazze famose sono ora invase dal traffico, altre continuano ad offrire spazio pedonale e occasione di ritrovo. Ricercate la storia e le caratteristiche di una delle piazze suggerite e stampatene una foto da mostrare ai compagni.
   a. Piazza San Marco a Venezia
   b. Piazza Navona e Campo dei Fiori a Roma
   c. Piazza delle Erbe a Verona con il pittoresco mercato
3. Sulle piazze principali si affacciano i palazzi, abitazioni dei capi dei tanti stati in cui l'Italia è stata divisa per tanto tempo. Fate una breve ricerca su uno dei monumenti che seguono:
   a. Il Palazzo dei Normanni a Palermo con la famosa Cappella Palatina
   b. Il Maschio Angioino a Napoli
   c. Il Castello Estense a Ferrara
   d. Il Castello Sforzesco a Milano
4. In Sicilia ci sono tesori di architettura costruiti attraverso i secoli. Scegliete un luogo o un monumento da studiare sia dal punto di vista storico che per il suo valore architettonico. Alcuni suggerimenti:
   a. Il Teatro Greco di Siracusa
   b. La Villa Romana del Canale di Piazza Armerina
   c. Il Duomo e il Chiostro di Monreale
   d. Agrigento e la Valle dei Templi
5. Se la vostra famiglia è di origine italiana, cercate il luogo di nascita dei vostri antenati e preparate una breve relazione per i vostri compagni e i vostri parenti.

Che noia! Le vacanze in crociera non sono per tutti. Stefania, per esempio, si annoia a morte e continua a lamentarsi con il marito.

STEFANIA: Che noia! È sempre coperto e tira un gran vento. Non si può neanche stare sul ponte° a prendere il sole. Non mi aspettavo di passare le giornate così!   *deck*

FLAVIO: Non è tanto male, è sempre meglio che stare in città! E poi la visita delle isole è interessante.

STEFANIA: Ma dai! Son tutte uguali! Una vera delusione!

FLAVIO: Tu ti stanchi subito di tutto, non sei mai contenta! Io ho conosciuto della gente simpatica.

STEFANIA: Compresa la signora che non perde l'occasione di starti vicino e di attaccare discorso°.   *attaccare... : to strike up a conversation*

FLAVIO: Quella sì che è una seccatura. Quando comincia a parlare non finisce più. Comunque anche tu hai un ammiratore.

Esprimere insoddisfazione

Com'è mon<u>o</u>tono! Che noia!	*How boring!*
Che delusione!	*How disappointing!*
Che seccatura!	*What a nuisance!*
Che strazio! Che scocciatura!	*What a pain in the neck!*
Mi aspettavo qualcosa di diverso.	*I expected something different.*
Ci si annoia facilmente qui.	*It's easy to get bored here.*
Mi sono stancato/a di...	*I am tired of . . .*
Sarebbe stato meglio se f<u>o</u>ssimo andati a...	*It would have been better if we had gone . . .*

Contraddire

Non è come dici tu.	*It's not as you say.*
Non è poi così brutto/noioso.	*It's not all that bad/boring.*
È meglio di niente.	*It's better than nothing.*
Stai esagerando. Che esagerazione!	*You're exaggerating.*
Lascia p<u>e</u>rdere, per favore.	*Let's not talk about it, please.*
Ma non sei mai contento/a! Sei un/a eterno/a insoddisfatto/a!	*You're never happy/satisfied!*

Riferire qualcosa senza citarne la fonte

Ho sentito dire che... Mi hanno riferito che... Le hanno detto che...	*They told me/her that . . .*
D<u>i</u>cono che...	*They say that . . .*
A quanto pare...	*The way it looks/sounds . . .*
(In giro) si dice che... C'è in giro la voce che... Corre voce che...	*There is a rumor that . . .*

■ Che cosa dice?

1. All'università qualcuno Le ha detto che il professore con cui Lei sta facendo la tesi sta per andare in congedo per un anno. Riferisca la notizia a un Suo compagno/una Sua compagna di corso.

2. Non è soddisfatto della casa che ha appena comprato. Ne parla con il Suo agente immobiliare.

3. Suo figlio si lamenta sempre che Lei non gli dà abbastanza soldi. Lei non ne può più *(can't take it any longer)*.

4. Va in viaggio di nozze in un'isola tropicale, ma quando arriva all'hotel si rende conto che la stanza non ha né bagno né aria condizionata.

5. Dove lavora Lei si parla di prossimi licenziamenti *(layoffs)* e di tagli alla produzione. Lo dice al Suo ragazzo/alla Sua ragazza.

6. Il vicino della casa accanto non lavora da più di due anni ed ha appena comprato una Maserati nuova. La gente del quartiere pensa che traffichi *(deals)* in droga.

7. La Sua amica Nadia adora l'architettura, lei invece non è molto interessato/a. Che cosa dice quando Nadia l'invita a visitare il nuovo edificio di un architetto famoso?

■ Situazioni

1. Le dicono che Roberto, un amico che Lei conosce benissimo, è un tipo strano, è snob e antipatico. Lei non è d'accordo. Ne parla con sua sorella senza dire chi L'ha informata.

2. Lei vuole fare l'astronauta e si è iscritto/a a ingegneria aerospaziale, ma le cose non vanno bene. Deve studiare tanta matematica, in laboratorio si fanno sempre le stesse cose, gli esami sono difficili e Lei non riesce a prendere buoni voti. Lei è demoralizzato/a e decide di parlarne con il Suo medico.

3. Secondo Lei Suo fratello/Sua sorella è affetto/a da mania di persecuzione. Continua a dire che lo stipendio è miserevole, che non avrà mai occasione di fare carriera, che il direttore promuove solo gli amici; è convinto/a che nessuno gli/le vuole bene e che non riuscirà mai a dimostrare le sue buone qualità. Lei invece è ottimista e vede sempre i lati positivi. Ha invitato Suo fratello/Sua sorella a cena e avete finito col parlare dei suoi problemi.

I. Verbi coniugati con *essere* nei tempi composti

accadere	*to happen*	nascere	*to be born*
andare	*to go*	parere	*to seem*
arrivare	*to arrive*	partire (ripartire)	*to leave, depart (to leave again)*
arrossire	*to blush*		
avvenire	*to happen*	passare (ripassare)	*to stop by (to stop by again)*
bastare	*to be enough*		
cadere	*to fall*	piacere	*to be pleasing*
cambiare	*to become different*	restare	*to stay*
capitare	*to happen*	ricorrere	*to recur, occur*
comparire	*to appear*	rimanere	*to remain*
costare	*to cost*	risultare	*to be known*
crescere	*to grow*	ritornare (tornare)	*to return*
dimagrire	*to lose weight*	riuscire	*to succeed*
dipendere	*to depend*	salire (risalire)	*to go up (to go up again)*
dispiacere (spiacere)	*to be sorry, to mind*	saltare (in aria)	*to explode*
divenire (diventare)	*to become*	scappare	*to run away*
durare	*to last*	scattare	*to click*
entrare	*to go in, enter*	scendere	*to descend*
esplodere	*to explode*	scivolare	*to slide*
essere	*to be*	scomparire	*to disappear*
evadere	*to escape*	scoppiare	*to explode*
fuggire	*to flee*	sembrare	*to seem*
giungere	*to arrive*	servire	*to be of use*
guarire	*to get well*	sparire	*to disappear*
impazzire	*to go mad*	sprizzare	*to spray*
importare	*to matter*	stare	*to stay*
ingrassare	*to get fat, put on weight*	succedere	*to happen*
mancare	*to lack, be lacking*	uscire	*to go out*
morire	*to die*	venire	*to come*

+ all verbs used reflexively

II. Verbi ed espressioni seguiti dalla preposizione *a*

A. davanti a un nome o a un pronome

abituarsi a	*to get used to*	giocare a	*to play (a game or a sport)*
assistere a	*to attend*		
assomigliare (somigliare) a	*to resemble*	interessarsi a	*to be interested in*
badare a	*to pay attention to*	mescolarsi a	*to get mixed with*
contravvenire a	*to go against*	partecipare a	*to participate in*
credere a	*to believe in*	pensare a	*to think about*
dare noia a	*to bother*	raccomandarsi a	*to ask favors of*
da mangiare a	*to feed*	ricordare a	*to remind*
fastidio a	*to bother*	rinunciare a	*to give up*
retta a	*to listen to*	servire a	*to be good for*
torto a	*to blame*	stare bene a	*to look good on*
la caccia a	*to chase*	stringere la mano a	*to shake hands with*
un calcio a	*to kick*	tenere a	*to value, to care about*
un pugno a	*to punch*		
fare attenzione (caso) a	*to pay attention to*		
bene (male) a	*to be good (bad) for*		
piacere a	*to please*		
vedere a	*to show*		
visita a	*to visit*		
un regalo a	*to give a present to*		

B. davanti a un infinito

abituarsi a	*to get used to*	pensare a	*to think about*
affrettarsi a	*to hurry*	persuadere a	*to convince*
aiutare a	*to help*	preparare a	*to prepare*
cominciare (incominciare) a	*to begin*	provare a	*to try*
condannare a	*to condemn*	rinunciare a	*to give up*
continuare a	*to continue*	riprendere a	*to start again, to resume*
convincere a	*to convince*		
costringere a	*to compel*	riuscire a	*to succeed*
decidersi a	*to make up one's mind*	sbrigarsi a	*to hurry*
		servire a	*to be good for*
divertirsi a	*to have a good time*	volerci a (per)	*to take, require*
fare meglio a	*to be better off*		
fare presto a	*to do (something) quickly*	+ verbs of movement:	
imparare a	*to learn*	andare a	*to go*
incoraggiare a	*to encourage*	correre a	*to run*
insegnare a	*to teach*	fermarsi a	*to stop*
invitare a	*to invite*	passare a	*to stop by*
mandare a	*to send*	stare a	*to stay*
mettersi a	*to start*	tornare a	*to return*
obbligare a	*to oblige*	venire a	*to come*

III. Verbi ed espressioni seguiti dalla preposizione *di*

A. davanti a un nome o a un pronome

accorgersi di	*to notice*	occuparsi di	*to take care of,*
avere bisogno di	*to need*		*attend to*
avere paura di	*to be afraid*	pensare di	*to have in mind,*
beffarsi di	*to made fun*		*plan*
coprire di	*to cover with*	pentirsi di	*to be sorry about*
dimenticarsi di	*to forget*	non poterne più di	*not to be able to take*
fare a meno di	*to do without*	preoccuparsi di	
fidarsi di	*to trust*	(per)	*to worry about*
innamorarsi di	*to fall in love with*	rendersi conto di	*to realize*
infischiarsi di	*not to care about*	ricordarsi di	*to remember*
intendersi di	*to be knowledgeable*	ridere di	*to laugh at*
	about	riempire di	*to fill with*
interessarsi di	*to be interested in*	ringraziare di (per)	*to thank for*
lamentarsi di	*to complain about*	soffrire di	*to suffer from*
meravigliarsi di		stupirsi di	*to be astonished at*
(per)	*to be surprised about*	trattare di	*to deal with*
nutrirsi di	*to feed on, nourish*	vergognarsi di	*to be ashamed about*
	oneself with	vivere di	*to live on*

B. davanti a un infinito

accettare di	*to accept*	decidere di	*to decide*
accorgersi di	*to notice*	dimenticare	
ammettere di	*to admit*	(dimenticarsi) di	*to forget*
aspettare di	*to wait for*	dire di	*to say, tell*
aspettarsi di	*to expect*	dispiacere di	*to be sorry*
augurare di	*to wish*	domandare di	*to ask*
augurarsi di	*to hope*	dubitare di	*to doubt*
avere bisogno di	*to need*	essere in grado di	*to be in a position to*
avere il diritto di	*to have the right*	fantasticare di	*to imagine*
avere fretta di	*to be in a hurry*	fare a meno di	*to do without*
avere l'impressione		fare segno di	*to motion*
di	*to have the feeling*	fingere di	*to pretend*
avere intenzione di	*to intend*	finire di	*to finish*
avere paura di	*to be afraid*	illudersi di	*to delude oneself*
avere ragione di	*to be right*	impedire di	*to prevent*
avere torto di	*to be wrong*	infischiarsi di	*not to care about*
avere vergogna di	*to be ashamed*	lamentarsi di	*to complain about*
avere voglia di	*to feel like*	meravigliarsi di	*to be surprised*
cercare di	*to try*	minacciare di	*to threaten*
cessare di	*to stop*	offrire di	*to offer*
chiedere di	*to ask*	ordinare di	*to order*
comandare di	*to order*	pensare di	*to plan*
confessare di	*to confess*	pentirsi di	*to repent*
consigliare di	*to advise*	permettere di	*to permit*
contare di	*to plan*	pregare di	*to beg*
credere di	*to believe*	preoccuparsi di	*to fret*

proibire di	*to prohibit*	smettere di	*to stop*
promettere di	*to promise*	sognare (sognarsi)	
proporre di	*to propose*	di	*to dream, to imagine*
rendersi conto di	*to realize*	sperare di	*to hope*
ricordare		stancarsi di	*to get tired*
(ricordarsi) di	*to remember*	suggerire di	*to suggest*
rifiutare (rifiutarsi)		temere di	*to fear*
di	*to refuse*	tentare di	*to attempt*
ringraziare di	*to thank*	non vedere l'ora di	*to look forward to*
sapere di	*to know*	vergognarsi di	*to be ashamed about*
sentirsela di	*to feel up to*	vietare di	*to forbid*
sforzarsi di	*to make an effort*		

IV. Verbi seguiti dalla preposizione *su*

contare su	*to count on*	reflettere su	*to ponder on*
giurare su	*to swear on*	scommettere su	*to bet on*

V. Verbi ed espressioni seguiti direttamente dall'infinito

dovere	*to have to*	fare	*to make*
potere	*to be able*	gradire	*to appreciate*
sapere	*to know how*	lasciare	*to let, allow*
solere (essere solito)	*to be accustomed to*	osare	*to dare*
volere	*to want*	piacere	*to like*
amare	*to love*	preferire	*to prefer*
desiderare	*to wish*		

VERBI IMPERSONALI

basta	*it is enough*	pare (sembra)	*it seems*
bisogna (occorre)	*it is necessary*		

VERBI DI PERCEZIONE

ascoltare	*to listen*	sentire	*to hear*
guardare	*to look at*	udire	*to hear*
osservare	*to observe*	vedere	*to see*

VI. Aggettivi seguiti da preposizioni + infinito

A. aggettivi seguiti da **a** + infinito

abituato	*accustomed*	solo	*only*
attento	*attentive, careful*	ultimo	*last*
disposto	*willing*	unico	*only*
pronto	*ready*		

B. aggettivi seguiti da **di** + infinito

capace (incapace)	*capable (incapable)*	sicuro	*sure*
contento	*contented*	soddisfatto	*satisfied*
(scontento)	*(discontented)*	spiacente	*sorry*
curioso	*curious*	stanco	*tired*
desideroso	*wishing*	triste	*sad*
felice	*happy*		

VII. Verbi ed espressioni che reggono il congiuntivo

A. Verbi che esprimono

SENTIMENTI

augurarsi (sperare)	*to hope*	piacere	*to like*
non vedere l'ora	*to look forward*	dispiacere	*to be sorry*
avere bisogno	*to need*	preferire	*to prefer*
avere paura	*to be afraid*	temere	*to fear*
essere contento	*to be glad*	tenerci	*to value*
essere felice	*to be happy*		

DESIDERIO, VOLONTÀ, ORDINE

comandare	*to order*	pregare	*to beg*
desiderare	*to wish*	pretendere	*to demand*
esigere	*to demand*	proibire	*to prohibit*
impedire	*to prevent*	proporre	*to propose*
insistere	*to insist*	suggerire	*to suggest*
lasciare	*to let, allow*	vietare	*to forbid*
ordinare	*to order*	volere	*to want*
permettere	*to permit*		

OPINIONE

avere l'impressione	*to have the feeling*	negare	*to deny*
credere	*to believe*	pensare	*to think*
immaginare		supporre	*to suppose*
(immaginarsi)	*to wonder*		

DUBBIO O INCERTEZZA

non capire	*not to understand*	dubitare	*to doubt*
chiedersi		non sapere	*not to know*
(domandarsi)	*to wonder*		

ASPETTATIVA

aspettare	*to wait*	aspettarsi	*to expect*

B. Espressioni impersonali

è bene (male)	*it is good (bad)*	è possibile	*it is possible*
è essenziale	*it is essential*	(impossibile)	*(impossible)*
è facile (= è		è probabile	*it is probable*
probabile)	*it is probable*	(improbabile)	*(improbable)*
è difficile (= è		è raro	*it is rare*
improbabile)	*it is improbable*	è strano	*it is strange*
è giusto	*it is right*	è utile (inutile)	*it is useful (useless)*
è importante	*it is important*	è una vergogna	*it is a shame*
è incredibile	*it is incredible*	basta	*it suffices*
è indispensabile	*it is indispensable*	bisogna	*it is necessary*
è meglio	*it is better*	importa	*it matters*
è naturale	*it is natural*	occorre	*it is necessary*
è necessario	*it is necessary*	pare	*it seems*
è normale	*it is normal*	può darsi	*it is possible*
è ora	*it is time*	sembra	*it seems*
[è un] peccato	*it is a pity*		

Avere ed essere

■ Coniugazione del verbo *avere*

INDICATIVO

Presente		Passato prossimo	Imperfetto	Trapassato prossimo
io	ho	ho avuto	avevo	avevo avuto
tu	hai	hai avuto	avevi	avevi avuto
lui	ha	ha avuto	aveva	aveva avuto
noi	abbiamo	abbiamo avuto	avevamo	avevamo avuto
voi	avete	avete avuto	avevate	avevate avuto
loro	hanno	hanno avuto	avevano	avevano avuto

Passato remoto		Trapassato remoto	Futuro	Futuro anteriore
io	ebbi	ebbi avuto	avrò	avrò avuto
tu	avesti	avesti avuto	avrai	avrai avuto
lui	ebbe	ebbe avuto	avrà	avrà avuto
noi	avemmo	avemmo avuto	avremo	avremo avuto
voi	aveste	aveste avuto	avrete	avrete avuto
loro	ebbero	ebbero avuto	avranno	avranno avuto

CONGIUNTIVO

Presente		Passato	Imperfetto	Trapassato
io	abbia	abbia avuto	avessi	avessi avuto
tu	abbia	abbia avuto	avessi	avessi avuto
lui	abbia	abbia avuto	avesse	avesse avuto
noi	abbiamo	abbiamo avuto	avessimo	avessimo avuto
voi	abbiate	abbiate avuto	aveste	aveste avuto
loro	abbiano	abbiano avuto	avessero	avessero avuto

CONDIZIONALE / IMPERATIVO

Presente		Passato		IMPERATIVO
io	avrei	avrei avuto		
tu	avresti	avresti avuto	(tu)	abbi! (*neg* non avere!)
lui	avrebbe	avrebbe avuto	(Lei)	abbia!
noi	avremmo	avremmo avuto	(noi)	abbiamo!
voi	avreste	avreste avuto	(voi)	abbiate!
loro	avrebbero	avrebbero avuto	(Loro)	abbiano!

INFINITO / PARTICIPIO / GERUNDIO

Presente	Passato	Presente	Passato	Presente	Passato
avere	avere avuto	avente (*raro*)	avuto	avendo	avendo avuto

■ Coniugazione del verbo *essere*

INDICATIVO

Presente	Passato prossimo	Imperfetto	Trapassato prossimo
io sono	sono stato/a	ero	ero stato/a
tu sei	sei stato/a	eri	eri stato/a
lui è	è stato/a	era	era stato/a
noi siamo	siamo stati/e	eravamo	eravamo stati/e
voi siete	siete stati/e	eravate	eravate stati/e
loro sono	sono stati/e	erano	erano stati/e

Passato remoto	Trapassato remoto	Futuro	Futuro anteriore
io fui	fui stato/a	sarò	sarò stato/a
tu fosti	fosti stato/a	sarai	sarai stato/a
lui fu	fu stato/a	sarà	sarà stato/a
noi fummo	fummo stati/e	saremo	saremo stati/e
voi foste	foste stati/e	sarete	sarete stati/e
loro furono	furono stati/e	saranno	saranno stati/e

CONGIUNTIVO

Presente	Passato	Imperfetto	Trapassato
io sia	sia stato/a	fossi	fossi stato/a
tu sia	sia stato/a	fossi	fossi stato/a
lui sia	sia stato/a	fosse	fosse stato/a
noi siamo	siamo stati/e	fossimo	fossimo stati/e
voi siate	siate stati/e	foste	foste stati/e
loro siano	siano stati/e	fossero	fossero stati/e

CONDIZIONALE / IMPERATIVO

Presente	Passato		
io sarei	sarei stato/a	(tu)	sii! (*neg* non essere!)
tu saresti	saresti stato/a	(Lei)	sia!
lui sarebbe	sarebbe stato/a	(noi)	siamo!
noi saremmo	saremmo stati/e	(voi)	siate!
voi sareste	sareste stati/e	(Loro)	siano!
loro sarebbero	sarebbero stati/e		

INFINITO / PARTICIPIO / GERUNDIO

Presente	Passato	Presente	Passato	Presente	Passato
essere	essere stato/a/i/e	—	stato/a/i/e	essendo	essendo stato/a/i/e

Prima coniugazione: *amare*

INDICATIVO			
Presente	**Passato prossimo**	**Imperfetto**	**Trapassato prossimo**
amo	ho amato	amavo	avevo amato
ami	hai amato	amavi	avevi amato
ama	ha amato	amava	aveva amato
amiamo	abbiamo amato	amavamo	avevamo amato
amate	avete amato	amavate	avevate amato
amano	hanno amato	amavano	avevano amato
Passato remoto	**Trapassato remoto**	**Futuro semplice**	**Futuro anteriore**
amai	ebbi amato	amerò	avrò amato
amasti	avesti amato	amerai	avrai amato
amò	ebbe amato	amerà	avrà amato
amammo	avemmo amato	ameremo	avremo amato
amaste	aveste amato	amerete	avrete amato
amarono	ebbero amato	ameranno	avranno amato

CONGIUNTIVO			
Presente	**Passato**	**Imperfetto**	**Trapassato**
ami	abbia amato	amassi	avessi amato
ami	abbia amato	amassi	avessi amato
ami	abbia amato	amasse	avesse amato
amiamo	abbiamo amato	amassimo	avessimo amato
amiate	abbiate amato	amaste	aveste amato
amino	abbiano amato	amassero	avessero amato

CONDIZIONALE		IMPERATIVO
Presente	**Passato**	
amerei	avrei amato	
ameresti	avresti amato	ama! (*neg* non amare!)
amerebbe	avrebbe amato	ami!
ameremmo	avremmo amato	amiamo!
amereste	avreste amato	amate!
amerebbero	avrebbero amato	amino!

INFINITO		PARTICIPIO		GERUNDIO	
Presente	**Passato**	**Presente**	**Passato**	**Presente**	**Passato**
amare	aver amato	amante	amato	amando	avendo amato

Seconda coniugazione: *credere*

INDICATIVO			
Presente	**Passato prossimo**	**Imperfetto**	**Trapassato prossimo**
credo	ho creduto	credevo	avevo creduto
credi	hai creduto	credevi	avevi creduto
crede	ha creduto	credeva	aveva creduto
crediamo	abbiamo creduto	credevamo	avevamo creduto
credete	avete creduto	credevate	avevate creduto
credono	hanno creduto	credevano	avevano creduto
Passato remoto	**Trapassato remoto**	**Futuro semplice**	**Futuro anteriore**
credei (credetti)	ebbi creduto	crederò	avrò creduto
credesti	avesti creduto	crederai	avrai creduto
credè (credette)	ebbe creduto	crederà	avrà creduto
credemmo	avemmo creduto	crederemo	avremo creduto
credeste	aveste creduto	crederete	avrete creduto
crederono (credettero)	ebbero creduto	crederanno	avranno creduto

CONGIUNTIVO			
Presente	**Passato**	**Imperfetto**	**Trapassato**
creda	abbia creduto	credessi	avessi creduto
creda	abbia creduto	credessi	avessi creduto
creda	abbia creduto	credesse	avesse creduto
crediamo	abbiamo creduto	credessimo	avessimo creduto
crediate	abbiate creduto	credeste	aveste creduto
credano	abbiano creduto	credessero	avessero creduto

CONDIZIONALE		IMPERATIVO
Presente	**Passato**	
crederei	avrei creduto	
crederesti	avresti creduto	credi! (*neg* non credere!)
crederebbe	avrebbe creduto	creda!
crederemmo	avremmo creduto	crediamo!
credereste	avreste creduto	credete!
crederebbero	avrebbero creduto	credano!

INFINITO		PARTICIPIO		GERUNDIO	
Presente	**Passato**	**Presente**	**Passato**	**Presente**	**Passato**
credere	aver creduto	credente	creduto	credendo	avendo creduto

■ Terza coniugazione: *finire (-isc)*

INDICATIVO

Presente	Passato prossimo	Imperfetto	Trapassato prossimo
finisco	ho finito	finivo	avevo finito
finisci	hai finito	finivi	avevi finito
finisce	ha finito	finiva	aveve finito
finiamo	abbiamo finito	finivamo	avevamo finito
finite	avete finito	finivate	avevate finito
finiscono	hanno finito	finivano	avevano finito

Passato remoto	Trapassato remoto	Futuro semplice	Futuro anteriore
finii	ebbi finito	finirò	avrò finito
finisti	avesti finito	finirai	avrai finito
finì	ebbe finito	finirà	avrà finito
finimmo	avemmo finito	finiremo	avremo finito
finiste	aveste finito	finirete	avrete finito
finirono	ebbero finito	finiranno	avranno finito

CONGIUNTIVO

Presente	Passato	Imperfetto	Trapassato
finisca	abbia finito	finissi	avessi finito
finisca	abbia finito	finissi	avessi finito
finisca	abbia finito	finisse	avesse finito
finiamo	abbiamo finito	finissimo	avessimo finito
finiate	abbiate finito	finiste	aveste finito
finiscano	abbiano finito	finissero	avessero finito

CONDIZIONALE / IMPERATIVO

Presente	Passato	IMPERATIVO
finirei	avrei finito	
finiresti	avresti finito	finisci! (*neg* non finire!)
finirebbe	avrebbe finito	finisca!
finiremmo	avremmo finito	finiamo!
finireste	avreste finito	finite!
finirebbero	avrebbero finito	finiscano!

INFINITO / PARTICIPIO / GERUNDIO

INFINITO		PARTICIPIO		GERUNDIO	
Presente	Passato	Presente	Passato	Presente	Passato
finire	aver finito	finente	finito	finendo	avendo finito

■ Terza coniugazione: *partire**

The conjugations of verbs like **partire** differ from the conjugation of **finire** only in the following cases:

Indicativo presente	Congiuntivo presente	Imperativo
parto	parta	
parti	parta	parti! (*neg* non partire!)
parte	parta	parta!
partiamo	partiamo	partiamo!
partite	partiate	partite!
partono	partano	partano!

(Verbi irregolari)

■ Gruppo A

Verbs that are irregular in different tenses and persons. Only the irregular forms are given.

accadere   *to happen* (see **cadere**)

---

accogliere   *to welcome* (see **cogliere**)

---

andare   *to go*
Indicativo presente: vado, vai, va, andiamo, andate, vanno
Futuro: andrò, andrai, andrà, andremo, andrete, andranno
Condizionale: andrei, andresti, andrebbe, andremmo, andreste, andrebbero
Imperativo: va' (vai), vada, andiamo, andate, vadano
Congiuntivo presente: vada, vada, vada, andiamo, andiate, vadano

---

avvenire   *to happen* (see **venire**)

---

bere   *to drink*
Passato remoto: bevvi, bevesti, bevve, bevemmo, beveste, bevvero
Futuro: berrò, berrai, berrà, berremo, berrete, berranno
Condizionale: berrei, berresti, berrebbe, berremmo, berreste, berrebbero
The Latin stem **bev-** *is used in all other forms with regular endings.*

---

cadere   *to fall*
Passato remoto: caddi, cadesti, cadde, cademmo, cadeste, caddero
Futuro: cadrò, cadrai, cadrà, cadremo, cadrete, cadranno
Condizionale: cadrei, cadresti, cadrebbe, cadremmo, cadreste, cadrebbero

---

cogliere   *to pick*
Indicativo presente: colgo, cogli, coglie, cogliamo, cogliete, colgono
Passato remoto: colsi, cogliesti, colse, cogliemmo, coglieste, colsero

Congiuntivo presente: colga, colga, colga, cogliamo, cogliate, colgano
Imperativo: cogli, colga, cogliamo, cogliete, colgano
Participio passato: colto

---

comparire *to appear*
Indicativo presente: compaio, compari, compare, compariamo, comparite, compaiono
Passato remoto: comparvi, comparisti, comparve, comparimmo, compariste, comparvero
Congiuntivo presente: compaia, compaia, compaia, compariamo, compariate, compaiano
Imperativo: compari, compaia, compariamo, comparite, compaiano
Participio passato: comparso

---

compire (compiere) *to complete*
Indicativo presente: compio, compi, compie, compiamo, compite, compiono
Congiuntivo presente: compia, compia, compia, compiamo, compiate, compiano
Imperativo: compi, compia, compiamo, compite, compiano
Participio passato: compiuto
Gerundio: compiendo

---

comprendere *to understand* (see **prendere**)

---

contenere *to contain* (see **tenere**)

---

dare *to give*
Indicativo presente: do, dai, dà, diamo, date, danno
Passato remoto: diedi (detti), desti, diede (dette), demmo, deste, diedero (dettero)
Futuro: darò, darai, darà, daremo, darete, daranno
Condizionale: darei, daresti, darebbe, daremmo, dareste, darebbero
Congiuntivo presente: dia, dia, dia, diamo, diate, diano
Congiuntivo imperfetto: dessi, dessi, desse, dessimo, deste, dessero
Imperativo: da' (dai), dia, diamo, date, diano

---

dire *to say*
Indicativo presente: dico, dici, dice, diciamo, dite, dicono
Imperfetto: dicevo, decevi, diceva, dicevamo, dicevate, dicevano
Passato remoto: dissi, dicesti, disse, dicemmo, diceste, dissero
Congiuntivo presente: dica, dica, dica, diciamo, diciate, dicano
Congiuntivo imperfetto: dicessi, dicessi, dicesse, dicessimo, diceste, dicessero
Imperativo: di', dica, diciamo, dite, dicano
Participio passato: detto
Gerundio: dicendo

---

dispiacere *to be sorry, to mind* (see **piacere**)

---

distrarre *to distract* (see **trarre**)

---

divenire *to become* (see **venire**)

---

dovere *to have to, must*
Indicativo presente: devo (debbo), devi, deve, dobbiamo, dovete, devono (debbono)
Futuro: dovrò, dovrai, dovrà, dovremo, dovrete, dovranno

Condizionale: dovrei, dovresti, dovrebbe, dovremmo, dovreste, dovr<u>e</u>bbero
Congiuntivo presente: debba, debba, debba, dobbiamo, dobbiate, d<u>e</u>bbano

---

fare   *to do, to make*
Indicativo presente: faccio, fai, fa, facciamo, fate, fanno
Imperfetto: facevo, facevi, faceva, facevamo, facevate, fac<u>e</u>vano
Passato remoto: feci, facesti, fece, facemmo, faceste, f<u>e</u>cero
Futuro: farò, farai, farà, faremo, farete, faranno
Condizionale: farei, faresti, farebbe, faremmo, fareste, far<u>e</u>bbero
Congiuntivo presente: faccia, faccia, faccia, facciamo, facciate, f<u>a</u>cciano
Congiuntivo imperfetto: facessi, facessi, facesse, fac<u>e</u>ssimo, faceste, fac<u>e</u>ssero
Imperativo: fa' (fai), faccia, facciamo, fate, f<u>a</u>cciano
Participio passato: fatto
Gerundio: facendo

---

godere   *to enjoy*
Futuro: godrò, godrai, godrà, godremo, godrete, godranno
Condizionale: godrei, godresti, godrebbe, godremmo, godreste, godr<u>e</u>bbero

---

imporre   *to impose* (see **porre**)

---

intervenire   *to intervene* (see **venire**)

---

introdurre   *to introduce* (see **tradurre**)

---

mantenere   *to maintain* (see **tenere**)

---

morire   *to die*
Indicativo presente   muoio, muori, muore, moriamo, morite, mu<u>o</u>iono
Congiuntivo presente: muoia, muoia, muoia, moriamo, moriate, mu<u>o</u>iano
Imperativo: muori, muoia, moriamo, morite, mu<u>o</u>iano
Participio passato: morto

---

opporre   *to oppose* (see **porre**)

---

parere   *to appear*
Indicativo presente: paio, pari, pare, paiamo, parete, p<u>a</u>iono
Passato remoto: parvi, paresti, parve, paremmo, pareste, p<u>a</u>rvero
Futuro: parrò, parrai, parrà, parremo, parrete, parranno
Condizionale: parrei, parresti, parrebbe, parremmo, parreste, parr<u>e</u>bbero
Congiuntivo presente: paia, paia, paia, paiamo (pariamo), paiate, p<u>a</u>iano
Imperativo: pari, paia, paiamo, parete, p<u>a</u>iano
Participio passato: parso

---

piacere   *to please*
Indicativo presente: piaccio, piaci, piace, piacciamo, piacete, pi<u>a</u>cciono
Passato remoto: piacqui, piacesti, piacque, piacemmo, piaceste, pi<u>a</u>cquero
Congiuntivo presente: piaccia, piaccia, piaccia, piacciamo, piacciate, pi<u>a</u>cciano
Imperativo: piaci, piaccia, piacciamo, piacete, pi<u>a</u>cciano
Participio passato: piaciuto

---

porre   *to put*
Indicativo presente: pongo, poni, pone, poniamo, ponete, pongono
Passato remoto: posi, ponesti, pose, ponemmo, poneste, posero
Congiuntivo presente: ponga, ponga, ponga, poniamo, poniate, pongano
Imperativo: poni, ponga, poniamo, ponete, pongano
Participio passato: posto
Gerundio: ponendo

---

possedere   *to own, to possess* (see **sedere**)

---

potere   *to be able to, can*
Indicativo presente: posso, puoi, può, possiamo, potete, possono
Futuro: potrò, potrai, potrà, potremo, potrete, potranno
Condizionale: potrei, potresti, potrebbe, potremmo, potreste, potrebbero
Congiuntivo presente: possa, possa, possa, possiamo, possiate, possano

---

prevedere   *to foresee* (see **vedere**)

---

ridurre   *to change* (see **tradurre**)

---

riempire   *to fill*
Indicativo presente: riempio, riempi, riempie, riempiamo, riempite, riempiono
Congiuntivo presente: riempia, riempia, riempia, riempiamo, riempiate, riempiano
Imperativo: riempi, riempia, riempiamo, riempite, riempiano

---

rifare   *to redo* (see **fare**)

---

rimanere   *to remain*
Indicativo presente: rimango, rimani, rimane, rimaniamo, rimanete, rimangono
Passato remoto: rimasi, rimanesti, rimase, rimanemmo, rimaneste, rimasero
Futuro: rimarrò, rimarrai, rimarrà, rimarremo, rimarrete, rimarranno
Condizionale: rimarrei, rimarresti, rimarrebbe, rimarremmo, rimarreste, rimarrebbero
Congiuntivo presente: rimanga, rimanga, rimanga, rimaniamo, rimaniate, rimangano
Imperativo: rimani, rimanga, rimaniamo, rimanete, rimangano
Participio passato: rimasto

---

riuscire   *to succeed* (see **uscire**)

---

rivedere   *to see again* (sec **vedere**)

---

salire   *to go up*
Indicativo presente: salgo, sali, sale, saliamo, salite, salgono
Congiuntivo presente: salga, salga, salga, saliamo, saliate, salgano
Imperativo: sali, salga, saliamo, salite, salgano

---

sapere   *to know*
Indicativo presente: so, sai, sa, sappiamo, sapete, sanno
Passato remoto: seppi, sapesti, seppe, sapemmo, sapeste, seppero
Futuro: saprò, saprai, saprà, sapremo, saprete, sapranno
Condizionale: saprei, sapresti, saprebbe, sapremmo, sapreste, saprebbero

Congiuntivo presente: sappia, sappia, sappia, sappiamo, sappiate, sappiano
Imperativo: sappi, sappia, sappiamo, sappiate, sappiano

---

scegliere *to choose*
Indicativo presente: scelgo, scegli, sceglie, scegliamo, scegliete, scelgono
Passato remoto: scelsi, scegliesti, scelse, scegliemmo, sceglieste, scelsero
Congiuntivo presente: scelga, scelga, scelga, scegliamo, scegliate, scelgano
Imperativo: scegli, scelga, scegliamo, scegliete, scelgano
Participio passato: scelto

---

sciogliere *to dissolve*
Indicativo presente: sciolgo, sciogli, scioglie, sciogliamo, sciogliete, sciolgono
Passato remoto: sciolsi, sciogliesti, sciolse, sciogliemmo, scioglieste, sciolsero
Congiuntivo presente: sciolga, sciolga, sciolga, sciogliamo, sciogliate, sciolgano
Imperativo: sciogli, sciolga, sciogliamo, sciogliete, sciolgano
Participio passato: sciolto

---

scomparire *to disappear*
Indicativo presente: scompaio, scompari, scompare, scompariamo, scomparite, scompaiono
Passato remoto: scomparvi, scomparisti, scomparve, scomparimmo, scompariste, scomparvero
Congiuntivo presente: scompaia, scompaia, scompaia, scompariamo, scompariate, scompaiano
Imperativo: scompari, scompaia, scompariamo, scomparite, scompaiano
Participio passato: scomparso

---

scomporsi *to lose one's calm* (see **porre**)

---

sedere *to sit*
Indicativo presente: siedo (seggo), siedi, siede, sediamo, sedete, siedono (seggono)
Congiuntivo presente: sieda, sieda, sieda (segga), sediamo, sediate, siedano (seggano)
Imperativo: siedi, sieda (segga), sediamo, sedete, siedano (seggano)

---

sostenere *to support, to maintain* (see **tenere**)

---

stare *to stay*
Indicativo presente: sto, stai, sta, stiamo, state, stanno
Passato remoto: stetti, stesti, stette, stemmo, steste, stettero
Futuro: starò, starai, starà, staremo, starete, staranno
Condizionale: starei, staresti, starebbe, staremmo, stareste, starebbero
Congiuntivo presente: stia, stia, stia, stiamo, stiate, stiano
Congiuntivo imperfetto: stessi, stessi, stesse, stessimo, steste, stessero
Imperativo: sta' (stai), stia, stiamo, state, stiano

---

supporre *to suppose* (see **porre**)

---

tacere *to be silent*
Indicativo presente: taccio, taci, tace, taciamo, tacete, tacciono
Passato remoto: tacqui, tacesti, tacque, tacemmo, taceste, tacquero
Congiuntivo presente: taccia, taccia, taccia, tacciamo, tacciate, tacciano
Imperativo: taci, taccia, taciamo, tacete, tacciano
Participio passato: taciuto

---

tenere   *to keep*
Indicativo presente: tengo, tieni, tiene, teniamo, tenete, tengono
Passato remoto: tenni, tenesti, tenne, tenemmo, teneste, tennero
Futuro: terrò, terrai, terrà, terremo, terrete, terranno
Condizionale: terrei, terresti, terrebbe, terremmo, terreste, terrebbero
Congiuntivo presente: tenga, tenga, tenga, teniamo, teniate, tengano
Imperativo: tieni, tenga, teniamo, tenete, tengano

---

togliere   *to remove* (see **cogliere**)

---

tradurre   *to translate*
Indicativo presente: traduco, traduci, traduce, traduciamo, traducete, traducono
Imperfetto: traducevo, traducevi, traduceva, traducevamo, traducevate, traducevano
Passato remoto: tradussi, traducesti, tradusse, traducemmo, traduceste, tradussero
Congiuntivo presente: traduca, traduca, traduca, traduciamo, traduciate, traducano
Congiuntivo imperfetto: traducessi, traducessi, traducesse, traducessimo, traduceste, traducessero
Imperativo: traduci, traduca, traduciamo, traducete, traducano
Participio passato: tradotto
Gerundio: traducendo

---

trarre   *to take out*
Indicativo presente: traggo, trai, trae, traiamo, traete, traggono
Imperfetto: traevo, traevi, traeva, traevamo, traevate, traevano
Passato remoto: trassi, traesti, trasse, traemmo, traeste, trassero
Futuro: trarrò, trarrai, trarrà, trarremo, trarrete, trarranno
Condizionale: trarrei, trarresti, trarrebbe, trarremmo, trarreste, trarrebbero
Congiuntivo presente: tragga, tragga, tragga, traiamo, traiate, traggano
Congiuntivo imperfetto: traessi, traessi, traesse, traessimo, traeste, traessero
Imperativo: trai, tragga, traiamo, traete, traggano
Participio passato: tratto
Gerundio: traendo

---

trattenere   *to hold back* (see **tenere**)

---

udire   *to hear*
Indicativo presente: odo, odi, ode, udiamo, udite, odono
Congiuntivo presente: oda, oda, oda, udiamo, udiate, odano
Imperativo: odi, oda, udiamo, udite, odano

---

uscire   *to go out*
Indicativo presente: esco, esci, esce, usciamo, uscite, escono
Congiuntivo presente: esca, esca, esca, usciamo, usciate, escano
Imperativo: esci, esca, usciamo, uscite, escano

---

vedere   *to see*
Passato remoto: vidi, vedesti, vide, vedemmo, vedeste, videro
Futuro: vedrò, vedrai, vedrà, vedremo, vedrete, vedranno
Condizionale: vedrei, vedresti, vedrebbe, vedremmo, vedreste, vedrebbero
Participio passato: visto (veduto)

---

venire   *to come*
Indicativo presente: vengo, vieni, viene, veniamo, venite, vengono
Passato remoto: venni, venisti, venne, venimmo, veniste, vennero
Futuro: verrò, verrai, verrà, verremo, verrete, verranno
Condizionale: verrei, verresti, verrebbe, verremmo, verreste, verrebbero
Congiuntivo presente: venga, venga, venga, veniamo, veniate, vengano
Imperativo: vieni, venga, veniamo, venite, vengano
Participio passato: venuto

---

vivere   *to live*
Passato remoto: vissi, vivesti, visse, vivemmo, viveste, vissero
Futuro: vivrò, vivrai, vivrà, vivremo, vivrete, vivranno
Condizionale: vivrei, vivresti, vivrebbe, vivremmo, vivreste, vivrebbero
Participio passato: vissuto

---

volere   *to want*
Indicativo presente: voglio, vuoi, vuole, vogliamo, volete, vogliono
Passato remoto: volli, volesti, volle, volemmo, voleste, vollero
Futuro: vorrò, vorrai, vorrà, vorremo, vorrete, vorranno
Condizionale: vorrei, vorresti, vorrebbe, vorremmo, vorreste, vorrebbero
Congiuntivo presente: voglia, voglia, voglia, vogliamo, vogliate, vogliano
Imperativo: vogli, voglia, vogliamo, vogliate, vogliano

■ Gruppo B

These verbs are irregular only in the **passato remoto** and/or the **participio passato.** Regular forms are given in parentheses.

		Passato remoto	Participio passato
accendere	*to light*	accesi	acceso
accorgersi	*to notice*	accorsi	accorto
appendere	*to hang*	appesi	appeso
aprire	*to open*	(aprii)	aperto
assistere	*to help*	(assistei)	assistito

		Passato remoto	Participio passato
attendere	*to wait*	attesi	atteso
chiedere	*to ask*	chiesi	chiesto
chiudere	*to close*	chiusi	chiuso
concludere	*to conclude*	conclusi	concluso
confondere	*to confuse*	confusi	confuso
conoscere	*to know*	conobbi	(conosciuto)
coprire	*to cover*	(coprii)	coperto
correggere	*to correct*	corressi	corretto
correre	*to run*	corsi	corso
crescere	*to grow*	crebbi	(cresciuto)
decidere	*to decide*	decisi	deciso
difendere	*to defend*	difesi	difeso

		Passato remoto	Participio passato
dipendere	*to depend*	dipesi	dipeso
dipingere	*to paint*	dipinsi	dipinto
discutere	*to discuss*	discussi	discusso
distruggere	*to destroy*	distrussi	distrutto
dividere	*to divide*	divisi	diviso
esplodere	*to explode*	esplosi	esploso
esprimere	*to express*	espressi	espresso
evadere	*to escape*	evasi	evaso
fingere	*to pretend*	finsi	finto
giungere	*to arrive*	giunsi	giunto
illudersi	*to delude oneself*	illusi	illuso
insistere	*to insist*	(insistei)	insistito
leggere	*to read*	lessi	letto
mettere	*to put*	misi	messo
muovere	*to move*	mossi	mosso
nascere	*to be born*	nacqui	nato
nascondere	*to hide*	nascosi	nascosto
offendere	*to offend*	offesi	offeso
offrire	*to offer*	(offrii)	offerto
perdere	*to lose*	persi (perdei) (perdetti)	perso (perduto)
persuadere	*to persuade*	persuasi	persuaso
piangere	*to cry*	piansi	pianto
piovere	*to rain*	piovve	(piovuto)
porgere	*to hand*	porsi	porto
prendere	*to take*	presi	preso
reggere	*to govern*	ressi	retto
rendere	*to give back*	resi	reso
resistere	*to resist*	(resistei)	resistito
ridere	*to laugh*	risi	riso
risolvere	*to solve*	risolsi (risolvei) (risolvetti)	risolto
rispondere	*to answer*	risposi	risposto
rompere	*to break*	ruppi	rotto
scendere	*to descend*	scesi	sceso
scoprire	*to discover*	(scoprii)	scoperto
scrivere	*to write*	scrissi	scritto
scuotere	*to shake*	scossi	scosso
soffrire	*to suffer*	(soffrii)	sofferto
sorgere	*to rise*	sorsi	sorto
sospendere	*to suspend*	sospesi	sospeso
spegnere	*to turn off*	spensi	spento
spendere	*to spend (money)*	spesi	speso
spingere	*to push*	spinsi	spinto
stendere	*to stretch out*	stesi	steso
succedere	*to happen*	successi	successo
tendere	*to hold out*	tesi	teso
trascorrere	*to spend (time)*	trascorsi	trascorso
uccidere	*to kill*	uccisi	ucciso
vincere	*to win*	vinsi	vinto

An asterisk* before a verb indicates that the verb requires **essere** in compound tenses. (**isc**) after an -**ire** verb indicates that the verb is conjugated with -**isc**- in the present indicative, present subjunctive, and imperative.

A dash (—) in a phrase indicates that the Italian word appears therein in its basic form, with no article. Articles and changes in form are indicated.

In Italian words of two or more syllables, the stress usually falls on the next-to-last syllable. Exceptions to this rule are indicated by a line below the vowel of the syllable to be stressed.

ABBREVIATIONS

adj	adjective	*inf*	infinitive	*pp*	past participle
adv	adverb	*interj*	interjection	*pr*	passato remoto
conj	conjunction	*inv*	invariable	*prep*	preposition
def art	definite article	*m*	masculine	*subj*	subjunctive
f	feminine	*pl*	plural		

A

abbastanza enough
l'abbazia abbey
l'abbigliamento clothing
abbracciare to embrace
l'abbraccio embrace
abitare to live, reside
l'abitazione dwelling
*****abituarsi (a)** to get used (to);
  abituato a used to, in the habit of
l'abitudine habit
abusivo unauthorized
*****accadere** (*pr* **accaddi**) to happen
accanto nearby; — **a** (*prep*) near
accelerare to accelerate
accendere (*pp* **acceso**; *pr* **accesi**) to light; to turn on
l'accendino (l'accendisigari) lighter
accennare to nod
acceso turned on
accettare (di + *inf*) to accept
accidenti! darn it!
l'accoglienza reception
accogliere (*pp* **accolto**; *pr* **accolsi**) to receive
accompagnare to accompany
*****accontentarsi** to be content with
accordo agreement; **d'**— ! agreed! **essere d'**— to be in

agreement; *****andare d'**— to get along; *****mettersi d'**— to come to an agreement
*****accorgersi (di)** (*pp* **accorto**; *pr* **accorsi**) to notice
acerbo green, unripe
l'acquisto purchase
adagio slowly
*****adattarsi** to adapt oneself
adatto appropriate
addio farewell
addirittura simply
*****addormentarsi** to fall asleep
*****adeguarsi** to adapt oneself
adesso now
adolesente adolescent
adoperare to use
adulto adult
l'affare (*m*) business, bargain
affascinante facinating
affermare to state
l'affermazione (*f*) statement
affezionato (a) font (of)
affittare to rent
l'affitto rent; **prendere in** — to rent (as renter)
*****affrettarsi** to hasten
affrontare to face, to confront
l'agenzia agency
aggiungere (*pp* **aggiunto**; *pr* **aggiunsi**) to add

l'agriturismo vacation on a farm
ahimé alas
aiutare (**a** + *inf*) to help
l'aiuto help
l'albergo hotel
l'albero tree
l'alcolico alcoholic drink
*****allarmarsi** to become alarmed
allegro cheerful
l'allenamento training
allenato "in condition"
l'allenatore (*m*) coach
allestire to prepare
allora then
almeno at least
alto tall, high; **in** — high up
l'alto high point
altrimenti otherwise
alzare to raise; *****alzarsi** to get up, stand up; *****essere alzato** to be up; *****stare alzato** to stay up
ambientale environmental
l'ambientalista environmentalist
l'ambiente (*m*) environment
l'ambulanza ambulance
a meno che unless
l'amica (*f*) friend
l'amicizia friendship; **fare** — to make friends
l'amico (*m*) (*pl* gli **amici**) friend
ammazzare to kill

*ammalarsi   to get sick

ammettere (*pp* ammesso; *pr* ammisi)   to admit

l'amore (*m*)   love; per l' — del cielo! for heaven's sake!; — proprio pride

anche   also, too; even; — se even if

ancora   still, yet, again

*andare   to go; *andarsene to leave, go away; — in rovina to decay; — via di casa to leave home

l'anello   ring

l'anfiteatro   amphitheater

l'angolo   corner

angosciato   worried, distressed

l'anima (l'animo)   soul

l'animatore   organizer of activities

l'anno   year

*annoiarsi   to get bored

annoiato   bored

annunciare   to announce

l'annuncio   announcement; want ad

l'ansia   anxiety, anxiousness

ansimante   panting

ansimare   to gasp/pant

l'anticipo   advance; in — in advance

l'anticipo   deposit

antico   ancient, antique

l'anticoncezionale (*m*)   contraceptive

l'antipatia   dislike

antipatico   disagreeable, unpleasant, not likeable; essere — a not to please

anzi   rather; on the contrary

aperto   open; all'aperto outdoor

l'apparecchio   device

*apparire (*pp* apparso; *pr* apparvi)   to appear

l'appartenere (*pr* appartenni)   to belong

appassionato   fan

l'appello   exam session; roll call; appeal

appena   just, just barely; as soon as

appendere (*pp* appeso; *pr* appesi)   to hang

l'appetito   appetite

applicare   to fit

l'appoggio   support

apposta   on purpose

apprendere (*pp* appreso; *pr* appresi)   to learn

apprezzare   to appreciate

approfittare   to take advantage

l'appuntamento   appointment, date

appunto   precisely; per l'appunto precisely

l'appunto   note

aprire (*pp* aperto)   to open

l'arena   arena

l'argento   silver

l'argomento   subject, topic; proof, reasoning

l'aria   air

l'arma (*pl* le armi)   arm, weapon

armato   armed

*arrabbiarsi   to get angry

*arrivare   to arrive

l'arrivo   arrival

*arrossire (isc)   to blush

l'arte (*f*)   art

l'articolo   article; item; articoli sportivi sporting goods

l'artigianato   craftsmanship

artistico   artistic

l'ascensore (*m*)   elevator

l'asciugamano   towel

asciutto   dry

a seconda di   according to

l'asilo   kindergarten; — nido nursery school

ascoltare   to listen, listen to

aspettare   to wait (for), expect; *aspettarsi to expect; l'aspettativa expectation

l'assegno   check

assicurare   to assure; *assicurarsi che (+ *subj*) to make sure

le assicurazioni   insurance

l'assistente universitario (assistant) lecturer: in the Italian university system, assists the primary professor of a course

assistere (a) (*pp* assistito)   to attend

assoluto   absolute

assomigliare (a)   to resemble

assumere (*pp* assunto; *pr* assunsi)   to hire, to take on

ateo   atheist

l'atleta (*m or f*)   athlete

attaccare   to attack; — discorso to strike up a conversation

attendere (*pp* atteso; *pr* attesi)   to wait (for)

attento   attentive; stare — to pay attention

l'attenzione (*f*)   attention; fare — to pay attention; — ! watch it!

l'attesa   wait

attiguo (a)   attached (to)

le attività ricreative   diversions

l'atto   act, action

attorno   around; — a (*prep*) around

attraversare   to cross

l'attrezzatura   equipment/facility

l'attrice (*f*)   actress

attuale   contemporary, present

l'attualità   current events

attualmente   at present

augurare   to wish; *augurarsi to hope

l'augurio   good wish

l'aula   classroom

aumentare   to raise, increase

l'aumento   raise

autentico   authentic

l'autista (*m or f*)   driver

l'autobus (il bus)   bus

l'automobile (*f*) (l'auto *f*)   car

l'automobilista (*m or f*)   motorist

l'autopubblica   taxi

l'autore   author

l'autostrada   highway

avanti   forward; come on; — ! come in!; andare — to go on, go ahead

avaro   miserly

avere (*pr* ebbi)   to have; avercela con to be angry at, bear a grudge against

*avvenire (*pp* avvenuto; *pr* avvenni)   to happen
l'avvenire (*m*)   future
*avverarsi   to come true
avvertire   to inform, warn
*avviarsi   to start out, set out
*avvicinarsi (a)   to approach, go near
l'avvocato   lawyer

B

il babbo   father, dad
baciare   to kiss
il bacio   kiss
il bagagliaio   trunk
bagnato   wet
il bagno   bath; bathroom; fare il — to take a bath
ballare   to dance
il ballo   dance
il bambino, la bambina   child
la bambola   doll
la banca   bank
la bancarella   market stall
il bar   café
la barca   boat; — a vela sailboat
il barista   bartender
barocco   Baroque
la barzelletta   joke
la basilica   basilica
basso   low, short
il basso   low point
basta   enough
*bastare   to suffice, last, be enough
il bastimento   ship
bastonare   to beat with a stick
il bastone   stick; da passeggio walking stick
battere   to beat; *battersi per to fight for
il bebé   baby
*beffarsi di   to make fun of
la bellezza   beauty; che — ! how nice!
bello   beautiful, fine; fa — the weather is nice
bene   well
il bene   good; fare del — to do good
la benzina   gasoline

il benzinaio   gas station attendant
bere (*pp* bevuto; *pr* bevvi)   to drink
bianco   white
la biblioteca   library
il bicchiere   glass
la bicicletta   bicycle
il biglietto   ticket
il bilancio   budget
il bimbo, la bimba   child
biondo   blond
la birra   beer
il bisnonno/la bisnonna   (great-) grandfather/grandmother
il bisogno   need; avere — di to need
la bistecca   beefsteak
*bloccarsi   to get stuck
blu (*inv*)   blue
la bocca   mouth
bocciare   to flunk
bollito   boiled
il borgo   village
la borsa   purse; — di studio scholarship; o la — o la vita! either your money or your life!
la bottiglieria   liquor store
il braccio (*pl* le braccia)   arm
il brano   passage, selection
bravo   good, clever, skillful; fare il — (la brava) to be a good boy (good girl)
breve   short, brief; in — in a short time
il brigante   bandit
brillante   shiny
il brivido   shiver; avere i brividi to shiver
il bronzo   bronze
bruno   dark-haired; dark
brusco   abrupt; brusque
brutto   ugly; fa — the weather is bad
il buco   hole
il bue   ox
buffo   funny
la bugia   lie
bugiardo   insincere
il bugiardo   liar

buio   dark
il buio   dark, darkness; al — in the dark
il buono acquisto   store credit
il burro   butter
bussare   to knock
buttare   to throw; — giù to jot down

C

il cacao   cocoa
la caccia   hunting, hunt; chase; *andare a — to go hunting; dare la — a to chase
cacciare   to throw out
il cacciatore   hunter
*cadere (*pr* caddi)   to fall
il caffè   coffee; café
la caffeina   caffeine
calare   to drop, lower
il calcio   kick; soccer; dare un — a to kick
caldo   hot, warm
il caldo   heat; avere — to be hot; fa — it is hot (weather)
la calma   calm
il calore   warmth
la calza   sock, stocking
la calzoleria   shoe store
i calzoni   pants, trousers
cambiare   to change, alter something; to exchange; to become different; — casa to move; *cambiarsi to change one's clothes
il cambiamento   change, alteration
il cambio   exchange rate, financial transaction; in — in return
la camera   room; — da bagno bathroom; — da gioco playroom; — da letto bedroom
la cameriera   waitress, maid
il cameriere   waiter
la camicetta   blouse
la camicia   shirt
camminare   to walk
la campagna   country, countryside; in — in (to) the country

il campionato championship

il campione champion

il campo field

il cane dog

il/la cantante singer

il canto singing

la canzone song

capace (di + *inf*) capable

i capelli hair

capire (isc) to understand

la capitale capital (city)

***capitare** to happen

il capo head; chief, boss; **da —** from the beginning

il cappello hat

il cappotto winter coat

la capra goat

la caramella candy

il carattere disposition

carico (*pl* carichi) loaded, burdened

la carità charity; **per —!** for goodness' sake!

la carne meat; flesh; **di — e ossa** real

caro dear; expensive

la carriera career

la carrozzeria body (of a car)

la carta paper; card; **— di credito** credit card; **giocare a carte** to play cards

la carta (geografica), la cartina map

il cartello sign (written or printed)

il cartellone billboard

la cartolina postcard

il/la cartomante fortune teller

i cartoni animati cartoons

la casa house, home; **a (in) —** at home; **a — di** at, to the house of

la casalinga housewife

il casco helmet

il caso case; chance; event; **a —** at random; **fare — a** to pay attention to; **per —** by chance

la cassa case

la cassetta tape

la cassetta della posta / delle lettere mailbox

il castello castle

la categoria category

la cattedra teacher's desk

la cattedrale cathedral

la causa cause, reason; **a — di** because of

il cavallo horse; ***andare a —** to ride a horse

cavare to take out; **cavarsela** to get by, to manage

il cavolo cabbage

cc cubic centimeter

celebrare to celebrate

celebre famous

celibe single (man)

la cena supper

cenare to have supper

il centesimo cent

il centro center; **in —** downtown

cercare to look for; **— di (+ *inf*)** to try

certo certain; certainly

la certosa monastery

cessare (di + *inf*) to stop, cease

il cetriolo cucumber

chiacchierare to chat

chiamare to call; ***chiamarsi** to be named

chiaro light, clear

la chiave key; **chiudere a —** to lock

chiedere (*pp* **chiesto**; *pr* **chiesi**) to ask, ask for; ***chiedersi** to wonder

la chiesa church

***chinarsi** to bend down

il chirurgo surgeon

chissà (chi sa)? who knows?

chiudere (*pp* **chiuso**; *pr* **chiusi**) to close; to turn off; **— a chiave** to lock

chiuso closed

il cibo food

il cielo sky, heaven; **per l'amor del —!** for heaven's sake!

la ciliegia cherry

la cima top, summit; **in — a** at the top of

il cinema (cinematografo) movie theater

la cinepresa movie camera

il cioccolato chocolate; **il cioccolatino** chocolate candy

cioè that is

la cipolla onion

circa about, approximately

il circolo club

la città city, town

la civiltà civilization

la classe students in a course, classroom

il/la cliente client

la clinica private hospital

il cofano hood (of a car)

cogliere (*pp* **colto**; *pr* **colsi**) to pick

il cognato/la cognata brother-/sister-in-law

la colazione breakfast, lunch; **fare —** to have breakfast/lunch

collaborare to collaborate

la collana necklace

il colle hill

il/la collega colleague

collegare to join, connect

collezionare to collect

la collina hill

il colloquio interview

la colonna column

colorato colored

il colore color

il colorito coloring

il colpo banging; blow; **di —** suddenly

colpire (isc) to strike, hit

il coltello knife

il comandante chief

comandare to order, command

combattere to fight

come like, how; as; **— se** as if; **— mai** how come

cominciare to begin

il/la commensale dinner guest/companion

il commesso sales clerk

commettere (*pp* **commesso**; *pr* **commisi**) to commit

il commissario inspector

la commissione errand; —
d'esame examining committee
commosso moved
commovente moving
commuovere (pp commosso; pr
commossi) to move, touch;
*commuoversi to be moved,
touched
comodo comfortable
il comodo convenience, comfort;
fare i propri comodi to do as
one pleases
la compagnia company,
companionship; fare — to keep
company
il compagno companion,
friend
*comparire (pp comparso; pr
comparvi) to appear
la compassione sympathy
compassionevole sympathetic,
understanding
(in) compenso in return
comperare (comprare) to buy
compiere (compire) to complete
il compito homework, task; —
in classe written test
il compleanno birthday
il complimento compliment;
fare un — to pay a compliment
il comportamento behavior
il componimento composition
*comportarsi to behave
comprendere (pp compreso; pr
compresi) to understand
la comprensione understanding
il comune municipality
comune common
comunicare to communicate
la comunicazione
communication
concedere (pp concesso, pr
concessi) to grant, to allow
concentrare to concentrate;
*concentrarsi to concentrate
one's thoughts
conciliare to reconcile
il concittadino fellow citizen
concludere (pp concluso; pr
conclusi) to conclude
condire (isc) to season
la condizione condition; a —
che on condition that

le condoglianze condolences
la condotta behavior
il/la conducente driver
la conferenza lecture; conference
confessare to confess; to admit;
*confessarsi to confess to
oneself
la confidenza confidence, secret
confondere (pp confuso; pr
confusi) to confuse;
*confondersi to get confused
il confronto comparison
la confusione confusion
il congedo leave of absence
il congresso conference
coniugato married
il/la coniuge spouse
il/la connazionale compatriot
il/la conoscente acquaintance
conoscere (pp conosciuto; pr
conobbi) to know; to meet
consegnare to hand over
conservare to keep
il conservatorio music school
considerare to consider,
examine
la considerazione consideration,
comment
consigliare (di + inf) to advise;
— bene/male to give
good/bad advice
il consiglio advice
consumare to use; to consume
la contabilità accounting
il contadino farmer, peasant
(in) contanti cash
contare to count; — di (+ inf)
to plan
contare (su) to rely upon
contemporaneamente at the
same time
contenere to contain
contento glad, content
il contenuto content
continuare (a + inf) to
continue
il conto account; check, bill; per
— suo by himself/herself
il contorno side dish
contrario opposite
contro against
controllare to check
la convalescenza convalescence

conversare to converse, chat
convincente convincing
convincere (pp convinto; pr
convinsi) to convince
convinto convinced
coperto cloudy
la coppia couple
coprire (di) (pp coperto) to
cover (with)
il coraggio courage
il corpo body
correggere (pp corretto; pr
corressi) to correct
correre (pp corso; pr corsi) to
run
la corrispondenza mail
la corsa race; di — running
la corsia lane; hospital ward
il corso course; (main) street
cortese kind, courteous
il cortile courtyard
corto short
la coscienza conscience; avere la
— tranquilla to have a clear
conscience
così so, thus; like this
cosiddetto so-called
*costare to cost
costoso expensive
costretto compelled
costringere (a + inf) (pp
costretto; pr costrinsi) to
compel
costruire (isc) to build
cotto cooked
credere to think, believe
la crema custard
*crescere (pp cresciuto; pr crebbi)
to grow, grow up
il cristallo crystal
criticare to criticize
la crociera cruise
crudo raw
il cruscotto dashboard
il cucchiaio spoon
la cucina kitchen
cucinare to cook
cucire to sew
il cugino, la cugina cousin

cuocere (*pp* **cotto;** *pr* **cossi**) to cook; — **al forno** to bake; — **alla griglia** on the grill; — **a vapore** to steam

la cupola dome

curare to take care of, treat

la curiosità curiosity

curioso curious

D

da from, by; at (to) the place of; with; since

dannato darned

il danno damage

la danza dance

dappertutto everywhere

dare (*pp* **dato;** *pr* **diedi**) to give; **dare (alla TV)** to show (on television); — **le dimissioni** to resign, to retire; — **un dispiacere** to worry, to trouble (someone); — **un esame** to take an exam; — **retta (a)** to listen to, heed, mark someone's words

dato che since

il datore di lavoro employer

davanti in front; — **a** (*prep*) in front of

davvero really, indeed

il debito debt

debole weak

decidere (**di** + *inf*) (*pp* **deciso;** *pr* **decisi**) to decide; *decidersi (a + *inf*) to make up one's mind

la decisione decision; **prendere una** — to make a decision

*dedicarsi to devote oneself

demolire (isc) to demolish

il dente tooth

il/la dentista dentist

dentro inside; — **a** (*prep*) inside

derubare to rob (a person)

descrivere) (*pp* **descritto;** *pr* **descrissi**) to describe

desiderare to wish

il desiderio wish, desire

desideroso (**di** + *inf*) desirous, eager

il destino destiny

destro right; **a destra** to the right

di of; — **là(lì)** from there

il dialogo dialogue

il diamante diamond

il diario diary

dichiarare to state, declare

la dichiarazione statement, declaration

la dieta diet

dietro behind; — **a** (*prep*) behind

difendere (*pp* **difeso;** *pr* **difesi**) to defend

la differenza difference

difficile difficult; improbable

diffondere (*pp* **diffuso,** *pr* **diffusi**) to spread

digerire (isc) to digest

*dimagrire (isc) to lose weight

dimenticare (*dimenticarsi) (**di** + *inf*) to forget

dimostrare to show

i dintorni surroundings

il dio (*pl* **gli dei**) god

il dipartimento department; academic department or division within a university

il/la dipendente employee

*dipendere (**da**)(*pp* **dipeso;** *pr* **dipesi**) to depend (on)

dipingere (*pp* **dipinto;** *pr* **dipinsi**) to paint

il diploma secondary school diploma

dire (*pp* **detto;** *pr* **dissi**) to say, tell

dirigere (*pp* **diretto;** *pr* **diressi**) to direct

dirigente executive

diritto, dritto straight

la direzione direction

il diritto right; law; **avere** — **a** to be entitled to

il disagio discomfort, uneasiness

il disastro disaster

il disco record

discorrere (*pp* **discorso;** *pr* **discorsi**) to talk; — **del più e del meno** to talk of this and that

il discorso speech, talk

la discoteca discotheque

discreto discreet

la discussione argument; discussion; **avere (fare) una** — to have an argument

discutere (*pp* **discusso;** *pr* **discussi**) to discuss, argue

disegnare to design, draw

disgraziatamente unfortunately

disgraziato wretched

disgustoso disgusting

disoccupato unemployed

la disoccupazione unemployment

disordinato messy

il disordine disorder, mess

dispendioso expensive

disperato desperate

*dispiacere to be sorry, to mind

disponibile available

disposto willing, disposed; placed

dissuadere (*pp* **dissuaso;** *pr* **dissuasi**) to dissuade, to deter

distante (*adv*) far away

la distesa expanse

distintamente distinctly

distrarre (*pp* **distratto;** *pr* **distrassi**) to distract; *distrarsi to let one's mind wander

la distrazione diversion

distruggere (*pp* **distrutto;** *pr* **distrussi**) to destroy

disturbare to bother

disubbidire (isc) to disobey

la ditta business, firm

il dito (*pl* **le dita**) finger

il divano sofa, davenport

*divenire (*pp* **divenuto;** *pr* **divenni**) to become

*diventare to become

diverso different; *pl* different, several

divertente amusing

divertire to amuse; *divertirsi to have a good time

dividere (*pp* **diviso;** *pr* **divisi**) to share; to divide

il divieto prohibition

divorziare to divorce

divorziato divorced

il/la docente teacher

il documento document
dolce sweet
il dolce dessert; **i dolci** sweets
il dollaro dollar
il dolore pain, sorrow; — **di capo** headache
la domanda question; — **di assunzione** job application; **fare una** — to ask a question
domandare to ask; *domandarsi to wonder
domani tomorrow
la domenica Sunday
la domestica maid
il domicilio residence; **consegnare a** — to deliver to a customer's house
dominare to control
donare to give (as a present)
la donna woman
dopo after, afterwards
dormire to sleep
il dovere duty
il dubbio doubt
dubitare to doubt; to fear
dunque well then, therefore
durante during
*durare to last
la durata duration
duro hard, tough

E

ebbene (*interj*) well
ebreo Jewish
eccellente excellent
eccellere to excel
eccetera (**ecc.**) etcetera (etc.)
l'eccezione (*f*) exception
economico economical
ecco here is, here are; here you are; — **tutto** that's all
l'edificio building
educato well-mannered, polite
l'educazione (*f*) upbringing
effettivamente actually
efficace effective
efficiente efficient
egoista selfish
elastico elastic
l'eleganza elegance
elencare to list

l'elenco list
l'elettrodomestico appliance
emarginato excluded
l'emergenza emergency
emigrare to emigrate
l'energia energy
energico energetic
enorme enormous
entrambe/i both
*entrare to go in, come in; — **in vigore** to go into effect (of law)
l'entrata entrance
eppure and yet
ereditare to inherit
erigere (*pp* **eretto;** *pr* **eressi**) to build, to erect
l'errore (*m*) mistake
esagerare to exaggerate
l'esame (*m*) exam; **dare** (**fare**) **un** — to take an exam
esasperante exasperating
esatto correct
esclamare to exclaim
l'esempio example
le esercitazioni practice sections
esigente demanding
esigere (*pp* **esatto**) to demand, insist
l'esigenza demand
l'esilio exile
esitare to hesitate
l'esperimento experiment
esprimere (*pp* **espresso;** *pr* **espressi**) to express
essenziale essential
*essere (*pp* **stato;** *pr* **fui**) to be; — **d'accordo** to agree; — **impiegato/a** to be employed; — **questione di** to be a matter of
l'est (*m*) east
l'estate (*f*) summer
estero foreign; **all'**— abroad; **dall'**— from abroad
l'età age
eterno eternal
*evadere (*pp* **evaso;** *pr* **evasi**) to escape
evidente evident
eventuale possible

l'evidenza evidence
evitare to avoid

F

fa ago
la fabbrica factory
la faccenda matter; **le faccende di casa** household chores
la faccia face
facile easy; likely
la facoltà college, school
il fagiolino string bean
il fagiolo bean
*fallire (**isc**) to fail, be unsuccessful, go bankrupt
il fallo fault; **senza** — undoubtedly
falso false
la fame hunger; **avere** — to be hungry
famoso famous
il fanale headlight
la fantascienza science fiction
la fantasia imagination, fantasy
fantasticare (**di** + *inf*) to imagine
fare (*pp* **fatto;** *pr* **feci**) to do, make; — **arrabbiare** to make someone angry; — **bene** (**male**) **a** to be good (bad) for; — **tardi** to be late; — (+ *def art* + *noun*) to be a (+ *profession*); *farsi capire to make oneself understood; *farsi male to get hurt; *farsi avanti to come forward, approach; — **due chiacchiere** to chat; — **i conti** to make, balance a budget; — **il primo/il secondo anno** to be in first/second year; — **uno sconto** to give a discount
i fari headlights
il farmaco medicine
il fastidio nuisance, bother; **dare** — (**a**) to bother
il fatto fact, matter
la fava broad bean
la favola fable, fairy tale
la febbre fever; **avere la** — to have a fever

felice happy

le ferie holidays, vacation

***ferirsi** to injure oneself

il ferito, la ferita wounded, injured person

fermare to stop; ***fermarsi** to stop, come to a halt

la fermata stop (bus, streetcar, train)

fermo stopped; **fermi tutti!** no one move!

il ferro iron

la festa party, holiday

festeggiare to celebrate

fiaba fairy tale

la fiamma flame

il fiammifero match

il fidanzato, la fidanzata fiancé, fiancée

***fidarsi (di)** to trust

la fiducia confidence, trust; **avere — in** to trust

il figlio/la figlia son/daughter

la figura figure; **fare bella —** to look smart, elegant

la figurina trade card

la fila row

il film movie, film

finalmente at last

finché (non) (*conj*) till, until

la fine end

la finestra window; **il finestrino** train window

fingere (**di** + *inf*) (*pp* **finto**; *pr* **finsi** to pretend

finire (**isc**) to finish, end

fino a (*prep*) till, until; as far as

finora until now

la finta pretense; **fare — di** (+ *inf*) to pretend

finto fake, false

il fiore flower; **in —** in bloom

fiorentino Florentine

firmare to sign

firmato signed

fischiare to whistle (= to boo, in U.S.A.)

fissare to establish; **— un appuntamento** to make an appointment

fitto thick

la flanella flannel

la foglia leaf

il foglio sheet (of paper)

la folla crowd

folle mad, crazy, foolish

fondare to found

il fondatore founder

il fondo background; bottom; end; **in —** in the background; in reality; **in — a** at the bottom of, at the end of

la fonte source

la forchetta fork

il forestiero stranger

la forma shape; **essere in —** to be in good shape

il formaggio cheese

la formica ant

forse perhaps, maybe

forte strong; fast; *adv* loudly, fast

la fortuna luck, fortune; **per —** luckily, fortunately

fortunato lucky, fortunate

la forza strength; **—!** come on!

la foschia haze

la fotografia (la foto) photograph; **fare una —** to take a picture

fra between; in

il francobollo stamp

la frase sentence; phrase

il fratello brother

la frattura fracture

freddo cold

il freddo cold; **avere —** to be cold; **fa —** it is cold (weather)

frenare to brake

il freno brake

frequentare to attend (school)

frequente frequent

fresco fresh, cool

la fretta haste, hurry; **in —** in a hurry; **avere —** to be in a hurry

il frigorifero (il frigo) refrigerator

fritto fried

il frumento wheat

la frutta fruit

***fuggire** to flee, run away

fumare to smoke

il fumetto comic strip

il fumo smoke, smoking

funzionare to work, function

fuori out, outside; **— di** (*prep*) outside

il furto robbery

G

la gamba leg

garantire (**isc**) to guarantee

la garanzia guarantee

gelato frozen

il gelato ice cream

il gelo frost

geloso jealous

il gemello twin

la generazione generation

il genere kind

i generi alimentari food items

il genero brother-in-law

generoso generous

il genitore parent

la gente people

gentile kind

il gesto gesture

gettare to throw

già already, yet; sure, of course; **non —** certainly not

la giacca jacket, short coat

giallo yellow

il giallo thriller (movie or book), detective story

il giardiniere gardener

il giardino garden

la ginnastica gymnastics

il ginocchio (*pl* **le ginocchia**) knee

giocare to play; **— a** to play (a game, sport)

il giocattolo toy

il gioco game

la gioia joy

il gioielliere jeweler

il gioiello jewel

il giornale newspaper

il/la giornalista journalist

la giornata day; **— feriale** weekday; **— festiva** holiday; **— lavorativa** working day

il giorno day; **al — d'oggi** nowadays; **di —** during the day

la giostra amusement park ride (also a merry-go-round)

il/la giovane young person

il giovanotto young man

la giovinezza youth

girare to turn; to go around; to visit; ***girarsi** to turn around

il giro tour; **fare un —** to take a tour

la gita short trip; **fare una —** to take a short trip

giù down

giudicare to judge

il giudice judge

il giudizio judgment

*giungere (*pp* **giunto**; *pr* **giunsi**) to arrive

giurare to swear, promise

giusto right, correct

godere to enjoy

la goccia drop

il golf sweater

gonfio swollen

la governante governess

gradire (**isc**) to enjoy, appreciate, welcome

il grado state, condition; rank; ***essere in — di** (+ *inf*) to be in a position to

grande big, great

i grandi magazzini department stores

*grandinare to hail

la grandine hail

il grano wheat

il granturco corn

grasso fat, greasy

gratis (*adv*) free

gratuitamente free

gratuito (*adj*) free

grave serious

la gravidanza pregnancy

grazie thanks, thank you

greco (*pl* **greci**) Greek

gridare to shout, scream

grigio gray

la griglia grill

grosso big

guadagnare to earn

il guaio trouble, predicament

il guanto glove

guardare to look (at)

la guarigione recovery

*guarire (**isc**) to get well

il guasto trouble, breakdown

la guerra war

guidare to drive

gustare to enjoy, savor, appreciate

il gusto taste

gustoso tasty

I

l'idea idea

idiota idiotic, stupid

ieri yesterday

*illudersi (*pp* **illuso**; *pr* **illusi**) to delude oneself

illuminare to light something up; ***illuminarsi** to light up

l'illusione (*f*) illusion, delusion

illustrare to illustrate

imbucare to mail

immaginare, *immaginarsi to imagine

imparare (**a** + *inf*) to learn

*impazzire (**isc**) to go crazy

impedire (**di** + *inf*) to prevent

l'impegno diligence, commitment

l'impiegato clerk; **— statale** public servant

l'impiego employment, job

imporre (*pp* **imposto**; *pr* **imposi**) to impose, to require

importante important

*importare to matter

impossibile impossible

impostare to mail

l'impressione (*f*) impression

imprestare to lend; ***farsi —** to borrow

imprevisto unforseen, unexpected

improvviso sudden; **all'—** suddenly

inaugurare to open

l'incantesimo spell

incapace incapable

l'incendio fire

incerto uncertain

l'inchiesta inquiry

l'incidente (*m*) accident

incominciare to begin

incontrare to meet

l'incontro meeting; **— sportivo** sports match

l'inconveniente disadvantage, drawback

incoraggiare (**a** + *inf*) to encourage

l'incubo nightmare

incurante (**di**) heedless (of)

incuriosire (**isc**) to make curious

l'indiano Indian

indicare to point at, indicate

indietro back

*indirizzarsi to address oneself

l'indirizzo address

indistinto unclear

indossare to put on (clothing)

indovinare to guess

indotto induced

l'industriale (*m or f*) industrialist

l'infanzia childhood

infastidito annoyed

infelice unhappy

l'infezione (*f*) infection

*infischiarsi di not to care about

*informarsi to inquire

ingannare to swindle, deceive

l'ingegnere (*m*) engineer

l'ingegneria engineering

l'ingessatura cast

l'ingiustizia injustice

ingiusto unjust

l'ingresso entrance, admission

*ingrassare to get fat, put on weight

iniziare to start, to begin

l'inizio beginning

l'iniezione shot; **fare un'—** to give a shot

*innamorarsi (**di**) to fall in love (with)

innamorato in love; **essere —** (**di**) to be in love (with)

innestare to engage; **— la marcia** to engage the clutch

inoltre   also, moreover

l'inquinamento   pollution

l'insegna   sign (over stores or public places)

l'insegnamento   teaching

l'insegnante (*m or f*)   teacher

insegnare   to teach

inserire (isc)   to insert

insicuro   insecure

insieme   together; **— a** (*or* **con**) together with

insipido   tasteless

insistere (*pp* insistito)   to insist

insolito   unusual

insomma   in short, anyway

insopportabile   unbearable

l'insuccesso   failure

l'insufficienza   failing grade

insultare   to insult

l'insulto   insult

insuperabile   insurmountable

intendere   to mean; ***intendersi di** to be knowledgeable about; **— (+ *inf*)** to plan

l'intenzione (*f*)   intention; **avere — di** (+ *inf*) to intend

interessante   interesting

interessare   to interest; ***interessarsi** (**a** *or* **di**) to be interested (in)

intero   entire

l'interprete (*m or f*)   interpreter

interrogare   to interrogate, question

l'interrogazione   oral test

interrompere (*pp* interrotto; *pr* interruppi)   to interrupt

*intervenire (*pp* intervenuto; *pr* intervenni)   to intervene

l'intervista   interview

intervistare   to interview

intimo   intimate

intorno   around; **— a** (*prep*) around

introdurre (*pp* introdotto; *pr* introdussi)   to introduce, insert, bring in

inutile   useless

invano   in vain

invariabile   invariable

invece   instead, on the contrary; **— di** instead of

l'invenduto   unsold item

l'inventore (*m*)   inventor

l'inverno   winter; **d' —** in winter

inviare   to send

invidiare   to envy

invitare   to invite

l'invitato   guest

l'invito   invitation

*iscriversi (*pp* iscritto; *pr* iscrissi)   to register

l'iscrizione (*f*)   inscription, registration

l'isola   island

isolare   to isolate

l'ispirazione (*f*)   inspiration

l'istante (*m*)   instant, moment

l'istituto   department; **— professionale** trade school

istruire (isc)   to instruct, educate

istruito   educated

l'istruzione (*f*)   education

l'itinerario   itinerary

L

là   there

il labbro (*pl* le labbra)   lip

il ladro   thief

laggiù   down there

il lago   lake

*lamentarsi (di)   to complain (about)

la lampadina   light bulb

lanciare   to throw

largo   wide, broad

lasciare   to leave; to let; **— cadere** to drop; **— in pace** to leave alone; **— stare** (**perdere**) to leave alone

*lasciarsi (+ *inf*)   to allow oneself to be

lassù   up there; **di —** from up there

il lato   side; **ai lati** on the sides

la laurea   university degree

*laurearsi   to graduate (from a university)

la lavagna   blackboard

lavare   to wash; ***lavarsi** to wash up

la lavastoviglie   dishwasher

la lavatrice   washing machine

lavorare   to work

il lavoratore / la lavoratrice   worker

il lavoro   work, job

leale   loyal; fair

legare   to tie

la legge   law

leggere (*pp* letto; *pr* lessi)   to read

leggero   light

il legno   wood

lento   slow

la lettera   letter; **alla —** literally; **le lettere** humanities; **fare lettere** to study humanities

il letterato   man of letters

il letto   bed; **a —** in bed

la lettura   reading

levare   to remove, take off

lì   there

la libbra   pound

liberare   to free

il libretto universitario   grade record book

la licenza   permit

licenziare   to fire, to dismiss

il liceo   prep school

libero   free

lieto   glad

la lingua   language

la linguistica   the science of language

liscio   straight (hair)

litigare   to argue, quarrel

il litigio   quarrel

lodare   to praise

la lode   praise

logico   logical

lontano   far

la lotta   fight

la luce   light

lucido   clear

il lume   light

la luna   moon; **— di miele** honeymoon; **avere la —** (**le** lune) **per traverso** to be in a bad mood

il luna-park amusement park

lungo long; along; **a —** a long time

il luogo place; **avere —** to take place; **— di ritrovo** meeting place

M

ma but

macché nonsense; not on your life

la macchia blur; spot, stain

macchiato spotted, stained

la macchina car; machine

il maestro / la maestra elementary school teacher

magari if only, perhaps

maggiore bigger, greater; older

maggiorenne of age

magro thin, skinny, lean

mai ever; **non... —** never

il maiale pig, pork

malato sick, ill; **— di** sick with

la malattia sickness, illness

male (*adv*) badly, poorly

il male pain; disease; **— di testa** headache; **fare del male** to hurt/damage (someone); *****farsi —** to get hurt; *****andare a —** to spoil, go bad

malgrado despite

malinconico sad

il maltempo bad weather

la mancanza lack, absence

*****mancare** to lack; **— di** (+ *inf*) to fail, neglect

la mancia tip

mandare to send

mangiare to eat; **dare da —** to feed

la mania mania, craze

la maniera way, manner

la mano (*pl* **le mani**) hand; **mani in alto!** stick 'em up!; **sotto —** handy; **stringere la — a** to shake hands with

mantenere (*pp* **mantenni**) to support; to keep; **— una promessa** to keep a promise —

una scommessa to stick to a bet

mantenere la linea to stay in shape

la marcia march, running; **in —** marching

il marciapiede sidewalk

il mare sea

la margarina margarine

il marito husband

la marmellata jam, preserve, marmalade

il marmo marble

marrone (*inv*) brown

mascherato masked

maschile masculine

massimo greatest

masticare to chew

la materia subject

il materiale da costruzione building material

materno maternal

la matricola (*m or f*) freshman

il matrimonio wedding, matrimony

il mattino (la mattina) morning

la maturità standardized final secondary school exam

maturo mature

il meccanico mechanic

la media average

la medicina medicine; **— di stato** public health care

il medico doctor, physician

meglio (*adv*) better; **fare — a** (+ *inf*) to be better off doing something

il melone melon

meno less; *****essere da —** to be inferior; **fare a — di** to do without; **non posso fare a — di** (+ *inf*) I cannot help doing (something)

la mensilità monthly payment

mentalmente mentally

la mente mind; **venire in —** to come to mind

mentre while

la meraviglia marvel, wonder, surprise

meraviglioso marvelous

la merce merchandise, goods

la merenda snack

meritare to deserve

il merito merit

il mese month

il messaggero messenger

il messaggino sms/text message

il mestiere job, trade

la metà half

mettere (*pp* **messo**; *pr* **misi**) to put; **mettersi** to put on; **— a** (+ *inf*) to start; **— in mostra** display

la mezzanotte midnight

mezzo half; **in — a** between, amidst, in the middle of

il mezzogiorno noon

mica at all

il miele honey

il miglio (*pl* **le miglia**) mile

migliorare to improve

il miliardo billion, a thousand million

la minaccia threat

il minicalcio minisoccer

minore smaller, lesser; younger

minorenne minor, under age

il minuto minute

la misura measurement; amount; size

il mito myth or legend

il mobile piece of furniture; **i mobili** furniture

la moda fashion

modificare to modify, change

il modo way, manner; **ad ogni — at** any rate

la moglie wife, **chiedere in — to** ask in marriage

il momento moment

il monastero monastery

il mondo world

la moneta coin

il monolocale studio apartment

la montagna mountain; **in —** in(to) the mountains

montare to mount

*****morire** (*pp* **morto**) to die

la morte death

morto dead

il morto, la morta dead person;

mostrare to show
il motivo reason
la motocicletta (la moto) motorcycle
il motore motor
il motorino scooter
il motoscafo speedboat
mozzare to cut/chop off
la mucca cow
il mucchio pile; **un — di** a lot of
la multa fine, ticket
il mulino mill
muovere (*pp* **mosso**; *pr* **mossi**) to move; ***muoversi** to move, change place
il muro wall
il muro di cinta surrounding wall; **le mura** city/castle walls
la musica music
il/la musicista musician
muto silent, dumb
il mutuo mortgage

N

*nascere (*pp* **nato**; *pr* **nacqui**) to be born
la nascita birth
nascondere (*pp* **nascosto**; *pr* **nascosi**) to hide; ***nascondersi** to hide oneself
il nascondiglio hiding place
nascosto hidden; **di —** secretly
il naso nose
natale native
il Natale Christmas
naturale natural
la nave ship
la nebbia fog
negare to deny
il negozio store, shop
il nemico (*pl* **i nemici**) enemy
il neonato newborn
neppure not even
nero black
la neve snow
nevicare to snow
il nido nest; day care center
niente nothing
il/la nipote nephew; niece; grandchild
nobile noble

la nocciola hazelnut
la noia annoyance; **avere a —** not to like; **dare — a** to bother; **prendere a —** to take a dislike to; ***venire a —** to become a bother
noioso boring
noleggiare to rent (movable things)
il noleggio rent
il nolo fee for rental; **prendere a —** to rent
il nome name
nominare to appoint; to mention
non not; **— ... affatto** not at all; **— ... che** only
il nonno, la nonna grandfather, grandmother
nonostante in spite of
normale normal
notare to notice; **farsi —** to attract attention
la notizia piece of news; **le notizie** news; **avere notizie di (ricevere notizie da)** to hear from
noto well-known
la notte night; **di —** at night; **la — at night**
la novella short story
le nozze wedding, nuptials; **viaggio di —** honeymoon
nubile single (woman)
il/la nudista nudist
nulla nothing
numeroso numerous
la nuora sister-in-law
il nuoto swimming
nuovo new; **di —** again
*nutrirsi di to feed on
la nuvola cloud

O

obbedire (**isc**) to obey
obbligatorio mandatory
l'obiezione objection; **fare —** to raise objection
l'occasione (*f*) opportunity, bargain

gli occhiali glasses
l'occhio eye
*occorrere (*pp* **occorso**; *pr* **occorsi**) to need
occulto hidden
occupare to occupy; ***occuparsi di** to take care of, attend to
occupato busy
odiare to hate
l'odore (*m*) smell
offendere (*pp* **offeso**; *pr* **offesi**) offend; ***offendersi** to take offense
l'offerta offer
offrire (*pp* **offerto**) to offer
l'oggetto object
oggi today; **al giorno d'—** nowadays
ogni every; **— tanto** now and then
oltre beyond; **— a** besides, in addition to; **— tutto** after all
l'ombrello umbrella
l'onda wave; ***andare in —** to go on the air
onorare to honor
l'opera work; opera
l'operaio worker, workman
l'opinione (*f*) opinion
opporre (*pp* **opposto**; *pr* **opposi**) to oppose
opportuno appropriate
opposto opposite
l'opposto opposite
oppure or
ora now
l'ora hour, time
l'orario schedule; **in —** on schedule
ordinare to order
l'ordine order; **mettere in —** to straighten
orgoglioso proud
l'orecchio ear
ormai by now
l'oro gold
l'orologeria clock mechanism
l'orologio watch; clock
orribile horrible
l'orso bear

l'ortaggio vegetable
l'orto vegetable garden
osare to dare
l'ospedale (*m*) hospital
l'ospite (*m or f*) house guest
osservare to observe, watch, point out
l'osso (*pl* **le ossa**) bone
ostinato obstinate, stubborn

P

il pacco package
la pace peace, calm; **lasciare in — ** to leave alone
il paesaggio landscape
il paese village, town; country
il pagamento fee
a pagamento at a fee
pagare to pay; ***farsi — ** to charge
la pagina page; **a — ... ** on page . . .
la paghetta allowance
il paio (*pl* **le paia**) pair, couple
il palazzo palace; apartment house
la palestra gymnasium
la palla ball; **il pallone** big ball
pallido pale
il paltò winter coat
la panchina bench
la panna cream
il panorama panorama, view
i pantaloni pants, trousers
la pantofola slipper
il papa pope
il papà daddy
il parabrezza windshield
il paradiso paradise
il paragone comparison
il parco park
parecchio a lot of; *pl* several
il/la parente relative
*parere (*pp* **parso**; *pr* **parvi**) to seem
il parere opinion
la parità equality; **— dei diritti** equal rights
parlare to speak, talk; **— di** to talk about
il parmigiano Parmesan cheese

la parola word
il parrucchiere hairdresser
la parte part, side; **d'altra — ** on the other hand; **dalla — di** in the direction of; **da una — ** on one side; **fare — ** to be a part; **la maggior — di** most
partecipare (a) to participate (in)
la partenza departure
particolare particular; out of the ordinary, unusual; **in — ** particularly
il particolare detail
*partire to leave, go on a trip, depart
la partita game
il partito political party
il parto childbirth
il passaggio passing; lift; **di — ** passing through; **chiedere un — ** to hitchhike, ask for a lift
il/la passante passerby
passare to spend (time); to stop by, pass by, go by
il passatempo pastime
la passeggiata walk; **fare una — ** to talk a walk
il passo step; **commettere un — falso** to do the wrong thing; **fare due passi** to take a short walk
la pasticceria pastry shop
la pasta pastry
il pasto meal
il pastore shepherd
la patata potato
la patente driver's license
la paura fear; **avere — (di)** to be afraid (of)
la pazienza patience; **avere — ** to be patient
pazzo mad, crazy
peccato too bad
il peccato sin
la pecora sheep
il/la pediatra pediatrician
la pelle skin; leather
la pelletteria leather store
la pelliccia fur coat
la pellicola movie, film

la penna pen; **una buona — ** a good writer
pensabile thinkable
pensare (a) to think (about); **— di (qualcosa o qualcuna)** to have an opinion on (something or somebody); **— di (+ *inf*)** to plan
il pensiero thought; ***essere *(stare) in — per** to worry about
la pensione inexpensive hotel; ***andare in — ** to retire
il pepe pepper
il peperoncino chili
il peperone pepper
per for
la pera pear
perché why, because; so that
perciò therefore
il percorso route
perdere (*pp* **perso**; *pr* **persi**) to lose; **— il treno** to miss the train; **— di vista** to lose touch with
la perdita loss
*perfezionarsi to improve oneself
il pericolo danger
pericoloso dangerous
la periferia suburbs, outskirts
il periodo period
la perla pearl
la permanenza stay
il permesso permission; **— di soggiorno** residency permit
permettere (*pp* **permesso**; *pr* **permisi**) to allow; ***potersi — ** to be able to afford
però however
persino even
la persona person; *pl* people
il personaggio important person; character
persuadere (**a** + *inf*) (*pp* **persuaso**; *pr* **persuasi**) to convince
pesare to be heavy, to weigh
la pesca peach
pescare to fish
il pesce fish
il peso weight

il pettegolezzo gossip; **fare pettegolezzi** to gossip

il pezzo piece

*__piacere__ (*pp* **piaciuto**; *pr* **piacqui**) to like

il piacere pleasure; **fare — a** to give pleasure to, to please

piacevole pleasant

piangere (*pp* **pianto**; *pr* **piansi**) to cry

piano (*adv*) slowly

il piano floor, story; plan; surface; piano; **— regolatore** town plan; **— di studio** course program

la pianura plain

il piatto dish, plate; **il primo / il secondo —** first / second course

la piazza square

piccante spicy

picchiare to beat

piccino tiny

piccolo small, little; **da —** as a young boy

il piede foot; *__andare__ (*__venire__) **a piedi** to walk, go on foot; *__essere__ **in piedi** to be up; *__stare__ **in piedi** to stand

pieno full

la pietà pity

la pioggia rain

piovere (*pp* **piovve**) to rain

la pipa pipe

la piscina swimming pool

il pittore painter

la pittura painting

più more; plus; **non —** no more, no longer; **sempre —** more and more

il più the greater part; **parlare del — e del meno** to talk about this and that

piuttosto rather

la plastica plastic

poco not much; **fra —** shortly; **un — (un po')** a little

il poema poem

la poesia poem; poetry

il poeta poet

poi then, afterwards

polacco Polish

la politica politics; policy

politico political, **uomo —** politician

la polizia police

il poliziotto policeman

il polso pulse, wrist

la poltrona armchair

la polvere powder; dust

il pomeriggio afternoon

il ponte bridge

popolare popular

il popolo people (of a country)

porgere (*pp* **porto**; *pr* **porsi**) to hand, give, extend

porre (*pp* **posto**; *pr* **posi**) to put; **— a termine** to finish

la porta door

portare to bring, take, carry, accompany; to wear; **— a spasso i cani** to walk the dogs

il portico arcade

la portiera door (of a car)

posare to put down

le posate silverware

la posizione job, position, standing

possedere to own, possess

la posta mail; **le poste** postal services

il posteggio parking place

il postino mailman

il posto place; **a —** in order; in place; **— di lavoro** position

potente powerful

potere to be able; **non poterne più (di)** not to be able to take

il potere power

povero poor

pranzare to dine, have dinner

il pranzo dinner

la pratica practice; **fare —** to practice

*__precipitarsi__ to rush

preciso precise

predire (*pp* **predetto**; *pr* **predissi**) to foretell

la preferenza preference

preferire (**isc**) to prefer

pregare (**di** + *inf*) to pray, beg

il pregiudizio prejudice

premiare to reward

il premio prize

la premura haste, hurry; concern

prendere (*pp* **preso**; *pr* **presi**) to take, pick up; to have (food); *__prendersela__ to take offense; **— diciotto/trenta e lode** to get 18/30 cum laude; **— in affitto** to rent; **— informazioni** to get information; **— iniziative** to take measures; **— in prestito** to borrow; **— un bel/brutto voto** to get a good/bad grade; **— una decisione** to make a decision; *__prendersi cura (di)__ to take care (of)

prenotare to reserve

preoccupare to worry, trouble; *__preoccuparsi (di)__ to be concerned, to worry (about)

preoccupato worried

la preoccupazione worry

preparare to prepare

presentare to present, introduce, get people acquainted

la presenza presence; **alla — di** in the presence of

presso near, at

il prestito loan

presto (*adv*) early, soon, quickly; **al più —** as soon as possible; **fare — a** (+ *inf*) to do something quickly

il prete priest

pretendere (*pp* **preteso**; *pr* **pretesi**) to demand, expect

la pretesa demand

prevedere (*pp* **previsto**; *pr* **previdi**) to foresee, forecast

prezioso precious

il prezzo price

prima before; **— di** (*prep*) before; **— o poi** sooner or later

il primato record

la primavera spring

il principe prince

la principessa princess

il principio beginning; **in —** at the beginning
probabile probable
il problema problem
il prodotto product
produrre (*pp* **prodotto;** *pr* **produssi**) to produce
la professione profession
il/la professionista professional
profondo deep
il profumo perfume
il programma program
proibire (**isc**) (**di** + *inf*) to prohibit
la proibizione prohibition
la proiezione projection
la promessa promise
promettere (**di** + *inf*) (*pp* **promesso;** *pr* **promisi**) to promise
promosso successful
pronto ready; **il — soccorso** emergency room
pronunciare to pronounce
il proposito purpose; **a —** by the way; **a — di** with regard to, apropos of
la proposta proposal
il proprietario owner
proprio own; (*adv*) truly, really, exactly
il prosciutto cured ham
prossimo next
il/la protagonista protagonist
protestare to protest
la prova test, trial; rehearsal
provare to try, try on, try out; to feel; **— a** (+ *inf*) to try
*****provenire** (*pp* **provenuto;** *pr* **provenni**) to come (from)
il provvedimento measure
la provvista supply
la prudenza prudence
la/lo psichiatra psychiatrist
pubblicare to publish
la pubblicità advertising
pubblico public
pulire (**isc**) to clean
punire (**isc**) to punish
la punta tip
la puntata installment

il punto point, stitch; **— di vista** point of view
puntuale punctual, on time
pure also; (*with imperative*) by all means, go ahead
purtroppo unfortunately

Q

qua, qui here
il quadrato square
il quadro painting
la qualifica qualification
qualsiasi any
quando when; **da —** since
quanto how much; as; **— a noi** as for us; **per —** although; as far as; **per — possible** as much as possible
il quartiere neighborhood
quasi almost, nearly; **— (che)** as if
i quattrini money
la quiete calm
quieto quiet
quindi then; therefore
quotidiano daily

R

la rabbia anger
il raccolto harvest
raccomandare to recommend; *****raccomandarsi (a)** to depend on; to ask favors of
raccontare to tell, narrate, recount, relate
il racconto tale, short story
la radice root
il radio radium
la radio radio
la radiografia x-ray
radunare to gather
il raffinato refined man
il raffreddore cold; **avere il —** to have a cold; **prendere un/il —** to catch a cold
raggiante radiant, beaming
il raggio ray
raggiungere (*pp* **raggiunto;** *pr* **raggiunsi**) to reach

la ragione reason; **avere —** to be right; **dare — a qualcuno** to concede that someone is right
ragionevole reasonable
il ragioniere accountant
rallentare to slow down
il ramo branch
il ranocchio frog
la rapa turnip
il rapimento kidnapping
rapinare to rob (a person)
rapire (**isc**) to kidnap
rapito enraptured, entranced
il rapporto relationship
rappresentare to represent
raro rare
la razza kind, race
il re (*pl* **i re**) king
reagire (**isc**) to react
reale real
realizzare to realize, achieve
la realtà reality; **in —** actually
recitare to play, act
la réclame advertising
la reclusione imprisonment
il reddito income
referenziato with references
regalare to give (as a gift)
il regalo gift; **fare un — a** give a gift to
reggere (*pp* **retto;** *pr* **ressi**) to govern
il/la regista movie director
registrare to record
il registro register
la regola rule
il regolamento rule
regolarmente regularly
*****regredire** (**isc**) to regress, go backward
il relatore thesis advisor
rendere (*pp* **reso;** *pr* **resi**) to return, give back; **—** (+ *adj*) to make; *****rendersi conto (di)** to realize, understand
la residenza residence
respinto failed
respirare to breathe
il respiro breath
responsabile (di) responsible (for)

il/la responsabile responsible party

***restare** to remain, stay

restaurare to restore

restituire (isc) to return, give back

il resto change, money given back; rest, remainder

la rete net, network; — **televisiva** TV channel

retribuito paid

il retrovisore rear-view mirror

***rialzarsi** to get up again

riaprire (*pp* **riaperto**) to reopen

ribattere to retort

ribelle rebellious

il ribrezzo disgust

la ricerca research

la ricetta (medica) prescription

riccio curly

ricco rich

ricevere to receive

il richiamo call

la richiesta request

riciclare to recycle

riconoscere (*pp* **riconosciuto**; *pr* **riconobbi**) to recognize

ricordare to remember; — **qualcosa a qualcuno** to remind someone of something; ***ricordarsi (di)** to remember

il ricordo memory

***ricorrere** (*pp* **ricorso**; *pr* **ricorsi**) to recur, occur

ricoverare to hospitalize

ricreativo recreational

ridere (di) (*pp* **riso**; *pr* **risi**) to laugh (at)

ridicolo ridiculous

ridurre (*pp* **ridotto**; *pr* **ridussi**) to reduce; — **in cenere** to turn to ashes, to destroy

riempire (di) to fill (with); ***riempirsi (di)** to get filled (with)

rifare (*pp* **rifatto**; *pr* **rifeci**) to do again

rifiutare (***rifiutarsi**) (**di** + *inf*) to refuse

riflettere to think

il rifugio shelter, mountain lodge

riguardare to concern

riguardo a on the subject of

la rima rhyme

rimandato a settembre failed in one or more subjects

***rimanere** (*pp* **rimasto**; *pr* **rimasi** to remain; — **contento** to be satisfied

rimproverare to reprimand, scold

ringraziare (di) to thank (for)

rinnovare to renew

rinunciare (a) to give up

***ripartire** to leave again

***ripassare** to stop by again

ripetere to repeat

la ripetizione private lesson

***riposarsi** to rest

riprendere (**a** + *inf*) (*pp* **ripreso**; *pr* **ripresi**) to resume, start again; to take back

***risalire** to go up again; — **a** to date back, to go back to

il rischio risk

riservato reserved

il riso laughter

risolvere (*pp* **risolto**) to solve

la risorsa resource

i risparmi savings

risparmiare to save

rispettabile respectable

rispettare to respect

rispondere (*pp* **risposto**; *pr* **risposi**) to answer, reply

la risposta answer

il ristorante restaurant

***risultare** to be known

***il risultato** result

ritagliare to cut out

il ritardo delay; ***essere in** — to be late

ritirare to withdraw; to pick up; ***ritirarsi** to retire, to withdraw (from an exam)

***ritornare** to return, go back

il ritorno return; **andata e** — round trip

***ritrovarsi** to find oneself again

riunire (isc) to reunite

***riuscire** to be successful, turn out, come out; — **a** *or* **di** (+ *inf*) to succeed in

la riuscita issue, result; **la buona** — success; **la cattiva** — failure

rivedere (*pp* **rivisto**; *pr* **rividi**) to see again; revise

rivelare to reveal

la rivista magazine

rivolgere (*pp* **rivolto**; *pr* **volsi**) to address; — **una domanda** to ask a question; — **la parola** to talk, to address

la roba stuff

romantico romantic

il romanzo novel

rompere (*pp* **rotto**; *pr* **ruppi**) to break; ***rompersi** to get broken

rosa (*inv*) pink

la rosa rose

rosso red

rotto broken

rovesciato upside down

la rovina ruin

rovinare to ruin

rovinato damaged, ruined

rubare to steal

il rudere ruin

la ruga wrinkle

il rumore noise

la ruota wheel

la rupe cliff

S

il sacco sack; **un** — **di** a lot of

la sala room, hall; — **d'ingresso** entry hall; — **da giochi** arcade; — **da pranzo** dining room

salato salty

il saldo sale

il sale salt

salire to climb, go up; — **in macchina** to get in a car

la salita climb; **in** — on the climb

il salotto living room

saltare to jump; — **in aria** to explode

in salto jump

salutare to greet, say goodbye to

la salute health
il saluto greeting
salvare to save
il sangue blood
il sanitario doctor
sano healthy
santo saint, holy, saintly; —
   cielo! for heaven's sake!
sapere (*pr* **seppi**) to know, have
   knowledge of; to find out; **il**
   saper vivere rules to etiquette
saporito tasty
la saracinesca rolling shutter
il sarto tailor
sbagliare (*sbagliarsi) to make a
   mistake, to be mistaken; —
   strada to take the wrong road
sbagliato wrong
lo sbaglio mistake
sbattere to slam
*sbrigarsi to hurry up
lo scaffale bookshelf
la scala staircase; sequence; **lo**
   scalone big staircase
scaldare to warm up; *scaldarsi
   to get warm, become excited
scalzo barefoot
scambiare to exchange;
   *scambiarsi to give (to) one
   another
lo scambio exchange
lo scapolo bachelor
*scappare to run along, run
   away
la scarpa shoe; — **da ginnastica**
   sneaker
scatenato boisterous
la scatola box
*scattare to click
lo scatto sudden movement; **di**
   — suddenly
scegliere (*pp* **scelto**; *pr* **scelsi**) to
   choose
la scelta choice
la scena scene
scendere (*pp* **sceso**; *pr* **scesi**) to
   descend, get off; — **dalla**
   macchina to get out of a car
la sceneggiatura movie script
lo schermo screen
scherzare to joke

lo scherzo joke, practical joke,
   trick; **fare uno** — to play a
   trick; **per** — jokingly; — **di**
   natura a freak of nature
la schiena back
schifoso lousy; disgusting, filthy
sciare to ski
gli sci skis
la scienza science
la scienziata, lo scienziato
   scientist
la scimmia monkey
la sciocchezza foolishness; trifle
sciocco foolish; **sciocchino** little
   fool
*sciogliersi (*pp* sciolto; *pr* sciolsi)
   to come untied; to dissolve
lo sciopero strike; **fare** —
   (**scioperare**) to strike; *essere
   in — to be on strike
*scivolare to slide
lo scolaro pupil
la scommessa bet; **mantenere**
   una — to stick to a bet
scommettere (*pp* scommesso; *pr*
   scommessi) to bet
*scomparire (*pp* scomparso; *pr*
   scomparvi) to disappear
scontento discontented,
   unhappy
lo sconto discount
la scoperta discovery
*scoppiare to explode; — **a ridere**
   (**piangere**) to burst out
   laughing (crying)
scoprire (*pp* **scoperto**) to
   discover
scorso last, past; **l'anno** — last
   year
la scrivania writing desk
scrivere (*pp* scritto; *pr* scrissi) to
   write
lo scrittore, la scrittrice writer
lo scultore sculptor
scuotere (*pp* scosso; *pr* scossi)
   to shake
scuro dark
la scusa apology; excuse;
   chiedere — to apologize
*scusarsi to apologize
se if, whether

sebbene though, although
secco dry
il secolo century
secondo according to
sedere, *sedersi to sit, sit down
il sedile seat; —
   anteriore/posteriore
   front/back seat
seduto seated
il segnale sign, signal
segnare to mark
il segno mark, sign; **in** — **di** as a
   sign of; **fare** — **di** (+ *inf*) to
   motion
il segreto secret
seguente following
seguire to follow; to take (a
   course)
il seguito succession; **al suo** —
   following him/her; **di** —
   consecutively
la selvaggina game
il semaforo traffic light
*sembrare to appear
sempre always, all the time; —
   più more and more
sensibile sensitive
il senso sense
il sentiero trail
il sentimento feeling
sentire to feel; to sense; to hear;
   to smell; — **dire che** to hear a
   rumor that; — **parlare di** to
   hear of; **sentirci** to be able to
   hear; *sentirsi to feel
senza without; **senz'altro** of
   course
*separarsi to separate, part
separato separated
il sequestro kidnapping
la sera evening, night; **la** — at
   night
la serata evening
il serbatoio gas tank
sereno clear
serio serious; **sul** — seriously
servire to serve; to help; — **a** to
   be of use, to be good for;
   *servirsi di to use
la servitù servants
il servizio service; set; —
   sanitario health-related
   service
il servizio di posate flatware

la sete thirst; **avere —** to be thirsty

la settimana week

il settore field

severo severe

***sfasciarsi** to fall apart

la sfiducia mistrust

sfoggiare to show off

la sfortuna bad luck

sfortunatamente unfortunately

sfortunato unlucky

***sforzarsi** (**di** + *inf*) to make an effort

lo sforzo effort

sgradito unpleasant

lo sguardo look

siccome as, since

la sicurezza safety

sicuro sure; safe

la sigaretta cigarette

significare to mean

il significato meaning

il signore gentleman

il silenzio silence

silenzioso silent

simile similar

la simpatia liking, attraction

simpatico likeable, congenial, nice; ***essere — a** to please

la sinagoga Jewish temple, synagogue

sincero sincere

singolo single

la sinistra left side; **a —** to the left; **tenere la —** to keep the left

sinistro left, sinister

il sistema system

***sistemarsi** to settle (down)

la situazione situation

smettere (**di** + *inf*) (*pp* **smesso;** *pr* **smisi**) to stop, cease

la società society

socievole sociable

il soccorso help

soddisfatto satisfied

la soddisfazione satisfaction

sodo firm; hard-boiled (egg); **lavorare —** to work hard

soffiare to blow

soffrire (*pp* **sofferto**) to suffer, stand, tolerate; **— di** to suffer from

il soggiorno stay

sognare to dream, dream of or about; ***sognarsi** (**di** + *inf*) to imagine

il sogno dream; **fare un —** to have a dream

il soldo penny; **i soldi** money

il sole sun

solitario aloof, lonely

solito usual; **di —** usually

il sollievo relief

solo alone, lonely; (*adv*) only

soltanto only

somigliare (**a**) to resemble

la somma sum

la sonata sonata

il sondaggio (public opinion) poll

il sonno sleep; **avere —** to be sleepy

sopportare to tolerate

sopra on, upon, over

il sopracciglio (*pl* **le sopracciglia**) eyebrow

soprattutto above all

***sopravvenire** (*pr* **sopravvenni**) to arise

sordo deaf

la sorella sister

***sorgere** (*pp* **sorto;** *pr* **sorsi**) to rise

sorpreso surprised

sorridere (*pp* **sorriso;** *pr* **sorrisi**) to smile

il sorriso smile

sorta di kind of

la sorte fate, destiny

la sorveglianza watching over, surveillance

sorvegliare to watch over

sospeso (*pp* of **sospendere**) suspended

sospirare to sigh, sigh for

il sospiro sigh

sostenere (*pr* **sostenni**) to maintain; **— un esame** to take an exam

sotto under; **— casa** near home

il sottoscritto / la sottoscritta undersigned

il sottotitolo subtitle

il sovrano sovereign

spagnolo Spanish

spalancare to open wide

la spalla shoulder; **in —** on one's shoulders

spargere (*pp* **sparso,** *pr* **sparsi**) to spread

***sparire** (**isc**) to disappear

sparso spread, scattered

spaventare to scare, frighten

***spaventarsi** to get scared

spaventato scared

lo spavento scare, fright, fear

spaventoso frightful

lo spazio space

la specialità specialty

la specie kind

spedire (**isc**) to mail

spegnere (*pp* **spento;** *pr* **spensi**) to turn off

spendere (*pp* **speso;** *pr* **spesi**) to spend (money)

spensierato carefree

la speranza hope

sperare (**di** + *inf*) to hope

la spesa expense; shopping; **fare la —** to buy groceries

spesso thick; (*adv*) often

Spett. / Spettabile respectable, honorable

lo spettacolo show

spettegolare to gossip

la spia spy

spiacente sorry

***spiacere** to mind

spiacevole unpleasant

spiare to spy on

gli spiccioli small change, small bills

spiegare to explain; ***spiegarsi** to make oneself clear

la spiegazione explanation

gli spinaci spinach

spingere (*pp* **spinto;** *pr* **spinsi**) to push, to drive

sporco dirty

lo sportello door (of a piece of furniture)

sportivo (*adj*) sports

lo sportivo sportsman

lo sposo, la sposa bridegroom, bride

sposare to marry; *__sposarsi__ to get married; *__sposarsi con__ to marry
sposato married
sprizzare to spray
*__sprofondare__ to sink
spronare to spur, incite
lo spruzzo splashing
lo spunto starting point
lo squillo ringing
stabile permanent
stabilire (isc) to establish; *__stabilirsi (isc)__ to settle
staccare to detach, separate; *__staccarsi__ to fall out; to come loose
la stagione season
la stampa press
le stampelle crutches
stancare to tire out; *__stancarsi__ (**di** + *inf*) to get tired
stanco tired
la stanza room (in a building)
*__stare__ (*pr* **stetti**) to stay; — **bene** to be well; — **bene a** to look good on; — — **per** + *inf* to be about to
la stazione station
la stella star
stendere (*pp* **steso**; *pr* **stesi**) to spread
steso (*pp* **stendere**) stretched out
stesso same; **lo** — just the same
lo/la stilista designer
la stima esteem
lo stipendio salary
lo stivale boot
la stoffa material; **le stoffe** textiles
la storia story; history
la strada street, road; *__farsi__ — to grow, to advance in one's career
straniero foreign
strano strange
strappare to rip/pull off
strettamente strictly
stretto tight

stringere (*pp* **stretto**; *pr* **strinsi**) to tighten, to grasp; — **la mano** (**a**) to shake hands with
la striscia stripe
lo studio study; — **legale** attorney's office
*__stupirsi (isc) di__ to be astonished at
stupito astonished, astounded
su on; come on; about
subire to undergo
subito immediately
*__succedere__ (*pp* **successo**; *pr* **successi**) to happen; to succeed[1]
successivo following
il successo success
il sud south
sudato perspiring
la sufficienza passing grade
il suggerimento suggestion
suggerire (isc) to suggest
il suocero father-in-law
suonare to play, ring; — **uno strumento** to play an instrument
il suono sound
superare to overcome; to pass
il superattico penthouse
supporre (*pp* **supposto**; *pr* **supposi**) to suppose
la supposizione conjecture, supposition
supremo supreme
sussurrare to whisper
la sveglia alarm clock
svegliare to awaken; *__svegliarsi__ to wake up
svelto quick
la svendita sale
sviluppare to develop
lo sviluppo development
la sventura misfortune
*__svolgersi__ (*pp* **svolto**, *pr* **svolsi**) to unroll, to develop

T

il tabaccaio tobacconist
il tacchino turkey

tacere (*pp* **taciuto**; *pr* **tacqui**) to be quiet; to keep quiet
tagliare to cut
il tailleur woman's suit
tale such
tanto so, so much; — ...**quanto** as much as; — **più** all the more
tardare to be late
tardi late; **fare** — to be late
la tasca pocket
la tassa tax
le tasse universitarie tuition
il tassì (il taxi) taxi
la tata nanny
il tatto touch; tact
la tavola (il tavalo) table
il tè tea
tedesco German
la teglia the pan
la telecronaca telecast, TV report
telefonare (a) to call, phone
il telefono telephone; **al** — on the phone
il telefonino cell phone
il telegiornale TV news
il teleromanzo TV serial
il telespettatore television viewer
la televisione television
il televisore TV set
il tema topic, theme
temere to fear
il tempo time; weather; **a** — **perso** in one's spare time; — **pieno/** — **parziale** full/part time
il temporale thunderstorm
tendere (*pp* **teso**; *pr* **tesi**) to hold out; **tendere a** to be inclined to; to tend to
le tenebre darkness
tenere (*pr* **tenni**) to keep, hold; to consider; — **a** to value, care about; **tenuto conto di** considering that
tentare (**di** + *inf*) to try, attempt
terminare to finish
il termine end; **porre** — **a** to end

---

[1] When **succedere** has this meaning, it has regular forms.

la terra   earth; land; **a —** on the ground

il terremoto   earthquake

il territorio   territory

la tesi (di laurea)   dissertation

teso   taught, tight

la testa   head; **a — bassa** with one's head down

il/la testimone   witness

il tetto   roof

il timore   fear

il tipo   character, type (of person or thing)

tirare   to pull

toccare   to touch; **— a** to happen to

togliere (*pp* **tolto;** *pr* **tolsi**)   to remove

tollerare   to tolerate

tondo   round; **in —** around

il tono   tone

il topo   mouse; **il topolino** little mouse

il tormento   torment

****tornare**   to return; **— indietro** to go (come) back

la torre   tower

la torta   cake

il torto   wrong; **avere —** to be wrong; **dare — a** to blame

il Totocalcio   Italian soccer betting pool

la tovaglia   tablecloth

tra   between, among; in

traballare   to wobble

il tradimento   treason, betrayal

tradurre (*pp* **tradotto;** *pr* **tradussi**)   to translate

il traffico   traffic

il tragitto   way

la trama   plot

tramandare   to pass on, hand down

il tramonto   sunset

tranne (che)   except (for)

tranquillo   calm, quiet

trarre (*pp* **tratto;** *pr* **trassi**)   to take out

trascorrere (*pp* **trascorso;** *pr* **trascorsi**)   to spend (time)

****trasferirsi (isc)**   to move, change residence

trasformare   to transform; **— in** to turn into

traslocare   to move, change residence

la trasmissione   broadcast

trasportare   to transport

il trasporto   transportation; **mezzo di —** means of transportation

trattare   to treat; **— di** to be about, deal with; ****trattarsi di** to be a question of

trattenere (*pr* **trattenni**)   to hold back

il tratto   stretch, period of time; **a(d) un —** suddenly

la trattoria   restaurant

tremare   to tremble

la tribuna   platform

triste   sad

trovare   to find; to visit; ****trovarsi** to happen to be; ****trovarsi (bene)** to like it (in a place), to feel comfortable

tuonare   to thunder

il tuono   thunder

il turco   Turkish language

il turismo   tourism

il turno   turn, shift; **a —** in turn

tuttavia   however

tutti   all, everybody; **tutti e due (tutt'e due)** both

tutto   all, whole; **del —** completely

U

ubbidiente   obedient

l'uccello   bird

uccidere (*pp* **ucciso;** *pr* **uccisi**)   to kill

udire   to hear

l'ufficiale   officer

ufficialmente   officially

l'ufficio   office

uguale   equal

ultimo   last, latest

umano   human

umido   humid

l'umore (*m*)   mood; ****essere di buon (cattivo) —** to be in a good (bad) mood

l'umorismo   humor

unico   only

unifamiliare   single-family

l'università   university

universitario   of the university

l'uomo (*pl* **gli uomini**)   man

l'uovo (*pl* **le uova**)   egg

urbano   of the city

urlare   to scream

usare   to use

****uscire**   to go out, leave; **— di casa** to leave the house

gli usi e i costumi   customs

l'uso   use; **fare — di** to use

utile   useful

utilizzare   to use

V

la vacanza   vacation; **in —** on vacation

valere la pena   to be worth while

la valigia   suitcase

il vapore   steam

il vaso   vase

vecchio   old

vedere (*pp* **visto** *or* **veduto;** *pr* **vidi**) to see, watch, meet; **fare — a** to show, **non — l'ora di** (+ *inf*) to look forward to

il vedovo/la vedova   widower, widow

la veduta   view; **di larghe vedute** broad-minded

il velo   veil

veloce   fast, rapid

la velocità   speed

vendere   to sell

la vendita   sale; **in —** for sale

****venire**   to come

il vento   wind

veramente   truly, really

la verdura   vegetables

****verificarsi**   to happen

la verità   truth

vero   true, real

verso   toward, towards; about, around

la vertigine dizziness; **avere le vertigini** to be dizzy

il verso verse

il vestiario clothing

vestire to dress; ***vestirsi** to get dressed

vestito dressed

il vestito dress, suit

la vetrina shop window

il vetro glass

via away; — — gradually

viaggiare to travel

il viaggio trip, travel; **fare un —** to take a trip

la vibrazione vibration

la vicenda event; succession; **a — mutually**

vicino near

il vicino neighbor

il videogioco videogame

vietare to forbid; **vietato** forbidden

il vigile policeman

la vigilia eve

in vigore in force (of a law)

la villeggiatura vacation; **posto di —** vacation place

vincere (*pp* **vinto;** *pr* **vinsi**) to win

la visione vision; **film di prima — first-run movie**

la visita visit; **fare — a** to visit, pay a visit to

visitare to visit; to examine

il viso face

la vista view, sight; **punto di — point of view**

la vita life; **fare la bella — to enjoy life**

la vitamina vitamin

la vite screw

vittorioso victorious

il vitto food

vivere (di) (*pp* **vissuto;** *pr* **vissi**) to live (on)

vivo alive

il vizio vice, weakness

la voce voice; **a bassa — in a low voice, softly**

la voglia desire; **avere — di** to feel like, to want

volentieri with pleasure, gladly

volere (*pr* **volli**) to want; **—bene a** to love; **— dire** to mean; ***volerci** to take

il volo flight

la volontà will

la volta time; turn; **a sua — in turn; qualche — sometimes; alle volte at times**

voltare to turn; ***voltarsi** to turn around

il volto face

il voto grade

vuoto empty

Z

la zampa paw

la zia aunt

lo zio uncle

la zitella spinster

zitto silent; ***stare — to keep quiet**

la zucca squash

Words and expressions from **Studio di parole** *are normally indexed only under their English meaning.*

TEXT CREDITS

p. 7: Disegnatori Riuniti S.r.L, Milan; pp. 19-20: Alberto Fassina, "Vespa". Coda Ed. Silvia Ballestra and Giulio Mozzi. Ancona: Transeuropa, 1996; p. 40: Disegnatori Riuniti S.r.L, Milan; pp. 44-45: Clara Sereni, Casalinghitudine. Torino: Einaudi, 1987; p. 64: Drawn by Dave Sullivan; p. 89: Disegnatori Riuniti S.r.L; p. 91: Drawn by Dave Sullivan Milan; p. 92: Disegnatori Riuniti S.r.L, Milan; p. 98: Alberto Bevilacqua, "Ricordi scambiati con mia madre" in Questa e mia madre. Ed. Ferruccio Parazzoli. Milano: Paoline, 1997; p. 116: Drawn by Dave Sullivan; p. 118: Disegnatori Riuniti S.r.L, Milan; p. 142: Disegnatori Riuniti S.r.L, Milan; p. 144: Drawn by Dave Sullivan; p. 148: Disegnatori Riuniti S.r.L, Milan; 156: Gianni Rodari, "Il topo dei fumetti: in Favole al telefono. © 1993 Edizioni EL, San Dorligo della Valle (Trieste) Italy; p. 167: Disegnatori Riuniti S.r.L, Milan 170: Drawn by Dave Sullivan; 174: Disegnatori Riuniti S.r.L, Milan; p. 195: Disegnatori Riuniti S.r.L, Milan; p. 202: Disegnatori Riuniti S.r.L, Milan; pp. 205-206: Lara Cardella, Una ragazza normale. Milano: Mondadori, 1994; p. 214: Legambiente; p. 223: Disegnatori Riuniti S.r.L, Milan; p. 227: Disegnatori Riuniti S.r.L, Milan; pp. 231-232: Carlo Manzoni, "Una vite de tropo", Il sign Brambilla e divitorni, Milano; p. 243: Disegnatori Riuniti S.r.L, Milan; p. 251: Disegnatori Riuniti S.r.L, Milan; pp. 256-257: Niccolo Ammaniti, Lo non ho paura. Torino: Einaudi, 2001; p. 267: Corriere della Sera, 10 novembre 2004; p. 268: Disegnatori Riuniti S.r.L, Milan; p. 276: Drawn by Dave Sullivan; pp. 289-290: Riccardo Ferrazzi, "Essere e tempo" in Il tempo probabilmente. Eds. Raul Montanari and Riccardo Ferrazzi. Potenza: Literalia, 2000; p. 299: Corriere della Sera, 8 marzo 2004; p. 302: Disegnatori Riuniti S.r.L, Milan; p. 308: Disegnatori Riuniti S.r.L, Milan; p. 331: Disegnatori Riuniti S.r.L, Milan; p. 336: Disegnatori Riuniti S.r.L, Milan; p. 353: Disegnatori Riuniti S.r.L, Milan; p. 359: Disegnatori Riuniti S.r.L, Milan; pp. 367-368: Castelli d'Italia. Touring Editore, Milano 2004

PHOTO CREDITS

p. 1: ©Travel-Shots/Alamy; p. 3: Courtesy of the authors; p. 4: ©Lorenzo Nigro, courtesy of the authors; p. 17: ©Lorenzo Nigro, courtesy of the authors; p. 18: ©The Thomson Corporation/Heinle Image Resource Bank; p. 26: ©Network Photographers/Alamy; p. 28: ©Chris Fotoman Smith/Alamy; p. 43: ©Walter Hodges/Getty Images; p. 50: ©David R. Frazier/The Image Works; p. 71: ©The Thomson Corporation/Heinle Image Resource Bank; p. 78: ©Art Kowalsky/Alamy; p. 79: ©Frieder Blickle/Bilderberg/AURORA; p. 97: ©Frank Chmura/Alamy; p. 105, 107: ©CuboImages srl/Alamy; p. 111: Courtesy of the authors; p. 124: ©Andre Jenny/Alamy; p. 125: ©Stephanie Maze/CORBIS; p. 130: ©John Connell/Index Stock Imagery; p. 132: ©Stock Italia/Alamy; p. 133: ©age fotostock/SuperStock; p. 134: ©Chuck Pefley/Alamy; p. 153: ©Andrea Moneti, courtesy of the authors; p. 154: ©Farabolafoto; p. 161: ©Lange/laif/AURORA; p. 178: ©Adrian Arbib/Alamy; p. 186: ©Emma Innocenti/Photonica/Getty Images; p. 187: ©Alberto Ramella/Photographers Direct; p. 200: Courtesy of the authors; p. 204: ©Jerry Bauer; p. 210: ©image100/Alamy; p. 211: ©Grazia Neri/CORBIS SYGMA; p. 213: ©AFP/Getty Images; p. 214 left and right: Courtesy of the authors; p. 220: ©The Thomson Corporation/Heinle Image Resource Bank; p. 230: ©Irene Bayer; p. 238: ©The Thomson Corporation/Heinle Image Resource Bank; p. 240: ©AP Photo/Luca Bruno; p. 241: ©AP Photo/Michel Euler; p. 254: ©age fotostock/SuperStock; p. 255: ©Medusa Prods/Alquimia Cinema/The Kobal Collection; p. 263: ©Susanna Rescio/Bilderberg/AURORA; p. 265: ©Gapys Photo/zyarescu/Alamy; p. 267: ©David R. Frazier Photolibrary, Inc./Alamy; p. 288: ©Masterfile; p. 293: ©David R. Frazier Photolibrary, Inc./Alamy; p. 296: ©Comstock Images/Alamy; p. 297: Courtesy of the authors; p. 315: ©Paul Barton/CORBIS; p. 319: ©Bettmann/CORBIS; p. 322: ©S. Andreas/zefa/Corbis; p. 323: ©Sandro Vannini/CORBIS; p. 325: ©AP Photo/Ferdinando Mezzelani; p. 339: ©Robert Fried/Alamy; p. 340: ©The Thomson Corporation/Heinle Image Resource Bank; p. 344: ©Scala/Art Resource, NY; p. 347: ©Mimmo Jodice/CORBIS; p. 348: ©Garry Adams/Index Stock Imagery; p. 351 left: ©Michael S. Yamashita/CORBIS; p. 351 right: ©Andrew Slayman/Alamy; p. 366: ©Art Kowalsky/Alamy;

Color Insert 1: p. 1 (top left and right): ©Keith Levit Photography/Index Open; (bottom left and right): ©The Thomson Corporation/Heinle Image Resource Bank; p. 2 (top): ©The Thomson Corporation/Heinle Image Resource Bank; (center and bottom): ©Keith Levit Photography/Index Open; p. 3 (top left and right): ©Keith Levit Photography/Index Open; (bottom left and right): ©Keith Levit Photography/Index Open; p. 4 (top): ©The Thomson Corporation/Heinle Image Resource Bank; (center left, right and bottom): ©Keith Levit Photography/Index Open

Color Insert 2: p. 1 (top): ©The Thomson Corporation/Heinle Image Resource Bank; (center right and left): ©Keith Levit Photography/Index Open; (bottom): ©The Thomson Corporation/Heinle Image Resource Bank; p. 2 (top, center right and left): ©Keith Levit Photography/Index Open; (bottom): ©The Thomson Corporation/Heinle Image Resource Bank; p. 3 (top, center left and right): ©Keith Levit Photography/Index Open; (bottom): ©The Thomson Corporation/Heinle Image Resource Bank; p. 4 (all): ©The Thomson Corporation/Heinle Image Resource Bank